Schuster

Geschäfts- und Wertschöpfungsprozesse der Kreditinstitute

Dokumentation – Analyse – Steuerung

Bankkaufmann/Bankkauffrau

Schuster

Geschäfts- und Wertschöpfungsprozesse der Kreditinstitute

Dokumentation – Analyse – Steuerung

Bankkaufmann/Bankkauffrau

Merkur
Verlag Rinteln

Wirtschaftswissenschaftliche Bücherei für Schule und Praxis
Begründet von Handelsschul-Direktor Dipl.-Hdl. Friedrich Hutkap †

Verfasser:

Dietmar Schuster, Dipl.-Handelslehrer, Gießen

Umschlagfotos:
Bild rechts oben: Kzenon – www.colourbox.de
Bild rechts unten: #1970 – www.colourbox.de
Bild unten: #85 – www.colourbox.de

* * * * *

1. Auflage 2020

Gesamtherstellung:
MERKUR VERLAG RINTELN Hutkap GmbH & Co. KG, 31735 Rinteln

E-Mail: info@merkur-verlag.de
lehrer-service@merkur-verlag.de
Internet: www.merkur-verlag.de

Merkur-Nr. 0859-01
ISBN 978-3-8120-0859-4

Vorwort

Liebe Auszubildende,
liebe Kolleginnen und Kollegen an berufsbildenden Schulen,
liebe Ausbilderinnen und Ausbilder,

die **neue** Ausbildungsordnung und der dazu entwickelte Rahmenlehrplan sehen als zentrales Ziel der Ausbildung die **Entwicklung umfassender Handlungskompetenz** der Auszubildenden.

Dieses Schulbuch ermöglicht die **selbstständige Erarbeitung** der in den Lernfeldern geforderten Mindestinhalte sowie deren individuelle Vertiefung.

Da die Umsetzung des Rahmenlehrplans der KMK in den einzelnen Bundesländern unterschiedlich erfolgen kann, wurde eine Konzeption gewählt, die **verschiedenen Organisationsformen des Unterrichts** gerecht wird. Auch im Rahmen der betrieblichen Unterweisung kann auf einzelne Abschnitte zurückgegriffen werden.

Wegen der in der Liste der Entsprechungen dargelegten Zusammenhänge der Lernfelder 7, 11 und 13 wurden die einschlägigen Inhalte zur **Beurteilung der Kreditwürdigkeit (Rating)** als Exkurs einbezogen.

- Ausgehend von konkreten **beruflichen Problemstellungen („Einstiege")** werden die Grundlagen der bankbetrieblichen Buchführung und Kosten- und Leistungsrechnung **praxisnah** dargelegt.
- Zahlreiche Abbildungen, Übersichten und Beispiele tragen zur **Veranschaulichung** bei und erleichtern die **Aneignung** und **Durchdringung** der bankbezogenen Themenbereiche.
- Die optischen Hervorhebungen von Formeln und Merksätzen sowie die prägnanten Zusammenfassungen ermöglichen eine **zügige Orientierung und Festigung** der Grundlagen.
- Im **Kompetenztraining** steht ein umfangreicher Pool an Übungsaufgaben zur Verfügung, der den Kompetenzerwerb gewährleistet und die Vertiefung der Inhalte ermöglicht.

Der **Kompetenzerwerb im Kontext der digitalen Arbeits- und Geschäftswelt** ist gemäß Rahmenlehrplan integrativer Bestandteil der Lernfelder. Aufgabenstellungen, die im Kompetenztraining mit dem nebenstehenden Icon gekennzeichnet sind, sind geeignet, digitale Kompetenzen zu erwerben. Das besondere Augenmerk liegt dabei auf der digitalen Erfassung, Formatierung und Auswertung statistischer Daten der Kosten- und Leistungsrechnung und des Jahresabschlusses mithilfe der Tabellenkalkulation.

Die Erarbeitung und Umsetzung der didaktischen Jahresplanung ist zentrale Aufgabe einer dynamischen Bildungsgangarbeit. Um diesen Prozess anzustoßen, wird auf der Internetseite des Verlags zu den Kapiteleinstiegen eine **modellhafte didaktische Jahresplanung** angeboten (→ www.merkur-verlag.de, Schlagwort „0859").

Gießen, Sommer 2020

Dietmar Schuster

Inhaltsverzeichnis

A LERNFELD 7: WERTSTRÖME UND GESCHÄFTSPROZESSE ERFASSEN UND DOKUMENTIEREN

1	**Grundfunktionen des Rechnungswesens**	11
1.1	Welche Aufgaben hat das Rechnungswesen zu erfüllen?	11
1.2	Welche Rechtsgrundlagen über die Buchführungspflicht bestehen und was versteht man unter den „Grundsätzen ordnungsmäßiger Buchführung"?	12
1.3	Welche Unterlagen hat ein Kaufmann aufzubewahren und wie lange?	13
1.4	Welche wirtschaftlichen Gründe gibt es für eine ordnungsmäßige Buchführung?	14
2	**Inventur, Inventar, Bilanz**	16
2.1	Inventur, Inventar	16
2.1.1	Was ist ein Inventar?	16
2.1.2	Wie wird ein Inventar erstellt?	16
2.1.3	Wann muss ein Inventar erstellt werden?	20
2.2	Bilanz	23
2.2.1	Was ist eine Bilanz?	23
2.2.2	Was ist bei der Aufstellung des Jahresabschlusses zu beachten?	25
3	**Erfassen von Bestandsveränderungen und von erfolgswirksamen Geschäftsfällen in einfachen Beispielen**	27
3.1	Wertänderungen in der Bilanz	27
3.2	Auflösung der Bilanz in Bestandskonten und Abschluss einfacher Geschäftsgänge	33
3.2.1	Warum wird die Bilanz in Konten aufgelöst?	33
3.2.2	Wie werden Bestandskonten eröffnet, geführt und abgeschlossen?	35
	3.2.2.1 Eröffnung der Bestandskonten	35
	3.2.2.2 Führen der Bestandskonten (Umsatzbuchungen)	38
	3.2.2.3 Abschluss der Bestandskonten, Abschlussbuchungen	39
3.2.3	Wie hängen das System der Doppik und die Schlussbilanz zusammen?	41
3.3	Erfolgskonten mit Abschluss über Gewinn- und Verlustkonto	46
3.3.1	Wie ist eine Veränderung des Eigenkapitals zu erklären?	46
3.3.2	Wie werden die erfolgswirksamen Vorgänge gebucht?	47
3.3.3	Wie werden die Erfolgskonten abgeschlossen?	49
4	**Kunden-Kontokorrent**	56
4.1	Wie werden die einzelnen Kundenkonten im Hauptbuch zusammengefasst?	56
4.2	Wie wird im Hauptbuch „Kunden-Kontokorrent" gebucht?	57
4.3	Wie wird das Kunden-Kontokorrent abgeschlossen?	58
4.4	Wie wird das Kunden-KK bei EDV geführt?	58
4.5	Wie werden Debitoren und Kreditoren in der Bilanz ausgewiesen?	58
5	**Organisation des Rechnungswesens der Kreditinstitute**	61
5.1	Wie ist die Bankbuchführung organisiert?	61
5.1.1	Grundbuch, Sammeljournal, Hauptbuch	61
5.1.2	Kontenrahmen, Kontenplan	62
5.2	Welche Anforderungen hat die Bankbuchführung zu erfüllen?	63
6	**Erfassen erfolgsneutraler und erfolgswirksamer Geschäftsfälle unter Berücksichtigung der Umsatzsteuer**	66
6.1	Was ist das Wesen der Umsatzsteuer?	66
6.2	Umsatzsteuer (Mehrwertsteuer) bei Kreditinstituten	67

6.3 Wie ist die Umsatzsteuer (Mehrwertsteuer) zu buchen, die Umsatzsteuer-Zahllast zu ermitteln und die Umsatzsteuer abzuführen? ... 68
6.3.1 Welche Buchungen sind bei abzugsfähiger Vorsteuer vorzunehmen? ... 68
6.3.2 Wie ist die den Kunden berechnete Umsatzsteuer zu buchen? ... 69
6.3.3 Wie wird die Umsatzsteuer-Zahllast ermittelt und abgeführt? ... 69
6.4 Welche Buchungen sind bei nicht abzugsfähiger Vorsteuer vorzunehmen? ... 70
6.4.1 Umsatzsteuer bei Sachaufwendungen ... 70
6.4.2 Umsatzsteuer beim Kauf von Vermögensgegenständen des Anlagevermögens ... 71
6.4.3 Umsatzsteuer beim Verkauf von Vermögensgegenständen des Anlagevermögens ... 72

7 Bestandteile des Jahresabschlusses ... 77
7.1 Welche Bestandteile hat der Jahresabschluss? ... 77
7.2 Welche Aufgaben hat der Jahresabschluss zu erfüllen und welche allgemeinen Grundsätze (Vorschriften) müssen bei der Aufstellung des Jahresabschlusses beachtet werden? ... 83
7.2.1 Aufgaben des Jahresabschlusses ... 83
7.2.2 Allgemeine Grundsätze der Bilanzierung ... 84
7.3 Ziele und Grundlagen der Bewertung nach Handels- und Steuerrecht ... 88
7.3.1 Ziele der Bewertung nach Handels- und Steuerrecht ... 89
7.3.2 Rechtsgrundlagen für die Bewertung ... 89
7.3.3 Grundsatz der Maßgeblichkeit der Handelsbilanz ... 91
7.3.4 Bewertung der Vermögensgegenstände des Anlage- und des Umlaufvermögens ... 92

8 Bewertung der Betriebs- und Geschäftsausstattung ... 96
8.1 Zugangsbewertung der Sachanlagen ... 96
8.2 Folgebewertung der Sachanlagen ... 98
8.2.1 Planmäßige Abschreibungen bei Sachanlagen ... 98
8.2.2 Außerplanmäßige Abschreibungen bei Sachanlagen ... 101
8.2.3 Zuschreibungen ... 101
8.3 Wie sind Bewertungen der Sachanlagen zu buchen? ... 103
8.4 Wie ist beim Verkauf von gebrauchten Sachanlagen zu buchen? ... 105
8.5 Wie sind geringwertige Vermögensgegenstände/Wirtschaftsgüter (GWG) zu bewerten? ... 106
8.5.1 Bewertung geringwertiger Wirtschaftsgüter nach Steuerrecht ... 106
8.5.2 Bewertung und Buchungen geringwertiger Anlagegüter nach Handelsrecht ... 111

9 Bewertung von Forderungen ... 117
9.1 Wie sind Forderungen zu bewerten? ... 117
9.2 Welche Buchungen ergeben sich aus der Bewertung? ... 117
9.2.1 Direkte Abschreibungen ... 118
9.2.2 Indirekte Abschreibungen ... 118
9.2.2.1 Einzelwertberichtigungen ... 119
9.2.2.2 Unversteuerte Pauschalwertberichtigungen für latente Kreditrisiken ... 120
9.2.2.3 Vorsorgereserven (versteuert) ... 123
9.3 Wie sind die bewerteten Forderungen in der Bilanz auszuweisen? ... 124

10 Bewertungen der eigenen Wertpapiere ... 129
10.1 Exkurs: Wie sind die eigenen Wertpapiere des Anlagebestandes (AB) zu buchen und zu bewerten? ... 130
10.1.1 Wie kann das Konto „Eigene Wertpapiere“ geführt werden? ... 130
10.1.2 Zugangsbewertung ... 130
10.1.3 Folgebewertung von Wertpapieren des Anlagebestandes ... 131
10.1.4 Buchung des Abschreibungsbedarfs ... 132
10.1.5 Wertaufholung ... 133
10.2 Wie sind die eigenen Wertpapiere der Liquiditätsreserve zu buchen und zu bewerten? ... 135

10.2.1 Buchungen bei Kauf und Verkauf eigener Wertpapiere der Liquiditätsreserve 136
10.2.2 Bewertung der eigenen Wertpapiere der Liquiditätsreserve am Bilanzstichtag 137
10.3 Exkurs: Wie sind die eigenen Wertpapiere des Handelsbestandes zu buchen und zu bewerten? ... 140
10.3.1 Buchungen der Käufe und Verkäufe ... 141
10.3.2 Skontro ... 141
10.3.3 Wie sind die eigenen Wertpapiere des Handelsbestandes zu bewerten? ... 141
10.3.4 Wie sind die Bewertungen zu buchen und wie wird das Handelsergebnis ermittelt? .. 144
10.3.5 Sonderposten gemäß § 340e Abs. 4 HGB ... 145

11 Risikovorsorge der Kreditinstitute ... 149
11.1 Risikovorsorge durch die Bildung von Rückstellungen ... 149
11.1.1 Wofür dürfen Rückstellungen gebildet werden? ... 149
11.1.2 Wie sind Rückstellungen zu bewerten? ... 149
11.1.3 Wie sind Rückstellungen mit einer Restlaufzeit bis zu einem Jahr zu buchen? 152
11.1.4 Wann und wie werden Rückstellungen aufgelöst? ... 153
11.2 Risikovorsorge durch die Bildung von Vorsorgereserven und Rücklagen ... 156
11.2.1 Vorsorge für allgemeine Bankrisiken (§ 340f Abs. 1 HGB) ... 156
11.2.2 Sonderposten Fonds für allgemeine Bankrisiken (§ 340g HGB) ... 157
11.2.3 Risikovorsorge durch die Bildung offener Rücklagen ... 158

B Lernfeld 11: Wertschöpfungsprozesse erfolgsorientiert steuern

1 Bankcontrolling als integratives System von Planung, Steuerung und Kontrolle ... 162
1.1 Was ist Controlling bei Kreditinstituten? ... 162
1.2 Welche Hauptaufgaben hat die Kosten- und Erlösrechnung beim Controlling zu übernehmen? ... 168

2 Welche Grundbegriffe der Kosten- und Erlösrechnung sind zu unterscheiden? 170
2.1 Grundbegriffe der Finanzbuchhaltung ... 170
2.1.1 Auszahlungen/Einzahlungen ... 170
2.1.2 Ausgaben/Einnahmen ... 170
2.1.3 Aufwendungen/Erträge ... 170
2.2 Grundbegriffe der Betriebsbuchhaltung ... 176
2.2.1 Kosten – Leistungen – Erlöse ... 176
2.2.2 Zusammenhänge von Kosten und Aufwendungen sowie Erlösen und Erträgen 176
2.3 Worin besteht die Besonderheit von Betriebs- und Wertbereich bei Kreditinstituten? . 184
2.4 Welche weiteren Einteilungsmöglichkeiten von Kosten und Erlösen gibt es? 188
2.4.1 Kosten- und Erlösarten in Kreditinstituten ... 188
2.4.2 Einzel- und Gemeinkosten ... 189
2.4.3 Stelleneinzel- und Stellengemeinkosten ... 190
2.4.4 Fixe und variable Kosten ... 190

3 Gesamtbetriebskalkulation als erste Stufe der Bankkostenrechnung ... 192
3.1 Welche Aufgaben soll die Gesamtbetriebskalkulation erfüllen? ... 193
3.2 Formen der Gesamtbetriebskalkulation ... 193
3.3 Auswertungsmöglichkeiten der Gesamtbetriebskalkulation ... 196

4 Kalkulation von Bankdienstleistungen im Wertbereich ... 207
4.1 Marktzinsmethode ... 207
4.2 Barwertmethode als Weiterentwicklung der Marktzinsmethode ... 214

5 Kalkulation von Bankdienstleistungen im Betriebsbereich ... 220
5.1 Abgrenzung von Voll- und Teilkostenrechnung ... 220
5.2 Exkurs: Vollkostenrechnung ... 220

5.2.1 Kostenartenrechnung ... 220
5.2.2 Kostenstellenrechnung ... 221
5.2.3 Kostenträgerrechnung (Marktleistungsartenrechnung) ... 223
5.2.4 Stückleistungskalkulation ... 224
5.3 Teilkostenrechnung – Prozessorientierte Standardeinzelkostenrechnung ... 227
5.3.1 Grundgedanken ... 228
5.3.2 Ermitteln der prozessorientierten Standardeinzelkosten ... 229
6 Produkt-, Kunden- und Geschäftsstellenkalkulation ... 238
6.1 Einzelproduktkalkulation ... 238
6.1.1 Kalkulation von Aktivprodukten ... 238
6.1.2 Kalkulation von Passivprodukten ... 244
6.1.3 Kalkulation von Dienstleistungen ... 245
6.1.4 Deckungsbeitragsrechnung ... 246
6.2 Kundenkalkulation ... 252
6.3 Exkurs: Geschäftsstellenkalkulation ... 254

C Exkurs: Bonität von Geschäfts- und Firmenkunden beurteilen (aus Lernfeld 13)

1 Wie lässt sich die Kreditwürdigkeit von Firmenkunden beurteilen? ... 260
2 Unterschiede der Bilanzen von Industrie-, Handels-, Dienstleistungs- und Handwerksunternehmen ... 261
2.1 Wie liest man eine Bilanz? ... 263
2.2 Was wird in den verschiedenen Bilanzposten ausgewiesen? ... 264
3 Auswertung von Jahresabschlüssen der Kunden im Hinblick auf Kredit- und Anlageentscheidungen ... 267
3.1 Aufbereitung des Jahresabschlusses zu Vergleichszwecken ... 272
3.2 Vergangenheitsorientierte Beurteilungsmaßstäbe ... 278
3.3 Qualitative zukunftsorientierte Unternehmensanalyse ... 284
3.4 Vom Ratingverfahren zu den Kreditkonditionen ... 286
4 Finanzierungsrechnung (Kapitalflussrechnung, Bewegungsbilanz) ... 301

Anhang

Anlage 1: Verordnung über die Rechnungslegung der Kreditinstitute und Finanzdienstleistungsinstitute (Kreditinstituts-Rechnungslegungsverordnung – RechKredV) ... 304
Anlage 2: Kontenrahmen und Kontenplan zu D. Schuster: Geschäfts- und Wertschöpfungsprozesse der Kreditinstitute ... 326
Anlage 3: Handelsrechtliche Wertansätze (Auszug aus dem HGB) ... 329

Stichwortverzeichnis ... 333

A Lernfeld 7: Wertströme und Geschäftsprozesse erfassen und dokumentieren

KMK-Plan

Die Schülerinnen und Schüler verfügen über die Kompetenz, Wertströme in Kreditinstituten zu dokumentieren und zu beurteilen, erfolgsneutrale und erfolgswirksame Geschäftsfälle darzustellen sowie maßgebliche Bewertungsansätze von Bilanzpositionen anzuwenden.

1 Grundfunktionen des Rechnungswesens

Einstieg

Sie haben in Ihrer bisherigen Ausbildung gelernt, für Kunden Konten zu eröffnen, über Zahlungs- und Anlagemöglichkeiten zu beraten und Zahlungen abzuwickeln.

Wenn die Kunden diese Dienstleistungsangebote nutzen, entstehen Wertströme, die vom Kreditinstitut erfasst und abgewickelt werden müssen. Das ist eine Aufgabe des Rechnungswesens.

Stellen Sie fest, welche Aufgaben das Rechnungswesen in Ihrem Ausbildungsbetrieb zu erfüllen hat! Beschaffen Sie sich den letzten Jahresabschluss Ihres Ausbildungsbetriebes in analoger oder digitaler Form!

1.1 Welche Aufgaben hat das Rechnungswesen zu erfüllen?

Das betriebliche Rechnungswesen hat vielfältige Informationsbedürfnisse sowohl innerbetrieblich als auch außerbetrieblich zu erfüllen. Die unterschiedlichen Zwecke werden durch verschiedene Bereiche des Rechnungswesens erfüllt.

Buchführung und Bilanz	**Kosten- und Erlösrechnung**	**Statistik**	**Planungsrechnung**
← vergangenheitsbezogen			zukunftsbezogen →

Die Basis für die Erfüllung der vielfältigen **Informationsbedürfnisse** bilden die **Buchführung und die Bilanz.**

Die Buchführung hat die **Aufgabe,** alle Geschäftsfälle eines Kreditinstituts im Zeitablauf in chronologischer Reihenfolge festzuhalten.

Die **Bilanz** dokumentiert das Vermögen und die Schulden eines Kreditinstituts. Sie dient der Information der Teilhaber, die dem Kreditinstitut das Eigenkapital zur Verfügung gestellt haben, ebenso wie den Gläubigern (z. B. Sparern), die dem Kreditinstitut Fremdkapital überlassen haben.

Aber auch andere Kreditinstitute, das Finanzamt und die Öffentlichkeit können sich daraus Informationen beschaffen.

Die **Kosten- und Erlösrechnung** hat die Aufgabe, die Kosten und Erlöse zu erfassen, zu verteilen und zuzurechnen, die bei der Erstellung und Verwertung von Bankdienstleistungen entstehen. Dadurch sollen die Kontrolle der Wirtschaftlichkeit des Betriebsprozesses, die Disposition der Geschäftsleitung und die Kalkulation der Bankleistungen ermöglicht werden.

Die **Statistik** bereitet die Zahlen der Buchführung, die Bilanz und die Ergebnisse der Kostenrechnung auf, um diese z. B. zur Kontrolle der Wirtschaftlichkeit, zum Erkennen von Risiken oder als Basis für zukunftsbezogene Planungen nutzen zu können.

Die bisher aufgeführten Bereiche des Rechnungswesens sind vergangenheitsorientiert. Dagegen dient der vierte Teilbereich des Rechnungswesens, die **Planungsrechnung,** der Zukunftssteuerung des Kreditinstituts. Dieses zukunftsorientierte Rechnungswesen ist das Instrument der Unternehmenssteuerung.

1.2 Welche Rechtsgrundlagen über die Buchführungspflicht bestehen und was versteht man unter den „Grundsätzen ordnungsmäßiger Buchführung"?

Die handelsrechtliche **Grundlage für die Buchführungspflicht** des Kaufmanns ergibt sich aus § 238 Abs. 1 HGB. In seinen **Büchern** hat er seine Handelsgeschäfte und die Lage seines Vermögens nach den **Grundsätzen ordnungsmäßiger Buchführung** (GoB) ersichtlich zu machen.

Der **Begriff Bücher** bezieht sich **nicht** auf die **äußere Gestalt** (gebundenes Buch, Loseblattsammlung oder Datenträger), **sondern** auf die **Funktion** (Brauchbarkeit, Zweckmäßigkeit), um die erforderlichen **Informationen** zu speichern und bei Bedarf zur Verfügung zu stehen.

Die **GoB** sind nicht genau gesetzlich definiert. Sie ergeben sich aus den Vorgaben des HGB, der Rechtsprechung und Empfehlungen verschiedener Wirtschaftsverbänden, wie z. B. des Instituts der Wirtschaftsprüfer. Die wesentlichen Anforderungen der GoB ergeben sich aus den §§ 238, 239 HGB:

§

§ 238 HGB (Buchführungspflicht)

(1) Jeder Kaufmann ist verpflichtet, Bücher zu führen und in diesen seine Handelsgeschäfte und die Lage seines Vermögens nach den Grundsätzen ordnungsmäßiger Buchführung ersichtlich zu machen. Die Buchführung muss so beschaffen sein, dass sie einem sachverständigen Dritten innerhalb angemessener Zeit einen Überblick über die Geschäftsvorfälle und über die Lage des Unternehmens vermitteln kann. Die Geschäftsvorfälle müssen sich in ihrer Entstehung und Abwicklung verfolgen lassen.

(2) Der Kaufmann ist verpflichtet, eine mit der Urschrift übereinstimmende Wiedergabe der abgesandten Handelsbriefe (Kopie, Abdruck, Abschrift oder sonstige Wiedergabe des Wortlauts auf einem Schrift-, Bild- oder anderen Datenträger) zurückzubehalten.

§ 239 HGB (Führung der Handelsbücher)

(1) Bei der Führung der Handelsbücher und bei den sonst erforderlichen Aufzeichnungen hat sich der Kaufmann einer lebenden Sprache zu bedienen. Werden Abkürzungen, Ziffern, Buchstaben oder Symbole verwendet, muss im Einzelfall deren Bedeutung eindeutig festliegen.

(2) Die Eintragungen in Büchern und die sonst erforderlichen Aufzeichnungen müssen vollständig, richtig, zeitgerecht und geordnet vorgenommen werden.

(3) Eine Eintragung oder eine Aufzeichnung darf nicht in einer Weise verändert werden, dass der ursprüngliche Inhalt nicht mehr feststellbar ist. Auch solche Veränderungen dürfen nicht vorgenommen werden, deren Beschaffenheit es ungewiss lässt, ob sie ursprünglich oder erst später gemacht worden sind.

(4) Die Handelsbücher und die sonst erforderlichen Aufzeichnungen können auch in der geordneten Ablage von Belegen bestehen oder auf Datenträgern geführt werden, soweit diese Formen der Buchführung einschließlich des dabei angewandten Verfahrens den Grundsätzen ordnungsmäßiger Buchführung entsprechen. Bei der Führung der Handelsbücher und der sonst erforderlichen Aufzeichnungen auf Datenträgern muss insbesondere sichergestellt sein, dass die Daten während der Dauer der Aufbewahrungsfrist verfügbar sind und jederzeit innerhalb angemessener Frist lesbar gemacht werden können. Abs. 1 bis 3 gelten sinngemäß.

Einzelkaufleute, die an den Abschlussstichtagen von zwei aufeinanderfolgenden Geschäftsjahren nicht mehr als 600 000,00 € Umsatzerlöse und 60 000,00 € Jahresüberschuss aufweisen bzw. bei Neugründungen nicht erreichen werden, sind von der **Verpflichtung** zur Buchführung, Inventur und Bilanzierung nach handelsrechtlichen Vorschriften **befreit (§ 241 a HGB).**

Die betroffenen Einzelkaufleute **dürfen** ihre Rechnungslegung auf eine Einnahmen-Überschuss-Rechnung im Sinne des Einkommensteuergesetzes (§ 4 Abs. 3) beschränken. Es müssen weder Bestandskonten geführt noch eine Inventur durchgeführt werden. Dadurch werden Kostensenkungen erreicht. Nachteilig ist, dass diese Form der steuerlichen Gewinnermittlung zur Beurteilung der betrieblichen Situation eines Unternehmens weniger geeignet ist.

Nach § 140 der Abgabenordnung (AO) und den Grundsätzen zur ordnungsmäßigen Führung und Aufbewahrung von Büchern, Aufzeichnungen und Unterlagen in elektronischer Form sowie zum Datenzugriff (GoBD) gelten die handelsrechtlichen Buchführungs- und Aufzeichnungspflichten der §§ 238 ff. HGB, soweit sie für die Besteuerung von Bedeutung sind, auch im Steuerrecht.

1.3 Welche Unterlagen hat ein Kaufmann aufzubewahren und wie lange?

Die von einem Kaufmann aufzubewahrenden Unterlagen, die Art ihrer Aufbewahrung und die Aufbewahrungsfristen ergeben sich aus § 257 HGB:

§ 257 HGB (Aufbewahrung von Unterlagen; Aufbewahrungsfristen)

(1) Jeder Kaufmann ist verpflichtet, die folgenden Unterlagen geordnet aufzubewahren:

1. Handelsbücher, Inventare, Eröffnungsbilanzen, Jahresabschlüsse, Einzelabschlüsse nach § 325 Abs. 2 a, Lageberichte, Konzernabschlüsse, Konzernlageberichte sowie die zu ihrem Verständnis erforderlichen Arbeitsanweisungen und sonstigen Organisationsunterlagen,
2. die empfangenen Handelsbriefe,
3. Wiedergaben der abgesandten Handelsbriefe,
4. Belege für Buchungen in den von ihm nach § 238 Abs. 1 zu führenden Büchern (Buchungsbelege).

(2) Handelsbriefe sind nur Schriftstücke, die ein Handelsgeschäft[1] betreffen.

(3) Mit Ausnahme der Eröffnungsbilanzen und Abschlüsse können die in Abs. 1 aufgeführten Unterlagen auch als Wiedergabe auf einem Bildträger oder auf anderen Datenträgern aufbewahrt werden, wenn dies den Grundsätzen ordnungsmäßiger Buchführung entspricht und sichergestellt ist, dass die Wiedergabe oder die Daten

1. mit den empfangenen Handelsbriefen und den Buchungsbelegen bildlich und mit den anderen Unterlagen inhaltlich übereinstimmen, wenn sie
2. während der Dauer der Aufbewahrungsfrist verfügbar sind und jederzeit innerhalb angemessener Frist lesbar gemacht werden können.

1 **Handelsgeschäfte** sind nach § 343 HGB alle Geschäfte eines Kaufmanns, die zum Betriebe seines Handelsgewerbes gehören.

Sind Unterlagen aufgrund des § 239 Abs. 4 Satz 1 auf Datenträgern hergestellt worden, können statt des Datenträgers die Daten auch ausgedruckt aufbewahrt werden; die ausgedruckten Unterlagen können auch nach Satz 1 aufbewahrt werden.

(4) Die in Abs. 1 Nr. 1 und 4 aufgeführten Unterlagen sind zehn Jahre und die sonstigen in Abs. 1 aufgeführten Unterlagen sechs Jahre aufzubewahren.

(5) Die Aufbewahrungsfrist beginnt mit dem Schluss des Kalenderjahres, in dem die letzte Eintragung in das Handelsbuch gemacht, das Inventar aufgestellt, die Eröffnungsbilanz oder der Jahresabschluss festgestellt, Einzelabschlüsse nach § 325 Abs. 2a oder der Konzernabschluss aufgestellt, der Handelsbrief empfangen oder abgesandt oder der Buchungsbeleg entstanden ist.

Wird die sechs- bzw. zehnjährige Aufbewahrungspflicht nicht eingehalten, drohen vom Finanzamt Gewinn- und Umsatzschätzungen. Diese führen in der Regel zu einer höheren Steuerbelastung.

1.4 Welche wirtschaftlichen Gründe gibt es für eine ordnungsmäßige Buchführung?

Durch die Aufzeichnung sämtlicher Geschäftsfälle erhält der Kaufmann u.a. die Möglichkeiten,

- die Lage seines Vermögens jederzeit feststellen zu können;
- den geschäftlichen Erfolg fortlaufend zu ermitteln und zu überwachen. Dadurch wird er in die Lage versetzt, Fehlentwicklungen rechtzeitig zu begegnen, wie z.B. das Vermeiden der Zahlungsunfähigkeit;
- die Grundlagen für eine ordnungsgemäße Besteuerung zu legen;
- die Daten der Buchführung statistisch aufzubereiten und diese bei der Kosten- und Erlösrechnung zu verwenden sowie Planungsrechnungen durchzuführen.

Auf einen Blick

- Teilgebiete des betrieblichen Rechnungswesens
  - Buchführung und Bilanz
  - Kosten- und Erlösrechnung
  - Statistik
  - Planungsrechnung (Vorschaurechnung)
- Die Buchführung muss den **„Grundsätzen ordnungsmäßiger Buchführung"** entsprechen.
- **Aufbewahrungsfristen**
  - 10 Jahre: z.B. Handelsbücher, Inventare, Bilanzen, Jahresabschlüsse, Lageberichte, Konzernabschlüsse, Konzernlageberichte sowie die zu ihrem Verständnis erforderlichen Arbeitsanweisungen und sonstigen Organisationsunterlagen, Buchungsbelege.
  - 6 Jahre: z.B. empfangene Handelsbriefe, Wiedergaben der abgesandten Handelsbriefe.
- Aufbewahrungsfrist **beginnt** am Ende des Kalenderjahres.

Kompetenztraining

1 Wer ist verpflichtet, Bücher zu führen?

2 Worüber müssen die Bücher eines Kaufmanns Auskunft geben?

3 a) Wann liegt eine ordnungsmäßige Buchführung vor?

b) Kaufleute sind verpflichtet, Geschäftsvorfälle zu erfassen. Das sind alle rechtlichen und wirtschaftlichen Vorgänge, die innerhalb eines bestimmten Zeitabschnitts den Gewinn bzw. Verlust oder die Vermögenszusammensetzung in einem Unternehmen dokumentieren oder beeinflussen bzw. verändern.
In welchen Fällen handelt es sich um Geschäftsvorfälle?

1. Ein Kreditinstitut kauft bei einem Händler Büromaterial und überweist diesem den Kaufpreis.
2. Ein Kreditinstitut erhält von einem Hotel eine Werbebroschüre in der deren Räume für eine Kundenveranstaltung angepriesen werden.
3. Ein Kreditinstitut überweist seinen Auszubildenden die Ausbildungsvergütungen auf deren Konten.
4. Die neue Vorstandsvorsitzende eines Kreditinstituts engagiert sich in ihrer Freizeit bei einem Sportverein, um sich vor Ort besser bekanntzumachen. Die Mitgliedsbeiträge zum Verein bezahlt sie aus ihrem Privatvermögen.

4 Der Kaufmann Karl Lehmann will seine Kosten senken. Er ordnet deshalb an, in Zukunft keine Kopien der abgesandten Handelsbriefe mehr zu speichern. Wie beurteilen Sie diese Anordnung?

5 Die GoB beinhalten auch bestimmte inhaltliche (materielle) Anforderungen an die Buchführung. Welche Grundsätze sind nach § 239 HGB zu beachten?

6 Welche Formen der Buchführung können nach § 239 Abs. 4 HGB gewählt werden?

7 Geben Sie an, bis zu welchem Tag die folgenden Unterlagen eines Kaufmanns mindestens aufzubewahren sind:

Unterlage	Zeitpunkt der Entstehung der Unterlage
a) Handelsbücher	Letzte Eintragung 25. Juli 2020
b) Empfangener Handelsbrief	Eingang 25. Januar 2020
c) Inventar	Aufgestellt am 20. Januar 2020
d) Bilanz	Festgestellt am 3. April 2020
e) Kopie eines abgesandten Handelsbriefes	Ausgangsdatum 30. Dezember 2020
f) Buchungsbeleg	Buchung am 24. Mai 2020

8 Welche der nach § 257 Abs. 1 HGB aufzubewahrenden Unterlagen dürfen **nicht** auf einem Bildträger oder auf anderen Datenträgern aufbewahrt werden?

9 In den GoBD beschreibt die Finanzverwaltung, was sie unter den Grundsätzen
- der Nachvollziehbarkeit und Nachprüfbarkeit sowie
- der Wahrheit, Klarheit und fortlaufenden Aufzeichnung

versteht.

a) Suchen Sie die GoBD 2019, BMF-Schreiben 28. 11. 2019, im Internet (www.bundesfinanzministerium.de)!

b) Was versteht die Finanzverwaltung unter dem Grundsatz der Nachvollziehbarkeit und Nachprüfbarkeit?

c) Welche Teilaspekte versteht die Finanzverwaltung unter dem Grundsatz der Wahrheit, Klarheit und fortlaufenden Aufzeichnung?

10 Hanna erhält am 1. Juli ein monatliches Taschengeld von 50,00 €. Davon gibt sie aus am 4. Juli 5,00 € für Getränke, am 10. Juli 15,00 € für ein Buch, am 18. Juli 8,00 € für eine Kinokarte und am 24. Juli 19,00 € für ein Essen.

Ermitteln Sie den Bestand an Bargeld zum 25. Juli in Form einer Einnahmen-Ausgaben-Rechnung!

11 Ein Kunde zahlte am 23.02.2020 4500,00 € auf sein Konto ein. Wie lange muss der Buchungsbeleg im Original oder auf Datenträger aufbewahrt werden? Tragen Sie das Datum ein!

Jahr Monat Tag

☐☐☐☐.☐☐.☐☐

2 Inventur, Inventar, Bilanz

2.1 Inventur, Inventar

Einstieg

Das Bankhaus Hans Wilms & Co. KG, Gießen, hat zum 31. Dezember eines Jahres ein Inventar zu erstellen.

> Klären Sie den Begriff Inventar!
> Erstellen Sie ein Inventar!
> Wann müssen Sie ein Inventar erstellen?

2.1.1 Was ist ein Inventar?

Das **Inventar** ist ein Verzeichnis, in dem jeder Kaufmann seine Grundstücke, seine Forderungen und Schulden, den Betrag seines baren Geldes sowie seine sonstigen Vermögensgegenstände genau zu verzeichnen **und** dabei den Wert der einzelnen Vermögensgegenstände und Schulden anzugeben hat (§ 240 Abs. 1 HGB).

Einzelkaufleute, die an den Abschlussstichtagen von zwei aufeinanderfolgenden Geschäftsjahren nicht mehr als 600000,00 € Umsatzerlöse und 60000,00 € Jahresüberschuss aufweisen, **brauchen die §§ 238 bis 241 HGB nicht anzuwenden.**

2.1.2 Wie wird ein Inventar erstellt?

Voraussetzung für die Erstellung des Inventars ist die Ermittlung der einzelnen Vermögensposten und der Schulden nach Art, Menge und Wert. Diesen Vorgang bezeichnet man als **Inventur.**

Inventurformen für Kreditinstitute

Stichtagsinventur	Permanente Inventur	Zeitlich verlegte Inventur
= Aufnahme der Bestände an einem Stichtag und zu diesem Stichtag; **Beispiele:** 1. Beginn des Handelsgewerbes 2. Ende eines Geschäftsjahres (§ 240 HGB)	= Bestände werden aus fortlaufend geführten Dateien entnommen. Aber: Mindestens einmal pro Jahr Kontrolle der Dateibestände durch körperliche Aufnahme der Vermögens- und Schuldenposten. (§ 241 Abs. 2 HGB)	= besonderes Inventar. Die jährliche Bestandsaufnahme erfolgt ganz oder teilweise innerhalb der letzten drei Monate vor oder innerhalb der ersten beiden Monate nach dem Bilanzstichtag. Unter Beachtung der Grundsätze ordnungsmäßiger Buchführung werden die Bestände zum Bilanzstichtag fortgeschrieben oder zurückgerechnet, damit der am Schluss des Geschäftsjahres vorhandene Bestand ordnungsgemäß bewertet werden kann. (§ 241 Abs. 3 HGB)

Inventurverfahren

Körperliche Bestandsaufnahme	Aufnahme anhand von Urkunden	Buchmäßige Aufnahme	Aufnahme von Stichproben
Grundverfahren nach § 240 HGB. Besichtigen, Identifizieren, Klassifizieren der Gegenstände mit anschließendem Zählen, Messen oder Wiegen. Anwendung: Nur bei körperlichen Sachen (z. B. Kassenbestand).	Bei allen immateriellen Gütern und auswärts gelagerten Posten, z. B. Lizenzen, Patente.	Übertragung der Mengen und Werte von betrieblichen Aufzeichnungen, z. B. Forderungen, Verbindlichkeiten. Auch bei Sachanlagevermögen, wenn eine ordnungsgemäße Anlagenkartei/-datei geführt wird.	Aus Durchschnittswerten von Stichproben wird auf den Wert des Gesamtbestandes geschlossen. (§ 241 Abs. 1 HGB)

Bei Kreditinstituten wird vorwiegend die buchmäßige Aufnahme angewandt. Bei Kreditgenossenschaften mit Warengeschäft kommt auch die körperliche Bestandsaufnahme vor.

Der für die einzelnen Vermögensposten und die Schulden anzusetzende Wert ist unter Beachtung besonderer Bewertungsvorschriften zu bilden. Auf die Bewertung wird im Jahresabschluss näher eingegangen.

Beispiel:

Bei dem **Bankhaus Hans Wilms & Co. KG**, Gießen, ergaben sich folgende **Inventurwerte**:

	€	€
Kassenbestand		
Banknoten lt. bes. Aufstellung	67 000,00	
Münzen lt. bes. Aufstellung	5 925,00	72 925,00
Guthaben bei der Deutschen Bundesbank		
lt. Kontoauszug der BBk-Filiale Frankfurt am Main		2 592 400,00
Forderungen an Kreditinstitute		
Handelsbank AG, Gießen lt. Kontoauszug	521 900,00	
Sparkasse Gießen lt. Kontoauszug	296 040,00	
Kreditbank AG lt. Kontoauszug	103 430,00	921 370,00
Forderungen an Kunden		
Ella Schreiner	5 270,00	
Müller & Co. KG	12 065,00	
Städtische Wasserwerke GmbH	27 928,00	
⋮		
Übrige Kunden	12 113 252,00	12 158 515,00
Wertpapiere		
a) **Anleihen und Schuldverschreibungen**		
nominal 2 000 000,00 Euro Pfandbriefe, Kurs 78,00	1 560 000,00	
nominal 500 000,00 Euro Öffentliche Pfandbriefe, Kurs 96,00	480 000,00	2 040 000,00
b) **Aktien**		
200 Stück Eterna AG, Kurs 230,00	46 000,00	
300 Stück Ymos AG, Kurs 290,00	87 000,00	133 000,00

Erläuterungen zu den Inventarposten:

Die Kreditinstitute unterhalten liquide Mittel als **Barreserve** in der *Kasse,* als täglich fällige *Guthaben bei der Zentralnotenbank.* Das ist in der Bundesrepublik Deutschland die Deutsche Bundesbank (BBk). Sie unterhält Hauptverwaltungen mit Filialen und unselbstständigen Betriebsstellen. Sie bildet mit anderen nationalen Zentralbanken und der Europäischen Zentralbank (EZB) das Europäische System der Zentralbanken (ESZB).

Im *Kassenbestand* werden alle gesetzlichen Zahlungsmittel erfasst.

Zur Abwicklung des Zahlungsverkehrs und zur Geldanlage bzw. Geldaufnahme werden Konten mit anderen Kreditinstituten unterhalten. Weisen diese Konten Guthaben auf oder handelt es sich um anderen KI gewährte Kredite, so kann das Bankhaus Wilms diese wieder zurückfordern.

Zu den Forderungen an KI gehören auch **Übernachtguthaben** im Rahmen der Einlagenfazilitäten der Deutschen Bundesbank und **Termineinlagen** bei der BBk.

Hier werden sämtliche Kredite an Nichtbankenkunden erfasst.

Diese Kunden werden auch als **Debitoren** bezeichnet.

Anleihen und Schuldverschreibungen sind i. d. R. festverzinsliche Anlagen eines Kreditinstituts, die entweder der Kapitalanlage oder dem Handel dienen. Die Mengen werden durch den Nennwert (nominal) bestimmt. Der Wert wird im Kurs ausgedrückt, der sich auf 100,00 € Nennwert bezieht.

Aktien verbriefen Anteilsrechte an Aktiengesellschaften.

Die Aktien können entweder als **Nennbetragsaktien** oder als **Stückaktien** ausgegeben (emittiert) werden. Nennbetragsaktien müssen auf mindestens einen Euro lauten. Stückaktien lauten auf keinen Nennbetrag. Der auf die einzelne Aktie entfallende anteilige Betrag des Grundkapitals (GK mindestens 50 000,00 €) darf einen Euro nicht unterschreiten.

Es werden nur die dem KI gehörenden Wertpapiere erfasst.

Sachanlagen	€	€
Grundstücke und Gebäude		
Gießen, Ostanlage 22	317 400,00	
Gießen, Licher Str. 18	293 600,00	611 000,00
Betriebs- und Geschäftsausstattung (BGA) lt. bes. Aufstellung		293 000,00

Erläuterungen zu den Inventarposten:

Sachanlagen dienen längerfristig der Erstellung der Bankleistungen. Dazu gehören die dem KI gehörenden bebauten und unbebauten Grundstücke und Gebäude sowie die beweglichen Vermögensgegenstände, die länger als ein Jahr dem Geschäftsbetrieb dienen, wie

- Büroausstattung
- Büromaschinen
- Fahrzeuge

Verbindlichkeiten gegenüber Kreditinstituten		
Commerzbank AG Gießen (lt. Kontoauszug)	292 000,00	
Volksbank Mittelhessen eG (lt. Kontoauszug)	154 625,00	446 625,00

Es werden die Salden aus Kontoverbindungen mit anderen Kreditinstituten erfasst, bei denen das Bankhaus Wilms als Schuldner auftritt.

Verbindlichkeiten gegenüber Kreditinstituten entstehen durch

- Guthabensalden auf laufenden Konten (Sichteinlagen),
- Geldaufnahmen (Tagesgeld, Festgeld),
- Darlehensaufnahmen bei anderen Kreditinstituten und
- aufgenommene Übernachtkredite bei der BBk.

Verbindlichkeiten gegenüber Kunden		
a) Spareinlagen		
Rita Abel	145,00	
Karl Adler	2 915,00	
Oskar Bremer	8 017,00	
⋮		
Übrige Kunden	8 119 538,00	8 130 615,00
b) täglich fällig (Sichteinlagen)		
Dieter Schreiber	817,00	
Metallbau GmbH	11 925,00	
EVM AG	44 317,00	
⋮		
Übrige Kunden	5 109 626,00	5 166 685,00
c) befristete Einlagen		
Anton Holler	20 000,00	
Rawemo GmbH	100 000,00	
⋮		
Übrige Kunden	2 460 000,00	2 580 000,00

Es handelt sich um Verbindlichkeiten, die nicht in einem Wertpapier verbrieft sind.

Spareinlagen sind Einlagen, die der Ansammlung oder Anlage von Vermögen dienen und durch eine besondere Urkunde (z. B. Sparbuch) gekennzeichnet sind.

Dies sind die Guthaben der Nichtbankenkunden auf ihren laufenden Konten (Girokonten, Kontokorrentkonten).

Über diese Guthaben kann „bei Sicht", d.h. jederzeit, verfügt werden. Daher die Bezeichnung Sichteinlagen. Man spricht auch von **Kreditoren.**

Es handelt sich um Einlagen von Nichtbankenkunden, die nach einer vereinbarten Laufzeit oder Kündigungsfrist fällig werden.

Die **Ergebnisse der Inventur** werden in einem besonderen Verzeichnis, dem **Inventar,** zusammengefasst.

Das **Inventar** gliedert sich in drei Teile:

A. Vermögen
B. Schulden
C. Ermittlung des Reinvermögens

Beispiel:

Aufgrund der Inventur des **Bankhauses Hans Wilms & Co. KG** ergibt sich dieses **Inventar:**

Inventar zum 31. Dezember 20.. (in €)

A. Vermögen			
1. **Barreserve**			
a) Kassenbestand			
Banknoten lt. Anlage	67 000,00		
Münzen lt. Anlage	5 925,00	72 925,00	
b) Guthaben bei der Deutschen Bundesbank lt. Kontoauszug der BBk-Filiale Frankfurt am Main		2 592 400,00	2 665 325,00
2. **Forderungen an Kreditinstitute**			
Handelsbank AG Gießen (lt. Kontoauszug)		521 900,00	
Sparkasse Gießen (lt. Kontoauszug)		296 040,00	
Kreditbank AG (lt. Kontoauszug)		103 430,00	921 370,00
3. **Forderungen an Kunden** lt. Anlage			12 158 515,00
4. **Wertpapiere**			
a) Anleihen und Schuldverschreibungen lt. Anlage		2 040 000,00	
b) Aktien lt. Anlage		133 000,00	2 173 000,00
5. **Sachanlagen**			
– Grundstücke und Gebäude			
Gießen, Ostanlage 22		317 400,00	
Gießen, Licher Str. 18		293 600,00	
– Betriebs- und Geschäftsausstattung lt. Anlage		293 000,00	904 000,00
Summe des Vermögens			18 822 210,00
B. Schulden			
1. **Verbindlichkeiten gegenüber Kreditinstituten**			
Commerzbank AG Gießen (lt. Kontoauszug)		292 000,00	
Volksbank Mittelhessen eG (lt. Kontoauszug)		154 625,00	446 625,00
2. **Verbindlichkeiten gegenüber Kunden** (lt. Anlagen)			
a) Spareinlagen		8 130 615,00	
b) andere Verbindlichkeiten			
ba) täglich fällig (Sichteinlagen)		5 166 685,00	
bb) befristete Einlagen		2 580 000,00	15 877 300,00
Summe der Schulden			16 323 925,00
C. Ermittlung des Reinvermögens			
Summe des Vermögens			18 822 210,00
– Summe der Schulden			16 323 925,00
= Reinvermögen (Eigenkapital)			2 498 285,00

2.1.3 Wann muss ein Inventar erstellt werden?

Jeder Kaufmann, soweit er nicht als Einzelkaufmann unter die Befreiung nach § 241 a HGB fällt, hat zu Beginn seines Handelsgewerbes und für den Schluss eines jeden Geschäftsjahres ein **Inventar** zu erstellen. Die Dauer des Geschäftsjahres darf zwölf Monate nicht überschreiten. Das Inventar muss innerhalb der einem ordnungsgemäßen Geschäftsgang entsprechenden Zeit erstellt werden (§ 240 Abs. 1 und 2 HGB).

§ 240 HGB (Inventar)

(1) Jeder Kaufmann hat zu Beginn seines Handelsgewerbes seine Grundstücke, seine Forderungen und Schulden, den Betrag seines baren Geldes sowie seine sonstigen Vermögensgegenstände genau zu verzeichnen und dabei den Wert der einzelnen Vermögensgegenstände und Schulden anzugeben.

(2) Er hat demnächst für den Schluss eines jeden Geschäftsjahres ein solches Inventar aufzustellen. Die Dauer des Geschäftsjahres darf zwölf Monate nicht überschreiten. Die Aufstellung des Inventars ist innerhalb der einem ordnungsmäßigen Geschäftsgang entsprechenden Zeit zu bewirken.

(3) [...]

(4) [...]

Auf einen Blick

- Jeder Kaufmann ist verpflichtet, ein Verzeichnis seines Vermögens und seiner Schulden zu erstellen. Ausgenommen von dieser Verpflichtung sind Einzelkaufleute, wenn sie die Voraussetzungen des § 241 a HGB erfüllen.
- Grundlage für die Erstellung des Inventars ist die Inventur, d. h. die genaue mengen- und wertmäßige Erfassung der Vermögens- und Schuldenwerte.
- Die Zusammenstellung der Ergebnisse der Inventur erfolgt im Inventar.
- Das Inventar gliedert sich in
  A: Vermögen
  B: Schulden
  C: Reinvermögen

Kompetenztraining

12 Die Inventur der Handelsbank AG ergab am 31. Dezember folgende Bestände an Wirtschaftsgütern:

	TEUR
Kassenbestand	35
Guthaben bei der Bundesbank	78
Forderungen an Kreditinstitute	
Spar- und Kreditbank AG	25
Sparkasse	237
Volksbank eG	9
Forderungen an Kunden	
Karl Schneider	12
Metallbau GmbH	167
Meyer & Söhne OHG	659
Tonwerke AG	267
Grundstücke und Gebäude	123
Betriebs- und Geschäftsausstattung	45
Verbindlichkeiten gegenüber Kreditinstituten	
Commerzbank AG	68
Bankhaus Schröder KG	40

Verbindlichkeiten gegenüber Kunden	
– täglich fällige Verbindlichkeiten (Sichteinlagen)	
Veronika Hohenseen	29
Gisela Schneider	4
Karl Handschuh OHG	367
Bauchemie GmbH	205
– befristete Einlagen	
Dr. Hans Schieder	150
Hillmann & Co. KG	75
– Spareinlagen	
Dieter Baumann	68
Grete May	35
Claudia Scherer	73

Erstellen Sie das Inventar der Handelsbank AG zum 31. Dezember!

13 Erstellen Sie nach den Ergebnissen der Inventur vom 16. Juli 20.. das vollständige Inventarverzeichnis der Südbank AG!

Datum der Aufstellung des Inventars: 16. Juli 20..	TEUR
Betriebs- und Geschäftsausstattung	6200
Verbindlichkeiten gegenüber Kreditinstituten:	
Sparkasse Gießen	24100
Genossenschaftsbank Gießen eG	2800
Kassenbestand	15900
Forderungen an Kunden:	
Franz May	175000
Karl Schnell	35000
Oskar Klose	63000
Befristete Einlagen:	
Mühlberg GmbH	80000
Schneider OHG	25000
Wertpapiere:	
a) Schuldverschreibungen	
nominal 10 Mio. Euro Schuldverschreibungen, Kurs 89,00	8900
b) Aktien und andere nicht festverzinsliche Wertpapiere	
40000 Stück XY-Aktien zu 210,00 €/Stück	8400
80000 Stück Adga-Investmentzertifikate zu 25,00 €/Stück	2000
Spareinlagen:	
Otto Müller	1800
Gisela Wilms	6300
Martha Keller	26200
Guthaben bei der Bundesbank	132000
Verbindlichkeiten gegenüber Kunden (täglich fällig):	
Fritz Sänger	27900
Inge Lohse	40400
Fa. K. Weller	96100
Forderungen an Kreditinstitute:	
Allgemeine Handelsbank	3600
Nordbank	2300
Postbank	4100
Grundstücke und Gebäude	38000

14 Sie sollen verschiedene Aussagen zu Inventur und Inventar prüfen. Welche Aussagen sind richtig?

1. Das Inventar ist die mengenmäßige Erfassung des Gesamtvermögens eines Unternehmens.
2. Bei Kreditinstituten kann auch ein besonderes Inventar erstellt werden.
3. Bei Forderungen und Verbindlichkeiten ist die buchmäßige Aufnahme aus betrieblichen Aufzeichnungen übliches Inventurverfahren.
4. Der Zeitraum der Erstellung des Inventars im Anschluss an die Inventur ist beliebig ausdehnbar.
5. Die Inventur stellt die Ergebnisse des Inventars dar.
6. Die Bankkundin Lars Bauer GmbH hat Lars Bauer als einzigen Gesellschafter. An den beiden letzten Abschlussstichtagen betrug der Umsatz jeweils ca. 450 000,00 € und der Jahresüberschuss lag bei 38 000,00 € bzw. 43 000,00 €. Aufgrund dieses Sachverhaltes ist die Gesellschaft von der Pflicht zur Buchführung und Erstellung eines Inventars befreit.

2.2 Bilanz

Einstieg

Das Bankhaus Hans Wilms & Co. KG ist verpflichtet, „zu Beginn seines Handelsgewerbes und für den Schluss eines jeden Geschäftsjahres einen das Verhältnis seines Vermögens und seiner Schulden darstellenden Abschluss (Eröffnungsbilanz, Bilanz) aufzustellen" (§ 242 Abs. 1 HGB).

> Was ist eine Bilanz?
> Was hat ein Kaufmann bei der Aufstellung der Bilanz zu beachten?
> Wie hoch war das Eigenkapital Ihres Ausbildungsbetriebs im vergangenen Geschäftsjahr?

2.2.1 Was ist eine Bilanz?

- Die **Bilanz** ist eine **vereinfachte Form der Darstellung des Inventars.** Sie nimmt nur die Gesamtwerte der Vermögens- und Schuldenposten auf. Auf die Aufzählung von Einzelwerten, z. B. die Namen der Sparkunden, wird verzichtet.
- Die Bilanz ist in **Kontoform** aufzustellen.

Auf dem Querbalken stehen die **Bilanzart,** z. B. Tagesbilanz, Jahresbilanz, und der **Zeitpunkt,** auf den sich die Angaben der Bilanz beziehen.

Die linke Seite der Bilanz nennt man die **Aktiv**seite. Sie nimmt die einzelnen Vermögenswerte auf. Die Bezeichnung Aktivseite kommt aus dem lateinischen agere = handeln, tätig sein.

Aktivseite	Jahresbilanz zum (Stichtag)	Passivseite
Vermögen = Mittelverwendung		Fremdkapital = Schulden gegenüber den Nicht-Eigentümern Eigenkapital = „Verbindlichkeiten" gegenüber den Eigentümern
Summe d. Aktivseite		Summe d. Passivseite

Die rechte Seite der Bilanz nennt man die **Passiv**seite. Die dort ausgewiesenen Posten beinhalten die **Verbindlichkeiten** (Schulden) **des Unternehmens** gegenüber Nicht-Eigentümern (= Fremdkapital) und das Eigenkapital, das von den Eigentümern bereitgestellt wurde. Da das Eigenkapital von dem Unternehmen wieder an die Eigentümer zurückgezahlt werden muss, kann man es auch als Verbindlichkeiten gegenüber den Eigentümern interpretieren. Der Ausdruck Passivseite kommt aus dem lat. pati = leiden, stillhalten, ruhen.

Da die auf der Passivseite ausgewiesenen Finanzierungsmittel des Unternehmens stets in einen Vermögenswert der Aktivseite eingehen müssen, gilt die sogenannte **Bilanzgleichung:**

Summe der Aktivseite = Summe der Passivseite

Wegen dieser Gleichheit wird diese Form der Darstellung Bilanz (ital. bilancia = Waage) genannt.

Die Gültigkeit dieser Bilanzgleichung ergibt sich aus dem Wesen der Bilanz.

- Die **Aktivseite** zeigt auf, **wie** das Unternehmen das ihm von Eigentümern und Nicht-Eigentümern zur Verfügung gestellte Kapital verwandt hat. Die Umwandlung der dem Unternehmen zur Verfügung gestellten Finanzmittel in Vermögenswerte wird als **Investition** bezeichnet.
- Die **Passivseite** zeigt, **woher** die Finanzierungsmittel stammen. Die Mittelbeschaffung nennt man **Finanzierung.**

Eigenkapital (eigene Mittel) benötigen Kreditinstitute, **um Risiken** aus dem Kreditgeschäft, operationelle Risiken und Marktrisiken **abzudecken. Operationelle Risiken** betreffen die Gefahr von Verlusten, die infolge der Unangemessenheit oder des Versagens von internen Verfahren (z. B. unvollständige rechtliche Dokumentation) und Systemen (z. B. Software- und Hardwarefehler), Menschen (z. B. betrügerischen Handlungen von Mitarbeitern) oder infolge externer Ereignisse (z. B. Schäden durch Computerhacker) eintreten können. **Marktrisiken** ergeben sich für Kreditinstitute z. B. im Eigenhandel mit Wertpapieren oder Fremdwährungen.

Das Eigenkapital der Kreditinstitute sollte mindestens 8 % des gesamten Forderungsbetrages betragen.

Die **Gliederung der Bilanzen** erfolgt bei Kreditinstituten nach einem **Formblatt,** das in der **Verordnung über die Rechnungslegung der Kreditinstitute** festgelegt wurde (Anhang, Anlage 1).

Gliederungskriterium bei Bilanzen von Kreditinstituten ist

- für die Aktivseite die **abnehmende Liquidität** der Vermögenswerte,
- für die Passivseite die **zunehmende Fristigkeit** des zur Verfügung gestellten Kapitals.

Beispiel:

Aus dem Inventar des **Bankhauses Hans Wilms & Co. KG** ergibt sich folgende **Bilanz:**

Jahresbilanz zum 31. Dez. 20.. (in €)

Aktivseite			Passivseite		
1. Barreserve			1. Verbindlichkeiten gegenüber Kreditinstituten		446 625,00
a) Kassenbestand	72 925,00		2. Verbindlichkeiten gegenüber Kunden		
b) Guthaben bei der Bundesbank	2 592 400,00	2 665 325,00	a) Spareinlagen	8 130 615,00	
2. Forderungen an Kreditinstitute		921 370,00	b) andere Verbindlichkeiten		
3. Forderungen an Kunden		12 158 515,00	ba) täglich fällig (Sichteinlagen)	5 166 685,00	
4. Wertpapiere[1]		2 173 000,00	bb) befristete Einlagen	2 580 000,00	15 877 300,00
5. Sachanlagen		904 000,00	3. Eigenkapital		2 498 285,00
		18 822 210,00			18 822 210,00

Gießen, den 12. Januar 20..

Hans Wilms

Die Bilanz und die Gewinn- und Verlustrechnung bilden den **Jahresabschluss** (§ 242 Abs. 3 HGB).

2.2.2 Was ist bei der Aufstellung des Jahresabschlusses zu beachten?

Für die Aufstellung des Jahresabschlusses sind die folgenden **allgemeinen Vorschriften** zu beachten.

§ 243 HGB regelt den **Aufstellungsgrundsatz**:

§ 243 HGB (Aufstellungsgrundsatz)

(1) Der Jahresabschluss ist nach den **Grundsätzen ordnungsmäßiger Buchführung** aufzustellen.

(2) Er muss **klar** und **übersichtlich** sein.

(3) Der Jahresabschluss ist **innerhalb der einem ordnungsmäßigen Geschäftsgang entsprechenden Zeit** aufzustellen.

§ 244 HGB bestimmt:

§ 244 HGB (Sprache; Währungseinheit)

Der Jahresabschluss ist in **deutscher Sprache** und in **Euro** aufzustellen.

Die Unterzeichnung des Jahresabschlusses ist in § 245 HGB geregelt:

§ 245 HGB (Unterzeichnung)

Der Jahresabschluss ist vom **Kaufmann unter Angabe des Datums zu unterzeichnen.** Sind mehrere persönlich haftende Gesellschafter vorhanden, so haben sie alle zu unterzeichnen.

---

1 Aus methodischen Gründen wurden die Wertpapiere zunächst in einem Posten ausgewiesen.

Das Kreditinstitut hält die nach den dargelegten Bestimmungen einer ordnungsmäßigen Buchführung erstellte Bilanz in einem Buch fest, dem **Bilanzenbuch.**

Die Aufbewahrungspflichten nach § 257 HGB sind zu beachten.

Im **Unterschied** zur Gliederung der **Bankbilanzen** sind die **Bilanzen von Handels- und Industriebetrieben** in folgender Reihenfolge zu gliedern (§ 247 HGB):

Aktivseite	Bilanz zum … Passivseite
Anlagevermögen	Eigenkapital
Umlaufvermögen	Fremdkapital (Schulden)
Summe der Aktivseite	Summe der Passivseite

Die Aktivseite gliedert sich nach zunehmender Liquidität, die Passivseite nach abnehmender Fristigkeit.

Beim **Anlagevermögen** sind nur die Gegenstände auszuweisen, die dauernd (d. h. mindestens ein Jahr) dem Geschäftsbetrieb dienen, z. B. Maschinen.

Das **Umlaufvermögen** dient dem laufenden, kurzfristigen Geschäftsbetrieb.

Auf einen Blick

- Die **Bilanz** ist eine vereinfachte Darstellung des Inventars in Kontoform.
- Die **Aktivseite** nimmt die **Vermögens**posten auf. Die **Passivseite** zeigt die **Verbindlichkeiten** und das **Eigenkapital.**
- Es gilt die **Bilanzgleichung**:
  Summe der Aktivseite = Summe der Passivseite
- Die **Passivseite** gibt Auskunft über die **Mittelbeschaffung** (Finanzierung) des Unternehmens.
  Die **Aktivseite** informiert über die **Verwendung** (Investition) der beschafften Finanzierungsmittel.
- Der **Jahresabschluss** ist vom Kaufmann unter Angabe des Datums **zu unterzeichnen.**
- Bilanzen der Kreditinstitute werden auf der **Aktivseite** nach **abnehmender Liquidität,** auf der **Passivseite** nach **zunehmender Fristigkeit** gegliedert.

Kompetenztraining

15 Stellen Sie das Inventar zu Aufgabe 12 in der Bilanzform dar!

16 Stellen Sie das Inventar zu Aufgabe 13 in der Bilanzform dar!

17
1. Worin besteht der Unterschied zwischen der Inventur und dem Inventar?
2. Wodurch unterscheidet sich die Stichtagsinventur von der permanenten Inventur?
3. Welche Vorteile bietet einem Kreditinstitut die zeitlich verlegte Inventur?
4. Welches Inventurverfahren hat für ein Kreditinstitut die größte Bedeutung?
5. Wann hat ein Kaufmann ein Inventar zu erstellen?
6. Worüber gibt
   a) die Aktivseite einer Bilanz,
   b) die Passivseite einer Bilanz Auskunft?
7. Erläutern Sie, warum das Eigenkapital eines Kreditinstituts auf der Passivseite der Bilanz steht!

3 Erfassen von Bestandsveränderungen und von erfolgswirksamen Geschäftsfällen in einfachen Beispielen

3.1 Wertänderungen in der Bilanz

Einstieg

Die Eröffnungsbilanz der Handelsbank AG weist zum 1. Januar 20.. diese Bestände auf:

Aktivseite — Eröffnungsbilanz (in €) — Passivseite

Aktivseite		Passivseite	
Kassenbestand	62 900,00	Verbindlichkeiten gegenüber Kunden	
Guthaben bei der BBk	448 700,00	a) Spareinlagen	1 270 000,00
Forderungen an Kreditinstitute (Sparkasse)	3 200,00	b) täglich fällig (= Sichteinlagen, Kreditoren)	790 000,00
Forderungen an Kunden (Debitoren)	1 584 400,00	Eigenkapital	94 500,00
Sachanlagen Betr.- und Geschäftsausstattung (BGA)	55 300,00		
	2 154 500,00		2 154 500,00

Am ersten Geschäftstag ergeben sich diese **Geschäftsvorgänge:**

1. Ein Debitor zahlt bar ein	17 300,00 €
2. Ein Kreditor überträgt auf sein Sparkonto	6 000,00 €
3. Ein Sparer zahlt auf sein Sparkonto bar ein	1 400,00 €
4. Ein Kreditor hebt von seinem Konto bar ab	600,00 €

> Wie werden diese Geschäftsvorgänge bezeichnet?
> Welche Bestände der Bilanz werden durch einen Geschäftsvorgang betroffen?
> Wie verändern sich die jeweils betroffenen Bestände?
> Wie wirken sich die Bestandsveränderungen jeweils auf die Bilanz aus?

Die einzelnen Geschäftsvorgänge, wie z. B. Einzahlungen, Abhebungen, Übertragungen, die das Betriebsvermögen in seiner Zusammensetzung und/oder Höhe berühren, werden als **Geschäftsfälle** bezeichnet. Sie führen zu einem Umsatz.

Die Auswirkungen der einzelnen Geschäftsfälle auf die obige Eröffnungsbilanz soll mithilfe einer **Bilanzwaage** (Abbildung S. 29) verdeutlicht werden.

Zunächst müssen für jeden Geschäftsfall folgende **vier** Fragen beantwortet werden:

Geschäftsfall / Fragen	Geschäftsfall 1	Geschäftsfall 2	Geschäftsfall 3	Geschäftsfall 4
1. Welche Bestände der Bilanz werden durch den Geschäftsfall betroffen?	Forderungen an Kunden (Debitoren) Kassenbestand	Verbindlichkeiten gegenüber Kunden (Kreditoren) Spareinlagen	Spareinlagen: Kassenbestand	Kassenbestand: Verbindlichkeiten gegenüber Kunden (Kreditoren)
2. Auf welcher Bilanzseite befinden sich die veränderten Bestände?	Forderungen an Kunden (Debitoren): **Aktivseite** Kassenbestand: **Aktivseite**	Verbindlichkeiten gegenüber Kunden (Kreditoren): **Passivseite** Spareinlagen: **Passivseite**	Spareinlagen: **Passivseite** Kassenbestand: **Aktivseite**	Kassenbestand: **Aktivseite** Verbindlichkeiten gegenüber Kunden (Kreditoren): **Passivseite**
3. Wie werden die betroffenen Bestände verändert? (Zunahme +; Abnahme –; Betrag)	Forderungen an Kunden (Debitoren): **– 17 300,00 €** Kassenbestand: **+ 17 300,00 €**	Verbindlichkeiten gegenüber Kunden (Kreditoren): **– 6 000,00 €** Spareinlagen: **+ 6 000,00 €**	Spareinlagen: **+ 1 400,00 €** Kassenbestand: **+ 1 400,00 €**	Kassenbestand: **– 600,00 €** Verbindlichkeiten gegenüber Kunden (Kreditoren): **– 600,00 €**
4. Wie wirken sich die Bestandsveränderungen auf die Bilanz aus?	Es werden zwei Bestände der **Aktivseite** betroffen. Ein Bestand nimmt zu, der andere ab. Die Summe aller Aktivbestände bleibt unverändert, damit auch die Bilanzsumme. Diese Art der Veränderung heißt **Aktivtausch**.	Es werden zwei Bestände der **Passivseite** betroffen. Ein Bestand nimmt zu, der andere ab. Die Summe aller Passivbestände bleibt unverändert, damit auch die Bilanzsumme. Diese Art der Veränderung heißt **Passivtausch**.	Es wird je ein Aktiv- und Passivbestand verändert. Beide Bestände nehmen zu. Die Bilanzsumme wird erhöht. Es liegt eine **Aktiv-Passivmehrung** vor.	Es wird je ein Aktiv- und Passivkonto berührt. Beide Bestände nehmen ab. Die Bilanzsumme nimmt ab. Es liegt eine **Aktiv-Passivminderung** vor.

Nach der Erfassung sämtlicher Geschäftsfälle in der Bilanzwaage kann durch die Ermittlung der Endbestände die Schlussbilanz erstellt werden.

Aktivseite **Bilanzwaage** **Passivseite**

Posten / Geschäftsfall	Kassenbestand	Guthaben bei der BBk	Forderungen an Kreditinstitute	Forderungen an Kunden (= Debit.)	Sachanlagen (BGA)	Spareinlagen	Verb. g. Kunden (tägl. f.) (= Kredit.)	Eigenkapital	Art der Veränderung
Anfangsbestände (€)	62 900,00	448 700,00	3 200,00	1 584 400,00	55 300,00	1 270 000,00	790 000,00	94 500,00	
1	+17 300,00			−17 300,00					Aktivtausch
2						+6 000,00	−6 000,00		Passivtausch
3	+1 400,00					+1 400,00			Aktiv-Passiv-mehrung
4	− 600,00						− 600,00		Aktiv-Passiv-minderung
Endbestände	81 000,00	448 700,00	3 200,00	1 567 100,00	55 300,00	1 277 400,00	783 400,00	94 500,00	

Aktiva **Schlussbilanz zum 02. 01. 20. .** (in €) Passiva

Aktiva		Passiva	
Kassenbestand	81 000,00	Verbindlichkeiten gegenüber Kunden	
Guthaben bei der BBk	448 700,00	a) Spareinlagen	1 277 400,00
Forderungen an Kreditinstitute (Sparkasse)	3 200,00	b) täglich fällig (= Sichteinlagen, Kreditoren)	783 400,00
Forderungen an Kunden (Debitoren)	1 567 100,00	Eigenkapital	94 500,00
Sachanlagen (BGA)	55 300,00		
	2 155 300,00		2 155 300,00

Auf einen Blick

- **Geschäftsfälle** sind in der Buchführung Vorgänge, die zu Veränderungen von Beständen in der Bilanz führen.

- Bei der **Bestimmung der Bilanzveränderung** sind folgende Fragen zu beantworten:

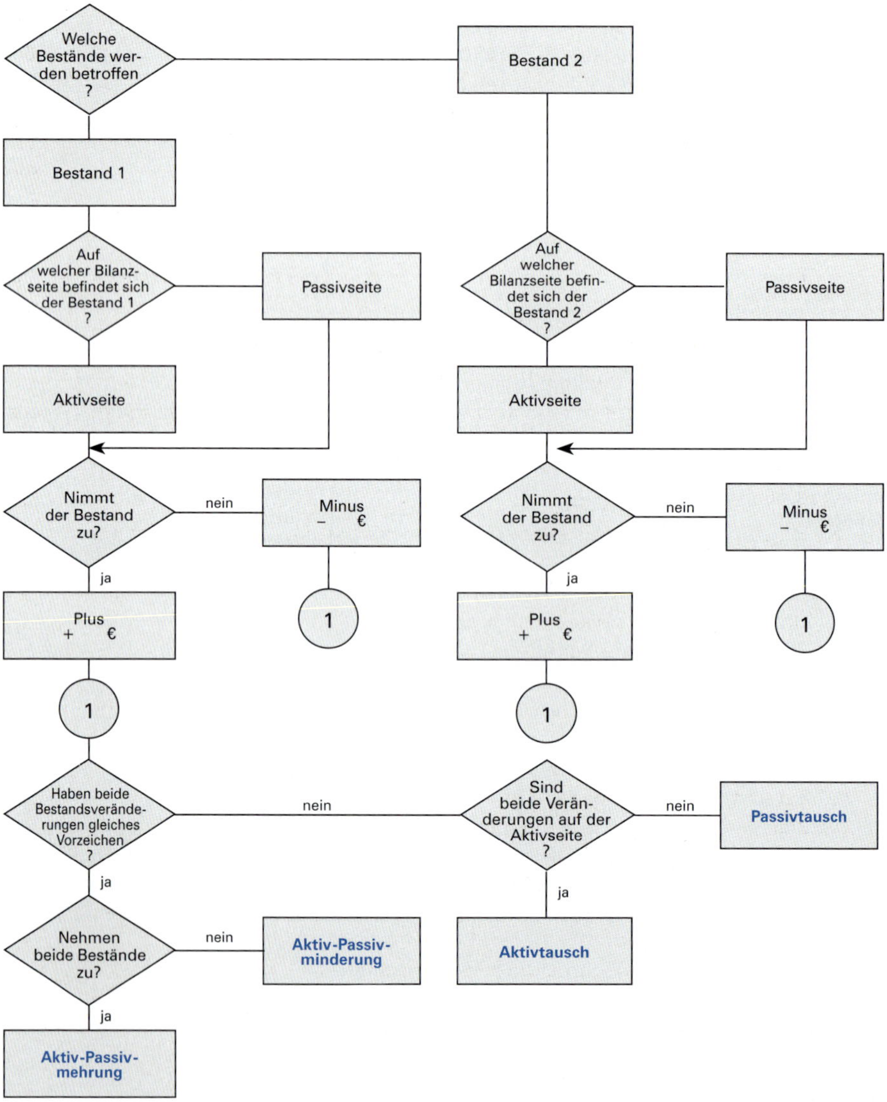

- Von jedem Geschäftsfall werden (mindestens) zwei Bestände verändert.

- Bei sämtlichen Bestandsveränderungen bleibt die **Bilanzgleichung** gewahrt.

  Aktiva = Passiva

Kompetenztraining

18 Die Eröffnungsbilanz des Kreditinstitutes lautet:

Aktiva	Eröffnungsbilanz vom 1. Januar (in €)		Passiva
1. Kassenbestand	25 000,00	1. Spareinlagen	140 000,00
2. Bundesbankguthaben	40 000,00	2. Verb. g. Kunden (Kreditoren)	100 000,00
3. Postbank Giroguthaben	15 000,00	3. Eigenkapital	60 000,00
4. Ford. a. Kunden (Debitoren)	120 000,00		
5. Wertpapiere	80 000,00		
6. Sachanlagen (BGA)	20 000,00		
	300 000,00		300 000,00

a) Tragen Sie die Bilanzposten in eine Bilanzwaage ein!

b) Tragen Sie die Bestandsveränderungen, die durch die folgenden Geschäftsfälle verursacht werden, in die Bilanzwaage ein!

c) Ermitteln Sie die Schlussbestände in der Bilanzwaage!

d) Erstellen Sie die Schlussbilanz!

e) Geben Sie an, um welche Art von Veränderung es sich bei den einzelnen Geschäftsfällen handelt!

Geschäftsfälle:

1.	Barauszahlung an Debitor	500,00 €
2.	Eingang einer Überweisung bei der Bundesbank zugunsten eines Debitors	2 000,00 €
3.	Wertpapierverkauf an Debitor	8 000,00 €
4.	Kauf von Büromaschinen. Bezahlung durch Postbank Giroüberweisung	4 000,00 €
5.	Übertrag von Spareinlagen auf Kreditoren	4 000,00 €
6.	Zinsgutschrift für Kreditoren	1 500,00 €
7.	Zinsgutschrift für Sparkunden	3 000,00 €
8.	Wir belasten Kreditoren für Provision und Spesen	5 000,00 €
9.	Kreditor überweist auf Spareinlagen	3 000,00 €
10.	Bareinzahlung durch Kreditor	3 500,00 €
11.	Bareinzahlung von Sparkunden	2 000,00 €
12.	Zins- und Provisionsbelastung für Debitoren	4 200,00 €
13.	Überweisungseingang auf Postbank Girokonto zugunsten von Kreditoren	4 000,00 €
14.	Barabhebung der Sparkunden	1 500,00 €
15.	Bezahlung der Telefonrechnung des KI durch Überweisung vom Postbank Girokonto	800,00 €
16.	Barzahlung von Kehrgebühren an Schornsteinfeger	200,00 €

19 a) Erstellen Sie die Eröffnungsbilanz!

b) Übertragen Sie die Bilanzposten in eine Bilanzwaage!

c) Tragen Sie in die Bilanzwaage ein, welche Bestandsveränderungen sich durch die Geschäftsfälle ergeben!

d) Errechnen Sie die Schlussbestände in der Bilanzwaage!

e) Erstellen Sie die Schlussbilanz!

f) Geben Sie an, um welche Art von Bilanzveränderung es sich bei den einzelnen Geschäftsfällen handelt!

Eröffnungsbestände:

Kassenbestand 30000,00 €, Guthaben bei der Bundesbank 140000,00 €, Volksbank Giroguthaben 75000,00 €, Wertpapiere 240000,00 €, Debitoren 75000,00 €, Sachanlagen (BGA) 25000,00 €, Kreditoren 180000,00 €, Spareinlagen 130000,00 €, Eigenkapital ? €.

Geschäftsfälle:

1.	Bareinzahlung eines Kreditors	4000,00 €
2.	Barauszahlung an einen Debitor	2000,00 €
3.	Wertpapierverkauf an Kreditor	6000,00 €
4.	Debitoren überweisen auf Sparkonten	4000,00 €
5.	Zinsgutschrift auf Spareinlagen	5200,00 €
6.	Zinsbelastung für Debitoren	6000,00 €
7.	Provisionsbelastung für Debitoren	3000,00 €
8.	Überweisungen im Auftrage eines Kreditors werden über Bundesbank ausgeführt	1500,00 €
9.	Volksbank Giroeingang zugunsten eines Debitors	4000,00 €
10.	Kauf eines Schreibtisches, Überweisung durch Bundesbank	2450,00 €
11.	Barabhebung eines Sparkunden	1000,00 €
12.	Bezahlung von Monatsmiete für Zweigstelle über Volksbank Girokonto	900,00 €
13.	Bezahlung von Fachzeitschriften durch BBk	300,00 €
14.	Überweisungsauftrag eines Kreditors führen wir über BBk aus	700,00 €
15.	Barabhebung eines Debitors	300,00 €

20

a) Erstellen Sie die Eröffnungsbilanz!

b) Übertragen Sie die Bilanzposten in eine Bilanzwaage!

c) Tragen Sie in die Bilanzwaage die Bestandsveränderungen ein, die sich durch die Geschäftsfälle ergeben!

d) Errechnen Sie die Schlussbestände in der Bilanzwaage!

e) Erstellen Sie die Schlussbilanz!

f) Geben Sie an, um welche Art von Bilanzveränderung es sich bei den einzelnen Geschäftsfällen handelt!

g) Warum gilt immer die Bilanzgleichung?

Eröffnungsbestände:

Kassenbestand 60000,00 €, Guthaben bei der Bundesbank 120000,00 €, Handelsbank Giroguthaben 60000,00 €, Debitoren 850000,00 €, Sachanlagen (BGA) 40000,00 €, Kreditoren 450000,00 €, Spareinlagen 380000,00 €, Eigenkapital ? €.

Geschäftsfälle:

1.	Barabhebung eines Kreditors	2000,00 €
2.	Überweisungsauftrag eines Debitors wird über BBk ausgeführt	1500,00 €
3.	Handelsbank Giroeingang zugunsten eines Kreditors	3000,00 €
4.	Kreditoren überweisen auf Sparkonten	2000,00 €
5.	Kauf eines PC. Bezahlung durch Überweisung an Kreditor	2800,00 €
6.	Bareinzahlung eines Debitors	1500,00 €
7.	Überweisung von Miete für gemietete Geschäftsräume an Debitoren	650,00 €
8.	Zinsen für Kreditoren	6000,00 €
9.	Zinsen für Spareinlagen	15000,00 €
10.	Zinsen von Debitoren	30000,00 €
11.	Provisionseinnahmen von Debitoren	5000,00 €
12.	Provisionseinnahmen von Kreditoren	3000,00 €

13.	Überweisungsauftrag eines Kreditors wird durch Handelsbank ausgeführt	1 000,00 €
14.	Gutschrift auf BBk-Konto zugunsten eines Debitors	500,00 €
15.	Bezahlung der Licht- und Gasrechnung über Handelsbank Girokonto	600,00 €
16.	Debitoren überweisen an Kreditoren	2 000,00 €

21 Geben Sie an, um welche Art der Bilanzveränderung es sich bei den Geschäftsfällen handelt!

Aktivtausch = 1; Passivtausch = 2;
Aktiv-Passiv-Mehrung = 3; Aktiv-Passiv-Minderung = 4.

1. Ein Debitor hebt von seinem Konto ab. ☐
2. Das Kreditinstitut zahlt auf sein BBk-Konto ein. ☐
3. Ein Sparer zahlt auf sein Sparkonto ein. ☐
4. Die Bank legt einen Teil des Guthabens bei der Zentrale als Termingeld an. ☐
5. Über eine fällige Termineinlage wird vom Kunden bar verfügt. ☐

3.2 Auflösung der Bilanz in Bestandskonten und Abschluss einfacher Geschäftsgänge

Einstieg

Bei Kreditinstituten fallen täglich sehr viele Geschäftsfälle an. Würden diese z. B. in Form einer Bilanzwaage erfasst, so wäre dies sehr umständlich und letztlich auch unübersichtlich.

Wie können die Geschäftsfälle rationell und übersichtlich erfasst werden?

3.2.1 Warum wird die Bilanz in Konten aufgelöst?

Um eine übersichtliche Entwicklung der einzelnen Bilanzposten zu erhalten, führt man während des Geschäftsjahres für jeden Bilanzposten außerhalb der Bilanz eine eigene Abrechnung durch. Eine Einzelabrechnung wird als **Konto** bezeichnet. Die Summe aller Konten bezeichnen wir als **Buchhaltung.**

- Die Konten, die für die Bilanzposten der Aktivseite geführt werden, heißen **Aktivkonten** oder auch **aktive Bestandskonten.**
- Die für die Bilanzposten der Passivseite gebildeten Konten nennt man entsprechend **Passivkonten** oder **passive Bestandskonten.**

Mehrungen und Minderungen werden voneinander getrennt auf einem Konto erfasst. So entsteht das zweiseitige Konto, das wegen seiner Form auch **T-Konto** genannt wird.

Nach alter kaufmännischer Gepflogenheit bezeichnet man die linke Seite des Kontos als **Sollseite,** die rechte Seite als **Habenseite.**

Beispiel:

Für das Beispiel der Eröffnungsbilanz der Handelsbank AG (siehe Einstieg in Kapitel 3.1) ergeben sich diese Bestandskonten:

Eröffnungsbilanz der Handelsbank AG (in €)

Aktivseite		Passivseite	
Kassenbestand	62 900,00	Verbindl. gegenüber Kunden	
Guthaben bei der BBk	448 700,00	a) Spareinlagen	1 270 000,00
Forderungen an Kreditinstitute (Sparkasse)	3 200,00	b) täglich fällig (= Sichteinlagen, Kreditoren)	790 000,00
Ford. an. Kunden (= Debitoren)	1 584 400,00	Eigenkapital	94 500,00
Sachanlagen (BGA)[1]	55 300,00		
	2 154 500,00		2 154 500,00

Aktivkonten

Soll — Kasse[2] — Haben

Soll — BBk — Haben

Soll — Forderungen an Kreditinstitute (Sparkasse) — Haben

Soll — Forderungen an Kunden (Debitoren) — Haben

Soll — Betriebs- u. Geschäftsausstattung (BGA) — Haben

Passivkonten

Soll — Spareinlagen — Haben

Soll — Verbindlichkeiten g. Kunden (Kreditoren) — Haben

Soll — Eigenkapital — Haben

Auf den Konten müssen alle Geschäftsfälle fortlaufend und vollständig erfasst werden. Die Konten werden in einem Buch, dem **Hauptbuch,** zusammengefasst. Dementsprechend nennt man die Konten auch **Hauptbuchkonten.**

Das Hauptbuch ist in der **Praxis** kein Buch mehr wie früher, sondern es besteht aus EDV-Listen oder es wird auf Datenträgern gespeichert.

1 In der Buchhaltung werden für die Betriebs- und Geschäftsausstattung sowie für Grundstücke und Gebäude eigene Konten geführt. Nur der Bilanzausweis erfolgt unter Sachanlagen.

2 Auf die Angabe Kassen**konto,** BBk-**Konto** usw. wird verzichtet.

3.2.2 Wie werden Bestandskonten eröffnet, geführt und abgeschlossen?

3.2.2.1 Eröffnung der Bestandskonten

Die Anfangsbestände der Bestandskonten entsprechen den Inventurbeständen der Eröffnungsbilanz.

- Bei **Aktivkonten** wird der Anfangsbestand auf der **Sollseite** gebucht:

Soll	Aktivkonten	Haben
Anfangsbestand		

- Bei **Passivkonten** steht der Anfangsbestand auf der **Habenseite**:

Soll	Passivkonten	Haben
		Anfangsbestand

(1) Eröffnungsbilanzkonto

Wie Sie von der Bilanzwaage wissen, verursacht jeder Geschäftsfall, und auch die Eröffnung der Konten ist ein solcher, zwei Veränderungen. Entsprechend wird auch im System der doppelten Buchführung ein zweites Konto erforderlich, um die sogenannte **Gegenbuchung** für die Anfangsbestände aufzunehmen. Dieses Gegenkonto für die Anfangsbestände ist das Eröffnungsbilanz**konto** (EBK).

Da die Anfangsbestände der Aktivkonten im Soll erfasst werden, müssen ihre Gegenbuchungen auf dem Eröffnungsbilanzkonto auf der Habenseite stehen.

Umgekehrt stehen die Gegenbuchungen für die Passivkonten auf dem Eröffnungsbilanzkonto auf der Sollseite.

Das Eröffnungsbilanzkonto ist somit ein Spiegelbild der durch die Inventur ermittelten Eröffnungsbilanz.

Soll	Eröffnungsbilanzkonto	Haben
Gegenbuchung für Passivkonten		Gegenbuchung für Aktivkonten

(2) Buchungsbelege

In der Buchhaltung gilt der Grundsatz:

Keine Buchung ohne Beleg

Belege sind die Grundvoraussetzung für die Beweiskraft der Buchführung. Sie sollen enthalten:

- den Text zur Erläuterung und ggf. Begründung des Geschäftsfalles,
- den zu buchenden Betrag oder Mengen- und Wertangaben, aus denen sich der zu buchende Betrag ergibt,
- den Zeitpunkt des Geschäftsfalles,
- die Bestätigung durch den Verantwortlichen (z. B. Unterschrift, Handzeichen, Verfahrensfreigabe).

Da bei Kreditinstituten die Buchung auf der Sollseite und die Buchung auf der Habenseite **getrennt** voneinander vorgenommen werden, sind für die Eröffnungsbuchungen zwei Belege, ein **Sollbeleg** und ein **Habenbeleg,** erforderlich.

Die **Belegfunktion** gilt unabhängig davon, ob die Buchführung konventionell oder elektronisch durchgeführt wird.

Beim **Datenträgeraustausch** oder bei **Online-Datenübertragung** von Computer zu Computer muss das zwischen den Geschäftspartnern vereinbarte kontrollierte Verfahren die **Belegfunktion** erfüllen.

(3) Buchungssatz

Die **Buchungsanweisung** wird auf eine kurze Formel, den **Buchungssatz,** gebracht. Ein Buchungssatz beginnt mit dem Konto, das die Sollbuchung aufnimmt und endet mit dem Konto für die Habenbuchung. Beide Konten werden mit dem Wörtchen „an" verbunden. Hinzu kommen die auf den angesprochenen Konten zu buchenden Beträge.

Allgemein: Konto mit der Sollbuchung an Konto mit der Habenbuchung Betrag

Werden durch einen Geschäftsfall **zwei** Konten angesprochen, dann liegt ein **einfacher Buchungssatz** vor.

Besteht die Buchungsanweisung für mehr als 2 Konten, so kann ein **zusammengesetzter Buchungssatz** gebildet werden. Dies ist in der Praxis nicht mehr üblich. Bei **EDV-mäßiger Buchung** werden mehrere einfache Buchungssätze gebildet.

Beispiel:

Ford. an KI (Sparkasse)	an Forderungen an Kunden	25 000,00 €	20 000,00 €
	an Spareinlagen		5 000,00 €
in der EDV:			
Ford. an KI (Sparkasse)	an Forderungen an Kunden	20 000,00 €	20 000,00 €
Ford. an KI (Sparkasse)	an Spareinlagen	5 000,00 €	5 000,00 €

Für die Eröffnungsbuchungen lauten die **Buchungssätze** für

		Soll	Haben
Aktivkonten:	Aktivkonto an Eröffnungsbilanzkonto (EBK)	Betrag	Betrag
Passivkonten:	Eröffnungsbilanzkonto (EBK) an Passivkonto	Betrag	Betrag

(4) Grundbuch

Die Buchungssätze werden vor der Buchung im Hauptbuch, im sogenannten **Grundbuch,** das auch als Primanota (PN; erste Aufzeichnung), Journal (Tagebuch) oder Memorial bezeichnet wird, in der **chronologischen Reihenfolge** ihres Vorkommens erfasst.

In seiner einfachsten Form besteht die **Buchung im Grundbuch** aus

Belegnummer	Buchungssatz	Buchungsbetrag	
		Soll Betrag €	Haben Betrag €

Beispiel:

Für die Handelsbank AG (siehe Einstieg in Kapitel 3.1) ergeben sich somit im Grundbuch folgende Eröffnungsbuchungen:

Grundbuch

Nr.	Buchungssätze			Soll Betrag €	Haben Betrag €
1.	Kasse	an	EBK	62 900,00	62 900,00
2.	BBk	an	EBK	448 700,00	448 700,00
3.	Ford. an KI (Spark.)	an	EBK	3 200,00	3 200,00
4.	Ford. an Kunden	an	EBK	1 584 400,00	1 584 400,00
5.	BGA	an	EBK	55 300,00	55 300,00
6.	EBK	an	Spareinlagen	1 270 000,00	1 270 000,00
7.	EBK	an	Verbindlichkeiten g. Kunden	790 000,00	790 000,00
8.	EBK	an	Eigenkapital	94 500,00	94 500,00

(5) Buchung im Hauptbuch

Die im Grundbuch erfassten Geschäftsfälle werden anschließend **systematisch geordnet** im **Hauptbuch** auf **Hauptbuchkonten** gebucht. Bei der Buchung im Hauptbuch wird zweckmäßigerweise mit der Sollbuchung begonnen, danach wird die Habenbuchung ausgeführt.

Neben der Buchungsnummer werden das jeweilige **Gegen**konto und der Betrag angegeben.

Beispiel:

Für das Ausgangsbeispiel (siehe Einstieg in Kapitel 3.1) ergeben sich diese Eröffnungsbuchungen im Hauptbuch:

Soll — Eröffnungsbilanzkonto (EBK) in € — Haben

Soll		Haben	
6. Spareinlagen	1 270 000,00	1. Kasse	62 900,00
7. Verbindl. g. Kunden (Kreditoren)	790 000,00	2. BBk	448 700,00
8. Eigenkapital	94 500,00	3. Ford. an KI (Sparkasse)	3 200,00
		4. Forderungen an Kunden (Debitoren)	1 584 400,00
		5. BGA	55 300,00
	2 154 500,00		2 154 500,00

S	Kasse	H
1. EBK	62 900,00	

S	BBk	H
2. EBK	448 700,00	

S	Forderungen an KI (Sparkasse)	H
3. EBK	3 200,00	

S	Forderungen an Kunden (Debitoren)	H
4. EBK	1 584 400,00	

S	BGA	H
5. EBK	55 300,00	

S	Spareinlagen	H
	6. EBK	1 270 000,00

S	Verbindl. geg. Kunden (Kreditoren)	H
	7. EBK	790 000,00

S	Eigenkapital	H
	8. EBK	94 500,00

3.2.2.2 Führen der Bestandskonten (Umsatzbuchungen)

Von der Darstellung der Bilanzwaage wissen wir, dass jeder Geschäftsfall zwei Bestandsveränderungen verursacht hat.

Diese beiden Veränderungen führen bei der Buchung im Hauptbuch zu jeweils einer Buchung im **Soll und** einer Buchung im **Haben.**

Hierfür gelten diese **Buchungsregeln**:

- Bei **Aktivkonten** stehen **Mehrungen** (Zunahmen, Plusveränderungen) im **Soll** und **Minderungen** (Abnahmen, Minusveränderungen) im **Haben.**

Soll	Aktivkonten	Haben
Anfangsbestand		Minderungen
Mehrungen		

- Bei **Passivkonten** stehen **Minderungen** im **Soll** und **Mehrungen** im **Haben.**

Soll	Passivkonten	Haben
Minderungen		Anfangsbestand
		Mehrungen

Bei der **Buchung der Geschäftsfälle** (Umsatzbuchungen) ist nach folgenden Fragen vorzugehen:

Geschäftsfälle / Fragen	1. Ein Debitor zahlt bar ein 17 300,00 €	2. Ein Kreditor überträgt auf sein Sparkonto 6 000,00 €	3. Ein Sparer zahlt auf sein Sparkonto bar ein 1 400,00 €	4. Ein Kreditor hebt von seinem Konto bar ab 600,00 €
Welche Konten werden durch den Geschäftsfall betroffen?	Ford. an Kunden (Debitoren) Kasse	Verbindl. gegenüber Kunden (Kreditoren) Spareinlagen	Kasse Spareinlagen	Verbindl. gegenüber Kunden (Kreditoren) Kasse
Handelt es sich bei den betroffenen Konten um Aktiv- oder um Passivkonten?	Ford. an Kunden (Deb.): Aktivkonto Kasse: Aktivkonto	Verb. g. Kunden (Kred.): Passivkonto Spareinlagen: Passivkonto	Kasse: Aktivkonto Spareinlagen: Passivkonto	Verb. g. Kunden (Kred.): Passivkonto Kasse: Aktivkonto

Geschäftsfälle / Fragen	1. Ein Debitor zahlt bar ein 17 300,00 €	2. Ein Kreditor überträgt auf sein Sparkonto 6 000,00 €	3. Ein Sparer zahlt auf sein Sparkonto bar ein 1 400,00 €	4. Ein Kreditor hebt von seinem Konto bar ab 600,00 €
Wie werden die betroffenen Konten verändert? (Mehrung oder Minderung)	Ford. an Kunden (Deb.): Minderung Kasse: Mehrung	Verb. g. Kunden (Kred.): Minderung Spareinlagen: Mehrung	Kasse: Mehrung Spareinlagen: Mehrung	Verb. g. Kunden (Kred.): Minderung Kasse: Minderung
Wie lautet der Buchungssatz?	9.[1] Kasse **an** Ford. a. Kdn. 17 300,00	10. Verb. g. Kdn. (Kred.) **an** Spareinlagen 6 000,00	11. Kasse **an** Spareinlagen 1 400,00	12. Verb. g. Kdn. (Kred.) **an** Kasse 600,00
Wie ist im Hauptbuch zu buchen?	→ **siehe Buchungen im Hauptbuch auf S. 40**			

3.2.2.3 Abschluss der Bestandskonten, Abschlussbuchungen

Am Ende einer Abrechnungsperiode wird der Schlussbestand der einzelnen Bestandskonten durch **Saldieren** ermittelt.

- Der **Saldo** ergibt sich aus der Differenz der beiden Kontoseiten. Er steht auf der jeweils wertmäßig kleineren Seite des Kontos.
- Bei **Aktivkonten** ist dies die **Habenseite,** bei **Passivkonten** die **Sollseite.**
- Die **Salden** der Bestandskonten werden auf das **Schlussbilanzkonto (SBK)** übertragen.

Die Buchungssätze für die Abschlussbuchungen lauten allgemein:

Schlussbilanzkonto (SBK)	an	Aktivkonten
Passivkonten	an	Schlussbilanzkonto (SBK)

1 Die Nummerierung schließt hier an die Eröffnungsbuchungen an.

Beispiel:

Für unser Beispiel ergeben sich im Grundbuch folgende Abschlussbuchungen:

Grundbuch

Nr.	Buchungssätze			Soll Betrag €	Haben Betrag €
	Abschlussbuchungen				
13.	SBK an Kasse			81 000,00	81 000,00
14.	SBK an BBk			448 700,00	448 700,00
15.	SBK an Forderungen an Kreditinstitute (Sparkasse)			3 200,00	3 200,00
16.	SBK an Forderungen an Kunden (Debitoren)			1 567 100,00	1 567 100,00
17.	SBK an BGA			55 300,00	55 300,00
18.	Spareinlagen	an	SBK	1 277 400,00	1 277 400,00
19.	Verbindlichkeiten gegenüber Kunden (Kreditoren)	an	SBK	783 400,00	783 400,00
20.	Eigenkapital	an	SBK	94 500,00	94 500,00

Daraus ergeben sich diese Buchungen im Hauptbuch:

Hauptbuch

S Kasse H

S		H	
1. EBK	62 900,00	12. Verb. g. Kdn.	600,00
9. Ford. a. Kdn.	17 300,00	13. SBK	81 000,00
11. Spareinl.	1 400,00		
	81 600,00		81 600,00

S BBk H

S		H	
2. EBK	448 700,00	14. SBK	448 700,00

S Ford. an Kreditinstitute (Sparkasse) H

S		H	
3. EBK	3 200,00	15. SBK	3 200,00

S Ford. an Kunden (Debitoren) H

S		H	
4. EBK	1 584 400,00	9. Kasse	17 300,00
		16. SBK	1 567 100,00
	1 584 400,00		1 584 400,00

S BGA H

S		H	
5. EBK	55 300,00	17. SBK	55 300,00

S Spareinlagen H

S		H	
18. SBK	1 277 400,00	6. EBK	1 270 000,00
		10. Verb. g. Kdn.	6 000,00
		11. Kasse	1 400,00
	1 277 400,00		1 277 400,00

S Verb. g. Kunden (Kreditoren) H

S		H	
10. Spareinl.	6 000,00	7. EBK	790 000,00
12. Kasse	600,00		
19. SBK	783 400,00		
	790 000,00		790 000,00

S Eigenkapital H

S		H	
20. SBK	94 500,00	8. EBK	94 500,00

Soll Schlussbilanzkonto (SBK) in € Haben

Soll		Haben	
13. Kasse	81 000,00	18. Spareinlagen	1 277 400,00
14. BBk	448 700,00	19. Verb. g. Kunden (Kreditoren)	783 400,00
15. Ford. an Kreditinstitute (Sparkasse)	3 200,00	20. Eigenkapital	94 500,00
16. Ford. an Kunden (Debitoren)	1 567 100,00		
17. BGA	55 300,00		
	2 155 300,00		2 155 300,00

3.2.3 Wie hängen das System der Doppik und die Schlussbilanz zusammen?

Außerhalb des Systems der doppelten Buchführung werden die Endbestände aller Vermögens- und Schuldenwerte am Jahresende durch **Inventur** erfasst. Die Salden der Konten sind dabei eine wesentliche Grundlage der Bestandsermittlung, z. B. bei Forderungen und Verbindlichkeiten. Bei Kreditinstituten mit Warengeschäft können aber z. B. bei den Warenbeständen **Abweichungen der Ist-Bestände von den buchmäßigen Soll-Beständen** vorkommen. In diesem Fall sind die Buchbestände durch vorbereitende Abschlussbuchungen den Inventurwerten (Ist-Werte) anzugleichen.

Beispiel:

Bei der **Inventur** der Handelsbank AG wurde festgestellt, dass die Inventurbestände mit den Buchbeständen übereinstimmen.

Es ergibt sich dadurch folgende **Schlussbilanz:**

Aktivseite — Schlussbilanz der Handelsbank AG zum 31. 12. 20.. (in €) — Passivseite

Barreserve		Spareinlagen	1 277 400,00
a) Kassenbestand	81 000,00	Verbindlichkeiten gegenüber	
b) Guthaben bei der BBk	448 700,00	Kunden (Kreditoren)	783 400,00
Forderungen an Kreditinstitute		Eigenkapital	94 500,00
(Sparkasse)	3 200,00		
Forderungen an Kunden			
(Debitoren)	1 567 100,00		
Sachanlagen (BGA)	55 300,00		
Summe der Aktiven	2 155 300,00	Summe der Aktiven	2 155 300,00

Eröffnungs- und Schlussbilanzen sind in chronologischer Reihenfolge in einem **Bilanzenbuch** festzuhalten.

Auf einen Blick

- Im **System der doppelten Buchführung (Doppik)** wird jeder Vorgang doppelt gebucht, d. h., zu jeder Buchung gehört eine Gegenbuchung.
- Es gilt der **Grundsatz**: Keine Buchung ohne Beleg.
- Die Buchungsanweisung wird in Form eines **Buchungssatzes** ausgedrückt.
  - Der **einfache Buchungssatz** spricht zwei Konten an.
  - Der **zusammengesetzte Buchungssatz** spricht mehr als zwei Konten an.
- Die Buchungssätze werden im **Grundbuch** (Tagebuch, Primanota u. Ä. genannt) erfasst.

  Man unterscheidet: **Eröffnungsbuchungen**
  - Aktivkonten an EBK
  - EBK an Passivkonten

  Buchungen der Geschäftsfälle (Umsatzbuchungen)

  Abschlussbuchungen
  - SBK an Aktivkonten
  - Passivkonten an SBK

- **Aufbau des Systems der Doppik**

S	Eröffnungsbilanzkonto (EBK)	H
Gegenbuchung der Anfangsbestände der Passivkonten		Gegenbuchung der Anfangsbestände der Aktivkonten

S	Aktivkonten	H
EBK		Minderungen
Mehrungen		SBK

S	Passivkonten	H
Minderungen		EBK
SBK		Mehrungen

S	Schlussbilanzkonto (SBK)	H
Salden der Aktivkonten		Salden der Passivkonten

Außerhalb des Systems der Doppik

Aktiva	Eröffnungsbilanz	Passiva
Vermögenswerte		Fremdkapital
		Eigenkapital

Aktiva	Schlussbilanz	Passiva
Vermögenswerte		Fremdkapital
		Eigenkapital

- **Bilanzenbuch:** Hier werden in chronologischer Reihenfolge Eröffnungs- und Schlussbilanz festgehalten, wie sie sich aus dem Eröffnungs- bzw. Schlussinventar ergeben.

Kompetenztraining

22 Zu folgenden Geschäftsfällen sind die Buchungssätze zu bilden und in das Grundbuch einzutragen.

1.	Bareinzahlung auf Sparkonten	200,00 €
2.	Ein Debitor hebt bar ab	240,00 €
3.	Ein Debitor überweist auf das Konto eines Kreditors	610,00 €
4.	Auf unserem Postbank Girokonto gehen zugunsten eines Kreditors ein	1 400,00 €
5.	Barabhebung von unserem BBk-Konto	10 000,00 €
6.	Kauf eines Laptops von einem Kreditor	3 000,00 €
7.	Wir kaufen Wertpapiere von einem Debitor für eigenen Bestand	4 570,00 €
8.	Wir verkaufen aus eigenem Bestand Wertpapiere an einen Kreditor	2 120,00 €
9.	Die Telefonrechnung wird von unserem Postbank Girokonto abgebucht	340,00 €
10.	Wir führen einen Überweisungsauftrag unseres Debitors über BBk-Konto aus	480,00 €
11.	Wir lassen von unserem Postbank Girokonto auf unser BBk-Konto übertragen	5 000,00 €
12.	Ein Debitor zahlt bar auf sein Konto ein	730,00 €
13.	Ein Kreditor überweist auf sein Sparkonto	4 700,00 €
14.	Wir belasten unsere Debitoren mit Zinsen	4 800,00 €
15.	Zinsgutschrift für Sparkunden	3 100,00 €
16.	Daueraufträge unserer Kreditoren werden über Postbank Girokonto ausgeführt	6 700,00 €
17.	Ein Sparkunde löst sein Konto auf. Wir zahlen ihm das Guthaben in Höhe von 4 000,00 € zuzüglich 130,00 € Zinsen aus	4 130,00 €

23 Welche Geschäftsfälle können den folgenden Buchungssätzen zugrunde liegen?

Beleg-Nr.	Buchungssätze			Soll Betrag €	Haben Betrag €
1	Kasse	an	Kreditoren	545,00	545,00
2	Debitoren	an	Kasse	860,00	860,00
3	Kasse	an	Spareinlagen	150,00	150,00
4	Kapital	an	Kreditoren	240,00	240,00
5	Wertpapiere	an	Kreditoren	4750,00	4750,00
6	Kasse	an	Debitoren	660,00	660,00
7	Kreditoren	an	Wertpapiere	3785,00	3785,00
8	Debitoren	an	Debitoren	370,00	370,00
9	Kreditoren	an	Spareinlagen	400,00	400,00
10	Geschäftsausstattung	an	BBk	930,00	930,00
11	Postbank	an	BBk	8000,00	8000,00
12	BBk	an	Debitoren	550,00	550,00
13	Kreditoren	an	Postbank	795,00	795,00
14	Spareinlagen	an	Kasse	200,00	200,00
15	Kapital	an	Spareinlagen	1415,00	1415,00
16	Wertpapiere	an	Debitoren	3480,00	3480,00
17	Kreditoren	an	Debitoren	437,00	437,00
18	Kreditoren	an	Spareinlagen	300,00	300,00
19	Kapital	an	Kasse	3000,00	3000,00
20	Kreditoren	an	Kasse	150,00	150,00
		Gesamtumsatz		31017,00	31017,00

24 a) Buchen Sie im Grundbuch:
(1) die Eröffnung (2) die Geschäftsfälle (3) den Abschluss
zu Aufgabe 18!

b) Buchen Sie im Hauptbuch!

25 a) Buchen Sie im Grundbuch:
(1) die Eröffnung (2) die Geschäftsfälle (3) den Abschluss
zu Aufgabe 19!

b) Buchen Sie im Hauptbuch!

26 a) Buchen Sie im Grundbuch:
(1) die Eröffnung (2) die Geschäftsfälle (3) den Abschluss
zu Aufgabe 20!

b) Buchen Sie im Hauptbuch!

27 a) Erstellen Sie die Eröffnungsbilanz!

b) Buchen Sie im Grundbuch: Konteneröffnung, Geschäftsfälle und Abschluss!

c) Buchen Sie im Hauptbuch!

d) Erstellen Sie das Inventar!

e) Erstellen Sie die Schlussbilanz!

Inventarbestände:

Aufstellung der Eröffnungsbilanz aufgrund des folgenden Inventars:

Kasse 42 000,00 €, Kreditbank 94 000,00 €, Bundesbank 183 000,00 €, Wertpapiere 234 000,00 €, Debitoren 455 000,00 €, Geschäftsausstattung 80 000,00 €, Kreditoren 514 000,00 €, Spareinlagen 214 000,00 €, Eigenkapital ? €.

Geschäftsfälle:

1.	Barabhebung durch Kreditor	2 000,00 €
2.	Ein Kreditor kauft Wertpapiere aus unserem Bestand	45 000,00 €
3.	Giroeingang zugunsten eines Debitors auf unserem Konto bei der Kreditbank	4 000,00 €
4.	IT-Hardware wird gekauft, Bezahlung über Bundesbank	12 000,00 €
5.	Heizölrechnung wird vom Konto bei der Kreditbank überwiesen	900,00 €
6.	Mieteinnahmen, Eingang bei Bundesbank (BBk)	1 650,00 €
7.	Zinsgutschrift für Kreditoren	4 800,00 €
8.	Zinsgutschrift für Spareinlagen	6 000,00 €
9.	Zinsbelastung für Debitoren	25 000,00 €
10.	Provisionsbelastung für Kreditoren	3 000,00 €
11.	Provisionsbelastung für Debitoren	2 400,00 €
12.	Bank kauft Wertpapiere von Kreditor	14 000,00 €
13.	Bareinzahlung auf Sparkonten	500,00 €
14.	Barabhebung von Sparkonten	800,00 €
15.	Licht-, Wasser- und Gasrechnung wird den Stadtwerken (Kreditor) überwiesen	2 100,00 €

28 a) Erstellen Sie die Eröffnungsbilanz!

b) Buchen Sie im Grundbuch: Konteneröffnung, Geschäftsfälle und Abschluss!

c) Buchen Sie im Hauptbuch: Konteneröffnung, Geschäftsfälle, Kontenabschluss!

Inventarbestände:

Kasse 180 000,00 €, Bundesbank 240 000,00 €, Postbank 210 000,00 €, Wertpapiere 140 000,00 €, Gebäude 420 000,00 €, Debitoren 750 000,00 €, Geschäftsausstattung 100 000,00 €, Kreditoren 650 000,00 €, Spareinlagen 860 000,00 €, Eigenkapital ? €.

Geschäftsfälle:

1.	Bareinzahlung eines Sparers	1 500,00 €
2.	Postbank Giroeingang zugunsten eines Debitors	3 250,00 €
3.	Überweisungsauftrag eines Kreditors wird über BBk-Konto ausgeführt	2 100,00 €
4.	Ein Kreditor kauft Wertpapiere aus unserem Bestand	20 000,00 €
5.	Reparaturrechnung für Gebäude bar bezahlt	6 450,00 €
6.	Debitoren überweisen auf Sparkonten	3 500,00 €
7.	Ein Sparer hebt bar ab	200,00 €
8.	Ein neuer Schreibtisch wird gekauft und der Kaufpreis einem Debitor gutgeschrieben	600,00 €
9.	Zinsbelastung für Debitoren	50 000,00 €
10.	Zinsgutschrift für Kreditoren	12 000,00 €
11.	Zinsgutschrift für Spareinlagen	8 000,00 €
12.	Postbank Giroüberweisung zulasten eines Kreditors	4 000,00 €
13.	Mieteingang für vermietete Wohnung auf Postbank Girokonto	800,00 €
14.	Überweisungsauftrag eines Kreditors wird über BBk-Konto ausgeführt	1 500,00 €

29 a) Erstellen Sie die Eröffnungsbilanz!
b) Buchen Sie im Grundbuch: Konteneröffnung, Geschäftsfälle und Abschluss!
c) Buchen Sie im Hauptbuch: Konteneröffnung, Geschäftsfälle, Kontenabschluss!

Inventarbestände:

Kasse 35 000,00 €, BBk 43 500,00 €, Giroguthaben bei der Sparkasse 4 800,00 €, Wertpapiere 60 000,00 €, Debitoren 1 300 000,00 €, Geschäftsausstattung 60 000,00 €, Gebäude 200 000,00 €, Kreditoren 900 000,00 €, Spareinlagen 500 000,00 €, Eigenkapital ? €.

Geschäftsfälle:

1.	Debitoren zahlen bar ein		6 250,00 €
2.	Auszahlung an Sparkunden		4 900,00 €
3.	Eingang auf BBk-Konto für Debitoren		15 000,00 €
4.	Barabhebung vom BBk-Konto		10 000,00 €
5.	Eingang auf Girokonto bei der Sparkasse für Kreditoren		8 000,00 €
6.	Überweisungsaufträge unserer Kreditoren werden ausgeführt:		
	durch Übertrag auf Konten der Debitoren	3 400,00 €	
	durch Sparkasse	4 000,00 €	
	durch BBk	6 000,00 €	13 400,00 €
7.	Einzahlung von Sparkunden		7 400,00 €
8.	Kreditoren übertragen auf Sparkonten		3 000,00 €
9.	Wir kaufen Wertpapiere von Debitoren		6 700,00 €
10.	Gekaufte Büromaschinen werden durch Giroüberweisung vom Konto bei der Sparkasse beglichen		4 640,00 €
11.	Provisionsbelastung für Debitoren	13 700,00 €	
	für Kreditoren	12 800,00 €	26 500,00 €
12.	Wir bezahlen unsere Stromrechnung über BBk-Konto		2 680,00 €
13.	Verkauf von Wertpapieren an Kreditoren		3 150,00 €

30 a) Erstellen Sie die Eröffnungsbilanz!
b) Buchen Sie im Grundbuch: Konteneröffnung, Geschäftsfälle und Abschluss!
c) Buchen Sie im Hauptbuch: Konteneröffnung, Geschäftsfälle, Kontenabschluss!

Inventarbestände:

Kasse 40 000,00 €, BBk 25 000,00 €, Girokonto bei der Kreditbank 10 000,00 €, Wertpapiere 15 000,00 €, Debitoren 800 000,00 €, Geschäftsausstattung 26 000,00 €, Kreditoren 600 000,00 €, Spareinlagen 150 000,00 €, Eigenkapital ? €.

Geschäftsfälle:

1.	Kasseneingang von Debitoren	14 000,00 €
2.	Kreditoren heben bar ab	16 000,00 €
3.	Sparkunden zahlen ein	8 750,00 €
4.	Auf unserem Girokonto bei der Kreditbank gehen zugunsten von Debitoren ein	7 420,00 €
5.	Ein Kreditor erteilt uns einen Überweisungsauftrag. Ausführung über BBk	4 310,00 €
6.	Sparkunden heben ab	5 000,00 €
7.	Kauf von Büromaterial bar	200,00 €
8.	Wir belasten Debitoren mit Provision	4 600,00 €
9.	Kreditoren kaufen Wertpapiere aus unserem Bestand	6 840,00 €
10.	Kreditoren lassen auf Sparkonten übertragen	6 000,00 €
11.	Zinsbelastung für Debitoren	27 000,00 €
12.	Zinsgutschrift für Kreditoren	1 400,00 €
13.	Provisionsbelastung für Kreditoren	7 600,00 €
14.	Debitoren erteilen Überweisungsaufträge. Ausführung über unser Girokonto bei der Kreditbank	740,00 €

31 Welche Angaben über das System der doppelten Buchführung treffen zu?

1. Die EDV-Buchführung hat das System der doppelten Buchführung überflüssig gemacht.
2. Auch bei der EDV-Buchhaltung gilt der Grundsatz: Keine Buchung ohne Beleg.
3. Das System der Doppik geht von der Eröffnungsbilanz zur Schlussbilanz. ☐
4. Die Salden der Konten entsprechen den Ergebnissen der Inventur. ☐
5. Auf den Hauptbuchkonten können alle Geschäftsfälle bei Bedarf erfasst werden.
6. Konten, die für die Bilanzposten der Aktivseite geführt werden, heißen Aktivkonten.

32 Durch welche Angaben werden Aktivkonten richtig charakterisiert?

1. Sie haben keinen Anfangsbestand.
2. Der Saldo steht auf der Habenseite.
3. Mehrungen (Zugänge) werden auf der Habenseite erfasst. ☐
4. Minderungen (Abgänge) werden auf der Sollseite erfasst. ☐
5. Der Anfangsbestand steht auf der Sollseite.
6. Zum Kontoabschluss sind zwei Bestände erforderlich.

3.3 Erfolgskonten mit Abschluss über Gewinn- und Verlustkonto

Einstieg

Das Schlussbilanzkonto der Handelsbank AG wies in der Vorperiode als Eigenkapital einen Betrag von 94 500,00 € auf, in dieser Periode ein solches von 140 400,00 €.

> Wie ist eine Veränderung des Eigenkapitals zu erklären?
> Wie werden die erfolgswirksamen Vorgänge gebucht?
> Wie werden die Erfolgskonten abgeschlossen?

3.3.1 Wie ist eine Veränderung des Eigenkapitals zu erklären?

Grundsätzlich gibt es zwei Möglichkeiten für die Veränderung des Eigenkapitals. Entweder haben die Gesellschafter des Kreditinstituts zusätzliche Einlagen aufgebracht – was in diesem Falle nicht erfolgt ist – oder das Kreditinstitut hat aus dem Bankgeschäft einen positiven Überschuss (Gewinn) erzielt.

Beispiel:

Bei der Handelsbank AG kam der Gewinn durch folgende **Geschäftsfälle** zustande:

1. Zinsgutschriften für Spareinlagen	38 000,00 €
2. Zinsgutschriften für Kreditoren	3 950,00 €
3. Zinsbelastungen für Debitoren	126 720,00 €
4. Provisionsbelastungen für Debitoren	15 840,00 €
5. Personalaufwendungen (Gutschrift für Kreditoren)	36 200,00 €
6. Sachaufwendungen (Gutschrift für Debitoren)	18 510,00 €

Wenn Sie diese Geschäftsfälle näher untersuchen, werden Sie feststellen, dass einige davon zu einer Minderung des Eigenkapitals führten. Diese werden als **Aufwendungen** bezeichnet. Die anderen führten zu einer Mehrung des Eigenkapitals, diese werden als **Erträge** bezeichnet.

Stellt man die durch die obigen Geschäftsfälle verursachten Eigenkapitalveränderungen auf dem Konto Eigenkapital dar, so müssen, da dieses Konto ein **Passivkonto** ist, die Aufwendungen (= Minderungen) im Soll, die Erträge (= Mehrungen) im Haben erfasst werden.

Beispiel:

Soll — Eigenkapital (in €) — Haben

	Soll		Haben		
Aufwendungen (Minderungen)	1. Zinsaufwendungen	38 000,00	EBK	94 500,00	
Aufwendungen (Minderungen)	2. Zinsaufwendungen	3 950,00	3. Zinserträge	126 720,00	Erträge (Mehrungen)
Aufwendungen (Minderungen)	5. Personalaufwendungen	36 200,00	4. Provisionserträge	15 840,00	Erträge (Mehrungen)
Aufwendungen (Minderungen)	6. Sachaufwendungen	18 510,00			
	SBK	140 400,00			
		237 060,00		237 060,00	

3.3.2 Wie werden die erfolgswirksamen Vorgänge gebucht?

Da täglich viele Geschäftsfälle, die entweder Aufwendungen oder Erträge verursachen, anfallen, ist es nicht sinnvoll, diese pauschal über das Konto Eigenkapital zu buchen, da dadurch eine Analyse der einzelnen Aufwands- und Ertragsarten und die Übersichtlichkeit sehr erschwert würden.

Deshalb werden die einzelnen **Aufwands- und Ertragsarten** nach **bestimmten Gesichtspunkten,** z.B. dem Ausweis in der Gewinn- und Verlustrechnung oder der Kosten- und Erlösanalyse, **geordnet und** dazu **Konten als Unterkonten des Kapitalkontos eingerichtet.** Für den Schulgebrauch finden Sie eine Aufgliederung der Aufwands- und Ertragskonten im Kontenplan (am Ende des Buches) in den Klassen 5, 6 und 7.

In der **Bankpraxis** werden die einzelnen **Kostenarten** häufig sehr viel tiefer untergliedert.

Beispiel: Zinsen für Spareinlagen

- mit vereinbarter Kündigungsfrist von 3 Monaten
- mit vereinbarter Kündigungsfrist von 12 Monaten
- mit vereinbarter Kündigungsfrist von 24 Monaten usw.
- mit vereinbarter Kündigungsfrist von 12 Monaten mit steigendem Zinssatz oder mit Bonus
- Zinsen für Wohnspareinlagen
- Zinsen für Spareinlagen mit Versicherungsschutz usw.

Da auf den Aufwands- und Ertragskonten die erfolgswirksamen Vorgänge des Unternehmens erfasst werden, bezeichnet man diese Konten als **Erfolgskonten,** die Gesamtheit der Buchungen als **Erfolgsrechnung.**

Erfolgskonten

Soll	Aufwandskonten	Haben
Aufwendungen		

Soll	Ertragskonten	Haben
		Erträge

Aufwandsarten

- **Zinsaufwendungen**
  (Zinsen und zinsähnliche Aufwendungen aus dem Bankgeschäft; Zinsaufwendungen aus einer Unterschreitung des Mindestreservesolls)
- **Provisionsaufwendungen**
  (Provisionen und ähnliche Aufwendungen aus Dienstleistungsgeschäften, wie z. B. Zahlungsverkehr, Außenhandelsgeschäft, Wertpapierkommissionsgeschäft u. a. m.)
- **Personalaufwendungen**
  (z. B. Löhne, Gehälter, Ausbildungsvergütungen; soziale Aufwendungen)
- **Sachaufwendungen** wie z. B.
  - **Aufwendungen für Geschäftsräume:** Heizung, Reinigung, Büromieten
  - **Aufwendungen für Instandhaltung der Einrichtungsgegenstände und Maschinen:** Reinigung, Reparaturen
  - **Kraftfahrzeugaufwendungen:** Treibstoff, Wartung, Reparaturen, Kfz-Steuer
  - **Büroaufwendungen:** Geringwertige Bürobedarfsgegenstände (Anschaffungswert bis 250,00 €), Büromaterial, Telefongebühren, Zeitungen, Fachbücher, Internetabonnements
  - **Aufwendungen für EDV:** Mieten oder Leasingraten für DV-Anlagen, Wartung
  - **Werbeaufwendungen:** Werbegeschenke, Veranstaltungen, Sponsoring
  - **Grundstücks- und Gebäudeaufwendungen:** Instandhaltungsaufwendungen, Gebäudeversicherungen, Müllabfuhr u. Ä.

Ertragsarten

- **Zinserträge**
  (Zinsen und zinsähnliche Erträge aus dem Bankgeschäft, z. B. Kreditzinsen, Zinsen aus eigenen festverzinslichen Wertpapieranlagen; Zinsen aus der Mindestreservehaltung, aus Übernachtguthaben oder aus anderen Guthaben bei der BBk)
- **Erträge aus Aktien und anderen nicht festverzinslichen Wertpapieren und Beteiligungen**
  (Dividenden, die das KI aus Aktien im eigenen Bestand erhält oder aus Beteiligungen an anderen Unternehmen)
- **Provisionserträge**
  (Provisionen und ähnliche Erträge aus Dienstleistungsgeschäften, wie z. B. Kontoführungsentgelte, Depotgebühren, Bürgschaftsprovisionen)

- Wie das Eigenkapitalkonto, so haben auch sämtliche Aufwands- und Ertragskonten „passiven Charakter", d. h., sämtliche **Aufwendungen** werden auf dem Konto **im Soll**, sämtliche **Erträge im Haben** gebucht.
- **Aufwands- und Ertragskonten** haben **keinen Anfangsbestand.**

Beispiel:

Für die Geschäftsfälle ergeben sich im Grundbuch diese Buchungen:

Nr.	Buchungssätze			Soll Betrag €	Haben Betrag €
1.	Zinsaufwendungen	an	Spareinlagen	38 000,00	38 000,00
2.	Zinsaufwendungen	an	Kreditoren	3 950,00	3 950,00
3.	Debitoren	an	Zinserträge	126 720,00	126 720,00
4.	Debitoren	an	Provisionserträge	15 840,00	15 840,00
5.	Personalaufwendungen	an	Kreditoren	36 200,00	36 200,00
6.	Sachaufwendungen	an	Debitoren	18 510,00	18 510,00

3.3.3 Wie werden die Erfolgskonten abgeschlossen?

Das Konto, über das am Ende des Jahres die Erfolgskonten abgeschlossen werden, ist das

Gewinn- und Verlustkonto (GuV)

Das Gewinn- und Verlustkonto ist ein Sammelkonto, das nur am Ende des Geschäftsjahres für den Abschluss der Aufwands- und Ertragskonten benötigt wird. Es darf keine laufenden Buchungen aufnehmen.

Da die Aufwandskonten die laufenden Buchungen im Soll aufnehmen, muss die Abschlussbuchung lauten:

Gewinn- und Verlustkonto an Aufwandskonto

Für den Abschluss der Ertragskonten ergibt sich sinngemäß:

Ertragskonten an Gewinn- und Verlustkonto

Auf diese Weise gelangen auf dem GuV-Konto die Aufwendungen ebenfalls ins Soll, die Erträge ins Haben. Da die Ertragsseite in der Regel, d.h. dann, wenn die Bank mit Gewinn gearbeitet hat, größer sein muss als die Sollseite, lautet die Abschlussbuchung für das GuV-Konto:

GuV-Konto an (Eigen-)Kapitalkonto

Hat sie allerdings mit Verlust gearbeitet, lautet die Buchung:

(Eigen-)Kapitalkonto an GuV-Konto

Sämtliche Aufwendungen und Erträge des Jahres erscheinen jetzt in einem einzigen Buchungsposten (dem Reingewinn oder Reinverlust) auf dem Kapitalkonto. Man nennt deswegen das Kapitalkonto auch „ruhendes" Konto, weil es keine laufenden Buchungen aufnimmt und nur am Ende des Jahres „bewegt" wird.

Diese Abschlussbuchungen gelten nur für Kreditinstitute in der Rechtsform einer Einzelfirma oder von Personengesellschaften. Für Kreditinstitute in der Rechtsform einer AG oder GmbH, für Sparkassen und Kreditgenossenschaften, gelten Sonderregelungen. Bei ihnen wird der Gewinn bzw. der Verlust des Jahres gesondert in der Bilanz ausgewiesen.

Beispiel:

Nach der Buchung der Geschäftsfälle auf den Erfolgskonten ergibt sich der folgende **Kontenabschluss:**

Soll	Zinsaufwendungen		Haben
1. Spareinl.	38 000,00	GuV	41 950,00
2. Kreditoren	3 950,00		
	41 950,00		41 950,00

Soll	Personalaufwendungen		Haben
5. Kreditoren	36 200,00	GuV	36 200,00

Soll	Sachaufwendungen		Haben
6. Debitoren	18 510,00	GuV	18 510,00

Soll	Zinserträge		Haben
GuV	126 720,00	3. Debitoren	126 720,00

Soll	Provisionserträge		Haben
GuV	15 840,00	4. Debitoren	15 840,00

Soll	GuV		Haben
Zinsaufwendungen	41 950,00	Zinserträge	126 720,00
Personalaufwend.	36 200,00	Provisionserträge	15 840,00
Sachaufwendungen	18 510,00		
Eigenkapital	45 900,00		
	142 560,00		142 560,00

Soll	Eigenkapital		Haben
SBK	140 400,00	EBK	94 500,00
		GuV	45 900,00
	140 400,00		140 400,00

Soll	SBK		Haben
		Eigenkapital	140 400,00

Nr.	Grundbuch – Abschlussbuchungen –			Soll Betrag €	Haben Betrag €
1.	GuV	an	Zinsaufwendungen	41 950,00	41 950,00
2.	GuV	an	Personalaufwendungen	36 200,00	36 200,00
3.	GuV	an	Sachaufwendungen	18 510,00	18 510,00
4.	Zinserträge	an	GuV	126 720,00	126 720,00
5.	Provisionserträge	an	GuV	15 840,00	15 840,00
6.	GuV	an	Eigenkapital	45 900,00	45 900,00
7.	Eigenkapital	an	SBK	140 400,00	140 400,00

Auch für das **Konto GuV** gilt:

- Salden der Aufwandskonten stehen im Soll
- Salden der Ertragskonten stehen im Haben
- Saldo des GuV-Kontos = Reingewinn oder Reinverlust

Da der Erfolg eines Unternehmens (Gewinn bzw. Verlust) sowohl auf dem GuV-Konto als Ergebnis der Buchführung als auch durch die Schlussbilanz als Ergebnis der Inventur ermittelt werden kann, spricht man auch wegen dieser **doppelten** Möglichkeit der Erfolgsermittlung von der **doppelten Buchführung**.

Die Salden der einzelnen Aufwands- und Ertragskonten werden nach den Vorschriften eines Formblattes in einer **Gewinn- und Verlustrechnung** zusammengefasst und als Anlage zur Bilanz gemäß den entsprechenden Publizitätsvorschriften veröffentlicht.

Auf einen Blick

- **Erfolgskonten** sind Unterkonten des Kapitalkontos

  Aufwendungen = Minderungen des Kapitals
  Erträge = Mehrungen des Kapitals

  Daraus folgt:

  Aufwandsbuchungen = Sollbuchungen
  Ertragsbuchungen = Habenbuchungen

  Abschluss der Erfolgskonten nicht direkt über Kapitalkonto, sondern durch die Erfassung der Salden auf einem Vorkonto des Kapitalkontos, dem **Gewinn- und Verlustkonto**.

- Das **Konto GuV** ist ein Sammelkonto, das die Schlusssalden der Erfolgskonten aufnimmt. Aus der Aufrechnung des GuV-Kontos ergibt sich der Reingewinn oder Reinverlust.

  Merkmale des Systems der Doppik:

  a) Doppelte Möglichkeit der Erfolgsermittlung.
  b) Erfassung jedes Geschäftsfalles auf zwei Konten.

Bilanzausweis:
„Gewinn- und Verlustrechnung" wird mit der Bilanz veröffentlicht. („Aufwendungen und Erträge" werden nach Erfolgskontenarten geordnet.)

Zusammenhänge des Systems der Doppik

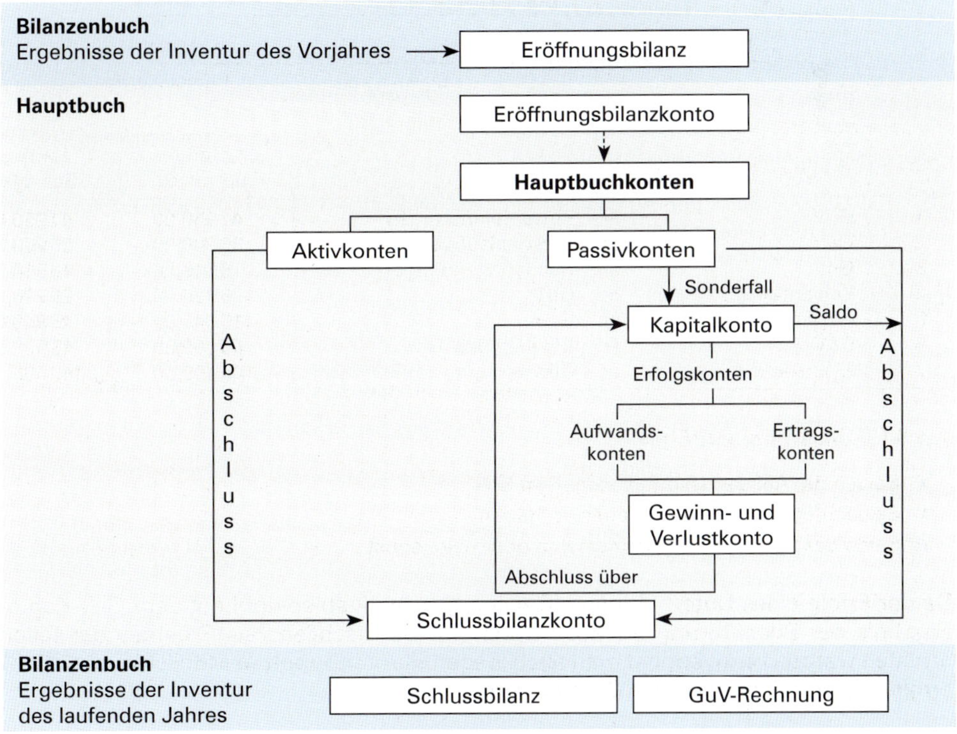

Kompetenztraining

33 Stellen Sie die durch die Geschäftsfälle verursachten Veränderungen des Kontos Eigenkapital dar!

Eröffnungsbestand Eigenkapital 2009068,00 €.

Geschäftsfälle:

1. Zinsbelastung für Debitoren	135860,00 €
2. Zinsgutschrift für Kreditoren	36595,00 €
3. Provisionsbelastung für	
a) Debitoren	71250,00 €
b) Kreditoren	26850,00 €
4. Kauf von Heizöl für das Bankgebäude von einem Kreditor	5380,00 €
5. Kauf von Benzin für Geschäftsfahrzeuge von einem Debitor	12475,00 €

34 Folgende Buchungen sind auf dem Kapitalkonto als Kapitalmehrungen oder -minderungen ohne Gegenbuchung darzustellen:

Anfangsbestand Kapitalkonto	4200000,00 €
1. Bezahlung von Stromrechnungen durch BBk	1800,00 €
2. Zinsen für Spareinlagen	112000,00 €
3. Zinsen von Debitoren	328000,00 €
4. Provisionsbelastung für Debitoren	36000,00 €
5. Bezahlung von Betriebssteuern durch BBk	11400,00 €
6. Mieteingänge auf Postbank Girokonto	2100,00 €
7. Provisionseinnahmen aus dem Wertpapiergeschäft von Debitoren	4800,00 €
8. Formularrechnung durch Bundesbank bezahlt	1300,00 €
9. Bezahlung von Zeitungsgebühren in bar	150,00 €
10. Bezahlung von Reparaturen an Gebäuden durch Postbank Giroüberweisung	11800,00 €
11. Provisionseinnahmen von Kreditoren	13400,00 €
12. Bezahlung von Heizölrechnungen durch Postbank Giroüberweisung	1500,00 €
13. Aufwendungen für das Betriebsfest (Barzahlungen)	2500,00 €

Abschluss des Kapitalkontos!

35 Die Geschäftsfälle der Aufgabe 34 sind auf besonderen Aufwands- und Ertragskonten zu buchen (ohne Gegenbuchung).
Abschluss der Konten!

36 Anfangsbestand auf dem Kapitalkonto: 300000,00 €.

Nach Abschluss der Aufwands- und Ertragskonten weist das Gewinn- und Verlustkonto folgende Summen aus:

	Sollseite:	150000,00 €
	Habenseite:	112000,00 €

Abschluss des Gewinn- und Verlustkontos und des Kapitalkontos!

37 a) Erstellen Sie die Eröffnungsbilanz!

b) Buchen Sie im Grundbuch
- die Eröffnung der Konten,
- die Geschäftsfälle,
- die Abschlussbuchungen!

c) Buchen Sie im Hauptbuch
- die Konteneröffnung,
- die Geschäftsfälle,
- den Kontenabschluss!

d) Erstellen Sie das Inventar!

e) Erstellen Sie die Schlussbilanz!

Eröffnungsbestände:

Kasse 47650,00 €, BBk 3203478,00 €, Debitoren 12900430,00 €, BGA 63210,00 €, Kreditoren 14205700,00 €, Eigenkapital ? €.

Geschäftsfälle:

1. Zinsbelastung für Debitoren	135860,00 €
2. Zinsgutschrift für Kreditoren	36595,00 €
3. Provisionsbelastung für	
a) Debitoren	71250,00 €
b) Kreditoren	26850,00 €
4. Kauf von Heizöl für das Bankgebäude von einem Kreditor	5380,00 €
5. Kauf von Benzin für Geschäftsfahrzeuge von einem Debitor	12475,00 €

38 a) Erstellen Sie die Eröffnungsbilanz!

b) Buchen Sie im Grundbuch
- die Eröffnung der Konten,
- die Geschäftsfälle,
- die Abschlussbuchungen!

c) Buchen Sie im Hauptbuch
- die Konteneröffnung,
- die Geschäftsfälle,
- den Kontenabschluss!

d) Erstellen Sie das Inventar!

e) Erstellen Sie die Schlussbilanz!

Eröffnungsbestände:

Kasse 18000,00 €, BBk 227500,00 €, Debitoren 476800,00 €, Wertpapiere 29300,00 €, Sachanlagen (BGA) 20000,00 €, Spareinlagen 122500,00 €, Kreditoren 297100,00 €, Eigenkapital ? €.

Geschäftsfälle:

1. Ein Kreditor zahlt bar ein	5800,00 €
2. Barauszahlung an Sparkunden	950,00 €
3. Wir überweisen durch BBk Miete für gemieteten Computer	15300,00 €
4. Provisionsbelastungen für	
a) Debitoren	12380,00 €
b) Kreditoren	8270,00 €
5. Zinsgutschrift für	
a) Kreditoren	2560,00 €
b) Sparer	6700,00 €
6. Zinsbelastung für Debitoren	46150,00 €
7. Kauf von Geschäftsausstattung. Überweisung des Kaufpreises durch BBk	4200,00 €
8. Debitoren überweisen an Kreditoren	15990,00 €

39 a) Erstellen Sie die Eröffnungsbilanz!

b) Buchen Sie im Grundbuch
- die Eröffnung der Konten,
- die Geschäftsfälle,
- die Abschlussbuchungen!

c) Buchen Sie im Hauptbuch
- die Konteneröffnung,

  - die Geschäftsfälle,
  - den Kontenabschluss!

d) Erstellen Sie das Inventar!

e) Erstellen Sie die Schlussbilanz!

Eröffnungsbestände:

Kasse 36 500,00 €, BBk 345 300,00 €, Debitoren 971 390,00 €, Sachanlagen (BGA) 35 530,00 €, Spareinlagen 298 730,00 €, Kreditoren 483 520,00 €, Eigenkapital ? €.

Geschäftsfälle:

1.	Kreditor überweist auf Sparkonto	2 500,00 €
2.	Bezahlung von Strom und Wasser durch BBk-Überweisung	3 200,00 €
3.	Barkauf von Büromaterial	280,00 €
4.	Kauf von Heizöl. Gutschrift des Rechnungsbetrages auf dem Konto des Lieferers (= Kreditor)	4 970,00 €
5.	Barzahlung der Inspektionskosten für bankeigenen Pkw	530,00 €
6.	Zinsgutschrift für	
	a) Kreditoren	4 100,00 €
	b) Sparer	11 370,00 €
7.	Zinsbelastung für Debitoren	85 630,00 €
8.	Provisionsbelastungen für	
	a) Kreditoren	8 190,00 €
	b) Debitoren	33 640,00 €

40

a) Erstellen Sie die Eröffnungsbilanz!

b) Buchen Sie im Grundbuch
  - die Eröffnung der Konten,
  - die Geschäftsfälle,
  - die Abschlussbuchungen!

c) Buchen Sie im Hauptbuch
  - die Konteneröffnung,
  - die Geschäftsfälle

d) Erstellen Sie das Inventar!

e) Erstellen Sie die Schlussbilanz!

Eröffnungsbestände:

Kasse 15 000,00 €, BBk 139 600,00 €, Debitoren 872 430,00 €, Wertpapiere 30 400,00 €, Sachanlagen (BGA) 38 600,00 €, Spareinlagen 495 900,00 €, Kreditoren 518 210,00 €, Eigenkapital ? €.

Geschäftsfälle:

1.	Verkauf gebrauchter Geschäftsausstattung an Debitoren	540,00 €
2.	Einzahlung auf Sparkonto	1 800,00 €
3.	Überweisung von Betriebssteuern durch BBk	920,00 €
4.	Kauf von Office Papier DIN A4 von einem Kreditor	470,00 €
5.	Barzahlung eines Werbeinserates	155,00 €
6.	Überweisung der Stromrechnung durch BBk	1 225,00 €
7.	Belastung von Kreditoren mit Depotgebühren	3 260,00 €
8.	Gutschrift von Zinsen für Kreditoren	2 500,00 €
9.	Gutschrift von Zinsen für Spareinlagen	12 400,00 €
10.	Belastung von Kreditoren mit Provisionen	4 160,00 €
11.	Belastung von Debitoren mit Provisionen	37 200,00 €
12.	Zinsbelastung für Debitoren	57 550,00 €

41 a) Erstellen Sie die Eröffnungsbilanz!

b) Buchen Sie im Grundbuch
- die Eröffnung der Konten,
- die Geschäftsfälle,
- die Abschlussbuchungen!

c) Buchen Sie im Hauptbuch
- die Konteneröffnung,
- die Geschäftsfälle,
- den Kontenabschluss!

d) Erstellen Sie das Inventar!

e) Erstellen Sie die Schlussbilanz!

Eröffnungsbestände:

Kasse 45 300,00 €, BBk 769 200,00 €, Debitoren 2 289 000,00 €, Sachanlagen (BGA) 159 300,00 €, Spareinlagen 1 221 400,00 €, Kreditoren 1 728 100,00 €, Eigenkapital ? €.

Geschäftsfälle:

1. Bareinzahlung auf Sparkonto	3 800,00 €
2. Debit-Kartenentgelte für	
a) Debitoren	570,00 €
b) Kreditoren	1 890,00 €
3. Rechnung für eine Werbeanzeige des KI wird einem Kreditor gutgeschrieben	825,00 €
4. Entgelte für Dauerauftragsänderungen für	
a) Debitoren	340,00 €
b) Kreditoren	850,00 €
5. Barabhebung von Kreditoren	1 700,00 €
6. Kauf eines PC. Rechnungsbetrag wird dem Lieferer (Debitor) überwiesen.	2 700,00 €
7. Kauf von Überweisungsformularen. Überweisung des Rechnungsbetrages durch BBk	17 600,00 €
8. Zinsgutschriften für	
a) Sparkonten	42 740,00 €
b) Kreditoren	7 100,00 €
9. Zinsbelastung für Debitoren	224 322,00 €

42
1. Welche Aufgabe hat das Eröffnungsbilanzkonto?
2. Erläutern Sie die Bedeutung der Belege in der Buchführung!
3. Welche Geschäftsfälle führen zu einer Erhöhung des Eigenkapitals?
4. Wodurch unterscheidet sich ein Erfolgskonto grundsätzlich von einem Bestandskonto?
5. Nach welchem Kriterium werden Geschäftsfälle in der Primanota erfasst?
6. Wodurch unterscheidet sich das Schlussbilanzkonto von der Schlussbilanz?

43 Sie sollen einem neuen Auszubildenden die Erfolgskonten und deren Abschluss erläutern. Welche Antworten geben Sie ihm?

1. Erfolgskonten stehen auf der Aktivseite der Bilanz.
2. Erfolgskonten können bis zu zwei Anfangsbestände haben.
3. Erfolgskonten sind Unterkonten des Kapitalkontos. ☐
4. Erfolgskonten werden mit der Gewinn- und Verlustrechnung abgeschlossen. ☐
5. Erfolgskonten haben keinen Eröffnungsbestand. ☐
6. Erfolgskonten können Aufwands- oder Ertragskonten sein.

4 Kunden-Kontokorrent

Einstieg

Die Handelsbank AG führt für Kunden Konten in laufender Rechnung, und zwar

als Debitoren:	Oktan GmbH	145 700,00 €
	Schreiner & Co. OHG	62 600,00 €
als Kreditoren:	Metallbau Mayer KG	95 300,00 €
	Gillmann AG	417 200,00 €

Es liegen folgende Überweisungsaufträge dieser Kunden vor:

1. von der Metallbau Mayer KG an die Oktan GmbH	220 000,00 €
2. von der Schreiner & Co. OHG an die Gillmann AG	40 000,00 €
3. von der Schreiner & Co. OHG an die Metallbau Mayer KG	25 000,00 €

> Wie werden die einzelnen Kundenkonten im Hauptbuch zusammengefasst?
> Wie wird im Hauptbuch Kunden-Kontokorrent gebucht?
> Wie wird das Kunden-Kontokorrent abgeschlossen?
> Wie wird das Kunden-Kontokorrent bei EDV geführt?
> Wie werden Debitoren und Kreditoren in der Bilanz ausgewiesen?

4.1 Wie werden die einzelnen Kundenkonten im Hauptbuch zusammengefasst?

In den bisherigen Aufgaben wurde der laufende Geschäftsverkehr mit Kunden auf den beiden Hauptbuchkonten **Forderungen an Kunden (Debitoren)** und **Verbindlichkeiten gegenüber Kunden (Kreditoren)** gebucht. Da aber täglich aus einem Debitor ein Kreditor und umgekehrt werden kann, wird für den laufenden Geschäftsverkehr mit den Kunden im Hauptbuch nur **ein** Konto geführt, das

Kunden-Kontokorrent (Kunden-KK)

Da ein Kreditinstitut über den Kontostand jedes einzelnen Kunden informiert sein muss, führt es für jeden Kunden ein besonderes Konto. Diese Konten sind unter dem Sammelbegriff „Persönliche Konten" ein Nebenbuch, ein **Skontro** des Hauptbuchkontos Kunden-Kontokorrent.

Ein **Skontro** ist ein Hilfs- oder Nebenbuch, in dem die Bestände eines Hauptbuches aus organisatorischen Gründen und zu Zwecken der Bewertung nach Personen, Gattungen oder dgl. aufgegliedert werden.

Hauptbuch: Kunden-Kontokorrent

Skontren:	**Debitoren**		**Kreditoren**	
	Oktan GmbH	145 700,00 €	Metallbau Mayer KG	95 300,00 €
	Schreiner & Co. OHG	62 600,00 €	Gillmann AG	417 200,00 €
	Summe	208 300,00 €	Summe	512 500,00 €

4.2 Wie wird im Hauptbuch „Kunden-Kontokorrent“ gebucht?

(1) Eröffnungsbuchungen

Da das Hauptbuchkonto Kunden-Kontokorrent sowohl die Debitoren als auch die Kreditoren aufnehmen soll, müssen auf diesem Konto zwei Anfangsbestände erscheinen.

Diese Bestände ergeben sich aus der Summe der Inventurbestände der Skontren aller Debitoren bzw. Kreditoren.

- Der **Debitoren-Anfangsbestand** erscheint auf dem Kunden-Kontokorrent im **Soll**.
- Der **Kreditoren-Anfangsbestand** erscheint im **Haben**.

Beispiel:

Hauptbuch

Eröffnungsbilanzkonto (EBK)

Soll		Haben	
2. Kunden-KK	512 500,00	1. Kunden-KK	208 300,00

Kunden-Kontokorrent (Kunden-KK)

Soll		Haben	
1. EBK (Deb.)	208 300,00	2. EBK (Kred.)	512 500,00
3.	220 000,00	3.	220 000,00
4.	40 000,00	4.	40 000,00
5.	25 000,00	5.	25 000,00
7. SBK (Kred.)	531 500,00	6. SBK (Deb.)	227 300,00
	1 024 800,00		1 024 800,00

Schlussbilanzkonto (SBK)

Soll		Haben	
6. Kd.-KK (Deb.)	227 300,00	7. Kd.-KK (Kred.)	531 500,00

Nebenbücher (Skontren)

Oktan GmbH

Soll		Haben	
AB	145 700,00	3.	220 000,00
Saldo	74 300,00		
	220 000,00		220 000,00

Schreiner & Co. OHG

Soll		Haben	
AB	62 600,00	Saldo	127 600,00
4.	40 000,00		
5.	25 000,00		
	127 600,00		127 600,00

Metallbau Mayer KG

Soll		Haben	
3.	220 000,00	AB	95 300,00
		5.	25 000,00
		Saldo	99 700,00
	220 000,00		220 000,00

Gillmann AG

Soll		Haben	
Saldo	457 200,00	AB	417 200,00
		4.	40 000,00
	457 200,00		457 200,00

Grundbuch

		Soll Betrag €	Haben Betrag €
Eröffnungsbuchungen			
1. Kunden-KK (Debitoren)	an EBK	208 300,00	208 300,00
2. EBK	an Kunden-KK (Kreditoren)	512 500,00	512 500,00
Umsatzbuchungen			
3. Kunden-KK (Mayer KG)	an Kunden-KK (Oktan GmbH)	220 000,00	220 000,00
4. Kunden-KK (Schreiner & Co. OHG)	an Kunden-KK (Gillmann AG)	40 000,00	40 000,00
5. Kunden-KK (Schreiner & Co. OHG)	an Kunden-KK (Mayer KG)	25 000,00	25 000,00
Abschlussbuchungen			
6. SBK	an Kunden-KK (Debitoren)	227 300,00	227 300,00
7. Kunden-KK (Kreditoren)	an SBK	531 500,00	531 500,00

(2) Umsatzbuchungen

Für die Buchung der Geschäftsfälle im Hauptbuch Kunden-Kontokorrent gelten die Regeln:

- **Lastschriften** werden im **Soll** gebucht.
- **Gutschriften** werden im **Haben** gebucht.

4.3 Wie wird das Kunden-Kontokorrent abgeschlossen?

Um das **Hauptbuchkonto Kunden-Kontokorrent** abschließen zu können, müssen die **Endbestände (Salden) der Skontren,** getrennt nach Debitoren und Kreditoren, addiert werden.

Dies ist erforderlich, da der Saldo des Kontokorrentkontos nur den Überschuss der Debitoren über die Kreditoren oder umgekehrt ausweist.

Diese Endbestände werden vom Hauptbuchkonto Kunden-KK in das SBK übertragen. Vgl. Abschlussbuchungen im Grundbuch und im Hauptbuch.

Beispiel:

In unserem Beispiel ergibt die **Inventur:**

Debitoren:	Schreiner & Co. OHG	127 600,00 €
	Metallbau Mayer KG	99 700,00 €
	Endbestand	227 300,00 €
Kreditoren:	Oktan GmbH	74 300,00 €
	Gillmann AG	457 200,00 €
	Endbestand	531 500,00 €

4.4 Wie wird das Kunden-KK bei EDV geführt?

EDV-Anlagen ermöglichen auch täglich die getrennte Erfassung von Debitoren- und Kreditorenumsätzen auf den Skontren. Dadurch kann im **Hauptbuch** ein Debitoren-Kontokorrent und ein Kreditoren-Kontokorrent geführt werden. Eine besondere Saldenfortschreibung wird dadurch entbehrlich. Im **Grundbuch** wird dagegen das zusammengefasste Konto Kunden-Kontokorrent weiter benutzt.

4.5 Wie werden Debitoren und Kreditoren in der Bilanz ausgewiesen?

In der Schlussbilanz – auch in monatlichen Aufstellungen für die Bankenstatistik – müssen allerdings wieder der Debitoren- und Kreditorenbestand getrennt ausgewiesen werden.

Das Kunden-Kontokorrent liefert Werte für zwei Bilanzposten, und zwar:

Debitoren = Posten: **Forderungen an Kunden**
Kreditoren = Posten: **Verbindlichkeiten gegenüber Kunden**
b) andere Verbindlichkeiten
ba) täglich fällig

Auf einen Blick

- Das **Kunden-Kontokorrent** erfasst den laufenden Geschäftsverkehr mit den **Bankkunden,** gleichgültig, ob es sich bei ihnen um Debitoren oder Kreditoren handelt.

Soll – Kunden-Kontokorrent (Kunden-KK)	Haben
Eröffnungsbilanzkonto **(Debitoren-Anfangsbestand)**	Eröffnungsbilanzkonto **(Kreditoren-Anfangsbestand)**
Laufende Buchungen **(Lastschriften)**	Laufende Buchungen **(Gutschriften)**
a) **Mehrungen** der Forderungen an Kunden (Debitoren)	a) **Mehrungen** der Verbindlichkeiten gegenüber Kunden (Kreditoren)
b) **Minderungen** der Verbindlichkeiten gegenüber Kunden (Kreditoren)	b) **Minderungen** der Forderungen an Kunden (Debitoren)
Schlussbilanzkonto **(Kreditoren-Schlussbestand)**	Schlussbilanzkonto **(Debitoren-Schlussbestand)**

- Für die einzelnen Kundenkonten werden **Nebenbücher,** die **Skontren,** geführt.
- Die **Endbestände** der Debitoren und der Kreditoren werden **aus den Skontren errechnet.**

Kompetenztraining

44 a) Eröffnen Sie die Hauptbuchkonten und die Kundenskontren!

b) Ermitteln Sie aus den Salden der Kundenskontren die Anfangsbestände für das Hauptbuchkonto Kunden-Kontokorrent!

c) Bilden Sie die Buchungssätze und buchen Sie auf den Hauptbuchkonten und den Kundenskontren!

d) Schließen Sie die Kundenskontren ab!

e) Schließen Sie die Hauptbuchkonten mit dem Schlussbilanzkonto ab!

Eröffnungsbestände:

Kasse 82 600,00 €, BBk 476 190,00 €, Forderungen an Kunden ? € (debitorische Skontren: Büromöbel GmbH 148 300,00 €, Weber & Söhne OHG 47 140,00 €, Adam Münzer 24 800,00 €), BGA 32 900,00 €, Verbindlichkeiten gegenüber Kunden ? € (kreditorische Skontren: Tonwerke AG 34 250,00 €, Hansen & Co. KG 23 400,00 €, Oskar Müller 92 410,00 €), Eigenkapital ? €.

Geschäftsfälle:

1. A. Münzer überweist 16 200,00 € an die Tonwerke AG.
2. Auf dem BBk-Konto werden Gutschriftsanzeigen über 15 960,00 € für die Weber & Söhne OHG gebucht.
3. Oskar Müller hebt 3 400,00 € ab.
4. Die Büromöbel GmbH liefert dem Kreditinstitut einen Schreibtisch für 2 920,00 € und erhält sofortige Gutschrift.
5. Hansen & Co. KG erteilt Überweisungsaufträge zugunsten
   Weber & Söhne OHG 8 300,00 €
   Oskar Müller 1 650,00 €
6. Adam Münzer zahlt 4 800,00 € ein.
7. Das Kreditinstitut zahlt 20 000,00 € auf das BBk-Konto ein.
8. Ein Überweisungsauftrag der Tonwerke AG von 46 960,00 € wird über BBk ausgeführt.

45 Das Kunden-Kontokorrent ist nach folgenden Angaben aufzustellen und abzuschließen:

Anfangsbestand der Forderungen an Kunden lt. Inventur	490 000,00 €
Anfangsbestand der Verbindlichkeiten gegenüber Kunden lt. Inventur	560 000,00 €
Umsätze Soll	3 560 000,00 €
Umsätze Haben	3 646 000,00 €
Schlussbestand der Forderungen an Kunden	470 000,00 €
Schlussbestand der Verbindlichkeiten gegenüber Kunden	? €

46 Das Kunden-Kontokorrent ist nach folgenden Angaben aufzustellen und abzuschließen:

Anfangsbestand der Forderungen an Kunden lt. Inventur	94 000,00 €
Anfangsbestand der Verbindlichkeiten gegenüber Kunden lt. Inventur	110 000,00 €
Umsätze Soll	2 520 000,00 €
Umsätze Haben	2 525 000,00 €
Schlussbestand der Verbindlichkeiten gegenüber Kunden	114 000,00 €
Schlussbestand der Forderungen an Kunden	? €

47 a) Folgende Geschäftsfälle sind auf Debitoren- bzw. Kreditorenkonto (ohne Gegenbuchung) zu buchen. Die Konten sind danach abzuschließen.

1.	Anfangsbestand auf Debitorenkonto	150 000,00 €
	Anfangsbestand auf Kreditorenkonto	210 000,00 €
2.	Barabhebung eines Kreditors	500,00 €
3.	Postbank Giroeingang zugunsten eines Debitors	1 200,00 €
4.	BBk-Überweisung zulasten eines Kreditors	850,00 €
5.	Bareinzahlung eines Kreditors	1 000,00 €
6.	Provisionsbelastung für einen Debitor	60,00 €
7.	Zinsgutschrift für Kreditoren	2 500,00 €
8.	Zinslastschrift für Debitoren	6 000,00 €
9.	Überweisungsauftrag eines Debitors wird über Postbank Girokonto ausgeführt	350,00 €
10.	BBk-Eingang zugunsten eines Debitors	1 350,00 €

b) Buchung der gleichen Geschäftsfälle auf einem Kunden-Kontokorrent (ohne Gegenbuchung). Das Kunden-Kontokorrent ist nach Einsetzen der unter a) ermittelten Schlussbestände abzuschließen!

48 a) Folgende Geschäftsfälle sind auf Debitoren- bzw. Kreditorenkonto (ohne Gegenbuchung) zu buchen. Die Konten sind danach abzuschließen.

	Anfangsbestand Debitoren (Forderungen an Kunden)	850 000,00 €
	Anfangsbestand Kreditoren (Verbindlichkeiten gegenüber Kunden)	980 000,00 €
1.	Bareinzahlung auf Debitoren	20 000,00 €
2.	Barabhebung von Kreditoren	30 000,00 €
3.	Kreditoren erhalten Lastschrift für Kauf von Wertpapieren aus dem Bestand unseres KI	17 300,00 €
4.	Auf unserem BBk-Konto gehen zugunsten von Debitoren ein	18 400,00 €
5.	Wir führen Überweisungsaufträge unserer Debitoren über unser Postbank Girokonto aus	12 800,00 €
6.	Kreditoren erteilen Überweisungsaufträge, Zahlungsempfänger sind unsere Debitoren	6 700,00 €
7.	Kreditoren heben bar ab	16 000,00 €
8.	Wir belasten Debitoren mit Provision	2 740,00 €
9.	Kreditoren lassen von ihren lfd. Konten auf Sparkonten übertragen	9 000,00 €

10. Wir zahlen an Debitoren bar aus 10000,00 €
11. Buchung der gleichen Geschäftsfälle auf einem Kunden-Kontokorrent (ohne Gegenbuchung). Das Kunden-Kontokorrent ist nach Einsetzen der unter a) ermittelten Schlussbestände abzuschließen!

49 Das Kunden-Kontokorrent der Handelsbank AG ist nach folgenden Angaben aufzustellen und abzuschließen:

	TEUR
Anfangsbestand Forderungen an Kunden lt. Inventur	225000
Anfangsbestand Verbindlichkeiten gegenüber Kunden	474000
vorläufige Umsätze Soll	9860000
vorläufige Umsätze Haben	10057000

Es sind noch die Umsätze für die Abrechnung des IV. Quartals zu berücksichtigen:

Sollzinsen	1974 TEUR
Habenzinsen	224 TEUR
Buchungsentgelte	3785 TEUR
Schlussbestand Forderungen an Kunden lt. Inventur	543000 TEUR

Mit welchem Betrag sind die Verbindlichkeiten gegenüber Kunden in der Schlussbilanz einzusetzen, wenn keine Wertberichtigungen vorgenommen werden müssen?

5 Organisation des Rechnungswesens der Kreditinstitute

Einstieg

Timo Schlee kommt im Rahmen seiner Ausbildung zum Bankkaufmann in die Abteilung Rechnungswesen. Er hört dort Begriffe wie Primanota und Kontenrahmen.

Sein Ausbilder fordert ihn auf, sich über die Organisation der Buchführung eines Kreditinstituts zu informieren.

Klären Sie in Ihrem Ausbildungsbetrieb:

> Wie ist die Bankbuchführung organisiert?
> Welche Anforderungen hat die Bankbuchführung zu erfüllen?

5.1 Wie ist die Bankbuchführung organisiert?

5.1.1 Grundbuch, Sammeljournal, Hauptbuch

Die Bankbuchführung ist nach dem System der doppelten Buchführung organisiert.

Es werden **Grundbuch, Sammeljournal** und **Hauptbuch** geführt.

Das **Grundbuch** nimmt alle Geschäftsfälle in **zeitlicher Reihenfolge** aus den Belegen auf. Es wird auch als Primanota bezeichnet.

Allein die Fülle der Buchungen im Zahlungsverkehr macht es deutlich, dass Buchungen in einem einzigen Grundbuch in der Regel nicht möglich sind. Es werden deshalb mehrere Grundbücher geführt. Die Einteilung dieser Grundbücher erfolgt im Rahmen des betrieblichen Organisationsplanes. So werden für Abteilungen und Sachgebiete eigene Grundbücher gebildet. Innerhalb dieser Grundbücher erfolgen weitere Unterteilungen nach Hauptbuchkonten, nach Kontenklassen innerhalb eines Kontenplanes. Meist erfolgt eine Aufteilung in Soll- und Haben-Primanoten. **Ziel** ist eine weitgehende Zusammenfassung gleichlautender Buchungen in wenigen Sammelbuchungen.

Nachdem so die Belege in den Grundbüchern erfasst sind, erfolgt eine weitere Zusammenfassung der Buchungsergebnisse, nach Hauptbuchkonten geordnet, im Sammeljournal.

- Das **Sammeljournal** hält die Grundbuchendsummen fest, die ins Hauptbuch übertragen werden.
- Im **Hauptbuch** werden die **nach sachlichen Kriterien** zusammengefassten Buchungen der Geschäftsfälle vorgenommen.

Neben dem Hauptbuch werden noch **Nebenbücher** (Skontren) geführt. Bei Kreditinstituten ist das Kontokorrent das wichtigste Nebenbuch. Das Sachkonto Kunden-Kontokorrent wird aus den einzelnen Kunden-Kontokorrentskontren gebildet.

Weitere Nebenbücher sind Wechsel-, Effekten-, Devisen- und Sortenskontren.

5.1.2 Kontenrahmen, Kontenplan

- Unter einem **Kontenrahmen** wird die systematische Zusammenfassung sachlich gleichartiger Einzelkonten in Kontengruppen und Kontenklassen verstanden.
- Der **Kontenplan** wird von den einzelnen Kreditinstituten bzw. den Institutsgruppen und deren Rechenzentren in Anlehnung an den Kontenrahmen erstellt.

Die Bedeutung und der Aufbau des Kontenrahmens sollen am Beispiel des vom Bundesverband der Deutschen Volksbanken und Raiffeisenbanken e.V. empfohlenen „Einheitlichen Kontenrahmen für Kreditgenossenschaften" aufgezeigt werden.

Ziele dieses Kontenrahmens sind

- die Vereinheitlichung der Organisation des Rechnungswesens der Kreditgenossenschaften zu fördern,
- eine bessere Vergleichbarkeit der Daten der einzelnen Institute zu erreichen,
- die elektronische Auswertung des Rechnungswesens zu ermöglichen,
- die Voraussetzung für die Ermittlung von Kennzahlen nach einheitlichen, zwischenbetrieblich vergleichbaren Kriterien zu erreichen.

Der Kontenrahmen ist am **Bilanzgliederungsprinzip** orientiert, d.h., dass sich die einzelnen Posten der Bilanz und Gewinn- und Verlustrechnung nach Reihenfolge und Bezeichnung weitgehend aus dem Kontenrahmen ableiten lassen.

Die Nummerierung erfolgt nach dem dekadischen System.

Aufwendungen werden in der Kontenklasse 6, **Erträge** in der Kontenklasse 7 erfasst. Aus diesen Kontenklassen können das Betriebsergebnis und das neutrale Ergebnis ermittelt werden.

Die Kontenklasse 5 steht für die Erfassung von Verbindlichkeiten unter dem Bilanzstrich und für Gegenkonten zur Verfügung.

Die Kontenklassen 1, 2, 3 und 4 erfassen die Aktiva und Passiva. Die Kontenklasse 8 ist dem Warenverkehr, Neben- und Hilfsbetrieben vorbehalten. Die Abschlusskonten für den Jahresabschluss stehen in der Kontenklasse 9.

Beispiel:

Kontenklasse	1	Geldverkehr, Kreditinstitute, Wertpapiere
↑		
Kontengruppe	10	Kassenbestände
↑		
Konten	1000	Kasse
	1010	Kassenverrechnung mit Zweigstellen
	1040	Portokasse
	1042	Sonstige inländische amtliche Wertmarken
	1049	Sonstige Nebenkassen
	1050	Sonstige Kassen
	1060	Gedenkmünzen, soweit zum Nennwert erworben
	1070	Sortenkassen

Der **Aufbau des Kontenplans** kann für die einzelne Kreditgenossenschaft in Anlehnung an den Kontenrahmen **betriebsindividuell** vorgenommen werden. In der Regel wird der Kontenplan des jeweiligen Rechenzentrums übernommen.

Grundsätzlich ist die Klassen- und Gruppeneinteilung, und zwar nach Reihenfolge, Bezeichnung und Nummerierung, unverändert zu übernehmen. Gleiches gilt auch für die Sachkontennummern und Bezeichnungen.

Den in diesem Buch verwendeten Kontenrahmen finden Sie als **Anlage 2,** S. 326.

5.2 Welche Anforderungen hat die Bankbuchführung zu erfüllen?

An die Bankbuchführung werden von den Kreditinstituten und ihren Kunden verschiedene Anforderungen gestellt, die sich in den Forderungen nach **Tagfertigkeit, Zuverlässigkeit** und **Wirtschaftlichkeit** ausdrücken.

Tagfertigkeit

bedeutet, dass täglich sämtliche – vor Buchungsschnitt – angefallenen Geschäftsfälle im Grundbuch, im Hauptbuch und auf den Kundenskontren gebucht werden müssen.

Bedeutung für

das Kreditinstitut

- aktuellste Information für die tägliche Geld- und Kreditdisposition (Ziel ist Stundenfertigkeit)
- Überblick über die wichtigsten Kontenbewegungen

die Kunden

- Information über neuesten Kontostand
- Kontrollmöglichkeit, z. B. bei Lastschriften

Zuverlässigkeit

bedeutet, dass Fehlbuchungen durch möglichst automatische Kontrollen (z. B. der Kontonummer) und Abstimmungen vermieden werden.

Bedeutung für

das Kreditinstitut	**die Kunden**
■ Erhalten des Vertrauens der Kunden in die Zuverlässigkeit ■ Vermeiden von Fehlern, die zu zusätzlichen Kosten führen können, z. B. bei der Liquiditätsdisposition oder bei Regressansprüchen von Kunden wegen fehlerhafter Buchungen	■ Vertrauen in die Kontoführung ihres Kreditinstituts

Wirtschaftlichkeit

verlangt den rationellen Einsatz der knappen Mittel bei der Leistungserstellung. Sie kann unterschiedlich gemessen werden.

$$\text{Wirtschaftlichkeit} = \frac{\text{Leistungen}}{\text{Kosten}} \text{ oder } \frac{\text{Erträge}}{\text{Aufwendungen}} \text{ oder } \frac{\text{Sollkosten}}{\text{Istkosten}}$$

Bedeutung für

das Kreditinstitut	**die Kunden**
■ rationelle Gestaltung der Buchführung, da diese ein großer Kostenfaktor ist ■ Wettbewerbsfähigkeit durch günstige Konditionen für Betriebsleistungen erhalten	■ möglichst niedrige Buchungsgebühren

Auf einen Blick

■ **Organisationsstruktur der Bankbuchführung**

- zeitliche Gliederung
  - Grundbuch
  - Sammeljournal
- sachliche Gliederung
  - Hauptbuch
    - Sachkonten
    - Personenkonten (Skontren)

■

Anforderungen an die Bankbuchführung	
inhaltlich	■ Tagfertigkeit ■ Zuverlässigkeit ■ Wirtschaftlichkeit
rechtlich	Grundsätze ordnungsmäßiger Buchführung Grundsätze ordnungsmäßiger Bilanzierung

■ **Kontenrahmen** nennt man eine systematische Zusammenfassung sachlich gleichartiger Einzelkonten in Kontengruppen und Kontenklassen.

■ **Kontenplan** nennt man die betriebsindividuelle Ausgestaltung des Kontenrahmens in Anlehnung an den Kontenrahmen.

Kompetenztraining

50 a) Welche Organisationsstruktur hat die Bankbuchführung?

b) Erläutern Sie die Anforderungen, die an die Buchführung gestellt werden, und zwar aus der Sicht der Kunden und der Kreditinstitute!

c) Informieren Sie sich über den Kontenrahmen und den Kontenplan Ihres Ausbildungsbetriebs und erläutern Sie deren Bedeutung für das Kreditinstitut!

51 Hier finden Sie einige Angaben zur Organisation des Rechnungswesens in Kreditinstituten. Welche dieser Angaben ist zutreffend?

1. Die Sparkonten der Kunden sind buchungstechnisch als Grundbücher anzusehen.
2. Das Grundbuch nimmt die Sammelbuchungen der Skontren auf. ☐
3. Im Hauptbuch werden die zusammengefassten Buchungen der Geschäftsfälle vorgenommen.
4. Jedes Kreditinstitut in der Bundesrepublik Deutschland hat einen individuellen Kontenrahmen. ☐
5. Das Kontokorrent ist ein Nebenbuch.

52 Welches Ziel des Kontenrahmens für eine Bankgruppe ist nicht richtig dargestellt?

1. Zwischenbetriebliche Vergleiche sollen erleichtert werden.
2. Die externe Buchhaltung in einem Rechenzentrum kann realisiert werden.
3. Innerbetriebliche Zeitvergleiche werden überflüssig. ☐
4. Zwischenbetriebliche Vergleiche mit einheitlichen Kennziffern werden erleichtert.
5. Die Ergebnisse der einzelnen Institute können genauer verglichen werden.

6 Erfassen erfolgsneutraler und erfolgswirksamer Geschäftsfälle unter Berücksichtigung der Umsatzsteuer

Einstieg

Laura ist Auszubildende bei der Raiffeisenbank Mähringen, die neben dem Bankgeschäft auch das Warengeschäft betreibt.
Sie sieht, dass für einen Gartenbauverein Rosenspritzmittel eingekauft und anschließend an diesen verkauft werden.

Einkaufsrechnung

	200 Packungen Rosenspritzmittel je 15,00 €	3 000,00 €
+	19 % MwSt	570,00 €
=	Gesamtbetrag	3 570,00 €

Verkaufsrechnung

	200 Packungen Rosenspritzmittel je 20,00 €	4 000,00 €
+	19 % MwSt	760,00 €
=	Gesamtbetrag	4 760,00 €

> Erläutern Sie das Wesen der Umsatzsteuer!
> Buchen Sie diese Geschäftsfälle mit Umsatzsteuer (Mehrwertsteuer)!
> Ermitteln Sie die Umsatzsteuerzahllast und erläutern Sie, wie die USt abzuführen ist!

6.1 Was ist das Wesen der Umsatzsteuer?

Die Umsatzsteuer ist eine **Verkehrsteuer.** Sie wird in der Erhebungsform der **Mehrwertsteuer erhoben** und ist **ausschließlich vom Endverbraucher** zu tragen.

Für die meisten Unternehmen ist sie daher nur ein **durchlaufender Posten.**

Sie hat ihren Namen daher, weil nur der jeweilige **Wertzuwachs** (Mehrwert) dieser Steuer unterworfen wird. Erhebungstechnisch wird dies dadurch erreicht, dass **Nicht-Endverbraucher** die jeweils an Vorlieferer gezahlte Mehrwertsteuer von ihrer eigenen Mehrwertsteuerschuld abziehen können.

Beispiel:

Bezogen auf den Einstieg bedeutet das:

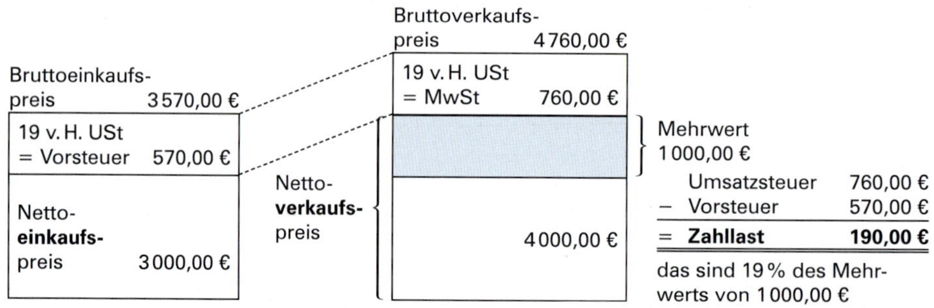

6.2 Umsatzsteuer (Mehrwertsteuer) bei Kreditinstituten

Grundsätzlich unterliegen auch bei Kreditinstituten die Umsätze der Umsatzsteuer. Der Gesetzgeber hat jedoch **weitreichende Ausnahmen** von der Umsatzsteuerpflicht für Kreditinstitute vorgesehen.

Umsatzsteuerfrei sind bei Kreditinstituten nahezu alle Umsätze im Zahlungsverkehr, Kreditgeschäft, Wertpapierhandel und im Außenhandel. Steuerfrei sind auch die im Inland ausgeführte Lieferung, die Einfuhr aus Nicht-EU-Staaten und der innergemeinschaftliche Erwerb von Anlagegold.

In der Umsatzsteuer (§ 25c UStG) ist **Anlagegold** definiert als

1. Gold in Barren- oder Plättchenform mit einem von den Goldmärkten akzeptierten Gewicht und einem Feingehalt von mindestens 995 Tausendstel;
2. Goldmünzen, die einen Feingehalt von mindestens 900 Tausendstel aufweisen, nach dem Jahr 1800 geprägt wurden, in ihrem Ursprungsland gesetzliches Zahlungsmittel sind oder waren und üblicherweise zu einem Preis verkauft werden, der den Offenmarktwert ihres Goldgehalts um nicht mehr als 80 % übersteigt.

Umsatzsteuerpflichtig sind alle Umsätze, die nicht ausdrücklich steuerfrei sind.

Hierzu zählen:

- Bei **Einfuhren** von Sammlungsstücken von münzkundlichem Wert **in die EU** wie z. B.
  - Münzen aus unedlen Metallen,
  - Münzen und Medaillen aus Edelmetallen, deren Preis höher als der 2,5-fache Metallwert ist, gilt der **ermäßigte Mehrwertsteuersatz.**[1]
- Dem **allgemeinen Steuersatz** unterliegen im **Inland** ausgeführte steuerpflichtige Geschäfte mit Sammlungsstücken (einschließlich Münzen aus Edelmetallen) sowie Silberbarren u. Ä.

  Diesem Steuersatz unterliegen auch
  - Geschäfte mit Kantinenwaren;
  - Verkäufe von Anlagegütern und Sicherungsgut;
  - Vermögensverwaltungen (z. B. Portfolio Management);
  - Vermietungen von Schrankfächern;
  - Vermittlungen von Reisen und Immobilien;
  - Entgelte für die Verwahrung und Verwaltung von Wertpapieren (Depotgeschäft), u. a.:
    - Depotgebühren;
    - Provisionen für die Einlösung von fälligen Wertpapieren;
    - Wertpapierein- und -auslieferungen;
    - Anfertigung von Erträgnisaufstellungen.

Die beim **Kauf** zu entrichtende Umsatzsteuer wird als **Vorsteuer** bezeichnet.

1 Bei einem Weiterverkauf dieser importierten Sammlungsstücke im Inland fällt der allgemeine Steuersatz an. Diesen können Händler aber auf die Differenz zwischen dem Einkaufs- und Verkaufspreis beschränken, wenn sie die Differenzbesteuerung (§ 25a UStG) anwenden.

Die Vorsteuer stellt eine **Forderung an das Finanzamt** dar, wenn sie **steuerpflichtigen Umsätzen direkt zurechenbar** ist. Ist dies nicht der Fall, so ist sie für das Kreditinstitut ein **Kostenfaktor.**

Der allgemeine Steuersatz beträgt 19 %, der **ermäßigte Steuersatz** 7 %.[1]

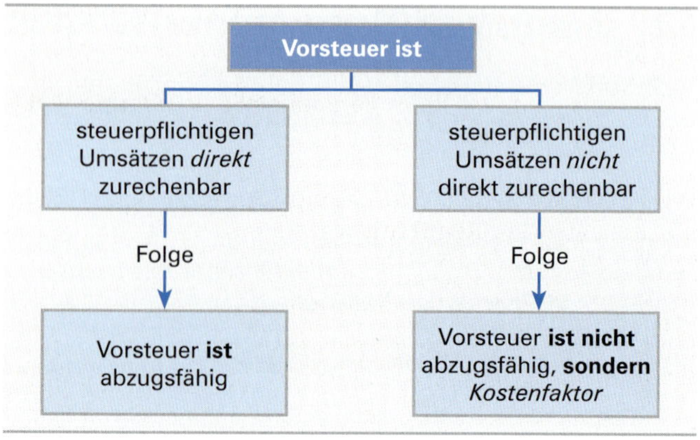

6.3 Wie ist die Umsatzsteuer (Mehrwertsteuer) zu buchen, die Umsatzsteuer-Zahllast zu ermitteln und die Umsatzsteuer abzuführen?

6.3.1 Welche Buchungen sind bei abzugsfähiger Vorsteuer vorzunehmen?

In der Buchhaltung wird die Umsatzsteuer in **Vorsteuer** und **Mehrwertsteuer** unterschieden.

Beim **Einkauf** von Waren wird die von dem Lieferer dem Kreditinstitut in Rechnung gestellte Umsatzsteuer (Mehrwertsteuer) auf dem Konto **Vorsteuer** erfasst. Die Vorsteuer ist eine **Forderung an das Finanzamt.**

Beispiel: Buchung des Einkaufs

Grundbuch

Nr.	Buchungssatz	Soll Betrag €	Haben Betrag €
1.	Wareneinkauf Wareneinkauf und Vorsteuer an Kunden-KK	 3 000,00 570,00	 3 570,00

Hauptbuch

S	Wareneinkauf	H
1.	3 000,00	

S	Vorsteuer	H
1.	570,00	

S	Kunden-KK	H
		1. 3 570,00

1 Vom 1. Juli 2020 bis 31. Dezember 2020 betragen die Umsatzsteuersätze 16 % bzw. 5 %.

6.3.2 Wie ist die den Kunden berechnete Umsatzsteuer zu buchen?

Die **Umsatzsteuer beim Verkauf** stellt eine **Verbindlichkeit** des Unternehmens **gegenüber dem Finanzamt** dar.

Wird beim **Verkauf** die im Verkaufspreis enthaltene Umsatzsteuer **sofort** getrennt gebucht, so liegt das **Nettoverfahren** vor.

Beispiel: Buchung des Verkaufs

Nr.	Buchungssatz	Soll Betrag €	Haben Betrag €
2.	Kasse an Warenverkauf an MwSt[1]	4 760,00	4 000,00 760,00

6.3.3 Wie wird die Umsatzsteuer-Zahllast ermittelt und abgeführt?

Die von den Unternehmen monatlich an das Finanzamt abzuführende Umsatzsteuer wird als **Zahllast** bezeichnet.

Beispiel:

	Mehrwertsteuer	760,00 €
–	Vorsteuer	570,00 €
=	USt-Zahllast	190,00 €

Die Zahllast beträgt 7 % oder 19 % der von dem Unternehmen erbrachten **Wertzuwächse** (Leistungen). Daher hat diese **Methode der Erhebung der Umsatzsteuer** die Bezeichnung **Mehrwertsteuer.** Sollte das Vorsteuerguthaben die MwSt übersteigen, ergibt sich eine Forderung an das Finanzamt, die von diesem erstattet wird.

Die **USt-Zahllast** wird in der Buchhaltung durch den Abschluss des Kontos Vorsteuer mit dem Konto Mehrwertsteuer ermittelt. Der **Saldo** wird entweder an das Finanzamt abgeführt oder in das SBK übertragen.

Beispiel:

Grundbuch

Nr.	Buchungssätze	Soll Betrag €	Haben Betrag €
	Abschluss des Kontos Vorsteuer		
3.	MwSt an Vorsteuer	570,00	570,00
	Abführen der USt-Zahllast		
4. a	MwSt an Zahlungsmittelkonto (z. B. BBk)	190,00	190,00
	oder Abschluss der Zahllast über SBK		
4. b	MwSt an SBK	190,00	190,00

1 In der Praxis werden die Kontobezeichnungen „Mehrwertsteuer“ bzw. „Umsatzsteuer“ synonym verwendet.

Hauptbuch

S	Vorsteuer		H
1.	570,00	3.	570,00

Soll	MwSt		Haben
3.	570,00	2.	760,00
4. a	190,00		
4. b			
	760,00		760,00

6.4 Welche Buchungen sind bei nicht abzugsfähiger Vorsteuer vorzunehmen?

6.4.1 Umsatzsteuer bei Sachaufwendungen

Einstieg

Ein Kreditinstitut kauft Kopierpapier für verschiedene Abteilungen

	Kaufpreis	2000,00 €
+	19 % Umsatzsteuer	380,00 €
=	Gesamtbetrag	2380,00 €

Sofortige Überweisung des Rechnungsbetrages auf das laufende Konto des Lieferers bei uns.
Wie ist zu buchen?

- Da die meisten Umsätze bei Kreditinstituten **umsatzsteuerfrei** sind, darf auch die bei Sachaufwendungen anfallende Mehrwertsteuer nicht als Vorsteuer abgezogen werden.
- Diese **nicht abzugsfähige Vorsteuer** ist für das Kreditinstitut **Aufwand.**

Die nicht abzugsfähige Vorsteuer wird auf dem jeweils betroffenen Aufwandskonto (z. B. Büroaufwendungen, Sachkosten für Geschäftsräume) durch die **Buchung des Bruttobetrages der Rechnungen** erfasst.

Beispiel:

Für das Beispiel aus dem Einstieg ergibt sich somit als Buchung:

Nr.	Buchungssatz	Soll Betrag €	Haben Betrag €
1.	Kauf von Kopierpapier Büroaufwendungen an Kunden-KK	2380,00	2380,00

6.4.2 Umsatzsteuer beim Kauf von Vermögensgegenständen des Anlagevermögens

Einstieg

Ein Kreditinstitut kauft die folgende Betriebs- und Geschäftsausstattung:

1. Kopierer	Nettopreis	25 000,00 €
	+ 19 % MwSt	4 750,00 €
	= Gesamtbetrag	29 750,00 €

Verwendungszweck: Einsatz in der Kreditabteilung

2. Pkw	Nettopreis	45 000,00 €
	+ 19 % MwSt	8 550,00 €
	= Gesamtbetrag	53 550,00 €

Verwendungszweck: Einsatz nur in der Immobilienabteilung

3. Pkw	Nettopreis	40 000,00 €
	+ 19 % MwSt	7 600,00 €
	= Gesamtbetrag	47 600,00 €

Verwendungszweck: Nutzung je zur Hälfte in der Kreditabteilung und in der Immobilienabteilung

In allen drei Fällen erfolgt die sofortige Bezahlung der Rechnung durch Überweisung auf das Konto des Lieferers bei uns.
Wie ist zu buchen?

Die Buchung der **Mehrwertsteuer** ist abhängig von der jeweiligen Verwendung des Vermögengegenstandes.

> Wird der **Vermögensgegenstand ausschließlich** zur Erzielung **steuerfreier Umsätze** genutzt, so ist die **Vorsteuer nicht abzugsfähig.**

Die Vorsteuer zählt dann zu den Anschaffungskosten und ist zu aktivieren. Sie wird dann entsprechend der Nutzungsdauer des Vermögensgegenstandes abgeschrieben.

Beispiel: Fall 1 (Kopierer)

Nr.	Buchungssatz	Soll Betrag €	Haben Betrag €
1.	BGA an Kunden-KK	29 750,00	29 750,00

Ist dagegen der **Vermögensgegenstand ausschließlich** zur Erzielung **steuerpflichtiger Umsätze** eingesetzt, so ist die **Vorsteuer abzugsfähig.**

Beispiel: Fall 2 (Pkw für die Immobilienabteilung)

Nr.	Buchungssatz	Soll Betrag €	Haben Betrag €
2.	BGA (Fuhrpark) Vorsteuer an Kunden-KK	45 000,00 8 550,00	 53 550,00

Dient ein **Vermögensgegenstand** sowohl der **Erzielung steuerfreier als auch steuerpflichtiger Umsätze,** so ist die Vorsteuer entsprechend der anteiligen Nutzung aufzuteilen.

Beispiel: Fall 3 (Pkw mit anteiliger Nutzung)

Im vorliegenden Fall sind jeweils 50 % zu aktivieren bzw. als Vorsteuer zu buchen.

Nr.	Buchungssatz	Soll Betrag €	Haben Betrag €
3.	BGA (Fuhrpark) Vorsteuer an Kunden-KK	43 800,00 3 800,00	 47 600,00

6.4.3 Umsatzsteuer beim Verkauf von Vermögensgegenständen des Anlagevermögens

Einstieg

Ein Kreditinstitut verkauft die folgenden gebrauchten Gegenstände des Anlagevermögens an seine Mitarbeiter. Die Zahlung erfolgt durch die Belastung ihrer laufenden Konten.

1. Verkauf eines PC. Buchwert 1 000,00 €; Verkaufspreis 1 000,00 €.
   Bisherige Nutzung des Vermögensgegenstandes: Kreditabteilung
2. Verkauf eines gebrauchten Pkw. Buchwert 10 000,00 €; Verkaufspreis netto 10 000,00 €.
   Bisherige Nutzung des Vermögensgegenstandes: Immobilienabteilung
3. Verkauf eines gebrauchten Pkw. Buchwert 8 000,00 €; Verkaufspreis netto 8 000,00 €.
   Bisherige Nutzung: Gemischt.

Wie ist zu buchen?

Der **Verkauf von gebrauchten Vermögensgegenständen des Anlagevermögens** durch Kreditinstitute unterliegt grundsätzlich der Umsatzsteuer mit einem Steuersatz von 19 %.

Wird ein Anlagegut, das **ausschließlich** für umsatzsteuerfreie Tätigkeiten verwendet wurde, veräußert, ist diese Lieferung umsatzsteuerfrei.

Bei **gemischter Nutzung** fällt beim Verkauf Umsatzsteuer an, es sei denn, die umsatzsteuerpflichtige Nutzung war unerheblich, d.h. unter 5 % der Gesamtnutzung. In diesem Fall wäre der Verkauf von der Umsatzsteuer befreit.

Beispiel:

Für unsere Ausgangssituationen ergeben sich damit die folgenden Buchungen:

Nr.	Buchungssätze	Soll Betrag €	Haben Betrag €
1.	Kunden-KK an BGA	1 000,00	1 000,00
2.	Kunden-KK an BGA (Fuhrpark)	11 900,00	10 000,00
	an MwSt		1 900,00
3.	Kunden-KK an BGA (Fuhrpark)	9 520,00	8 000,00
	an MwSt		1 520,00

Auf einen Blick

- **Umsatzsteuer** (Mehrwertsteuer) ist **bei Kreditinstituten in der Regel ein Kostenbestandteil,** da die Vorsteuer meist keinen umsatzsteuerpflichtigen Umsätzen direkt zurechenbar ist.

Umsatzsteuer

vom Kreditinstitut an Lieferer gezahlte Umsatzsteuer **(= Vorsteuer)**

- **abzugsfähig**
  Vorsteuer kann steuerpflichtigen Umsätzen direkt zugerechnet werden.
  Mehrwertsteuer
  − Vorsteuer
  = Zahllast
- **nicht abzugsfähig**
  Vorsteuer kann keinen umsatzsteuerpflichtigen Umsätzen direkt zugerechnet werden.

vom Kreditinstitut seinen Kunden berechnete Umsatzsteuer **(= Mehrwertsteuer)**

1. **Grundsätzlich** besteht keine Umsatzsteuerpflicht für Bankleistungen.
2. Wichtige **Ausnahmen**: siehe S. 67

- Bei **Ankauf von Privaten** grundsätzlich keine Mehrwertsteuer.
- Bei **Verkauf von Anlagegütern,** die **ausschließlich** für umsatzsteuerfreie Tätigkeiten genutzt wurden, keine MwSt.
- **Steuersätze:** allgemein 19 %; ermäßigt 7 %.

Bilanzausweis der Umsatzsteuer:

Vorsteuerguthaben:	Aktiva:	Sonstige Vermögensgegenstände
Umsatzsteuerverbindlichkeit:	Passiva:	Sonstige Verbindlichkeiten

Kompetenztraining

Bei den folgenden Aufgaben soll die USt nach dem Nettoverfahren gebucht werden!

53 Buchen Sie die Geschäftsfälle im Grundbuch!

1. Einem Kunden werden Aktien ausgeliefert. Die Provision 80,00 € + 19 % USt 15,20 € = 95,20 € wird vom Empfänger bar eingezahlt.
2. Einem Depotkunden wird auf seinem Sparbuch die Depotgebühr für das abgelaufene Jahr belastet 235,00 € + 19 % USt 44,65 € = 279,65 €.
3. Einem Depotkunden werden für eine Erträgnisaufstellung 40,00 € + 19 % USt 7,60 € = 47,60 € auf dem lfd. Konto belastet.
4. Zur Vorlage bei der Erbschaftsteuerstelle erhält ein Erbe einen Depotauszug auf den Todestag. Gebühr 750,00 € + 19 % USt 142,50 € = 892,50 €. Bareinzahlung.

54 Erstellen Sie das Grundbuch für die Geschäftsvorgänge!

1. Kauf eines Schreibtisches.
   Gutschrift für Lieferer auf lfd. Konto

	Kaufpreis	1 900,00 €
+	19 % USt	361,00 €
=	Rechnungsbetrag	2 261,00 €

2.

	Barkauf von Heizöl	3 700,00 €
+	19 % USt	703,00 €
=	Rechnungsbetrag	4 403,00 €

3. Überweisung von Grundsteuer an Stadt (KK-Kunde) 5 900,00 €

4.

	Kauf eines Pkw für die Geschäftsleitung. Kaufpreis	62 800,00 €
–	5 % Rabatt	3 140,00 €
		59 660,00 €
–	3 % Skonto	1 789,80 €
		57 870,20 €
+	19 % USt	10 995,34 €
=	Rechnungsbetrag	68 865,54 €

   Der Rechnungsbetrag wird auf das bei unserem Kreditinstitut geführte Kontokorrentkonto überwiesen.

5.

	Barkauf von Büromaterial	55,00 €
+	19 % USt	10,45 €
=	Rechnungsbetrag	65,45 €

6. Überweisung der Kfz-Steuer an Finanzamt durch BBk 3 760,00 €

7.

	Wasserrechnung wird an die Stadtwerke (KK-Kunde) überwiesen	975,00 €
+	7,0 % USt	68,25 €
=	Rechnungsbetrag	1 043,25 €

8.

	Kauf eines Beleglesegerätes	18 500,00 €
+	19 % USt	3 515,00 €
=	Gutschrift des Rechnungsbetrages von auf dem Konto eines Kunden	22 015,00 €

9.	Kauf von Papier für Zahlungsverkehr-, Kredit- und Spargeschäfte	3200,00 €
	+ 19 % USt	608,00 €
	= Rechnungsbetrag	3808,00 €
	Sofortige Überweisung der Rechnung an eigenen Kunden	
10.	Umsatzsteuer-Vorauszahlung durch BBk-Überweisung	2650,00 €
11.	Verkauf eines gebrauchten Pkw zum Buchwert	1000,00 €
	+ 19 % USt	190,00 €
	= bar	1190,00 €
	Das Fahrzeug wurde nicht ausschließlich für steuerfreie Umsätze benutzt.	

55 Buchen Sie die Geschäftsfälle der Handelsbank AG im Grundbuch!

1.	Telefonrechnung wird vom Postbank Girokonto einschließlich 618,77 € USt überwiesen	3875,46 €
2.	Reinigung der Geschäftsräume durch externen Dienstleister	280,00 €
	+ 19 % USt	53,20 €
	= Gesamtbetrag	333,20 €
	Bezahlung durch Überweisung auf Kunden-KK	
3.	Kauf eines Multifunktionsdruckers	3870,00 €
	+ 19 % USt	735,30 €
	= Rechnungsbetrag	4605,30 €
	Gutschrift des Kaufpreises auf Kunden-KK	
4.	Verkauf eines gebrauchten Pkw der Geschäftsleitung	10000,00 €
	+ 19 % USt	1900,00 €
	= Belastung des Kunden-KK des Käufers	11900,00 €
5.	Kauf eines neuen Pkw	32600,00 €
	+ 19 % USt	6194,00 €
	= Rechnungsbetrag	38794,00 €
	Bezahlung durch Überweisung auf lfd. Konto des Lieferers	
6.	Rechnung für eine Werbeanzeige	840,00 €
	+ 7 % USt	58,80 €
	= Brutto	898,80 €
	Überweisung auf Kunden-KK	
7.	Überweisung der monatlichen Treibstoffrechnung an einen Tankstellenbesitzer (Kunde)	14200,00 €
	+ 19 % USt	2698,00 €
	= Gesamtbetrag	16898,00 €
8.	Postbank Giroüberweisung der Abonnementkosten für eine Fachzeitschrift einschl. 7 % USt	156,00 €
9.	Verkauf einer Werkzeugmaschine (Sicherungsgut für ein Darlehen) an einen KK-Kunden	13950,00 €
	+ 19 % USt	2650,50 €
	= Rechnungsbetrag	16600,50 €
10.	Barkauf von Getränken für die Kantine	1600,00 €
	+ 19 % USt	304,00 €
	= insgesamt	1904,00 €
11.	USt-Zahllast wird durch BBk überwiesen.	

56 Der Handelsbank AG wird von Lieferanten Umsatzsteuer in Rechnung gestellt. In welchen Fällen ist diese als Vorsteuer abzugsfähig?

1. Kauf von Schreibpapier für die Verwendung im Sparverkehr.
2. Kauf einer Maschine, die nur im Kreditgeschäft genutzt wird.
3. Kauf von Kantinenware. ☐
4. Kauf eines PC für die Vermögensverwaltung. ☐
5. Kauf von Papier für den Druck von Erträgnisaufstellungen. ☐
6. Kauf von Vordrucken für Auslandszahlungsaufträge.

57 Sie werden mit der Buchung von Umsatzsteuer beauftragt. Was beachten Sie?

1. Dass Umsätze grundsätzlich umsatzsteuerpflichtig sind.
2. Dass Umsätze grundsätzlich umsatzsteuerfrei sind.
3. Dass die Zahllast immer eine Forderung an das Finanzamt ist. ☐
4. Dass Vorsteuer und Umsatzsteuer auf einem gemeinsamen Konto erfasst werden.
5. Dass Umsatzsteuerbeträge eine Forderung an das Finanzamt darstellen.

7 Bestandteile des Jahresabschlusses

Einstieg

Die Auszubildende Larissa Müller wird beauftragt, sich über den Jahresabschluss der Handelsbank AG zu informieren. Aktien und eigene Schuldverschreibungen der Handelsbank AG werden an inländischen Börsen gehandelt. Es besteht keine Pflicht zur Erstellung eines Konzernabschlusses.

> Welche Bestandteile hat der Jahresabschluss?
> Welche Aufgaben hat der Jahresabschluss zu erfüllen und welche Grundsätze sind bei der Bilanzierung zu beachten?
> Welche Bewertungsvorschriften sind bei der Aufstellung des Jahresabschlusses zu berücksichtigen?

7.1 Welche Bestandteile hat der Jahresabschluss?

(1) Grundlagen

- **Kreditinstitute,** auch wenn sie nicht in der Rechtsform einer Kapitalgesellschaft geführt werden, haben auf ihren **Jahresabschluss** in der Regel die für große Kapitalgesellschaften geltenden Vorschriften anzuwenden.
- Außerdem haben sie einen **Lagebericht** nach den Vorschriften für große Kapitalgesellschaften zu erstellen (§ 340a HGB).

Jahresabschluss und **Lagebericht** sind von den gesetzlichen Vertretern des Kreditinstituts innerhalb der ersten drei Monate des Geschäftsjahrs für das vergangene Geschäftsjahr aufzustellen (vgl. § 264 Abs. 1 HGB).

Der **Umfang** des Jahresabschlusses großer Kapitalgesellschaften richtet sich danach, ob diese kapitalmarktorientiert und ohne Pflicht zu einem Konzernabschluss sind oder nicht.

Eine Kapitalgesellschaft ist **kapitalmarktorientiert,** wenn sie einen organisierten Markt im Sinne des Wertpapierhandelsgesetzes durch von ihr ausgegebene Wertpapiere (z.B. Aktien, Fondsanteile, Schuldverschreibungen) in Anspruch nimmt bzw. deren Zulassung beantragt hat (§ 264d HGB).

Ein **organisierter Markt** ist ein im Inland, in einem anderen Mitgliedstaat der Europäischen Union oder einem anderen Vertragsstaat des Abkommens über den Europäischen Wirtschaftsraum betriebenes oder verwaltetes, durch staatliche Stellen genehmigtes, geregeltes und überwachtes multilaterales System, das die Interessen einer Vielzahl von Personen am Kauf und Verkauf von dort zum Handel zugelassenen Finanzinstrumenten innerhalb des Systems und nach festgelegten Bestimmungen in einer Weise zusammenbringt oder das Zusammenbringen fördert, die zu einem Vertrag über den Kauf dieser Finanzinstrumente führt (vgl. § 2 Abs. 2 WPHG).

(2) Bestandteile des Jahresabschlusses

bei nicht kapitalmarktorientierten Kreditinstituten	Bilanz, Gewinn- und Verlustrechnung und Anhang. Sie bilden eine Einheit. Außerdem ist ein Lagebericht zu erstellen.
bei kapitalmarktorientierten Kreditinstituten ohne Pflicht zum Konzernabschluss	Bilanz, Gewinn- und Verlustrechnung, Anhang, Kapitalflussrechnung und Eigenkapitalspiegel. Diese bilden eine Einheit. Freiwillig können diese Bestandteile durch eine Segmentberichterstattung ergänzt werden.

Unabhängig von ihrer Kapitalmarktorientierung müssen Kreditinstitute einen **Lagebericht** erstellen.

Jahresbilanz	Sie ist die Gegenüberstellung des Vermögens und der Schulden des Kreditinstituts zum Bilanzstichtag.	Die **Gliederung** der Jahresbilanz und der Gewinn- und Verlustrechnung erfolgt nach den **Formblättern** der **Verordnung über die Rechnungslegung der Kreditinstitute und Finanzdienstleistungsinstitute (RechKredV)**.[1] Diese Verordnung regelt auch die **Inhalte** der einzelnen Posten der Bilanz und der GuV-Rechnung.
Gewinn- und Verlustrechnung	Sie ist die Gegenüberstellung der Aufwendungen und Erträge des Geschäftsjahrs.	
Anhang (§§ 284–286, 340 a und d HGB)	In ihm sind diejenigen Angaben aufzunehmen, die zu den einzelnen Posten der Bilanz oder der Gewinn- und Verlustrechnung vorgeschrieben sind oder die im Anhang zu machen sind, weil sie in Ausübung eines Wahlrechts nicht in der Bilanz oder in der GuV-Rechnung aufgenommen wurden. **Kreditinstitute** müssen im Anhang u. a. folgende **Pflichtangaben** machen: ■ die auf Posten der Bilanz und der GuV-Rechnung angewandten Bilanzierungs- und Bewertungsmethoden; ■ die Grundlagen für die Umrechnung ausländischer Währungen in Euro; ■ Art und Zweck sowie Risiken und Vorteile von nicht in der Bilanz enthaltenen Geschäften, soweit dies für die Beurteilung der Finanzlage notwendig ist; ■ die durchschnittliche Zahl der während des Geschäftsjahrs beschäftigten Arbeitnehmer getrennt nach Gruppen; ■ alle Mandate in gesetzlich zu bildenden Aufsichtsgremien von großen Kapitalgesellschaften, die von gesetzlichen Vertretern oder anderen Mitarbeitern wahrgenommen werden; ■ alle Beteiligungen an großen Kapitalgesellschaften, die fünf vom Hundert der Stimmrechte überschreiten; ■ Gliederung der Forderung und Verbindlichkeiten nach Fristigkeit.	
Kapitalflussrechnung	Die Kapitalflussrechnung zeigt die **Zahlungsströme** des Geschäftsjahres auf. Sie gibt Auskunft über den **Stand** und die **Entwicklung der Liquidität.** **Ausgangspunkt** der Rechnung ist bei Kreditinstituten der **Zahlungsmittelbestand** (Bilanzposten Barreserve) am Ende der Vorperiode. + **Cashflow aus laufender (operativer) Geschäftstätigkeit**	

1 Vgl. Anhang, Anlage 1, S. 304.

Hier werden zunächst zum Jahresüberschuss die enthaltenen zahlungsunwirksamen Posten addiert, im wesentlichen Abschreibungen, Wertberichtigungen und Zuschreibungen auf Forderungen und Anlagevermögen, Veränderungen der Rückstellungen. Außerdem der Gewinn/Verlust aus der Veräußerung von Anlagevermögen.

Die zu bildende **Zwischensumme** zeigt die **Eigenfinanzierungskraft** des Kreditinstituts.

Jetzt werden die Veränderungen von Vermögenswerten und Verbindlichkeiten der laufenden Geschäftstätigkeit hinzugerechnet.

Zugänge Vermögenswerte/Abgänge Verbindlichkeiten (–)

Abgänge Vermögenswerte/Zugänge Verbindlichkeiten (+).

Schließlich werden die gezahlten Ertragsteuern und die aus dem laufenden Geschäft angefallenen Zins- und Dividendenzahlungen hinzugerechnet.

\+ **Cashflow aus Investitionstätigkeit**

Hier werden alle Ein- und Auszahlungen aus der Beschaffung bzw. der Veräußerung von Sach- und Finanzanlagen einschließlich des immateriellen Vermögens erfasst.

\+ **Cashflow aus Finanzierungstätigkeit**

Hier werden alle Zahlungsvorgänge aus der Beschaffung oder der Rückzahlung von Eigenkapital und eigenkapitalähnlichen Finanzierungsmitteln wie z. B. Wandelanleihen und Genussrechte dargestellt.

Weiterhin wird der abgeführte Bilanzgewinn (Dividendenzahlung) hier erfasst.

= **Zahlungsmittelbestand** am Ende der Periode.

Eigenkapitalspiegel (Eigenkapitalveränderungsrechnung) (§ 264 Abs. 1 HGB)

In der Eigenkapitalveränderungsrechnung (Statement of changes in equity) soll die Entwicklung des Eigenkapitals im Geschäftsjahr dargestellt werden. Dies geschieht meist in tabellarischer Form. Es können auch eigenkapitalähnliche (hybride) Finanzierungsformen, wie Wandelschuldverschreibungen, stille Einlagen, Genussrechte und Nachrangverbindlichkeiten, einbezogen werden.

Beispiel: Handelsbank AG

Mio. €	Gezeichnetes Kapital	Kapitalrücklage	Genussscheine	Nachrangige Verbindlichk.	Gewinnrücklagen	Fonds für allg. Bankrisiken	Jahresergebnis	Eigenkapital
Stand 01.01.01	**225,00**	**475,00**	**25,00**	**320,00**	**652,00**	**50,00**	**12,00**	**1759,00**
Kapitalerhöhung/ -herabsetzung	10,00	15,00						25,00
Jahresüberschuss							125,00	125,00
Einstellungen/ Entnahmen Rücklagen					115,00	5,00	–120,00	0,00
gezahlte Dividende							–15,00	–15,00
Stand 31.12.01	**235,00**	**490,00**	**25,00**	**320,00**	**767,00**	**55,00**	**2,00**	**1894,00**

Segmentbericht-erstattung

Kapitalmarktorientierte Kapitalgesellschaften, die keinen Konzernabschluss aufstellen müssen, **können** den Jahresabschluss um eine **Segmentbericht-erstattung** erweitern. Die darin enthaltenen Informationen sollen es den Adressaten des Jahresabschlusses ermöglichen, die **Art** und die **finanziellen Auswirkungen** der von dem Unternehmen ausgeübten Geschäftstätigkeiten sowie das **wirtschaftliche Umfeld,** in dem dieses tätig ist, zu beurteilen.

Ein **Geschäftssegment** ist ein Unternehmensbereich, der folgende **drei Anforderungen** erfüllen muss:

- Es müssen Geschäftstätigkeiten betrieben werden, mit denen Erträge erwirtschaftet werden und bei denen Aufwendungen anfallen.
- Die Betriebsergebnisse des Segments müssen regelmäßig vom Hauptentscheidungsträger des Unternehmens, z.B. Vorsitzender des Geschäftsführungsorgans oder geschäftsführende Direktoren, im Hinblick auf Entscheidungen über die Allokation von Ressourcen zu diesem Segment und die Bewertung seiner Ertragskraft überprüft werden.
- Es müssen einschlägige Finanzinformationen über das Segment vorliegen.

Bei der Bildung der Segmente ist darauf zu achten, dass **wirtschaftlich vergleichbare Merkmale** zusammengefasst werden. Folgende Gliederungsmöglichkeiten bieten sich an:

Betriebliche Segmentierung	Geografische Segmentierung	Kombinierte Segmentierung
▪ Art der Produkte und Dienstleistungen ▪ Art der Produktionsprozesse ▪ Art oder Gruppe der Kunden ▪ Methoden des Vertriebs oder der Leistungserbringung ▪ Art der regulatorischen Rahmenbedingungen	▪ Länder ▪ Ländergruppen ▪ Regionen	Betriebliche und geografische Kriterien können kombiniert ausgewiesen werden.

Lagebericht
(§§ 289, 289 a, 340 a HGB)

- Im Lagebericht sind der **Geschäftsverlauf** einschließlich des Geschäftsergebnisses **und** die **Lage des Kreditinstituts** so darzustellen, dass ein den tatsächlichen Verhältnissen entsprechendes Bild vermittelt wird.
- Er hat eine **Analyse** des Geschäftsverlaufs und der Lage der Gesellschaft zu enthalten.
- Neben betriebswirtschaftlichen Aspekten sind auch technische, rechtliche, politische und volkswirtschaftliche Gesichtspunkte zu berücksichtigen.
- Auch über bedeutsame nicht finanzielle Leistungsindikatoren, wie Informationen über Umwelt- und Arbeitnehmerbelange, ist zu berichten.
- Es ist auch die **voraussichtliche Entwicklung** mit ihren wesentlichen Chancen und Risiken zu beurteilen und zu erläutern. Die Annahmen für die Prognose sind anzugeben.
- Auf **Vorgänge von besonderer Bedeutung,** die nach dem Schluss des Geschäftsjahrs eingetreten sind, soll eingegangen werden.

- **Kapitalmarktorientierte Kapitalgesellschaften** haben die wesentlichen Merkmale des **internen Kontroll- und des Risikomanagementsystems** im Hinblick auf den Rechnungslegungsprozess zu beschreiben.
- Die gesetzlichen Vertreter **kapitalmarktorientierter Kreditinstitute,** auch wenn sie keine Kapitalgesellschaften sind, haben nach bestem Wissen zu versichern, dass ihre Angaben zum Geschäftsverlauf, einschließlich des Geschäftsergebnisses und der Lage des Kreditinstituts, ein den tatsächlichen Verhältnissen entsprechendes Bild vermitteln und dass die wesentlichen Chancen und Risiken dargestellt wurden **(Bilanzeid).**
- Börsennotierte Kreditinstitute haben eine **Erklärung zur Unternehmensführung** in ihren Lagebericht aufzunehmen oder auf diese hinzuweisen, falls sie auf der Internetseite der Gesellschaft öffentlich zugänglich ist (§ 289a HGB).

(3) Prüfung

Kreditinstitute haben **unabhängig von ihrer Größe** ihren **Jahresabschluss** und **Lagebericht prüfen zu lassen.**

Bei **Kreditgenossenschaften** erfolgt diese Prüfung durch den zuständigen **Prüfungsverband,** bei **Sparkassen** durch die **Prüfungsstelle eines Sparkassen- und Giroverbands. Andere Kreditinstitute müssen** durch **Wirtschaftsprüfer** oder **Wirtschaftsprüfungsgesellschaften** geprüft werden (§ 340k HGB).

(4) Bestätigungsvermerk

Falls die Abschlussprüfer nach dem abschließenden Ergebnis der Prüfung keine Einwendungen erheben, haben sie das nach § 322 Abs. 1 HGB (§ 26 Abs. 1 KWG) durch folgenden Vermerk zum Jahresabschluss und ggf. zum Konzernabschluss zu bestätigen:

„Die Buchführung und der Jahresabschluss entsprechen/Der Konzernabschluss entspricht nach meiner/unserer pflichtgemäßen Prüfung den gesetzlichen Vorschriften. Der Jahresabschluss/Konzernabschluss vermittelt unter Beachtung der Grundsätze ordnungsmäßiger Buchführung ein den tatsächlichen Verhältnissen entsprechendes Bild der Vermögens-, Finanz- und Ertragslage der Kapitalgesellschaft/des Konzerns. Der Lagebericht/Konzernlagebericht steht im Einklang mit dem Jahresabschluss/Konzernabschluss, vermittelt insgesamt ein zutreffendes Bild von der Lage der Gesellschaft und stellt die Chancen und Risiken der künftigen Entwicklung zutreffend dar."

(5) Offenlegung

Nach § 340 l HGB haben **Kreditinstitute** den **Jahresabschluss** und den **Lagebericht** und die anderen in § 325 HGB bezeichneten Unterlagen **offenzulegen.**

Unter **Offenlegung** versteht man die Einreichung der obigen Unterlagen beim **Betreiber des elektronischen Bundesanzeigers:**

§ 325 HGB (Offenlegung)

(1) Die gesetzlichen Vertreter von Kapitalgesellschaften haben für diese den Jahresabschluss beim Betreiber des elektronischen Bundesanzeigers elektronisch einzureichen. Er ist unverzüglich nach seiner Vorlage an die Gesellschafter, jedoch spätestens vor Ablauf des zwölften Monats des dem Abschlussstichtag nachfolgenden Geschäftsjahrs, mit dem Bestätigungsvermerk oder dem Vermerk über dessen Versagung einzureichen. Gleichzeitig sind der Lagebericht, der Bericht des Aufsichtsrats, die nach § 161 des Aktiengesetzes

vorgeschriebene Erklärung und, soweit sich dies aus dem eingereichten Jahresabschluss nicht ergibt, der Vorschlag für die Verwendung des Ergebnisses und der Beschluss über seine Verwendung unter Angabe des Jahresüberschusses oder Jahresfehlbetrags elektronisch einzureichen. Angaben über die Ergebnisverwendung brauchen von Gesellschaften mit beschränkter Haftung nicht gemacht zu werden, wenn sich anhand dieser Angaben die Gewinnanteile von natürlichen Personen feststellen lassen, die Gesellschafter sind. Werden zur Wahrung der Frist nach Satz 2 oder Abs. 4 Satz 1 der Jahresabschluss und der Lagebericht ohne die anderen Unterlagen eingereicht, sind der Bericht und der Vorschlag nach ihrem Vorliegen, die Beschlüsse nach der Beschlussfassung und der Vermerk nach der Erteilung unverzüglich einzureichen. Wird der Jahresabschluss bei nachträglicher Prüfung oder Feststellung geändert, ist auch die Änderung nach Satz 1 einzureichen.

Die Rechnungslegungsunterlagen sind in einer Form einzureichen, die ihre Bekanntmachung nach Abs. 2 ermöglicht.

(2) Die gesetzlichen Vertreter der Kapitalgesellschaft haben die in Abs. 1 bezeichneten Unterlagen jeweils unverzüglich nach der Einreichung im elektronischen Bundesanzeiger bekannt machen zu lassen.

Auf einen Blick

■

Bestandteile des Jahresabschlusses und Lagebericht				
Bestandteile	Kaufleute (§ 242 HGB)	Große Kapitalgesellschaften und Kreditinstitute: nicht kapitalmarktorientiert (§§ 242 Abs. 3, 264 Abs. 1, S. 1 HGB)	Große Kapitalgesellschaften und Kreditinstitute: kapitalmarktorientiert und ohne Pflicht zum Konzernabschluss (§§ 242 Abs. 3, 264 Abs. 1, S. 2 HGB)	
Bilanz				Einheit
Gewinn- und Verlustrechnung				Einheit
Anhang				Einheit
Kapitalflussrechnung				Einheit
Eigenkapitalspiegel				Einheit
Ergänzend: **Lagericht**				
Freiwillig: **Segmentberichterstattung**				

- Die **Gliederung** der Bilanz und der Gewinn- und Verlustrechnung erfolgt bei **Kreditinstituten** nach **Formblättern.**
- Die Regelungen der **Verordnung über die Rechnungslegung der Kreditinstitute und Finanzdienstleistungsinstitute** sind zu beachten.

Kompetenztraining

58 Bestimmen Sie, aus welchen Teilen der Jahresabschluss folgender Kreditinstitute bestehen muss! Es besteht in allen Fällen keine Pflicht zu einem Konzernabschluss.

Geben Sie außerdem an, ob ein Bilanzeid abzugeben ist!

a) Volksbank Gleiberger Land eG. Bilanzsumme 80 Mio. €. Die Volksbank finanziert sich ausschließlich über Genossenschaftsanteile, Rücklagen und Einlagen von Kreditinstituten, Privat- und Firmenkunden.

b) Handelskreditbank AG. Nicht börsennotiert. Bilanzsumme 2250 Mio. €. Das Kreditinstitut finanziert sich mit Kapitalanteilen, Rücklagen, an einem organisierten Markt handelbaren Bankschuldverschreibungen und Verbindlichkeiten gegenüber Kreditinstituten, Privat- und Firmenkunden.

c) Sparkasse Odenwald. Bilanzsumme 3530 Mio. €. Die Sparkasse finanziert sich u.a. über Rücklagen, Dotationskapital, Genussrechte und begebene handelbare Pfandbriefe.

7.2 Welche Aufgaben hat der Jahresabschluss zu erfüllen und welche allgemeinen Grundsätze (Vorschriften) müssen bei der Aufstellung des Jahresabschlusses beachtet werden?

7.2.1 Aufgaben des Jahresabschlusses

Der Jahresabschluss hat für die unterschiedlichen Gruppen bestimmte Aufgaben zu erfüllen, und zwar für

Gruppen	Aufgaben
Geschäftsleitung	Information über die Vermögens- und Ertragslage des Unternehmens. Hilfsmittel zur Unternehmensführung.
Teilhaber	Information über die Vermögens- und Ertragslage. Kontrollinstrument. Grundlage der Gewinnermittlung.
Gläubiger	Information, Gläubigerschutz.
Allgemeinheit	Informationsinstrument. Offenlegungspflicht (§ 325 HGB).
Staat/Fiskus	■ Soweit der Steuerpflichtige keine gesonderte Steuerbilanz aufstellt, ist die Handelsbilanz Grundlage für die steuerliche Gewinnermittlung unter Beachtung der vorgeschriebenen steuerlichen Anpassungen. ■ Kontrollinstrument im Rahmen der Bankenaufsicht. Kreditinstitute haben den Jahresabschluss und den Lagebericht jeweils unverzüglich dem Bundesaufsichtsamt und der Deutschen Bundesbank einzureichen. Der Jahresabschluss ist in einer Anlage zu erläutern. ■ Im Rahmen der Rechtsprechung können Gerichte bei Vermögensstreitigkeiten im Zweifel von der Richtigkeit der Zahlen der Buchführung und der Handelsbilanz ausgehen.

7.2.2 Allgemeine Grundsätze der Bilanzierung

Neben den Grundsätzen **ordnungsmäßiger Buchführung,** wonach einem sachverständigen Dritten innerhalb einer angemessenen Zeit ein Überblick über die Geschäftsvorfälle und über die Lage des Unternehmens möglich sein muss, hat der Gesetzgeber **Grundsätze (Vorschriften) für die Bilanzierung** erlassen.

> Von diesen Grundsätzen darf nur in begründeten Ausnahmefällen abgewichen werden.

Es sind **Ansatz-** und **Bewertungsvorschriften** zu unterscheiden. Die Ansatz- und Bewertungsmethoden müssen in den folgenden Rechnungsperioden beibehalten werden. Nur in begründeten Ausnahmefällen darf von ihnen abgewichen werden.

Grundsätze der Bilanzierung	**Ansatzvorschriften**	**Was** ist zu bilanzieren?
	Bewertungsgrundsätze	Mit welchem **Wert** sind die zu bilanzierenden Posten anzusetzen?

(1) Ansatzvorschriften (Bilanzierungsgrundsätze)

Die Ansatzvorschriften begründen, was im Jahresabschluss zu bilanzieren ist. Wesentliche Ansatzvorschriften (Bilanzierungsgrundsätze) sind:

Grundsatz der Vollständigkeit (§ 246 Abs. 1, S. 1 HGB)	Der Jahresabschluss hat **sämtliche** Vermögensgegenstände, Schulden, Rechnungsabgrenzungsposten sowie Aufwendungen und Erträge zu enthalten, soweit gesetzlich nichts anderes bestimmt ist.
Grundsatz des rechtlichen Eigentums (§ 246 Abs. 1, S. 2 HGB)	Vermögensgegenstände sind in der **Bilanz des Eigentümers** aufzunehmen. **Ausnahme:** Ist ein Vermögensgegenstand einem anderen **wirtschaftlich zuzuordnen,** hat dieser diesen zu bilanzieren. **Beispiel:** Leasinggut, das als Spezialanfertigung ausschließlich vom Leasingnehmer genutzt werden kann.
Aktivierungsgebot (§ 246 Abs. 1, S. 4 HGB)	Der **entgeltlich erworbene Geschäfts- oder Firmenwert,** der sogenannte Goodwill, gilt handelsrechtlich als aktivierungspflichtiger, zeitlich begrenzter Vermögensgegenstand. **Beispiel: Kauf eines Unternehmens** Kaufpreis 10 Mio. EUR – Reinvermögen (Vermögen – Schulden) 9 Mio. EUR = Geschäfts- oder Firmenwert (Goodwill) 1 Mio. EUR
Verrechnungsverbot/Verrechnungspflicht (§ 246 Abs. 2 HGB)	Posten der Aktivseite **dürfen nicht** mit Posten der Passivseite, Aufwendungen nicht mit Erträgen, Grundstücksrechte nicht mit Grundstückslasten verrechnet werden (§ 246 Abs. 1, S. 1 HGB).

	■ Eine **Verrechnung** von Vermögensgegenständen und Schulden **ist vorgeschrieben,** soweit die Vermögensgegenstände ausschließlich zur Erfüllung bestimmter Schulden dienen (§ 246 Abs. 2, S. 2 HGB). **Beispiel:** Die Vermögensgegenstände sind ausschließlich für die Erfüllung von Altersvorsorgeverpflichtungen vorgesehen. Diese Vermögensgegenstände, sogenanntes Planvermögen, müssen dem Zugriff der übrigen Gläubiger entzogen werden. ■ **Ausnahmen für Kreditinstitute** Für **Kreditinstitute** gilt das Verrechnungsverbot nur, soweit keine abweichenden Vorschriften, wie z. B. § 340 c HGB; §§ 32, 33 RechKredVO, bestehen.
Grundsatz der Ansatzstetigkeit (§ 246 Abs. 3 HGB)	Die auf den vorhergehenden Jahresabschluss angewandten Ansatzmethoden sind beizubehalten. Daraus folgt, dass ein einmal in Anspruch genommenes Ansatzwahlrecht in den Folgejahren für diesen Fall nicht geändert werden darf.
Inhalt der Bilanz (§§ 247, 340 a Abs. 2 HGB)	■ In der **Bilanz** sind das Anlage- und das Umlaufvermögen, das Eigenkapital, die Schulden sowie die Rechnungsabgrenzungsposten **gesondert auszuweisen** und hinreichend **aufzugliedern.** ■ Beim **Anlagevermögen** sind nur die Gegenstände auszuweisen, die bestimmt sind, **dauernd** dem Geschäftsbetrieb zu dienen. **Kreditinstitute** haben die durch die Verordnung über die Rechnungslegung der Kreditinstitute und Finanzdienstleistungsinstitute[1] erlassenen **Formblätter und anderen Vorschriften** anzuwenden.
Bilanzierungsverbote und -wahlrechte (§ 248 HGB)	■ In die Bilanz dürfen **nicht als Aktivposten aufgenommen** werden: – Aufwendungen für die Gründung eines Unternehmens, – Aufwendungen für die Beschaffung des Eigenkapitals, – Aufwendungen für den Abschluss von Versicherungsverträgen. ■ Selbst geschaffene immaterielle Vermögensgegenstände des Anlagevermögens (z. B. selbst erstellte Software) **können** als Aktivposten in die Bilanz aufgenommen werden. ■ Ein **Bilanzierungsverbot** besteht dagegen für selbst geschaffene Marken, Drucktitel, Verlagsrechte, Kundenlisten oder vergleichbare immaterielle Vermögensgegenstände des Anlagevermögens. **Begründung:** In diesen Fällen lassen sich die Aufwendungen nicht zweifelsfrei einem selbst geschaffenen immateriellen Vermögensgegenstand des Anlagevermögens zuordnen. Sie sind Teil des selbst geschaffenen Geschäfts- oder Firmenwerts.

1 Vgl. Anhang, Anlage 1, S. 304.

(2) Allgemeine handelsrechtliche Bewertungsvorschriften (Bewertungsgrundsätze)

Die **Bewertung** hat zum Ziel, den Wert der Vermögensgegenstände festzustellen. Dieser Wertfeststellung kommt eine erhebliche Bedeutung zu, da dadurch der Jahreserfolg (Gewinn bzw. Verlust) des Unternehmens beeinflusst wird.

Um die **Ziele der Bewertung** zu erreichen, wurden eine Reihe von **Bewertungsgrundsätzen** entwickelt, die als **allgemeine Bewertungsvorschriften** im § 252 HGB eingefügt wurden. Diese Grundsätze sind für **alle Kaufleute,** ausgenommen Einzelkaufleute, die die Bedingungen des § 241 HGB erfüllen, **verpflichtend.**

Wegen des **Grundsatzes der Maßgeblichkeit der Handelsbilanz** sind die Bewertungsvorschriften des HGB **grundsätzlich** auch bei der steuerlichen Gewinnermittlung zu beachten.[1]

Grundsatz der Bilanzkontinuität (§ 252 Abs. 1 Nr. 1 HGB)	Die Wertansätze in der Eröffnungsbilanz des Geschäftsjahres **müssen** mit denen der Schlussbilanz des vorhergehenden Geschäftsjahres übereinstimmen.
Grundsatz der Betriebsfortführung (going-concern-Prinzip) (§ 252 Abs. 1 Nr. 2 HGB)	Bei der Bewertung **ist** von der **Fortführung der Unternehmenstätigkeit auszugehen,** sofern dem nicht tatsächliche oder rechtliche Gegebenheiten entgegenstehen.
Grundsatz der Einzelbewertung (§ 252 Abs. 1 Nr. 3 HGB)	Die Vermögensgegenstände und Schulden **sind** zum Abschlussstichtag **einzeln zu bewerten.**
Stichtagsprinzip (§ 252 Abs. 1 Nr. 3 HGB)	Das Gesetz schreibt vor, dass **„zum Abschlussstichtag"** zu bewerten ist. Grundsätzlich ist die Bewertung damit auf Basis der am Abschlussstichtag und nicht aufgrund der zum Bilanzerstellungszeitpunkt geltenden Verhältnisse vorzunehmen.
Grundsatz der Vorsicht (Imparitätsprinzip oder Niederstwertprinzip) (§ 252 Abs. 1 Nr. 4 HGB)	Es ist vors2ichtig zu bewerten, namentlich sind alle vorhersehbaren Risiken und Verluste, die bis zum Abschlussstichtag entstanden sind, zu berücksichtigen, selbst wenn diese erst zwischen dem Abschlussstichtag und dem Tag der Aufstellung des Jahresabschlusses bekannt geworden sind; **Gewinne** sind **nur** zu berücksichtigen, **wenn** sie am Abschlussstichtag **realisiert** sind.
Grundsatz der periodengerechten Erfolgsermittlung (§ 252 Abs. 1 Nr. 5 HGB)	Aufwendungen und Erträge des Geschäftsjahrs sind **unabhängig von** den **Zeitpunkten** der entsprechenden **Zahlungen** im Jahresabschluss zu berücksichtigen.
Abgrenzungsprinzip (§ 252 Abs. 1 Nr. 5 HGB)	Aufwendungen und Erträge sind unabhängig davon zu berücksichtigen, ob bereits **Zahlungen** erfolgt sind. Dieser Grundsatz unterstreicht den Unterschied zwischen einer bilanziellen Erfolgsrechnung und einer Einnahmen-/Ausgabenrechnung.
Grundsatz der Bewertungsstetigkeit (§ 252 Abs. 1 Nr. 6 HGB)	Die auf den vorhergehenden Jahresabschluss angewandten **Bewertungsmethoden sind beizubehalten.**

1 Vgl. Kapitel 7.3.3.

Auf einen Blick

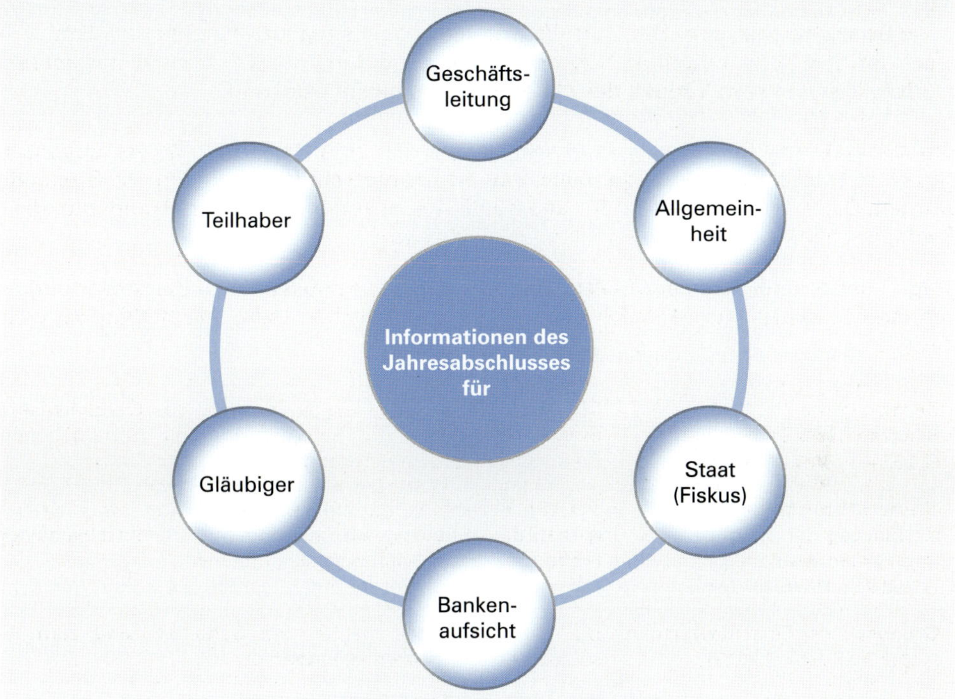

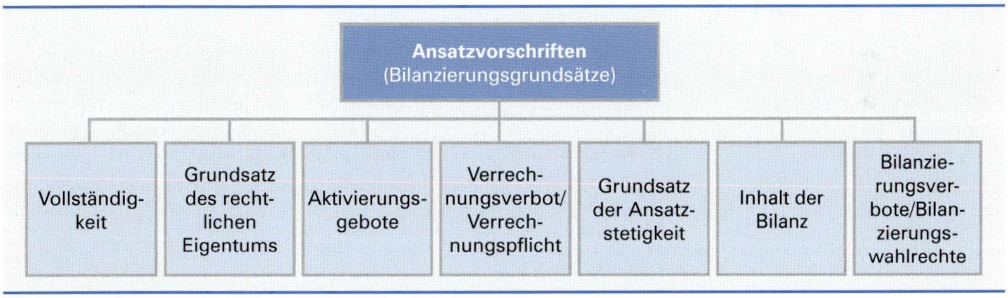

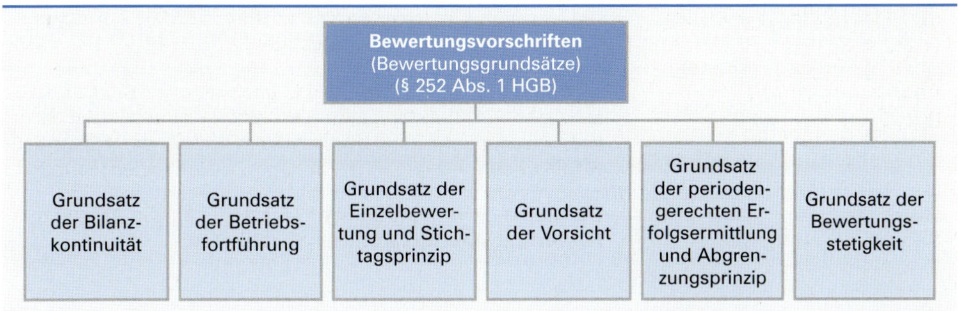

Kompetenztraining

59 Im HGB sind für die Eröffnungsbilanz und den Jahresabschluss Ansatz- und Bewertungsvorschriften enthalten.

Welche Aussagen über die Anwendung dieser Vorschriften treffen für Kreditinstitute zu?

1. Die einzelnen Institutsgruppen können jeweils die Inhalte der Bilanz individuell anpassen.
2. Ein im Dezember angeschaffter Schreibtisch, der erst im Februar nächsten Jahres bezahlt werden muss, darf noch nicht beim Käufer bilanziert werden.
3. Kreditinstitute dürfen in bestimmten Fällen Aufwendungen und Erträge verrechnen.
4. Eine selbst erstellte Imagebroschüre, die für die Neukundenwerbung eingesetzt werden soll, ist als Vermögensgegenstand zu bilanzieren.
5. Eine Kreditgenossenschaft darf nach einer Fusion mit einer anderen Kreditgenossenschaft sämtliche Vermögensgegenstände neu bewerten.
6. Aufwendungen und Erträge müssen unabhängig vom Zeitpunkt der entsprechenden Zahlungen im Jahresabschluss ihres Entstehungsjahres berücksichtigt werden.

60 Die Kreditbank AG hat am Bilanzstichtag (31. 12. 01) gegen die Motorenwerke GmbH eine Darlehensforderung in Höhe von 2,7 Mio. €. Diese Forderung ist durch die Abtretung von Forderungen der Motorenwerke GmbH an die Autowerke AG gesichert. Am 31. 12. 01 gelten diese Forderungen als sicher. Ende Februar 02 wird völlig unerwartet ein Insolvenzverfahren gegen die Autowerke AG eingeleitet. Die abgetretenen Forderungen werden mit hoher Wahrscheinlichkeit vollständig ausfallen.

Im März 02 wird die Bilanz der Kreditbank AG endgültig aufgestellt. Hat die Kreditbank AG die Wertänderung der Forderungen an die Motorenwerke GmbH noch im Jahresabschluss für das Geschäftsjahr 01 zu berücksichtigen? Begründen Sie Ihre Antwort!

7.3 Ziele und Grundlagen der Bewertung nach Handels- und Steuerrecht

Einstieg

Anfang Januar d. J. kaufte ein Kreditinstitut für das Beratungszimmer der Kreditabteilung ein Beratungselement (Ablagetisch und zwei Sessel) für 6 000,00 €. Das Element wird voraussichtlich in sechs Jahren durch ein neues ersetzt werden müssen.

Zur Förderung der Konjunktur hat die Regierung beschlossen, dass für in diesem Jahr angeschaffte Wirtschaftsgüter eine steuerliche Sonderabschreibung in Höhe von 20 % der Anschaffungskosten vorgenommen werden darf. Die Finanzverwaltung geht von einer jährlichen Wertminderung von $^{1}/_{13}$ des verbleibenden Wertes aus.

> Welchen Wert würden Sie für das Beratungselement unter betriebswirtschaftlichen und unter steuerlichen Gesichtspunkten am Ende des ersten Nutzungsjahres ansetzen?

> Wie lassen sich die unterschiedlichen Bewertungen begründen?

7.3.1 Ziele der Bewertung nach Handels- und Steuerrecht

Im Handelsrecht und Steuerrecht finden sich teilweise abweichende Vorschriften über die Bewertung. Die **Begründung** für unterschiedliche Bewertungsvorschriften liegt in den **Zielsetzungen,** die durch die Bewertung verfolgt werden.

> Nach **Handelsrecht** soll der Jahresabschluss den Adressaten des Jahresabschlusses ein Bild über die **tatsächliche Vermögens-, Finanz- und Ertragslage** des Unternehmens vermitteln.

An diesem Ziel hat sich auch die Bewertung des Vermögens und der Schulden des Unternehmens auszurichten. Die Handelsbilanz ist auch Grundlage für die Gewinnverteilung an die Eigentümer.

> Das **Steuerrecht** verfolgt hauptsächlich das Ziel einer für alle Steuerpflichtigen gleichen Ermittlung der Besteuerungsgrundlagen **(gerechte Besteuerung).**

Daneben wird aber auch versucht, andere staatlichen Ziele mithilfe der Besteuerung zu beeinflussen. So kann z. B. die **Konjunktur** über die Erleichterung und Erschwerung steuerlicher Abschreibungsmöglichkeiten beeinflusst werden. Auch die **Wirtschaftsstruktur** kann verändert werden, so z. B. durch steuerliche Förderungen bestimmter Wirtschaftszweige wie beispielsweise die **erneuerbaren Energien. Kulturelle Aspekte** begründen z. B. die bevorzugten Abschreibungsmöglichkeiten für Renovierungen denkmalgeschützter Gebäude.

Zielsetzungen der Bewertung

Handelsrecht	Steuerrecht
■ die tatsächliche Vermögens-, Finanz- und Ertragslage darstellen ■ Grundlage für die Gewinnverteilung	■ Grundlage für eine gerechte Besteuerung ■ Verfolgung konjunktureller, gesellschaftlicher und/oder struktureller Ziele

7.3.2 Rechtsgrundlagen für die Bewertung

Wegen der unterschiedlichen Zielsetzungen von Handels- und Steuerrecht weichen auch die Vorschriften über die Bewertung von Vermögen und Schulden voneinander ab. Im **Handelsgesetzbuch** (HGB) befinden sich die Bewertungsvorschriften für die Handelsbilanz, im **Bewertungsgesetz** und dem **Einkommensteuergesetz** sind die steuerrechtlichen Bewertungsvorschriften enthalten.

Rechtsgrundlagen der Bewertung	
Handelsrecht	**Steuerrecht**
Handelsgesetzbuch	Bewertungsgesetz Einkommensteuergesetz

(1) Bewertungsvorschriften nach Handelsrecht

Die wesentlichen Rechtsgrundlagen für die **handelsrechtlichen Wertansätze** befinden sich in den §§ 253–256a HGB. Diese werden für **Kreditinstitute ergänzt** durch die Vorschriften der §§ 340e–g HGB.[1]

(2) Bewertungsvorschriften nach Steuerrecht

Als **gesetzliche Grundlage** für alle öffentlich-rechtlichen Abgaben, die durch Bundesrecht geregelt sind, gelten die allgemeinen Bewertungsvorschriften des **Bewertungsgesetzes.**[2]

Für die Wertansätze kommen dem **gemeinen Wert** und dem **Teilwert** größte Bedeutung zu.

Wertansätze	
Gemeiner Wert	**Teilwert**
Er ist grundsätzlich bei Bewertungen zugrunde zu legen. Er wird durch den Preis bestimmt, der im gewöhnlichen Geschäftsverkehr nach der Beschaffenheit des Wirtschaftsgutes bei einer Veräußerung zu erzielen wäre (§ 9 BewG). Dieser Wert entspricht dem am freien Markt erzielbaren Kaufpreis.	Wirtschaftsgüter, die einem Unternehmen dienen, sind in der Regel mit dem Teilwert anzusetzen. Teilwert ist der Betrag, den ein Erwerber des ganzen Unternehmens im Rahmen des Gesamtkaufpreises für das einzelne Wirtschaftsgut ansetzen würde. Dabei ist davon auszugehen, dass der Erwerber das Unternehmen fortführt (§ 10 BewG). Der Teilwert ist maßgebend für die Bewertung des **beweglichen Anlage- und Umlaufvermögens.**

Nach § 4 Abs. 1 EStG wird der **steuerpflichtige Gewinn** wie folgt ermittelt:

	Betriebsvermögen am Ende des laufenden Wirtschaftsjahres
–	**Betriebsvermögen am Ende des vorangegangenen Wirtschaftsjahres**
+	**Wert der Entnahmen**
–	**Wert der Einlagen**
=	**Gewinn**

1 HGB: siehe Anlage 3 im Anhang, S. 329ff.

2 BewG: siehe www.gesetze-im-internet.de

Bei diesem **Betriebsvermögensvergleich** wird deutlich, dass der Bewertung des Betriebsvermögens eine große Bedeutung zukommt.

Bei den **Bewertungsgrundsätzen des Steuerrechts** sind **teilweise Wahlmöglichkeiten** eingeräumt. Folgende Übersicht zeigt die wichtigsten Bewertungsgrundsätze.

Bewertungsgrundsätze (§ 6 EStG)		
	Grundsätzlicher Wertansatz	Wahlmöglichkeiten
Anlagevermögen ■ abnutzbares	Anschaffungs- oder Herstellungskosten – AfA[1]	Ist der Teilwert aufgrund einer voraussichtlich dauernden Wertminderung[2] niedriger, so kann dieser angesetzt werden.
■ nicht abnutzbares (Grund und Boden, Beteiligungen)	Anschaffungs- oder Herstellungskosten	Ist der Teilwert aufgrund einer voraussichtlich **dauernden** Wertminderung[2] niedriger, so kann dieser angesetzt werden.
Umlauf-(Vorrats-) **vermögen**	Anschaffungs- oder Herstellungskosten	Ist der Teilwert aufgrund einer voraussichtlich dauernden Wertminderung[2] niedriger, so kann dieser angesetzt werden.
Verbindlichkeiten	wie Umlaufvermögen unter Abzinsung mit einem Zinssatz von 5,5 %	Teilwert, wenn dieser dauerhaft **höher** ist als die Anschaffungskosten (Höchstwertprinzip). Ausgenommen von der Abzinsung sind Verbindlichkeiten, deren Laufzeit am Bilanzstichtag weniger als 12 Monate beträgt, und Verbindlichkeiten, die verzinslich sind oder auf einer Anzahlung oder Vorausleistung beruhen.

Im Einkommensteuerrecht (§ 7 EStG) werden folgende Abschreibungen unterschieden:

- Absetzung für Abnutzung oder Substanzverringerung,
- Absetzung für außergewöhnliche Abnutzung,
- Sonderabschreibung,
- Teilwertabschreibung.

7.3.3 Grundsatz der Maßgeblichkeit der Handelsbilanz

Grundlage für die steuerliche Gewinnermittlung ist die Handelsbilanz (Grundsatz der Maßgeblichkeit) unter **Beachtung** der **vorgeschriebenen steuerlichen Anpassungen, falls keine** besondere **Steuerbilanz** erstellt wird (§ 5 Abs. 1 EStG).

Für die **Bewertung** ergibt sich daraus, dass **nur steuerrechtlich** geltende Bewertungs**wahlrechte,** die von den handelsrechtlichen Bewertungsvorschriften abweichen, **trotz der Maßgeblichkeit der Handelsbilanz ausgeübt** werden **können**. Bei der Ausübung nur steuerrechtlicher Wahlrechte ist entweder die Handelsbilanz entsprechend anzupassen

1 AfA = Absetzung für Abnutzung.

2 Grundsätzlich ist von einer voraussichtlich dauernden Wertminderung auszugehen, wenn der Wert des Wirtschaftsguts die Bewertungsobergrenze während eines erheblichen Teils der voraussichtlichen Verweildauer im Unternehmen nicht erreichen wird. Wertminderungen aus besonderem Anlass (z.B. Katastrophen oder technischer Fortschritt) sind regelmäßig von Dauer.

oder eine eigenständige Steuerbilanz aufzustellen. **Falls** ein **Steuerpflichtiger** auf das **Bewertungswahlrecht verzichtet,** ist der Erfolg der **Handelsbilanz** Grundlage der Besteuerung.

Beispiel:

Vermögensgegenstände des Anlage- und Umlaufvermögens sind bei voraussichtlich **dauernder Wertminderung** außerplanmäßig abzuschreiben (§ 253 Abs. 3 S. 3, § 253 Abs. 4 HGB). Nach § 6 Abs. 1 Nr. 1 S. 2 und Nr. 2 S. 2 EStG **kann** bei einer voraussichtlich dauernden Wertminderung der Teilwert angesetzt werden.

Wahlrechte, die **sowohl** handelsrechtlich **als auch** steuerrechtlich bestehen, **können** aufgrund des § 5 Abs. 1 S. 1 HS. 2 EStG in der Handelsbilanz und in der Steuerbilanz **unterschiedlich** ausgeübt werden.

Voraussetzung für die Ausübung steuerlicher Wahlrechte ist nach § 5 Abs. 1 S. 2 EStG **die Aufnahme** der Wirtschaftsgüter, die nicht mit dem handelsrechtlich maßgeblichen Wert in der steuerlichen Gewinnermittlung ausgewiesen werden, **in** besondere, **laufend zu führende Verzeichnisse.** Nach § 5 Abs. 1 S. 3 EStG müssen darin der **Tag der Anschaffung oder Herstellung,** die **Anschaffungs- oder Herstellungskosten,** die **Vorschrift des ausgeübten steuerlichen Wahlrechtes** und die **vorgenommenen Abschreibungen** ausgewiesen werden.

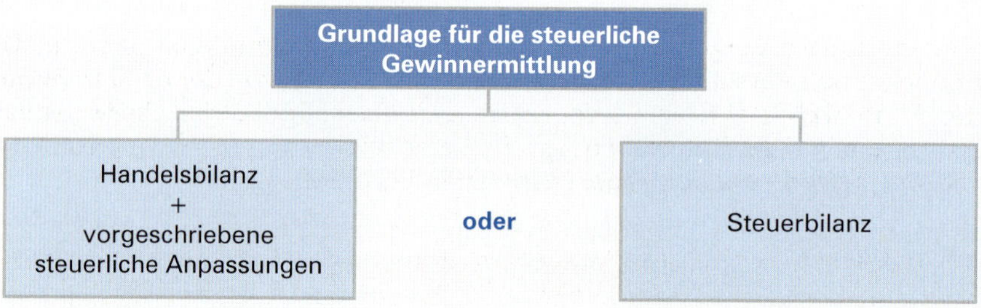

7.3.4 Bewertung der Vermögensgegenstände des Anlage- und des Umlaufvermögens

Für **Vermögensgegenstände des Anlagevermögens** und des **Umlaufvermögens** gelten unterschiedliche Regelungen für deren Bewertung (§ 253 Abs. 3 und 4 HGB).

Das **Anlagevermögen** ist dazu bestimmt, länger als ein Geschäftsjahr dem Geschäftsbetrieb zu dienen. Liegt die betriebliche Nutzungsdauer darunter, gehören die Vermögensgegenstände zum **Umlaufvermögen.**

Das Anlagevermögen lässt sich nach verschiedenen Gesichtspunkten, die auch für die Bewertung von Bedeutung sind, unterscheiden:

Anlagevermögen				
Arten	**immaterielles Vermögen** Beispiele: ■ Patente ■ Lizenzen ■ Geschäfts- oder Firmenwert	**Sachanlagen** Beispiele: ■ Grundstücke ■ Gebäude ■ Betriebs- und Geschäftsausstattung (BGA)		**Finanzanlagen** Beispiele: ■ Beteiligungen ■ Wertpapiere des Anlagevermögens ■ Forderungen
Abnutzbarkeit	**ja** Beispiele: zeitlicher Ablauf der Patente und Lizenzen	**ja** Beispiele: ■ Gebäude ■ BGA	**nein** Beispiele: ■ Grundstücke ■ Kunstobjekte	**nein** Beispiele: siehe Beispiele „Arten“

Ob **Kreditinstitute** die **Bewertung nach** den für das **Anlagevermögen** oder das **Umlaufvermögen** geltenden Vorschriften vornehmen müssen, hängt von der **Art der Vermögensgegenstände** ab **und** davon, ob sie **dauerhaft** dem **Geschäftsbetrieb dienen sollen oder nicht** (§ 340c Abs. 1 HGB). Die diesbezügliche Entscheidung hat das Kreditinstitut **im Zeitpunkt der Anschaffung** der Vermögensgegenstände zu treffen.

Art der Vermögensgegenstände	Sie sollen **dauerhaft** dem Geschäftsbetrieb dienen:	Sie sollen **nicht dauerhaft** dem Geschäftsbetrieb dienen:
z. B. Beteiligungen, Grundstücke, Betriebs- und Geschäftsausstattung, Forderungen, Wertpapiere	zu bewerten wie **Anlagevermögen**	**Umlaufvermögen**

Eine **Sonderregelung** gilt für die Bewertung von **Finanzinstrumenten des Handelsbestandes** (vgl. Kapitel 7.6).

Auf einen Blick

	Handelsrecht	Steuerrecht
Ziele	Darstellung der tatsächlichen Vermögens-, Finanz- und Ertragslage	■ Grundlage für eine gerechte Besteuerung ■ Verfolgung konjunktureller, gesellschaftlicher oder struktureller Ziele
Rechtsgrundlagen der Bewertung	Handelsgesetzbuch	■ Bewertungsgesetz ■ Einkommensteuergesetz
Grundlage der Besteuerung		■ Handelsbilanz + vorgeschriebene steuerliche Anpassungen ■ Steuerbilanz

Grundsatz der Maßgeblichkeit		
Handelsbilanz (HGB)	Verhältnis von **Bewertungsregelungen** im Handels- und Steuerrecht	**Steuerbilanz (EStG)**
Grundsatz: Handelsbilanz ist Grundlage für die steuerliche Gewinnermittlung. Steuerliche Anpassungen sind erforderlich.		
Bewertungswahlrechte ohne eigenständige steuerrechtliche Regelung	führen zu →	**gleichem Ansatz** in der Steuerbilanz
Durchbrechung des Grundsatzes der Maßgeblichkeit	← führen zur	**Steuerliche Aktivierungs- und Passivierungsverbote** und **Bewertungsvorbehalte** (§ 5 Abs. 2 S. 6 EStG)
Bewertung nach HGB.	↔ ungleiche Bewertung	Nur **steuerrechtliche Wahlrechte können unabhängig** von der Handelsbilanz **ausgeübt** werden. **Bewertung nach EStG.**
Wahlrechte, die **sowohl handelsrechtlich als auch steuerrechtlich** bestehen, **können** aufgrund des § 5 Abs. 1 S. 1 HS. 2 EStG in der **Handelsbilanz** und in der **Steuerbilanz unterschiedlich ausgeübt** werden.		

- **Aufzeichnungspflichten**

  Voraussetzung für die Ausübung steuerlicher Wahlrechte ist die **Aufnahme der Wirtschaftsgüter,** die nicht mit dem **handelsrechtlich maßgeblichen Wert in** der **steuerlichen Gewinnermittlung ausgewiesen** werden, in **besondere,** laufend zu führende **Verzeichnisse.**

- **Bewertungsgrundlagen**

  Kreditinstitute können im Zeitpunkt der Anschaffung darüber entscheiden, ob bestimmte Vermögenswerte dauerhaft oder nicht dauerhaft dem Geschäftsbetrieb dienen sollen. Je nach Zuordnung erfolgt die Bewertung nach den Regelungen für das Anlagevermögen oder das Umlaufvermögen.

Kompetenztraining

61 Sie sollen zu den Zielen der Handels- bzw. Steuerbilanz Auskunft geben.

Welche Aussagen hierzu sind zutreffend?

a) Beide Bilanzen müssen den gleichen Jahreserfolg des Unternehmens ausweisen.

b) Die Handelsbilanz verfolgt auch das Ziel, steuerliche Begünstigungen angemessen zu berücksichtigen.

c) Die Steuerbilanz zeigt den eigentlichen wirtschaftlichen Erfolg unter Ausnutzung aller staatlichen Begünstigungen.

d) Die Handelsbilanz soll in erster Linie Auskunft über die tatsächliche Vermögens-, Finanz- und Ertragslage des Unternehmens vermitteln.

e) In der Steuerbilanz dürfen nur die im Einkommensteuergesetz enthaltenen Bewertungswahlrechte ausgeübt werden.

f) In der Steuerbilanz können auch außerökonomische Gesichtspunkte zum Tragen kommen.

62 Im Verhältnis von Handels- zu Steuerbilanz kommt dem Grundsatz der Maßgeblichkeit eine besondere Bedeutung zu.

Welche Aussagen zu diesem Grundsatz sind zutreffend?

a) Bewertungswahlrechte im Steuerrecht gelten zwingend auch im Handelsrecht.

b) Bewertungswahlrechte, die nur im Steuerrecht bestehen, dürfen auch im Handelsrecht ausgeübt werden, wenn bestimmte Aufzeichnungspflichten beachtet werden.

c) Steuerliche Bewertungsvorbehalte sind auch dann in der Steuerbilanz zu beachten, wenn im Handelsrecht andere Bewertungsvorschriften zum gleichen Sachverhalt bestehen.

d) Sowohl handels- wie auch steuerrechtliche Wahlrechte zum gleichen Sachverhalt können vom Steuerpflichtigen unterschiedlich ausgeübt werden.

e) Falls kein steuerrechtliches Bewertungswahlrecht zu einem bestimmten Sachverhalt besteht, dürfen auch im Handelsrecht keine entsprechenden Bewertungswahlrechte ausgeübt werden.

f) Um handelsrechtliche Bewertungswahlrechte ausüben zu können, müssen die Steuerpflichtigen besonderen Aufzeichnungspflichten nachkommen.

63 Der Staat versucht durch steuerliche Regelungen Einfluss auf bestimmte Handlungen von Unternehmen und Privatpersonen zu nehmen.

Suchen Sie drei Beispiele dafür, dass der Staat versucht, nicht nur rein ökonomische Ziele durch steuerrechtliche Vorschriften zu beeinflussen. Geben Sie auch das jeweilige Ziel der steuerlichen Vorschrift an!

(Hinweise: §§ 7ff. EStG; www.gesetze-im-internet.de)

8 Bewertung der Betriebs- und Geschäftsausstattung

Einstieg

1. Die Kreditbank AG kauft im Januar einen Personenkraftwagen. Listenpreis 56600,00 € + 19 % USt. Es werden 9 % Rabatt und 3 % Skonto vereinbart. Zusätzlich berechnet der Händler: Überführungskosten 305,00 € + 19 % USt und sonstige Kosten 106,49 € + 19 % USt. Die umsatzsteuerfreie Zulassungsgebühr 56,95 € gibt er in der Rechnung an die Kreditbank AG weiter.

   Voraussichtlich wird dieses Fahrzeug sechs Jahre lang betrieblich genutzt werden können. Während dieser Zeit ist von einer jährlich gleichbleibenden Wertminderung auszugehen.

2. Für die Ausstattung eines Beratungszimmers wird ein Originalgemälde zum Preis von 20000,00 € + 7 % USt gekauft.

Die Rechnungen werden den Lieferanten innerhalb der Skontofrist auf deren Kontokorrentkonten überwiesen.

Die Vermögensgegenstände werden ausschließlich für umsatzsteuerfreie Tätigkeiten genutzt.

> Wie sind die beiden Vermögensgegenstände beim Zugang zu bewerten?

> Wie sind die beiden Vermögensgegenstände am 31. 12. des Zugangsjahres (Folgebewertung) zu bewerten?

> Welche Buchungen ergeben sich aus der Bewertung am Bilanzstichtag?

Zur **Betriebs- und Geschäftsausstattung** (Sachanlagen) gehören sämtliche **bewegliche Anlagegegenstände** wie z. B. Büroeinrichtung, Büromaschinen, Pkw, Betriebsvorrichtungen (z. B. Theken, Werbeschaukästen, Sicherheitsverglasungen, Nachttresor, Telefonanlage).

8.1 Zugangsbewertung der Sachanlagen

- Für die Zugangsbewertung von Vermögensgegenständen sind deren **Anschaffungskosten** maßgeblich.
- Zu den **Anschaffungskosten** zählen sämtliche **Aufwendungen,** die geleistet werden, um einen **Vermögensgegenstand zu erwerben** und diesen in einen **betriebsbereiten Zustand zu versetzen.**

Dazu gehören – außer dem um Rabatte, Skonto oder andere Preisnachlässe geminderten **Anschaffungspreis** – alle Aufwendungen, die in **unmittelbarem Zusammenhang** mit dem **Erwerb** (z. B. Beurkundungskosten, Vermittlungsprovision, Grunderwerbsteuer, Schätzkosten, Transportkosten) **oder** der Versetzung in einen **betriebsbereiten Zustand** (z. B. Montagekosten) stehen, soweit sie dem Vermögensgegenstand **einzeln** zugeordnet werden können (§ 255 Abs. 1 HGB).

Finanzierungskosten gehören grundsätzlich **nicht** zu den Anschaffungskosten (§ 255 Abs. 3 HGB).

Die **Umsatzsteuer** gehört **nur** dann zu den Anschaffungskosten, **wenn kein Vorsteuerabzug** möglich ist.

Beispiel:

Ein Kreditinstitut kauft einen SB-Scanner, Listenpreis 8 000,00 € + 19 % USt. 3 % Skonto werden in Anspruch genommen.

Am Standort ist für diesen SB-Scanner ein spezieller Sockel zu errichten. Dieser kostet 1 500,00 € + 19 % USt.

Die Bezahlung der Rechnungen erfolgen innerhalb der Skontofrist durch Gutschrift auf KK-Konten bei unserem KI.

Wie hoch sind die Anschaffungskosten?

Lösung:

	Listenpreis	8 000,00 €	
–	0 % Rabatt	0,00 €	
=	Zieleinkaufspreis	8 000,00 €	
–	3 % Skonto	240,00 €	
=	Nettoeinkaufspreis	7 760,00 €	
+	19 % USt	1 474,40 €	
=	Einstandspreis	9 234,40 €	**9 234,40 €**
	Nebenkosten	1 500,00 €	
+	19 % USt	285,00 €	
=	Bruttopreis	1 785,00 €	**1 785,00 €**
=	**Anschaffungskosten**		**11 019,40 €**

Kompetenztraining

64 Die Volksbank Hechingen eG kauft im März für eine Zweigstelle einen Geldwechselautomaten. Listenpreis 6 000,00 €. Der Lieferant gewährt 10 % Rabatt und 3 % Skonto. USt 19 %. Die Montagekosten betragen 350,00 € zuzüglich 19 % USt. Nutzungsdauer 7 Jahre. Die Rechnungen wurden so bezahlt, dass alle Rabatte genutzt wurden.

Wie hoch sind die Anschaffungskosten?

65 Die Handelsbank AG kauft für eine Filiale im Juni ein Geldzählgerät. Listenpreis 5 000,00 €. Der Lieferant gewährt 12 % Rabatt und 2 % Skonto. USt 19 %. Die Montagekosten betragen 250,00 € zuzüglich 19 % USt. Nutzungsdauer 7 Jahre. Die Rechnungen wurden innerhalb der Skontofrist bezahlt.

Wie hoch sind die Anschaffungskosten?

66 Zur Ausstattung eines Beratungsstützpunktes für den Touristikservice des Kreditinstituts werden im Januar angeschafft:

1. Eine Sitzgruppe zum Listenpreis von 3 800,00 € + 19 % USt. Der Händler gibt 5 % Rabatt und 3 % Skonto.
2. Ein PC zum Listenpreis von 2 500,00 € + 19 % USt.
3. Ein Gemälde zum Preis von 12 000,00 € + 7 % USt. Die Installation einer besonderen Sicherheitseinrichtung kostet 1 500,00 € + 19 % USt.

Wie hoch sind jeweils die Anschaffungskosten dieser Sachanlagen, wenn die möglichen Nachlässe genutzt werden?

8.2 Folgebewertung der Sachanlagen

Am Ende eines Geschäftsjahres sind die Vermögensgegenstände zum Zwecke der Vermögensermittlung zu bewerten.

> Die Vermögensgegenstände sind dabei **höchstens** mit ihren **Anschaffungs- oder Herstellungskosten vermindert um Abschreibungen** anzusetzen.

Die **Abschreibungen** sollen die **Wertminderungen** erfassen. Dabei werden **planmäßige** und **außerplanmäßige Abschreibungen unterschieden.**

8.2.1 Planmäßige Abschreibungen bei Sachanlagen

(1) Grundlagen

> Für **Vermögensgegenstände des Anlagevermögens,** deren **Nutzung zeitlich beschränkt** ist, muss ein **Abschreibungsplan** erstellt werden, um die voraussichtlichen Wertminderungen darzustellen.

Die **Gründe für** diese Art von **Wertminderungen** sind z. B. der natürliche Verschleiß durch die betriebliche Nutzung, die vorhersehbare Wertminderung durch technischen Fortschritt oder die veränderte Nachfrage nach den damit erstellten Leistungen.

Handelsrechtlich muss der Abschreibungsplan die **tatsächliche Wertentwicklung** des Vermögensgegenstandes **so abbilden, dass** der Bilanzleser **ein möglichst genaues Bild über die Vermögenslage** des Kreditinstitutes erhält. Ein **nur** mit den **steuerlichen Vorschriften** begründeter Abschreibungsverlauf ist **nicht gestattet.**

Um den **Abschreibungsplan** erstellen zu können, müssen bekannt sein

die Anschaffungskosten	Das ist der Wert der Zugangsbewertung (vgl. obige Ausführungen).
die Abschreibungsmethode	Das ist das **Rechenverfahren,** nach dem die jährliche Abschreibung ermittelt wird. **Handelsrechtlich** soll die gewählte Abschreibungsmethode den **Werteverzehr** des jeweiligen Vermögensgegenstandes **sachgerecht** wiedergeben. Im HGB ist keine bestimmte Methode vorgeschrieben.
die betriebsgewöhnliche Nutzungsdauer	Das ist die Zeit, während der dieser Vermögensgegenstand **voraussichtlich genutzt** werden kann. Bei der Bestimmung des Zeitraums der Nutzung kommt es **nicht** auf die maximal mögliche **technische Nutzungsdauer** des Vermögensgegenstandes an. **Vielmehr** ist der **betriebswirtschaftlich sinnvolle** Nutzungszeitraum zu ermitteln. Anhaltspunkt dafür kann z. B. der **Produktlebenszyklus** des Vermögensgegenstandes sein. So kann zum **Beispiel** alle drei Jahre eine neue PC-Generation auf den Markt kommen. Im **Steuerrecht** wird die Nutzungsdauer nach den vom Bundesfinanzministerium veröffentlichten **AfA-Tabellen** festgelegt. Von den Tabellenwerten darf in begründeten Fällen abgewichen werden. Wegen des Wegfalls der umgekehrten Maßgeblichkeit können die AfA-Werte nicht mehr ausschließlich als Begründung der betriebsgewöhnlichen Nutzungsdauer nach GoB herangezogen werden.

(2) Abschreibungsmethoden

Man unterscheidet leistungsabhängige und zeitabhängige Abschreibungsmethoden.

Leistungsabhängige Abschreibung

Die **leistungsabhängige Abschreibung** geht von dem gesamten Leistungsvermögen eines Vermögensgegenstandes aus und schreibt nach Maßgabe der jährlichen Teilinanspruchnahme ab. Für **Kreditinstitute** sind leistungsabhängige Abschreibungen ohne Bedeutung.

Beispiel:

Ein Pkw hat eine Gesamtleistung von 150 000 km. Im ersten Jahr wurden 50 000 km gefahren. Daraus ergibt sich eine Abschreibung von $^1/_3$ der Anschaffungskosten.

Zeitabhängige Abschreibung

Bei den **zeitabhängigen Abschreibungen** wird die jährliche Abschreibung durch die Verteilung der Anschaffungskosten auf die Dauer der betriebsgewöhnlichen Nutzungsdauer berechnet.

Die häufigsten zeitabhängigen Abschreibungsmethoden sind

- die **lineare** und
- die geometrisch-**degressive Abschreibung.**

Beide Methoden sind **handelsrechtlich** anwendbar, wenn sie den jeweiligen Nutzungsverlauf des Vermögensgegenstandes zutreffend darstellen. Dies trifft ebenso auf eine Kombination dieser Methoden zu. Im **Steuerrecht** ist grundsätzlich die lineare Abschreibungsmethode anzuwenden.

Handelsrechtlich kann auch ein **progressiver Abschreibungsverlauf** gerechtfertigt sein.

Lineare Abschreibungsmethode	Geometrisch-degressive Abschreibungsmethode (Abschreibung vom Buchwert)
Diese **Methode eignet sich** dann, wenn sich **die jährlichen Wertminderungen** einer Sachanlage **gleichmäßig** (linear) auf die **betriebsgewöhnliche Nutzungsdauer** verteilen. **Beispiel:** Anschaffungswert 30 000,00 €; betriebsgewöhnliche Nutzungsdauer (ND) 5 Jahre. Der **jährliche Abschreibungsbetrag** wird ermittelt: $\text{Jährl. Abschr.} = \frac{\text{Anschaffungskosten}}{\text{ND}}$ $\text{Jährl. Abschr.} = \frac{30\,000{,}00\ €}{5} = \underline{\underline{6\,000{,}00\ €}}$ Der **Abschreibungssatz (p)** ergibt sich aus: $p = \frac{100\ \%}{\text{betriebsgewöhnliche ND}}$ $p = \frac{100\ \%}{5} = \underline{\underline{20\ \%}}$	Diese **Methode eignet sich** dann, wenn die **jährlichen Wertminderungen** einer Sachanlage **in den ersten Jahren der Nutzung besonders hoch** sind. Durch die **Abschreibung vom jeweiligen Buchwert** wird diesem Nutzungsverlauf Rechnung getragen. Bei dieser Methode wird jährlich ein gleichbleibender Abschreibungssatz (p) vom **Restbuchwert** abgeschrieben. **Beispiel:** Nimmt ein Unternehmen als Abschreibungssatz (p) bei einer Nutzungsdauer von 5 Jahren das 2-Fache des linearen Abschreibungssatzes an, so beträgt dieser Satz $p = \frac{100}{5} \cdot 2$ $p = \underline{\underline{40\ \%}}$

Im **Jahr der Anschaffung** oder Herstellung des Vermögensgegenstandes **vermindert sich für dieses Jahr der Abschreibungsbetrag um jeweils ein Zwölftel für jeden vollen Monat,** der dem Monat der Anschaffung oder Herstellung vorangeht. Das bedeutet, dass z. B. ein im März angeschaffter Vermögensgegenstand nur mit $^{10}/_{12}$ der Jahresabschreibung abgeschrieben werden darf.

Beispiel:

Der SB-Scanner, **Anschaffungswert 11 019,40 €,** hat eine betriebsgewöhnliche Nutzungsdauer von 8 Jahren. Der Abschreibungssatz für die geometrisch-degressive Abschreibung beträgt 25 %.

a) Welcher Abschreibungsplan ergibt sich bei linearer Abschreibung?

b) Welcher Abschreibungsplan ergibt sich bei geometrisch-degressiver Abschreibung?

c) Welcher Abschreibungsplan ergibt sich bei geometrisch-degressiver Abschreibung mit Wechsel zur linearen Abschreibung?

Abschreibungsplan bei linearer Abschreibung		
Jahr	Abschreibungsbetrag	Restbuchwert
1	1 377,43 €	9 641,98 €
2	1 377,43 €	8 264,55 €
3	1 377,43 €	6 887,13 €
4	1 377,43 €	5 509,70 €
5	1 377,43 €	4 132,28 €
6	1 377,43 €	2 754,85 €
7	1 377,43 €	1 377,43 €
8	1 377,43 €	0,00 €

Abschreibungsplan bei geometrisch-degressiver Abschreibung		
Jahr	Abschreibungsbetrag	Restbuchwert
1	2 754,85 €	8 264,55 €
2	2 066,14 €	6 198,41 €
3	1 549,60 €	4 648,81 €
4	1 162,20 €	3 486,61 €
5	871,65 €	2 614,96 €
6	653,74 €	1 961,22 €
7	490,30 €	1 470,91 €
8	367,73 €	1 103,18 €

Die **Anwendung der geometrisch-degressiven Abschreibung in dieser Form** hätte zur Folge, dass die Restbuchwerte des Vermögensgegenstandes in den letzten Jahren der Nutzung **nicht mehr dessen tatsächlichen Wert wiedergeben.** Eine vollständige Abschreibung des Restbuchwertes am Ende des 8. Nutzungsjahres führt zu einem unrichtigen Unternehmensergebnis.

(3) Wechsel der Abschreibungsmethode

Ein **Wechsel von der geometrisch-degressiven zur linearen Abschreibungsmethode** ist in der Handelsbilanz deshalb sinnvoll, um ein besseres Bild über die tatsächliche Vermögens-, Finanz- oder Ertragslage des Unternehmens vermitteln zu können.

Aus **betriebswirtschaftlicher Sicht** sollte dieser Übergang dann erfolgen, **wenn der jährliche Abschreibungsbetrag nach der degressiven Abschreibung niedriger ist als** der vergleichbare **lineare Abschreibungsbetrag.**

Beispiel:

Für das Beispiel von S. 100 ergäbe sich dann **folgender Abschreibungsplan:**

Abschreibungsplan bei geometrisch-degressiver Abschreibung mit Wechsel zur linearen Abschreibung			
Jahr	Abschreibungsbetrag	Restbuchwert	
1	2754,85 €	8264,55 €	geometrisch-degressive Abschreibung
2	2066,14 €	6198,41 €	
3	1549,60 €	4648,81 €	
4	1162,20 €	3486,61 €	
5	871,65 €	2614,96 €	lineare Abschreibung*
6	871,65 €	1743,30 €	
7	871,65 €	871,65 €	
8	871,65 €	0,00 €	

* Beim Übergang zur linearen Abschreibung ergeben sich die jährlichen Abschreibungsbeträge aus $\frac{\text{Restbuchwert}}{\text{Restnutzungsdauer}}$

8.2.2 Außerplanmäßige Abschreibungen bei Sachanlagen

Wenn unvorhergesehene, also nicht planmäßig zu erfassende Wertminderungen der Vermögensgegenstände des Anlagevermögens eingetreten sind, die zu einer **dauernden Wertminderung** führen, **müssen außerplanmäßige Abschreibungen** vorgenommen werden. Es gilt das **strenge Niederstwertprinzip.**

Es kommt nicht darauf an, ob der Vermögensgegenstand zeitlich begrenzt nutzbar, also abnutzbar ist oder nicht (vgl. § 253 Abs. 3 Satz 3 HGB).

Eine **dauernde Wertminderung** liegt im **Handelsrecht** vor, wenn der Wert des Vermögensgegenstandes den Wert nach planmäßiger Abschreibung während eines erheblichen Teils der Restnutzungsdauer nicht erreicht.

Im **Steuerrecht** kann von einer voraussichtlich dauernden Wertminderung ausgegangen werden, wenn der Wert des jeweiligen Wirtschaftsguts zum Bilanzstichtag mindestens für die halbe Restnutzungsdauer unter dem planmäßigen Restbuchwert liegt.

8.2.3 Zuschreibungen

Fallen zu einem späteren Zeitpunkt **die Gründe für die außerplanmäßige Abschreibung der Sachanlage weg,** so darf die **niedrigere Bewertung nicht beibehalten** werden. Es **muss** eine **Zuschreibung erfolgen.** Diese darf die **Anschaffungskosten nicht übersteigen.**

Beispiele:

<table>
<tr><th>Situationen</th><th>Bewertung am Bilanzstichtag</th></tr>
<tr><td>a) aa) In einem Raum für Kundengespräche steht eine Statue des Künstlers Kurt M. Die Statue wurde vor vier Jahren für 30 000,00 € angeschafft.
Mit welchem Wert steht diese Statue im Anlagevermögen?</td><td>Es ist mit den Anschaffungskosten von 30 000,00 € zu bewerten, da es sich um nicht abnutzbares Anlagevermögen handelt.</td></tr>
<tr><td>ab) Anfang Juli dieses Jahres liegt diese Statue beschädigt am Boden. Es ist nicht feststellbar, wer für den Schaden verantwortlich ist. Es besteht keine Versicherung. Ein Kunstsachverständiger schätzt den Schaden auf 12 000,00 €.
Mit welchem Wert ist dieser Vermögensgegenstand am 31.12. d.J. zu bilanzieren?</td><td>Die Statue ist nicht abnutzbar. Daher besteht kein Abschreibungsplan.
Die Wertminderung ist dauerhaft.
Es muss eine außerordentliche Abschreibung in Höhe von 12 000,00 € vorgenommen werden.
Neuer Bilanzwert 18 000,00 €.</td></tr>
<tr><td>b) ba) Der SB-Scanner (siehe Abschreibungsplan auf S. 101) wurde geometrisch-degressiv abgeschrieben. Im 3. Nutzungsjahr kommt eine völlig neu entwickelte SB-Scanner-Generation auf den Markt. Der vorhandene SB-Scanner hat am Ende des 3. Nutzungsjahres nur noch einen Marktwert von 2 000,00 €.
Mit welchem Wert ist der SB-Scanner am Ende des 3. Nutzungsjahres zu bilanzieren?</td><td>
<table>
<tr><th>31.12. des Jahres</th><th>Abschreibungsbetrag</th><th>Restbuchwert</th></tr>
<tr><td>2</td><td></td><td>6 198,41 €</td></tr>
<tr><td>3 planmäßige Abschreibung</td><td>1 549,60 €</td><td></td></tr>
<tr><td>3 außerplanmäßige Abschreibung</td><td>2 648,81 €</td><td>2 000,00 €</td></tr>
<tr><td>4</td><td>400,00 €</td><td>1 600,00 €</td></tr>
<tr><td>5</td><td>400,00 €</td><td>1 200,00 €</td></tr>
<tr><td>6</td><td>400,00 €</td><td>800,00 €</td></tr>
<tr><td>7</td><td>400,00 €</td><td>400,00 €</td></tr>
<tr><td>8</td><td>400,00 €</td><td>0,00 €</td></tr>
</table>
</td></tr>
<tr><td>bb) Während des 5. Nutzungsjahres stellt sich heraus, dass die neuen SB-Scanner wegen großer Gefahren ersatzlos vom Markt genommen werden müssen.
Wie ist der SB-Scanner am Ende des 5. Nutzungsjahres zu bilanzieren, wenn die ursprünglichen Bedingungen wieder gelten sollen?</td><td>
<table>
<tr><th>31.12. des Jahres</th><th>Abschreibungsbetrag</th><th>Restbuchwert</th></tr>
<tr><td>4</td><td></td><td>1 600,00 €</td></tr>
<tr><td>5 planmäßige Abschreibung</td><td>400,00 €</td><td></td></tr>
<tr><td>5 Zuschreibung</td><td>1 414,96 €</td><td>2 614,96 €</td></tr>
<tr><td>6</td><td>871,65 €</td><td>1 743,31 €</td></tr>
<tr><td>7</td><td>871,65 €</td><td>871,65 €</td></tr>
<tr><td>8</td><td>871,65 €</td><td>0,00 €</td></tr>
</table>
</td></tr>
</table>

8.3 Wie sind Bewertungen der Sachanlagen zu buchen?

Planmäßige Abschreibungen werden in der Finanzbuchhaltung auf dem *Erfolgskonto*

„Abschreibungen auf Sachanlagen"

als Aufwand im *Soll* erfasst. Die *Gegenbuchung* führt auf den jeweiligen Anlagekonten zu einer Bestandsminderung.

Außerplanmäßige Abschreibungen können auch auf einem Aufwandskonto **„außerplanmäßige Abschreibungen auf Sachanlagen"** gebucht werden.

Zuschreibungen werden auf dem *Erfolgskonto* **„Erträge aus Zuschreibungen zu Sachanlagen"** gebucht. Die Gegenbuchung erfolgt auf dem entsprechenden Bestandskonto, z. B. BGA, Grundstücke und Gebäude.

Beispiel:

Im **Jahr der Anschaffung** ergeben sich für den **SB-Scanner** (siehe Beispiel auf S. 100f.) die folgenden Buchungen im **Grundbuch**:

Buchungen der Anschaffung

Nr.	Buchungssätze	Soll €	Haben €
1	BGA an Kunden-KK	9 234,40	9 234,40
2	BGA an Kunden-KK	1 785,00	1 785,00

Abschlussbuchungen

Nr.	Buchungssätze	Soll €	Haben €
1	Abschr. a. Sachanlagen an BGA	2 754,85	2 754,85
2	SBK an BGA	8 264,55	8 264,55
3	GuV an Abschr. a. Sachanlagen	2 754,85	2 754,85

Hauptbuch

S	BGA		H
Kunden-KK	9 234,40	Abschr. a. Sachanl.	2 754,85
Kunden-KK	1 785,00	SBK	8 264,55

S	Abschreibungen auf Sachanlagen		H
BGA	2 754,85	GuV	2 754,85

S	GuV		H
Abschr. a. Sachanl.	2 754,85		

S	SBK		H
BGA	8 264,55		

A	Schlussbilanz		P
Sachanl.	8 264,55		

In den Grundbüchern der jeweiligen Geschäftsjahre ergeben sich für den SB-Scanner bei **degressiver Abschreibung mit Wechsel zur linearen Abschreibung** sowie unter Berücksichtigung der **außerplanmäßigen Abschreibung** (3. Jahr) und der **Zuschreibung** (5. Jahr) die folgenden Buchungen:

31.12. Jahr	Buchungssätze	Soll €	Haben €
1	Abschr. a. Sachanlagen an BGA	2754,85	2754,85
2	Abschr. a. Sachanlagen an BGA	2066,14	2066,14
3	Abschr. a. Sachanlagen an BGA	1549,60	1549,60
3	Abschr. a. Sachanlagen an BGA	2648,81	2648,81
4	Abschr. a. Sachanlagen an BGA	400,00	400,00
5	Abschr. a. Sachanlagen an BGA	400,00	400,00
5	BGA an Ertr. a. Zuschr. zu Sachanlagen	1414,96	1414,96
6–8	Abschr. a. Sachanlagen an BGA	871,65	871,65

Kompetenztraining

67 In welchen Fällen sind handelsrechtlich **planmäßige Abschreibungen** auf Vermögensgegenstände erforderlich? Begründen Sie Ihre Antwort!

a) Ein KI erwirbt im Januar ein Grundstück, auf dem eine Filiale errichtet werden soll.

b) Ein KI kauft einen Container für eine mobile Zweigstelle.

c) Ein Kunde nimmt ein Darlehen in Anspruch. Laufzeit 5 Jahre.

d) Ein KI erwirbt eine Beteiligung an einer Rechenzentrale.

e) Bei dem unter a) erworbenen Grundstück wird im Dezember des Anschaffungsjahres eine Kontamination durch Chemieabfälle festgestellt.

f) Ein KI baut eine Briefabholanlage ein.

68 Bei der Bewertung ist von der Fortführung der Unternehmenstätigkeit auszugehen. Welcher Grundsatz ist dadurch angesprochen?

1. Grundsatz des Bilanzzusammenhangs.
2. Grundsatz des going-concern.
3. Grundsatz der Bewertungsstetigkeit. ☐
4. Grundsatz der Vorsicht.
5. Imparitätsprinzip.

69 Die Kreditbank AG kauft im Januar zur Erleichterung des Barzahlungsverkehrs einen CAS-Geldautomaten (cash recycler) für 50000,00 € einschl. 19 % USt. Die Anschaffungsnebenkosten betragen einschl. USt 1000,00 €.

Die betriebsgewöhnliche Nutzungsdauer wird mit 8 Jahren angenommen.

a) Erstellen Sie den Abschreibungsplan unter der Annahme eines gleichmäßigen Verschleißes des CAS!

b) Erstellen Sie den Abschreibungsplan unter der Annahme eines degressiven Verlaufs der Wertminderungen! Der Abschreibungssatz soll 30 % betragen.

c) Erstellen Sie den Abschreibungsplan unter der Annahme eines degressiven Verlaufs der Wertminderungen mit Übergang zu einem gleichmäßigen Verlauf! Der degressive Abschreibungssatz soll 30 % betragen. Es soll davon ausgegangen werden, dass der lineare Verlauf dann einsetzt, wenn die lineare Abschreibung höher als die degressive Abschreibung wäre.

d) Wie lautet die Buchung der Abschreibung am Ende des ersten Geschäftsjahres, wenn linear abgeschrieben wird?

e) Abschreibungen werden kalkuliert und sollen über die Umsätze wieder am Markt verdient werden. Diese so wieder verdienten Finanzierungsmittel können für neue Investitionen eingesetzt werden. Welche Abschreibungsmethode wäre unter diesem Finanzierungsgesichtspunkt für die Kreditbank AG am günstigsten?

70 Für eine Filiale kauft die Kreditbank AG im Juli ein Multifunktionsterminal für 9 000,00 € + 19 % USt. 4 % Skonto werden in Anspruch genommen. Das Terminal wird für umsatzsteuerfreie Geschäfte genutzt. Die betriebsgewöhnliche Nutzungsdauer wird auf 7 Jahre geschätzt.

a) Ermitteln Sie die Anschaffungskosten!

b) Erstellen Sie den Abschreibungsplan für einen linearen Abnutzungsverlauf!

c) Erstellen Sie den Abschreibungsplan für einen geometrisch-degressiven Abnutzungsverlauf mit Übergang zur linearen Abnutzung! Abschreibungssatz 25 %.

d) Buchen Sie die Abschreibung am Ende des ersten Nutzungsjahres (lineare Abschreibungsmethode)!

e) Mit welchem Betrag ist das Multifunktionsterminal am Ende des ersten Nutzungsjahres zu bilanzieren?

8.4 Wie ist beim Verkauf von gebrauchten Sachanlagen zu buchen?

Einstieg

Ein Kreditinstitut verkauft drei gebrauchte PCs, die ausschließlich für umsatzsteuerfreie Tätigkeiten eingesetzt waren. Ihre Anschaffungswerte waren jeweils über 1 000,00 €. Alle drei PCs stehen mit jeweils 400,00 € zu Buche. Der PC A wird für 400,00 €, der PC B für 600,00 € und der PC C für 300,00 € verkauft. Die Kaufpreise werden jeweils sofort dem Kontokorrentkonto des Käufers belastet.

Wie ist jeweils zu buchen?

Beim Verkauf, der Inzahlunggabe oder der Verschrottung von gebrauchten Gegenständen der Betriebs- und Geschäftsausstattung kommt es in der Regel zu einer Abweichung zwischen dem Verkaufserlös und dem Restbuchwert.

- Ist der **Verkaufspreis höher als der Restbuchwert,** entsteht ein **Ertrag.** Dieser ist von seiner Entstehung her als außerordentlich und periodenfremd anzusehen. Er wird deshalb erfasst auf dem **Erfolgskonto**

„Sonstige betriebliche Erträge"

- Ist der **Verkaufspreis niedriger als der Restbuchwert,** entsteht ein **Aufwand.** Dieser wird gebucht auf dem **Erfolgskonto**

„Sonstige betriebliche Aufwendungen"

Beispiel:

Für die drei Fälle des Einstiegs ergeben sich die folgenden Buchungen:

Grundbuch

Nr.	Buchungssätze		Soll €	Haben €
	PC A			
1	Kunden-KK	an BGA	400,00	400,00
	PC B			
2	Kunden-KK	an BGA	600,00	600,00
3	BGA	an Sonst. betriebl. Erträge	200,00	200,00
	PC C			
4	Kunden-KK	an BGA	300,00	300,00
5	Sonst. betriebl. Aufwend.	an BGA	100,00	100,00

Die Buchungen der sonstigen betrieblichen Erträge bzw. Aufwendungen brauchen erst bei der Aufstellung des Jahresabschlusses als sogenannte Vorabschlussbuchungen vorgenommen werden.

8.5 Wie sind geringwertige Vermögensgegenstände/Wirtschaftsgüter (GWG) zu bewerten?

Geringwertige Vermögensgegenstände/Wirtschaftsgüter sind Vermögensgegenstände, die **abnutzbar, beweglich** und **selbstständig,** d. h. für sich allein, **nutzbar** sind und bestimmte **Wertgrenzen** nicht übersteigen.

Für nicht selbstständig nutzbare Wirtschaftsgüter gelten die folgenden Abschreibungserleichterungen nicht. Sie sind entsprechend ihrer betriebsgewöhnlichen Nutzungsdauer abzuschreiben.

8.5.1 Bewertung geringwertiger Wirtschaftsgüter nach Steuerrecht

(1) Grundlagen

Hinsichtlich der Bewertung sogenannter geringwertiger Wirtschaftsgüter haben die Steuerpflichtigen ein Wahlrecht, das für **jedes Wirtschaftsjahr einheitlich** in Anspruch genommen werden muss. Die Entscheidung über das Verfahren muss der Steuerpflichtige spätestens bei der Aufstellung des Jahresabschlusses treffen.

Geringwertige Anlagegüter (Wirtschaftsgüter)			
Bewertungswahlrechte (wirtschaftsjahrbezogen)	**Verfahren nach § 6 II EStG**	**Verfahren nach § 6 II a EStG (Sammelpostenverfahren)**	
Wertgrenzen für AK oder HK eines Wirtschaftsgutes	**bis 800,00 €**	**bis 250,00 €**	**über 250,00 € bis 1000,00 €**
Bewertung	1. Buchung als Aufwand bzw. Vollabschreibung **oder** 2. Aktivierung des Anlagegutes und Abschreibung über die betriebsgewöhnliche Nutzungsdauer.	1. Wirtschaftsgüter bis 250,00 € können aus Vereinfachungsgründen ohne Dokumentationspflicht sofort als Aufwand gebucht werden. **oder** 2. Aktivierung des Anlagegutes und Abschreibung über die betriebsgewöhnliche Nutzungsdauer.	■ Erfassen **aller** in diese Wertgrenzen fallenden geringwertigen Wirtschaftsgüter des Wirtschaftsjahres in **einem Sammelposten.** ■ **Pflicht** zur linearen Abschreibung des Sammelpostens im Jahr der Anschaffung und den folgenden vier Wirtschaftsjahren mit jeweils einem Fünftel.
Dokumentationspflichten	Bei **AK oder HK über 250,00 €:** Vermerk des **Anschaffungs- bzw. Herstellungstages** in einem laufend zu führenden **Verzeichnis**, falls diese Angaben nicht aus der Buchführung hervorgehen. Bei **AK oder HK bis 250,00 €:** Die Anlagegüter können aus Vereinfachungsgründen ohne Dokumentationspflicht sofort als Aufwand gebucht werden.	keine	Nur buchmäßige Erfassung

(2) Verfahren nach § 6 II EStG

Einstieg

Ein Kreditinstitut kauft einen Schreibtischstuhl zum Nettopreis von 405,80 € + 19 % USt. Nutzung des Stuhls im Bereich Wertpapierhandel. Überweisung des Kaufpreises auf Kunden-KK.

Das Unternehmen erfreut sich einer sehr guten Geschäftslage.

> Welches Bewertungswahlrecht sollte es ausüben?
> Buchen Sie im Grundbuch!
> Buchen Sie den Geschäftsfall im Hauptbuch!
> Wie ist am 31. 12. zu buchen, wenn keine weiteren GWG angeschafft wurden?

Entscheidet sich ein Steuerpflichtiger mit Gewinneinkünften für dieses Verfahren, dann hat er die **Wahl,** ob er seine selbstständig nutzbaren beweglichen Wirtschaftsgüter mit Anschaffungs- oder Herstellungskosten bis 800,00 € ohne USt **im Jahr der Anschaffung**

- **sofort als Aufwand bucht oder** diese
- auf dem entsprechenden **Aktivkonto bucht** und über die **betriebsgewöhnliche Nutzungsdauer** abschreibt.

Ein Verzicht auf die Vollabschreibung kann vor allem bei neu gegründeten Unternehmen oder in Zeiten geringer Erträge betriebswirtschaftlich sinnvoll sein.

Bei ausreichenden Erträgen führt die Vollabschreibung im ersten Wirtschaftsjahr zu der steuerlich günstigsten Wahl.

Beispiel:

Buchung im Grundbuch

Geschäftsfall	Konten	Soll €	Haben €
Kauf eines Schreibtischstuhls zum Preis von 405,80 € + 19 % USt. Überweisung des Kaufpreises auf Kunden-KK.	GWG an Kunden-KK	482,90	482,90

Buchung im Hauptbuch

S	Kunden-KK		H
AB	1 500,00	GWG	482,90

S	Geringwertige Wirtschaftsgüter (GWG)		H
Kunden-KK	482,90		

Buchung am 31. 12.

Geschäftsfall	Konten	Soll €	Haben €
Abschreibung der geringwertigen Wirtschaftsgüter	Abschr. a. Sachanl. an GWG	482,90	482,90

(3) Verfahren nach § 6 II a EStG (Sammelpostenverfahren)

Einstieg

Ein Kreditinstitut kaufte während des Jahres 2020 von einem Kunden die folgenden Sachanlagen. Sie werden ausschließlich für umsatzsteuerfreie Bankgeschäfte genutzt.

Wirtschaftsgut	Datum	Bruttobetrag	19 % USt	Nettobetrag
Notebook	22.02.2020	1 158,00 €	184,89 €	973,11 €
Reißwolf	14.06.2020	954,00 €	152,32 €	801,68 €
Schreibtisch	22.09.2020	1 097,00 €	175,15 €	921,85 €
Summen		**3 209,00 €**	**512,36 €**	**2 696,64 €**

> Mit welchem Wert sind diese Sachanlagen zu bilanzieren?

> Wie sind die Abschreibungen zu buchen?

■ Mit welchem Wert sind diese Sachanlagen zu bilanzieren?

Bei dem Verfahren nach § 6 II a EStG ist für **geringwertige Wirtschaftsgüter des Anlagevermögens** ein jahrgangsbezogener **Sammelposten** zu bilden, wenn die Anschaffungs- oder Herstellungskosten **netto** mehr als 250,00 €, aber nicht mehr als 1 000,00 € betragen.

Kontobezeichnung: **Geringwertige Wirtschaftsgüter (Sammelposten 2020; 2021 usw.); (GWG/SP 2020)**

Abgesehen von der buchmäßigen Erfassung des Zugangs des jeweiligen Wirtschaftsgutes bestehen keine weiteren Dokumentationspflichten.

Beispiel:

Bei der **Anschaffung** des Notebooks ist zu buchen

Nr.	Buchungssatz	Soll €	Haben €
1	Geringwertige Wirtschaftsgüter (Sammelposten 2020) an Kunden-KK	1 158,00	1 158,00

Der Sammelposten des jeweiligen Wirtschaftsjahres ist im Wirtschaftsjahr und den folgenden vier Wirtschaftsjahren mit jeweils $^1/_5$ **abzuschreiben.** Eine **Einzelbewertung** der angeschafften Wirtschaftsgüter erfolgt **nicht.** Durch Veräußerungen oder Wertminderungen einzelner Wirtschaftsgüter während dieses Zeitraumes wird der **Wert des Sammelpostens nicht beeinflusst.**

Wie sind die Abschreibungen zu buchen?

Beispiel:

Im obigen **Beispiel** sind im Wirtschaftsjahr und den vier Folgejahren 3 209,00 € : 5 = **641,80 €** von diesem **Sammelposten abzuschreiben.**

Datum	Buchungssatz	Soll €	Haben €
31. 12.	Abschreibungen a. Sachanlagen (GWG/SP 2020) an GWG (SP 2020)	641,80	641,80

Nach fünf Jahren ist der Sammelposten auf null abgeschrieben. Das Konto kann wieder neu belegt werden.

Wie ist beim Verkauf eines im Sammelposten erfassten Wirtschaftsgutes zu buchen?

Beispiel:

Ein in einem Sammelposten erfasstes Wirtschaftsgut wird nach 3 Jahren zum Preis von 350,00 € an einen KK-Kunden verkauft.

Da es unerheblich ist, ob ein im Sammelposten erfasstes Wirtschaftsgut noch vorhanden oder im Wert gemindert ist, erfolgt die Buchung des Verkaufs ohne Bezug auf den Sammelposten. Dieser wird daher durch den Geschäftsfall nicht vermindert.

Der gesamte **Verkaufserlös** ist als **sonstiger betrieblicher Ertrag** zu vereinnahmen.

Nr.	Buchungssatz	Soll €	Haben €
1	Kunden-KK an Sonst. betriebliche Erträge	350,00	350,00

(4) Wie werden bewegliche Sachanlagen mit Anschaffungskosten bis 250,00 € bewertet?

Einstieg

Ein Kreditinstitut kauft am 11. Juni d. J. von einem Kunden für das Beratungszimmer der Kreditabteilung einen Papierkorb für 165,00 € einschließlich 19 % USt.

Wie ist dieses Wirtschaftsgut zu buchen?

Selbstständig nutzbare bewegliche Wirtschaftsgüter, deren **Anschaffungskosten (netto) 250,00 € und weniger** betragen, können **sofort zu 100 % abgeschrieben** werden. Es besteht **ein Wahlrecht** für eine Verteilung der Kosten auf die Nutzungsdauer. Diese Wirtschaftsgüter von geringfügigem Wert sollen die **Buchführung** der Betriebe **nicht belasten.** Auf **Aufzeichnungspflichten** wird daher **vollständig verzichtet.**

Kreditinstitute buchen diese Vermögensgegenstände aus Vereinfachungsgründen **sofort als Sachaufwand** auf dem Konto **andere Verwaltungsaufwendungen.**

Beispiel:

In unserem Einstieg handelt es sich um ein selbstständig nutzbares Wirtschaftsgut. Die **Nettoanschaffungskosten** betragen 138,66 €. Es liegt ein sogenanntes geringwertiges Wirtschaftsgut vor, dessen Anschaffungskosten unter der Grenze für die Erfassung im Sammelposten liegen. Der Kauf kann **sofort als Betriebsausgabe** gebucht werden.

Datum	Buchungssatz	Soll €	Haben €
11.06.	Andere Verwaltungsaufwendungen an Kunden-KK	165,00	165,00

(5) Verkauf geringwertiger Wirtschaftsgüter

Beim Verkauf geringwertiger Wirtschaftsgüter ergeben sich, je nach Wahl des **Bewertungsverfahrens,** der **gewählten Bewertung** sowie der Höhe der **Anschaffungs- oder Herstellungskosten** bzw. des Restbuchwertes, unterschiedliche Buchungen.

Verkauf geringwertiger Wirtschaftsgüter			
Bewertungswahlrechte (wirtschaftsjahrbezogen)	**Verfahren nach § 6 II EStG**		**Verfahren nach § 6 II a EStG (Sammelpostenverfahren)**
Buchung	**Vollabschreibung** Der Veräußerungserlös ist als **sonstiger betrieblicher Ertrag** zu vereinnahmen.	**Aktivierung und Abschreibung über die betriebsgewöhnliche Nutzungsdauer** Je nach Restbuchwert kann sich ein **sonstiger betrieblicher Aufwand,** ein **sonstiger betrieblicher Ertrag** oder ein **Ausgleich** ergeben.	Der Veräußerungserlös ist als **sonstiger betrieblicher Ertrag** zu vereinnahmen. Der **Sammelposten** bleibt unverändert bestehen.

8.5.2 Bewertung und Buchungen geringwertiger Anlagegüter nach Handelsrecht

Im **Handelsrecht** gibt es **keine besonderen Regelungen** für die Bewertung von Vermögensgegenständen von geringem Wert.

Das **Einkommensteuergesetz** regelt lediglich die **Bewertung geringwertiger Wirtschaftsgüter** nach dem **Steuerrecht.** Grundsätzlich haben die Unternehmen **handelsrechtlich** die Möglichkeit, für geringwertige Vermögensgegenstände des Anlagevermögens, für die eine Vollabschreibung im Anschaffungsjahr vorgesehen ist, **eine von ihnen selbst definierte Höchstgrenze festzulegen.** Bei der Festlegung dieser Höchstgrenze wird sich das Unternehmen an den steuerrechtlichen Höchstgrenzen orientieren, ohne diese als Begründung **ausdrücklich** heranzuziehen.

Handelsrechtlich ist es vertretbar, dass aus **Vereinfachungsgründen** Vermögensgegenstände von geringem Wert sofort als Sachaufwand (Konto: **Andere Verwaltungsaufwendungen**) erfasst werden. Dabei kommt eine Grenze von bis zu 250,00 € Nettoanschaffungskosten in Betracht, **unabhängig** von der Bewertung der über diese Grenze hinausgehenden Anschaffungen.

In Anlehnung an § 6 II EStG kann der Unternehmer bei Vermögensgegenständen bis 800,00 € Nettoanschaffungs- oder Herstellungskosten zwischen der Vollabschreibung und der Abschreibung über die betriebsgewöhnliche Nutzungsdauer wählen.

Grundsätzlich hat der Unternehmer jedoch auch die Möglichkeit, für Handelsbilanzzwecke die Regelung des § 6 II a EStG zu übernehmen. Bei dieser Methode wird der Grundsatz der Einzelbewertung durchbrochen, was unter **Wirtschaftlichkeitsgesichtspunkten** hinnehmbar ist, falls der **Grundsatz der Wesentlichkeit** nicht verletzt wird.

Im **Anhang** sind die Bilanzierungs- und Bewertungsmethoden für geringwertige Vermögensgegenstände anzugeben und zu begründen.

Die Buchungen sind analog zu den Buchungen nach den steuerlichen Regelungen vorzunehmen.

Auf einen Blick

- Anschaffungspreis
  − Preisnachlässe
  \+ Anschaffungsnebenkosten
  \+ nachträgliche Anschaffungskosten
  \+ evtl. Umsatzsteuer
  = **Anschaffungskosten**

- **Abschreibungen bei Sachanlagen**

planmäßige Abschreibungen	**außerplanmäßige Abschreibungen**
Nur bei Vermögensgegenständen des Anlagevermögens, die zeitlich begrenzt nutzbar, d. h. abnutzbar sind.	Ohne Rücksicht darauf, ob die Sachanlagen abnutzbar sind oder nicht.
Gründe für **Wertminderungen** (Beispiele): ■ vorhersehbarer nutzungsbedingter Verschleiß, ■ vorhersehbarer technischer Fortschritt, ■ vorhersehbare Änderungen der Kundenerwartungen.	Nicht vorhersehbare **voraussichtlich dauernde Wertminderungen** (Beispiele): ■ Unfälle ■ Naturkatastrophen, ■ unvorhersehbare Innovationen.
	Es besteht eine **Wertaufholungspflicht**, wenn die Gründe für die Wertminderungen nicht mehr bestehen.

- **Abschreibungsmethoden**

handelsrechtlich

Sämtliche Methoden möglich, die den tatsächlichen Werteverzehr abbilden.

- Lineare Abschreibung
- Geometrisch-degressive Abschreibung
- Progressive Abschreibung
- Kombination der Methoden
- Leistungsabschreibung

steuerrechtlich

- Grundsätzlich lineare Absetzung für Abnutzung (AfA)
- Leistungsabschreibung

- **Geringwertige Wirtschaftsgüter**

handelsrechtlich

Keine speziellen Vorschriften im HGB.

Nur wenn **unwesentlich**:

- Vollabschreibung aus Wirtschaftlichkeitsgründen bis etwa 800,00 € möglich.
- Anwendung des Sammelpostenverfahrens ist handelsrechtlich umstritten.

steuerrechtlich

- Abschreibung wie Anlagevermögen mit Anschaffungskosten über 1 000,00 €.

oder

- bis 800,00 € Vollabschreibung

oder

- bis 250,00 € sofortige Buchung als Betriebsausgabe und zwischen 250,01 € und 1 000,00 € als Sammelposten, der linear in fünf Jahren abzuschreiben ist.

Wahlrecht: Für jedes Wirtschaftsjahr als Einheit neu festlegbar.

Kompetenztraining

71 Ein Kreditinstitut kauft im Januar einen automatischen Kassentresor (AKT) für 24 369,75 € plus 19 % USt. Nutzungsdauer 7 Jahre. Der Kaufpreis wird dem Händler auf seinem Konto gutgeschrieben. Der AKT wird ausschließlich für umsatzsteuerfreie Geschäfte benutzt.

a) Wie ist der Kauf zu buchen?

b) Wie ist dieses Wirtschaftsgut am Jahresende zu bewerten?

c) Erstellen Sie den Abschreibungsplan für eine lineare Abschreibung!

d) Wie lautet die Buchung der Abschreibung im ersten Jahr?

e) Nach dem 4. Nutzungsjahr wird der AKT für 8 500,00 € an einen Kunden verkauft. Dessen Konto wird mit dem Kaufpreis belastet.
Wie ist der Verkauf zu buchen?

72 Ein Kreditinstitut kauft im Oktober ein Ladegerät für Geldkarten für 13650,00 € + 19 % USt. Es werden 3 % Skonto gewährt. Für die Montage des Ladegeräts entstehen Montagekosten von 292,51 € + 19 % USt.

Die Kosten werden durch BBk-Überweisung beglichen. Der Skonto wird ausgenutzt.

a) Wie ist beim Kauf zu buchen?

b) Erstellen Sie den Abschreibungsplan für die lineare AfA! Betriebsgewöhnliche Nutzungsdauer 7 Jahre.

c) Buchen Sie die AfA im ersten Geschäftsjahr!

73 Eine Kreditgenossenschaftsbank hatte im abgelaufenen Geschäftsjahr folgende Anlagekäufe für umsatzsteuerfreie Bankgeschäfte getätigt:

Wirtschaftsgut	Datum	Bruttobetrag	19 % USt	Nettobetrag
1. Notebook	22.02.	1165,00 €		
2. Fernseher	14.06.	1149,00 €		
3. Schreibtisch	22.09.	1097,00 €		
4. Stahlschrank	15.10.	3500,00 €		
5. Taschenrechner	20.11.	175,00 €		

a) Ermitteln Sie die Nettobeträge der Anschaffungen!

b) Wie sind diese Anschaffungen zu buchen? (Bezahlung durch Überweisung an eigenen Kunden.)

c) Mit welchem Wert ist der GWG-Sammelposten dieses Wirtschaftsjahres abzuschreiben? Buchen Sie die Abschreibung! Die Kreditgenossenschaft entscheidet sich in diesem Jahr für das Sammelpostenverfahren.

d) Mit welchem Betrag ist der Stahlschrank zu bilanzieren? Erstellen Sie den Abschreibungsplan und buchen Sie die AfA des ersten Jahres! Betriebsgewöhnliche Nutzungsdauer 14 Jahre.

e) Die Kreditgenossenschaft wird in den kommenden Jahren eine vergleichbare Struktur ihrer Anlagekäufe haben. Wäre es sinnvoll, in Zukunft für geringwertige Wirtschaftsgüter steuerrechtlich die Regelungen des § 6 II EStG anzuwenden?

Begründen Sie Ihre Entscheidung!

74 Die Sparkasse Naumburg kauft im Januar dieses Jahres einen Pkw zum Listenpreis von 52700,00 € (netto). Der Händler gewährt einen Rabatt von 12 %.

Es fallen zusätzlich 900,00 € (netto) Überführungskosten an. Vom Händler wird zusätzlich eine Telefonanlage in den Pkw für 1378,76 € (brutto) fest eingebaut. Die Zulassungsgebühren betragen 80,00 €. Der Fahrer tankt nach der Abholung des Pkw beim Händler für 155,00 €. Er bezahlt mit ec-Karte. Der USt-Satz beträgt 19 %. Die betriebsgewöhnliche Nutzungsdauer wird mit 6 Jahren angenommen.

a) Ermitteln Sie die Anschaffungskosten dieses Pkw, der ausschließlich für umsatzsteuerfreie Tätigkeiten eingesetzt werden soll!

b) Welcher Betrag kann am Ende des ersten Nutzungsjahres abgeschrieben werden? (Es stehen Erträge in ausreichendem Umfang zur Verfügung!)

c) Wie lautet die Buchung der Abschreibung am Ende des ersten Nutzungsjahres?

75 Ein Kreditinstitut kauft im März einen Pkw zum Listenpreis von 36800,00 € zuzüglich 19 % USt. Der Lieferant gewährt einen Rabatt von 10 % und 3 % Skonto bei Zahlung innerhalb von 10 Tagen. Zusätzlich fallen 355,00 € zuzüglich 19 % USt Überführungskosten an. Außerdem sind 30,00 € Zulassungskosten und 285,77 € sonstige direkt zurechenbare Nebenkosten einschließlich USt angefallen. Es herrscht ein Kapitalmarktzinsniveau von 7,5 %.

a) Wie hoch sind die Anschaffungskosten für diesen Pkw?

b) Erstellen Sie den Abschreibungsplan! Betriebsgewöhnliche Nutzungsdauer 6 Jahre.

c) Wie ist die Abschreibung am Ende des ersten Nutzungsjahres zu buchen?

76 1. Erstellen Sie jeweils ein PC-Programm zur Erstellung von Abschreibungsplänen für die lineare Abschreibung auf bewegliche Sachanlagen (Wirtschaftsgüter) mit folgendem Aufbau:

	A	B	C
1	**Abschreibungen auf Anlagevermögen**		
2	Anschaffungswert	0,00 €	
3	Abschreibungssatz v. H.		
4	Betriebsgewöhnliche Nutzungsdauer, Jahre	1	
5	Anschaffungsmonat (Jan. = 1; Feb. = 2 etc.)		
6	Abschreibungsmethode:	linear	
7	Jahr	Jahres-AfA	Restbuchwert
8	1	0,00 €	0,00 €
9	2	0,00 €	0,00 €
10	3	0,00 €	0,00 €
usw.	...		

2. Testen Sie Ihr Programm an den Übungsaufgaben 71 und 72!

3. Stellen Sie den linearen Abschreibungsverlauf und die Entwickung des Restwertes grafisch dar!

77 Die Kreditbank AG hat vor 10 Jahren in einem Gebiet ein Grundstück für 120 000,00 € erworben, um in dem dort zu erwartenden Neubaugebiet einen Kunden-Stützpunkt bauen zu können.

Durch eine veränderte Bauleitplanung fällt dieses Gebiet in die Einflugschneise eines Flughafens. Die geplante Bebauung wird nicht mehr verfolgt. Die Wertminderung des Grundstücks wird mit 80 % angenommen.

a) Wie ist das Grundstück zu bewerten?

b) Wie ist zu buchen?

78 Die Handelsbank AG hat im letzten Geschäftsjahr Abschreibungen nach § 253 Abs. 3 und 4 HGB vorgenommen. Entscheiden Sie, in welchen Fällen die Handelsbank AG im folgenden Geschäftsjahr eine Wertaufholung nach Handelsrecht vornehmen muss!

a) Wegen neuer Bauvorschriften wurde ein Grundstück mit der Hälfte der Anschaffungskosten bewertet. Jetzt wurden die Bauvorschriften wieder auf den vorherigen Rechtsstand geändert.

b) Eine Forderung wurde nach § 340f niedriger als nach § 253 Abs. 1 Satz 1, Abs. 4 vorgeschrieben gewertet. Jetzt bestehen keine Zweifel an der Bonität des Schuldners mehr.

c) Ein Wertpapier des Anlagevermögens wurde wegen eines dauerhaften Kurseinbruchs niedriger bewertet. Seit einem halben Jahr ist das ursprüngliche Kursniveau dieses Wertpapiers wieder erreicht.

d) Wegen technischer Neuerungen wurde ein Beleglesegerät, das ursprünglich noch vier Jahre genutzt werden sollte, im vergangenen Jahr als wertlos angesetzt.

79 Prüfen Sie, welche Angaben zur Bewertung in der Handelsbilanz richtig wiedergegeben sind!

1. Für Vermögensgegenstände des Anlagevermögens gilt grundsätzlich das gemilderte Niederstwertprinzip.
2. Bei voraussichtlich dauernder Wertminderung können Vermögensgegenstände des Anlagevermögens abgeschrieben werden.
3. Vermögensgegenstände des Anlagevermögens sind planmäßig abzuschreiben, wenn deren Nutzung zeitlich begrenzt ist. ☐
4. Die Abschreibungsmethoden müssen handelsrechtlich den Grundsätzen ordnungsmäßiger Buchführung entsprechen. ☐
5. Fremdkapitalzinsen für die zu finanzierenden Vermögensgegenstände des Anlagevermögens sind bei den Anschaffungs- und Herstellungskosten zu berücksichtigen.
6. Kreditinstitute brauchen das Wertaufholungsgebot nicht zu beachten.

80 Die Kreditbank AG kauft im Januar einen GAA für 25 000,00 € einschl. USt. Handelsrechtlich wird ein degressiver Abschreibungsverlauf mit Übergang zur linearen Abschreibung und eine betriebsgewöhnliche Nutzungsdauer von 6 Jahren angenommen. Degressiver Abschreibungssatz 25 %. Steuerrechtlich ist linear bei einer Nutzungsdauer von 7 Jahren abzuschreiben. Steuerrechtlich ist eine Sonderabschreibung von 20 % des Anschaffungswertes zu berücksichtigen.

a) Erstellen Sie die beiden Abschreibungspläne!

b) Ermitteln Sie die Differenzen der Abschreibungsbeträge!

c) Die Ertragsteuerbelastung soll 30 % betragen. Wie verteilt sich die Steuerlast für diese Sachanlage je nach Abschreibungsmethode auf die Nutzungsdauer?[1]

81 Zum Fuhrpark gehören drei Pkw mit einer Restnutzungsdauer von 3 Jahren. Sie stehen vor der Jahresabschreibung jeweils noch mit 12 000,00 € zu Buche. Lineare Abschreibung. Am Bilanzstichtag stellen Sie fest, dass Neuwagen dieser Art zur Ankurbelung des Umsatzes mit einem Weihnachtssonderrabatt von 12 % angeboten werden.

Mit welchem Gesamtwert sind die vorhandenen Pkw zu bilanzieren? Begründen Sie Ihre Entscheidung!

82 Am 10. August des Jahres 1 kauft die Kreditbank AG für den umsatzsteuerpflichtigen Bereich eine PC-Anlage zum Preis von 10 800,00 € zuzüglich USt. Die betriebsgewöhnliche Nutzungsdauer beträgt 3 Jahre.

a) Erstellen Sie den Abschreibungsplan für diese Anschaffung!

b) Buchen Sie die Abschreibung zum Ende des Anschaffungsjahres 1!

c) Am 20. Februar 3 verkauft die Kreditbank AG diese Anlage zum Preis von 5 800,00 € netto. Ermitteln Sie den Erfolg, den die Kreditbank AG durch diesen Verkauf unter Berücksichtigung des Buchwertes erzielt!

d) Wie lautet die Vorabschlussbuchung des Erfolgs am Ende des Jahres 3?

---

1 **Anmerkung:** Die Differenz, die sich aus der tatsächlichen, nach der steuerrechtlichen Bemessungsgrundlage und dem fiktiven, nach dem handelsrechtlichen Ergebnis ermittelten Steueraufwand ergibt, bezeichnet man **als latente Steuern.** Latente Steuern werden in der Handelsbilanz abgegrenzt (vgl. § 275 HGB).

Aktivseite		**Passivseite**	
HGB-Buchwert > Steuerwert	HGB-Buchwert < Steuerwert	HGB-Buchwert > Steuerwert	HGB-Buchwert < Steuerwert
Passive latente Steuern	Aktive latente Steuern	Aktive latente Steuern	Passive latente Steuern

Die steuerlichen Vor- und Nachteile gleichen sich, über die gesamte Nutzungsdauer gesehen, aus.

9 Bewertung von Forderungen

Einstieg

Die Handelsbank AG besitzt am Ende des Geschäftsjahres Forderungen an Kunden in Höhe von 15325200,00 €. Darunter befinden sich:

1. Eine Forderung an den Kreditnehmer Hansen, Kto. 2711, über 5200,00 €. Diese wird nicht mehr eingezogen werden können, weil der Kunde trotz intensiver Bemühungen nicht mehr auffindbar ist. Sicherheiten sind nicht vorhanden.
2. Eine Forderung an die Holzbau GmbH, Kto. 3471, über 270000,00 €. Diese wird wahrscheinlich wegen wirtschaftlicher Schwierigkeiten und unzureichender Sicherheiten nur noch zur Hälfte zurückgezahlt werden. Weitere Forderungen gegen diesen Kunden bestehen nicht.
3. In der Vergangenheit fielen immer wieder Forderungen ganz oder teilweise aus, obwohl dies im Zeitpunkt der Erstellung des Jahresabschlusses noch nicht zu erwarten war.

> Bewerten Sie diese Forderungen!

> Buchen Sie die Folgen, die sich aus der Bewertung ergeben!

> Geben Sie an, wie Sie die bewerteten Forderungen in der Bilanz ausweisen!

9.1 Wie sind Forderungen zu bewerten?

Forderungen entstehen bei Kreditinstituten aus den verschiedenen Kreditgeschäften. Die **Kredite** sind **einzeln** auf ihre **Vollwertigkeit** zu überprüfen, wobei die persönliche Bonität der Kreditnehmer und die Qualität der gestellten Sicherheiten zu berücksichtigen sind.

Für die **Bewertung** der Forderungen ist die **Einbringlichkeit** am Bilanzstichtag maßgebend.

Nach der **Bonität** lassen sich die Forderungen in drei Gruppen einteilen:

Einwandfreie Forderungen	Bei der Beurteilung dieser Forderungen besteht **kein Zweifel** an der Rückzahlung der Forderung durch den Schuldner. Diese Forderungen sind mit ihrem **Nennwert** zu bilanzieren.
Forderungen mit Ausfallrisiko (zweifelhafte Ford.)	Bestehen **Zweifel an der vollen Rückzahlung** der Forderung, so **ist** auf den **wahrscheinlichen Wert abzuschreiben** (§ 253 Abs. 4 HGB; strenges Niederstwertprinzip).
Forderungen, deren Ausfall feststeht (uneinbringl. Ford.)	**Kredite, deren Ausfall feststeht, sind abzuschreiben.** Der Ausfall kann z. B. durch ein abgeschlossenes Insolvenzverfahren nachgewiesen werden.

9.2 Welche Buchungen ergeben sich aus der Bewertung?

Wertminderungen von Forderungen werden durch **Abschreibungen** erfasst.

Diese Abschreibungen auf Forderungen können **direkt** oder **indirekt** gebucht werden.

9.2.1 Direkte Abschreibungen

Direkt werden Forderungen **abgeschrieben,** wenn ein **völliger Ausfall sicher** oder wahrscheinlich **ist.**

Die **Praxis** schreibt **auch Forderungen mit Ausfallrisiko** direkt ab, wenn ihr Umfang im Verhältnis zum Geschäftsvolumen als gering anzusehen ist. Dies ist z. B. der Fall, wenn bei einem Kreditinstitut mit einer Bilanzsumme von 1 Mrd. € einzelne Forderungen in Beträgen bis 5 000,00 € oder 10 000,00 € zweifelhaft werden.

Beispiel: Forderung an Herrn Hansen (vgl. Einstieg Fall 1)

Für die **Ausgangssituation** ist die Forderung an den **Kunden Hansen direkt** abzuschreiben.

Grundbuch

Nr.	Geschäftsfall	Buchungssatz	Soll €	Haben €
1	Abschreibung der Forderung	Abschreibungen auf Forderungen an Kunden-KK	5 200,00	5 200,00

Durch diese Buchung ist die Forderung **nicht mehr** auf dem **Hauptbuchkonto Kunden-Kontokorrent** erfasst.

Solange diese Forderung der **Kreditüberwachung** unterliegt, in der Regel bis zur Verjährung, wird sie **entweder** außerhalb der Buchführung in einem Nebenbuch festgehalten **oder** sie kann mit einem Erinnerungsposten von 1,00 € auf dem Kontokorrentkonto stehen bleiben.

Geht später auf eine abgeschriebene Forderung wider Erwarten eine Zahlung ein, so wird diese auf dem **Erfolgskonto „Erträge aus Zuschreibungen zu Forderungen"** vereinnahmt.

Beispiel:

Grundbuch

Nr.	Geschäftsfall	Buchungssatz	Soll €	Haben €
1	Hansen überweist nach drei Jahren 2 500,00 € auf unser Postbank Girokonto	Banken-KK an Erträge aus Zuschreibungen zu Forderungen	2 500,00	2 500,00

9.2.2 Indirekte Abschreibungen

Die **indirekte Abschreibungsmethode** wird bei der Aufstellung der **Handelsbilanz** angewendet:

- wenn eine Einzelforderung mit einem Ausfallrisiko behaftet ist **(Einzelwertberichtigung),** oder
- auf die **nicht** bereits einzeln wertberichtigten Forderungen wegen des **latenten Kreditrisikos,** das darin besteht, dass Kredite, die am Bilanzstichtag als nicht gefährdet angesehen wurden,

trotzdem ganz oder teilweise ausfallen können **(unversteuerte Pauschalwertberichtigungen)**, oder

- wenn Kreditinstitute von ihrem Recht Gebrauch machen, für **Forderungen und „übrige" Wertpapiere** des Umlaufvermögens zusätzliche **Risikovorsorge** für die **besonderen Risiken des Geschäftszweiges zu treffen (versteuerte Pauschalwertberichtigungen/Vorsorgereserven)** nach § 340f Abs. 1 HGB.

9.2.2.1 Einzelwertberichtigungen

Ist eine Forderung nur teilweise abzuschreiben, so ist eine **Einzelwertberichtigung** zu bilden.

Bei der **Bestimmung des Einzelwertberichtigungsbedarfs** ist das **Gesamtkreditengagement** eines Kreditnehmers zu beurteilen. Eine konkrete Zuordnung zu den einzelnen Krediten innerhalb des Engagements ist nicht notwendig. Die **gesamte Einzelwertberichtigung** für einen Kreditnehmer darf nur von **einer betroffenen Bilanzposition** abgesetzt werden, das sind in der Regel die kurzfristigen Forderungen.

Für die **Einzelwertberichtigungen** ist ein **Nachweis** für jeden betroffenen Kunden zu führen.

Beispiel: Forderung an die Holzbau GmbH (vgl. Einstieg Fall 2)

Kto.-Nr.	Forderung zu Beginn des Jahres €	Bestand der Wertbericht. zu Beginn des Jahres €	Zur Ausbuchung der Forderung verw. €	Aufgelöst €	Neu gebildet €	Bestand der Wertbericht. am Ende des Jahres €	Bestand der Wertbericht. Ford. am Ende des Jahres €
3471	270 000,00	0,00	0,00	0,00	135 000,00	135 000,00	270 000,00

Durch **Vergleich** des bereits **vorhandenen Bestandes an Einzelwertberichtigungen (EWB)** mit den zum **Bilanzstichtag benötigten Einzelwertberichtigungen** ergibt sich der **Zuführungsbedarf.**

Beispiel:

Vorhandener Bestand an EWB	0,00 €
Benötigte EWB	135 000,00 €
Zuführungsbedarf	135 000,00 €

Grundbuch

Nr.	Geschäftsfall	Buchungssatz	Soll €	Haben €
2	Zuführungsbedarf zu Einzelwertbericht.	Abschreibungen auf Forderungen an Einzelwertbericht.	135 000,00	135 000,00

Falls am Bilanzstichtag der vorhandene Bestand an EWB **größer** ist als der benötigte Bestand, so ist der Überschuss **aufzulösen.** Dies geschieht durch die **Buchung:**

EWB an Erträge aus Zuschreibungen zu Forderungen

Beispiel:

Für eine Forderung von 60 000,00 €, für die eine **Einzelwertberichtigung** von 50 000,00 € gebildet ist, sind folgende **Situationen** möglich:

Nr.	Geschäftsfälle	Buchungssätze	Soll €	Haben €
a)	Die Forderung fällt aus.	EWB an Kunden-KK	50 000,00	50 000,00
		Abschreib. auf Ford. an Kunden-KK	10 000,00	10 000,00
b)	Der Schuldner überweist 10 000,00 € auf unser BBk-Konto. Der Rest fällt aus.	BBk an Kunden-KK	10 000,00	10 000,00
		EWB an Kunden-KK	50 000,00	50 000,00
c)	Der Schuldner überweist 15 000,00 € auf unser BBk-Konto. Der Rest fällt aus.	BBk an Kunden-KK	15 000,00	15 000,00
		EWB an Kunden-KK	50 000,00	45 000,00
		an Erträge aus Zuschreibungen zu Ford.		5 000,00

Die **Erträge aus der Auflösung von Wertberichtigungen** dürfen in der Gewinn- und Verlustrechnung **mit Abschreibungen auf Forderungen oder Wertpapieren kompensiert** werden (vgl. § 340 f HGB).

9.2.2.2 Unversteuerte Pauschalwertberichtigungen für latente Kreditrisiken

Kreditinstitute müssen nach handelsrechtlichen Grundsätzen (§ 253 Abs. 4 HGB) dem latenten Risiko durch die Bildung von **Pauschalwertberichtigungen** Rechnung tragen.

Die Angemessenheit dieser Risikovorsorge ist vom Abschlussprüfer im Prüfungsbericht zu bestätigen.

(1) Verfahren der Ermittlung des latenten Kreditrisikos

Das Bundesministerium der Finanzen hat an die **Anerkennung** von (steuerfreien) **Pauschalwertberichtigungen (PWB)** bestimmte Anforderungen gestellt.

Der Vomhundertsatz der PWB für den Bilanzstichtag ist nach den **Erfahrungen der Vergangenheit** zu bemessen. Zu seiner Berechnung ist grundsätzlich der **Durchschnitt des tatsächlichen Forderungsausfalls** für die dem Bilanzstichtag vorausgehenden **fünf Wirtschaftsjahre** und des **risikobehafteten Kreditvolumens** für die dem Bilanzstichtag vorangehenden **fünf Bilanzstichtage** zu ermitteln und ins Verhältnis zu setzen.

Ermittlung des Durchschnitts des tatsächlichen Forderungsausfalls

Wirtschaftsjahr 2015	Wirtschaftsjahr 2016	Wirtschaftsjahr 2017	Wirtschaftsjahr 2018	Wirtschaftsjahr 2019	Wirtschaftsjahr 2020
6	**5**	**4**	**3**	**2**	**1**

Ermittlung des durchschnittlichen risikobehafteten Kreditvolumens

Bilanzstichtage					
31.12.2015	31.12.2016	31.12.2017	31.12.2018	31.12.2019	31.12.2020
6	**5**	**4**	**3**	**2**	**1**

Da der tatsächliche Forderungsausfall neben dem latenten auch das bereits erkennbare (akute) Ausfallrisiko umfasst, ist zur Begrenzung auf das latente Ausfallrisiko von dem **ermittelten Durchschnitt des tatsächlichen Forderungsausfalls ein Betrag in Höhe von 40 v.H.** abzuziehen, höchstens jedoch der **Betrag der EWB am Bilanzstichtag.**

(2) Tatsächlicher Forderungsausfall

Ein **tatsächlicher Forderungsausfall** liegt vor, wenn die **Forderung uneinbringlich** geworden ist. Der **tatsächliche Forderungsausfall** eines Wirtschaftsjahres errechnet sich wie folgt:

Verbrauch von Einzelwertberichtigungen
+ Direktabschreibungen von Forderungen
– Eingang abgeschriebener Forderungen
= tatsächlicher Forderungsausfall

(3) Risikobehaftetes Kreditvolumen

Zum risikobehafteten Kreditvolumen rechnen die **Kundenforderungen des Kreditinstituts** nach § 15 RechKredV mit **Ausnahme der Forderungen,** die

- aus Gründen, die nicht in der Person des Schuldners liegen (z.B. Transfer- oder Devisenrisiko), wertzuberichtigen sind;
- als **sichere Forderungen** anzusehen sind.

Zu den **sicheren Forderungen** rechnen:

- Forderungen gegen öffentlich-rechtliche Körperschaften oder sonstige Körperschaften, für die eine Gebietskörperschaft als Gewährträger haftet;
- Forderungen gegen ausländische Staaten, ausländische Gebietskörperschaften oder sonstige ausländische Körperschaften und Anstalten des öffentlichen Rechts im OECD-Bereich;
- Forderungen, die durch eine der vorstehend genannten Stellen verbürgt oder in anderer Weise gewährleistet sind;
- Forderungen, für die eine Delkredere-Versicherung durch das Kreditinstitut abgeschlossen ist;
- Vor- und Zwischenfinanzierungskredite für noch nicht zugeteilte Bauspardarlehen in Höhe der bestehenden Bausparguthaben.

(4) Berechnungsschema des Vomhundertsatzes der PWB

Zunächst ist aus dem **durchschnittlichen Forderungsausfall** der **maßgebliche Forderungsausfall** abzuleiten; danach ist der **maßgebliche Forderungsausfall** zu dem **durchschnittlichen risikobehafteten Kreditvolumen** ins Verhältnis zu setzen.

durchschnittlicher Forderungsausfall
– 40 v. H. des durchschnittlichen Forderungsausfalls, höchstens EWB des Bilanzstichtags
= maßgeblicher Forderungsausfall

$$\text{v. H.-Satz} = \frac{\text{maßgeblicher Forderungsausfall} \cdot 100}{\text{durchschnittliches risikobehaftetes Kreditvolumen}}$$

(5) Ermittlung der Pauschalwertberichtigung zum Bilanzstichtag

Der Vomhundertsatz der PWB für den Bilanzstichtag ist auf das risikobehaftete Kreditvolumen des Bilanzstichtags anzuwenden. Dabei sind **einzelwertberichtigte Forderungen** in **vollem Umfang** aus dem risikobehafteten Kreditvolumen auszuscheiden.

Beispiel:

(1) Ermittlung des Pauschalwertberichtigungssatzes

Maßgeblicher Forderungsausfall	(6) 31.12.2015 TEUR	(5) 31.12.2016 TEUR	(4) 31.12.2017 TEUR	(3) 31.12.2018 TEUR	(2) 31.12.2019 TEUR	(1) 31.12.2020 TEUR
Direktabschreibungen auf Forderungen		120	100	130	90	70
+ Verbrauch an EWB		40	30	50	20	10
– Eingänge auf abgeschr. Ford.		5	2	6	4	2
= tatsächl. Forderungsausfall		**155**	**128**	**174**	**106**	**78**

$$\textbf{Durchschnittlicher Forderungsausfall} = \frac{\overset{(5)}{155} + \overset{(4)}{128} + \overset{(3)}{174} + \overset{(2)}{106} + \overset{(1)}{78}}{5} = \textbf{128,20 TEUR}$$

– 40 % Abschlag von 128,20 TEUR; höchstens Betrag der EWB am Bilanzstichtag 51,28 TEUR

= **maßgeblicher Forderungsausfall 76,92 TEUR**

(2) Ermittlung des risikobehafteten Kreditvolumens

Forderungen an/aus

	(6) 31.12.2015 TEUR	(5) 31.12.2016 TEUR	(4) 31.12.2017 TEUR	(3) 31.12.2018 TEUR	(2) 31.12.2019 TEUR	(1) 31.12.2020 TEUR
1 Kunden (§ 15 RechKredV)	15870	14500	13700	12500	11900	15320
2 – Öffentl.-rechtl. Körperschaften	370	490	420	390	400	420
3 – Ausländ. Staaten, Gebietskörperschaften, sonst. ausl. Körperschaften u. Anstalten d. öffentl. Rechts im OECD-Bereich	20	45	30	35	15	20
4 Forderungen, die durch 2 oder 3 gewährleistet (verbürgt) sind	10	15	0	0	5	5
5 Delkredereversicherte Forderungen	400	350	460	530	490	500
6 Vor- und Zwischenfinanzierungen von Bausparverträgen in Höhe der bestehenden Bausparguthaben	150	190	210	170	225	250
Risikobehaftetes Kreditvolumen	**14920**	**13410**	**12580**	**11375**	**10765**	**14125**

$$\textbf{Durchschnittliches risikobehaftetes Kreditvolumen} = \frac{\overset{(6)}{14920} + \overset{(5)}{13410} + \overset{(4)}{12580} + \overset{(3)}{11375} + \overset{(2)}{10765}}{5} = \textbf{12610 TEUR}$$

$$\textbf{Pauschalwertberichtigungssatz in v. H.} = \frac{\text{Maßgeblicher Forderungsausfall} \cdot 100}{\text{durchschnittliches risikobehaftetes Kreditvolumen}}$$

$$= \frac{76920 \cdot 100}{12610000} = 0{,}61\,\%$$

(3) Ermittlung der Pauschalwertberichtigungen zum Bilanzstichtag

Risikobehaftetes Kreditvolumen zum Bilanzstichtag	14125 TEUR
– Gesamtbetrag der einzelwertberichtigten Forderungen zum Bilanzstichtag	270 TEUR
= Verbleibendes risikobehaftetes Kreditvolumen zum Bilanzstichtag	13855 TEUR
davon 0,61 % = **Pauschalwertberichtigung**	**84,5155 TEUR**

Das Kreditinstitut kann eine **unversteuerte Pauschalwertberichtigung** von insgesamt **84515,50 €** bilden. Ein Bestand aus dem Vorjahr ist zu berücksichtigen. Nur der Mehrbedarf ist neu zu bilden.

Grundbuch

Nr.	Geschäftsfall	Buchungssatz	Soll €	Haben €
3	Zuführung zur unversteuerten Pauschalwertberichtigung	Abschreib. auf Ford. an Pauschalwertberichtigungen auf Forderungen	84515,50	84515,50

9.2.2.3 Vorsorgereserven (versteuert)

Kreditinstitute dürfen **Forderungen** an Kreditinstitute und Kunden, **Schuldverschreibungen** und **andere festverzinsliche Wertpapiere** sowie **Aktien** und **andere nicht festverzinsliche Wertpapiere, die weder** wie Anlagevermögen behandelt werden **noch** Teil des Handelsbestands sind, in der **Handelsbilanz** mit einem niedrigeren als dem in § 253 Abs. 1 Satz 1, Abs. 4 HGB vorgeschriebenen oder zugelassenen Wert ansetzen. Voraussetzung ist, dass dies **nach vernünftiger kaufmännischer Beurteilung zur Sicherung gegen die besonderen Risiken des Geschäftszweigs** der Kreditinstitute notwendig ist (§ 340f HGB).

Durch diese Regelung wird es Kreditinstituten ermöglicht, **zusätzlich** durch **Unterbewertungen** dieser Vermögenswerte **stille Reserven** zur Sicherung gegen das allgemeine Bankrisiko zu bilden, sogenannte Vorsorgereserven. Der **Umfang** der Bildung der Vorsorgereserven ist auf maximal 4 % des Gesamtbetrages dieser Vermögensgegenstände **begrenzt.**

Ein niedrigerer Wertansatz darf beibehalten werden.

Die Bilanzierungsmethoden und die Bewertungsmethoden müssen Kreditinstitute nicht veröffentlichen.

Die nach § 340f HGB mögliche niedrigere Bewertung erfolgt durch die Bildung von **versteuerten Vorsorgereserven.** Bei der Ermittlung des Gewinns dürfen in der **Steuerbilanz** diese Abschreibungen **nicht** gewinnmindernd angesetzt werden.

Beispiel:

Angenommen, das Kreditinstitut will eine Vorsorgereserve in Höhe von 43500,00 € bilden. Die Vorsorgereserve wird auf dem Konto **„Vorsorgereserven"** gebucht.

Grundbuch

Nr.	Geschäftsfälle	Buchungssätze	Soll €	Haben €
4	Zuführung zur Vorsorgereserve nach § 340f HGB	Abschr. a. Ford. an Vorsorgereserven	43500,00	43500,00
5	**Abschlussbuchungen**	EWB an SBK	135000,00	135000,00
6		Pauschalwertbericht. auf Forderungen an SBK	84515,50	84515,50
7		Vorsorgereserven an SBK	43500,00	43500,00
8		GuV an Abschr. a. Ford.	268215,50	268215,50
9		SBK an Kunden-KK	15320000,00	15320000,00

Hauptbuch

Kunden-KK

S		H	
AB	15325200,00	1)	5200,00
		9)	15320000,00

Einzelwertberichtigungen auf Ford.

S		H	
5)	135000,00	2)	135000,00

Pauschalwertberichtigungen auf Ford.

S		H	
6)	84515,50	3)	84515,50

SBK

S		H	
9)	15320000,00	5)	135000,00
		6)	84515,50
		7)	43500,00

Abschreibungen auf Forderungen

S		H	
1)	5200,00	8)	268215,50
2)	135000,00		
3)	84515,50		
4)	43500,00		
	268215,50		268215,50

Vorsorgereserven

S		H	
7)	43500,00	4)	43500,00

GuV

S		H	
8)	268215,50		

Die **Auflösung** der Vorsorgereserven erfolgt über das **Erfolgskonto „Erträge aus Zuschreibungen zu Forderungen"**. Dieses Konto wird mit dem GuV-Konto abgeschlossen.

9.3 Wie sind die bewerteten Forderungen in der Bilanz auszuweisen?

Einzelwertberichtigungen, unversteuerte Pauschalwertberichtigungen und Vorsorgereserven sind von den betreffenden Aktivposten abzusetzen.[1]

1 Das **Bilanzrichtlinien-Gesetz** lässt in § 340g HGB den *offenen Ausweis der versteuerten Vorsorgereserve* zu. Sie erscheint dann in dem **Posten Passiva Nr. 11 „Fonds für allgemeine Bankrisiken"**. Sie ist **Kernkapital.**
Vorsorgereserven nach § 340f HGB zählen zum *Ergänzungskapital*.

Beispiel:

Für die **Ausgangssituation** ergibt sich folgender **Bilanzausweis**:

	Forderungen an Kunden	15 320 000,00 €
	– Einzelwertberichtigungen	135 000,00 €
	– Unversteuerte Pauschalwertberichtigungen	84 515,50 €
	– Vorsorgereserven	43 500,00 €
Aktiva:	= Forderungen an Kunden	15 056 984,50 €

Auf einen Blick

- **Bewertung der Forderungen**

Einzelwertberichtigungen

Forderungen, deren Ausfall feststeht (uneinbringliche Forderungen):
1. **Direkte Abschreibung** in voller Höhe
2. Kein Ausweis im Hauptbuch
3. Erfassen der Forderung im Nebenbuch

Forderung mit Ausfallrisiko (zweifelhafte Forderungen):
1. **Indirekte Abschreibung** des zweifelhaften Betrages
2. Berücksichtigen des Risikos aus dem Gesamtkreditengagement des Kreditnehmers
3. Rechtsgrundlage: § 253 Abs. 4 HGB Strenges Niederstwertprinzip

Pauschalwertberichtigungen (unversteuert)
1. Ermitteln des **latenten Kreditrisikos** des bilanzierenden Kreditinstitutes für anscheinend einbringliche Forderungen durch die Errechnung der **durchschnittlichen Ausfallquote**
2. **Indirekte Buchung** des Abschreibungsbedarfs
3. Rechtsgrundlage: § 253 Abs. 4 HGB Schreiben des Bundesministers der Finanzen vom 10. Januar 1994

Vorsorgereserven (versteuert)
1. Zusätzliche Risikovorsorge für die **besonderen** Risiken des Geschäftszweiges für **Forderungen und „übrige" Wertpapiere des Umlaufvermögens (Liquiditätsreserve)**
2. **Indirekte Buchung** des abzuschreibenden Betrages
3. Abschreibungsbeträge bleiben bei der Ermittlung des steuerpflichtigen Gewinns außer Betracht
4. Rechtsgrundlage: § 340f HGB
5. Vorsorgereserven, Stille Reserven, maximal 4 % des Betrages, der sich bei der Bewertung der „reservefähigen" Vermögensgegenstände nach § 253 Abs. 1 Satz 1, Abs. 4 HGB ergibt

- **Einzel-** und **unversteuerte Pauschalwertberichtigungen** auf Forderungen und Wertpapiere erscheinen **nicht** in der **Bilanz.** Sie sind von den betreffenden **Aktivposten abzusetzen.**

  Für den **Ausweis der Vorsorgereserven** besteht ein **Wahlrecht**. Werden sie nach § 340f HGB gebildet, so sind sie als **stille Reserven** von den betreffenden Aktivposten abzusetzen. Falls ein **Sonderposten für allgemeine Bankrisiken** gemäß § 340g HGB gebildet wird, sind diese **Reserven offen** auszuweisen.

Kompetenztraining

Hinweis: Auf die Rundung der Abschreibungsbeträge auf volle Währungseinheiten soll verzichtet werden.

83 Umsätze einschließlich Anfangsbestände: Kunden-KK Soll 22500000,00 €; Haben 21507900,00 €.

Der Bestand an Forderungen aus Kontokorrentkrediten lt. Inventur beträgt 7475600,00 €. Kreditoren lt. Inventur 6483500,00 €.

Darunter befinden sich folgende Forderungen:

1. Gegen Kunden A 47300,00 €. Ungesicherter Überziehungskredit. Der Insolvenzantrag gegen den Kunden A wurde mangels Masse abgewiesen.
2. Gegen Kunden B 8760,00 €. Das Insolvenzverfahren wurde eröffnet. Der Insolvenzplan sieht eine Quote von 40 % vor.
3. Gegen Kunden C 145900,00 €. Das Insolvenzverfahren wurde eröffnet. Das Unternehmen wird vorläufig fortgeführt. Im Insolvenzplan ist ein Verzicht von 65 % vorgesehen.

a) Buchen Sie die vorbereitenden Abschlussbuchungen im Grundbuch und im Hauptbuch!

b) Schließen Sie die Konten Abschreibungen auf Forderungen, Einzelwertberichtigungen auf Forderungen und Kunden-KK ab!

c) Geben Sie den Bilanzausweis der Forderungen an Kunden an! Die Zusammenstellung erfolgt außerhalb des Systems der Doppik!

84 a) Eröffnen Sie die Konten Kunden-KK und Einzelwertberichtigungen auf Forderungen mit den Schlussbeständen aus Aufgabe 102 im Grundbuch und Hauptbuch am Beginn des nächsten Geschäftsjahres!

b) In diesem Geschäftsjahr ergeben sich folgende Geschäftsfälle:

1. Das Insolvenzverfahren gegen den Kunden B wird beendet. Die Liquidation wird eingeleitet. Voraussichtliche Quote 20 %.
2. Das Insolvenzverfahren gegen den Kunden C wird beendet. Der Insolvenzverwalter überweist die Quote von 43770,00 € auf das BBk-Konto.
3. Bei einer Einzelvollstreckung gegen den Kunden A werden 5200,00 € erzielt. Der Betrag wird auf unser Postbank Girokonto überwiesen.

Buchen Sie die Geschäftsfälle im Grundbuch und im Hauptbuch!

85 Am Bilanzstichtag hatte ein Kreditinstitut auf dem Hauptbuchkonto Kunden-KK folgende Bestände:

S	Kunden-KK		H
AB + Umsätze	122514763,00	AB + Umsätze	119133267,00

Der Debitorenbestand lt. Inventur betrug 3540000,00 €.

Es sind noch folgende Einzelwertberichtigungen auf die Forderungen aus Kontokorrentkrediten vorzunehmen:

1. Die Forderung an Kunden A über 27400,00 € fällt voll aus.
2. Die Forderung an Kunden B über 135900,00 € ist mit einem Ausfallrisiko von $33\frac{1}{3}$ % behaftet.
3. Die Forderung an Kunden C über 83400,00 € ist nur noch mit 80 % anzusetzen.

a) Buchen Sie die vorbereitenden Abschlussbuchungen im Grundbuch und im Hauptbuch!

b) Schließen Sie die Konten Kunden-KK, Einzelwertberichtigungen auf Forderungen und Abschreibungen auf Forderungen ab!

c) Geben Sie den Bilanzausweis der Forderungen an Kunden an!

86 a) Eröffnen Sie für das folgende Geschäftsjahr die Konten Kunden-KK und Einzelwertberichtigungen auf Forderungen mit den Beständen des Vorjahres (siehe Aufgabe 85) im Grundbuch und Hauptbuch!

b) Buchen Sie im Grundbuch und Hauptbuch!

1. Die Forderung an den Kunden B fällt in vollem Umfang aus.
2. Die Forderung an den Kunden C ist wieder mit 100 % zu bewerten.

87 Aus dem Rechnungswesen eines Kreditinstituts liegen für die letzten sechs Geschäftsjahre zum Bilanzstichtag folgende Daten vor: (1) ist das Geschäftsjahr der Bilanzerstellung.

Geschäftsjahr	(6) 31.12.2015 TEUR	(5) 31.12.2016 TEUR	(4) 31.12.2017 TEUR	(3) 31.12.2018 TEUR	(2) 31.12.2019 TEUR	(1) 31.12.2020 TEUR
Direktabschreibung auf Forderungen	25,3	29,1	32,0	41,0	34,5	35,7
Eingänge auf abgeschr. Ford.	2,4	8,2	1,9	10,4	7,6	8,1
Ford. an Kunden (§ 15 RechKredV)	8370,0	8724,0	8942,2	8850,0	9206,0	8920,0
Ford. an öffentl.-rechtl. Körperschaften	970,0	1010,0	920,0	930,0	980,0	935,0
Delkredereversicherte Ford.	80,0	84,0	91,0	88,0	94,0	88,0
Einzelwertberichtigte Ford.	2290,0	2420,0	2440,0	2250,0	2260,5	2167,8

a) Ermitteln Sie den maßgeblichen Forderungsausfall, das durchschnittliche risikobehaftete Kreditvolumen und den Pauschalwertberichtigungssatz!

Die Einzelwertberichtigungen betragen 920,76 TEUR.

b) Ermitteln Sie den Betrag der Pauschalwertberichtigung für das latente Kreditrisiko!

c) Buchen Sie im Grundbuch die erforderliche Pauschalwertberichtigung für das Geschäftsjahr 1, und zwar

ca) wenn kein Bestand an PWB aus dem Vorjahr besteht;

cb) wenn aus dem Vorjahr ein Bestand von 20 000,00 € besteht!

d) Das Kreditinstitut bildet eine Vorsorgereserve nach § 340f HGB in Höhe von 50 000,00 €. Buchen Sie im Grundbuch!

e) Buchen Sie die Fälle ca) und d) im Hauptbuch und schließen Sie dieses ab!

f) Mit welchem Betrag ist der Forderungsbestand in der Bilanz auszuweisen, wenn die stillen Reserven nicht sichtbar sein sollen?

88 Der Bestand eines Kreditinstituts an Forderungen an Kunden beträgt vor Kürzungen durch Wertberichtigungen 38 650 000,00 €.

Aus den Vorjahren bestehen

1. Einzelwertberichtigungen in Höhe von 3 500 400,00 €,
2. Pauschalwertberichtigungen nach § 253 Abs. 4 HGB in Höhe von 113 925,00 € sowie
3. Vorsorgereserven nach § 340f HGB in Höhe von 500 000,00 €.

Der Pauschalwertberichtigungssatz für latente Kreditrisiken ist mit 0,5 % anzunehmen. Im Bestand an Forderungen an Kunden befinden sich 3 245 000,00 € Forderungen, die vom Staat verbürgt werden, und 8 123 000,00 € einzelwertberichtigte Forderungen.

Es werden Einzelwertberichtigungen in Höhe von 3 827 000,00 € gebildet.

Weiterhin sollen zusätzlich 60 000,00 € in die Vorsorgereserven nach § 340f HGB eingestellt werden.

a) Ermitteln Sie jeweils den Zuführungsbedarf zu den Einzel- und Pauschalwertberichtigungen!

b) Buchen Sie die Wertberichtigungen im Grundbuch und im Hauptbuch!

c) Schließen Sie die Wertberichtigungskonten ab!

d) Geben Sie den Bilanzausweis der Forderungen an Kunden an!

e) Buchen Sie die Eröffnung der Wertberichtigungskonten im nächsten Geschäftsjahr im Grundbuch!

f) Unter den Forderungen an Kunden befindet sich eine Forderung über 34 000,00 €, die mit 40 % einzelwertberichtigt ist. Wie wäre zu buchen, wenn

   fa) diese Forderung voll ausfällt;

   fb) nur 25 % der Forderung ausfallen und der Rest auf unser BBk-Konto überwiesen wird;

   fc) der Schuldner den vollen Kreditbetrag auf unser BBk-Konto überweist?

89 Über das Vermögen der Kundin A. L. wurde das Insolvenzverfahren eröffnet.

Mit uns besteht folgende Geschäftsverbindung:

Kontenart	Konto-Nr.	Saldo	Limit
Kontokorrent	37471	25 400,00 € Soll	17 000,00 €
Langfr. Darlehen	50407	250 275,00 € Soll	260 000,00 €

Sicherheiten: Der Kontokorrentkredit wurde in Höhe von 17 000,00 € durch eine Bürgschaft eines erstklassigen Bürgen abgesichert.

Das langfristige Darlehen ist durch eine erststellige Grundschuld auf das dem Ehemann der Kundin gehörende bebaute Grundstück in Hameln, Weserpfad 3, abgesichert. Der Verkehrswert des Grundstücks ist mit 230 000,00 € anzusetzen.

a) Ermitteln Sie den Einzelwertberichtigungsbedarf!

b) Buchen Sie die Einzelwertberichtigung im Grundbuch!

90 Ein Kreditinstitut ermittelte lt. Inventur Forderungen an Kunden in Höhe von 17 465 860,00 €.

Bei folgenden Forderungen bestehen oder bestanden Zweifel an der Bonität der Kreditnehmer:

Kto.	Saldo Soll	Im Vorjahr gebildete EWB	Beurteilung des Kreditnehmers am Bilanzstichtag
437	32 800,00 €	10 000,00 €	Weitere Verschlechterung der Bonität. EWB auf 50 % der Forderung erhöhen.
517	83 000,00 €	– –	Wechselproteste, Rückschecks. Sicherheit: Selbstschuldnerische Bürgschaft der Ehefrau. EWB 40 %.
1008	265 300,00 €	50 000,00 €	Verschlechterte Geschäftsentwicklung. Hauptkunde des Kreditnehmers kam in Zahlungsschwierigkeiten. Forderungen nur noch mit 60 % bewerten.
2839	321 400,00 €	– –	Tod des Geschäftsinhabers. Nachfolgeprobleme zu erwarten. Forderung nur noch mit 80 % bewerten.
2930	70 200,00 €	5 200,00 €	Die Forderung wurde erstklassig besichert.

a) Ermitteln Sie den Abschreibungsbedarf für Einzelwertberichtigungen!

b) Buchen Sie diesen Abschreibungsbedarf!

c) Aus dem Vorjahr besteht eine unversteuerte Pauschalwertberichtigung in Höhe von 465 000,80 €. Die Pauschalwertberichtigung soll auf 3 % des nicht einzelwertberichtigten Forderungsbestandes angepasst werden.

   ca) Ermitteln Sie den Bedarf an Pauschalwertberichtigungen!

   cb) Buchen Sie die Pauschalwertberichtigung!

d) Mit welchem Betrag sind die Forderungen zu bilanzieren?

10 Bewertungen der eigenen Wertpapiere

Einstieg

Julius, Auszubildender bei der Kundenbank AG, verfolgt auf der Mitgliederversammlung seines Ausbildungsbetriebes den Bericht des Vorstandes zum vergangenen Geschäftsjahr. Unter anderem trägt dieser vor, dass auch im abgelaufenen Geschäftsjahr Wertpapieranlagen der Liquiditätsreserve zugeführt wurden.

Julius findet in dem vorgelegten Geschäftsbericht unter den Aktiva die folgenden Angaben über die Wertpapieranlagen der Bank:

5. Schuldverschreibungen und andere festverzinsliche Wertpapiere			
b) Anleihen und Schuldverschreibungen			
ba) von öffentlichen Emittenten	39334842,46		
darunter: beleihbar bei der Deutschen Bundesbank	39334842,46		
bb) von anderen Emittenten	428541671,90	467876514,36	
darunter: beleihbar bei der Deutschen Bundesbank	284625292,97		**467876514,36**
6. Aktien und andere nicht festverzinsliche Wertpapiere			**1598613087,46**

Julius möchte jetzt gern wissen, ob es sich bei diesen Wertpapieren um die erwähnten Wertpapiere der Liquiditätsreserve handelt und wie diese bewertet werden.

Es sind bei den Kreditinstituten zu unterscheiden:

Eigene Wertpapiere		
des Anlagebestandes	**der Liquiditätsreserve**	**des Handelsbestandes**
Hierbei handelt es sich um eigene Wertpapiere, bei denen das Kreditinstitut eine **Dauerbesitzabsicht** hat. Ein entsprechender Beschluss des zuständigen Organs (Vorstand) ist aktenkundig zu machen.	Hier werden diejenigen eigenen Wertpapiere zugeordnet, die **weder** dem **Anlagevermögen** noch dem **Handelsbestand** zugeordnet werden. Ihr **Hauptzweck** liegt in der **jederzeitigen Sicherung der Liquidität** des Kreditinstitutes. Vom **Umfang** her sind es die bedeutsamsten Bestände an eigenen Wertpapieren der Kreditinstitute.	Diese Wertpapiere dienen dem **Wertpapierhandel.** Sie sind **nur kurzfristig im Bestand** des Kreditinstitutes.
Die **Zuordnung** der **eigenen Wertpapiere** zu einer dieser drei Kategorien muss im Zeitpunkt ihrer **Anschaffung erfolgen und dokumentiert** werden. Sonst ist die Bewertung nach den Vorschriften für die jeweilige Anlage- bzw. Handelskategorie **nicht zulässig.** Die Zuordnung hat Folgen für die Bewertung, den Gewinn- und Verlustausweis und die Überkreuzverrechnung bestimmter Aufwendungen und Erträge.		

- Eine **Umwidmung von Wertpapieren** vom Anlagebestand bzw. von der Liquiditätsreserve in den Handelsbestand ist nach § 340e Abs. 3 Satz 2 HGB generell nicht möglich.
- Eine **Umwidmung von Wertpapieren** aus dem Handelsbestand in den Anlagebestand bzw. in die Liquiditätsreserve ist nur möglich, wenn außergewöhnliche Umstände zur Aufgabe der Handelsabsicht führen (§ 340e Abs. 3 Satz 3 HGB).

10.1 Exkurs: Wie sind die eigenen Wertpapiere des Anlagebestandes (AB) zu buchen und zu bewerten?

10.1.1 Wie kann das Konto „Eigene Wertpapiere" geführt werden?

Die Kreditinstitute können das **Konto „Eigene Wertpapiere"** entweder als **reines Bestandskonto oder** als **gemischtes Konto** führen.

Reines Bestandskonto	Gemischtes Konto
Auf dem Konto werden **nur** die **reinen Anschaffungskosten** gebucht. **Anschaffungsnebenkosten, Stückzinsen, realisierte Kursgewinne und realisierte Kursverluste** werden **sofort** auf eigenen Erfolgskonten gebucht.	Sämtliche Anschaffungskosten werden auf dem Konto **Eigene Wertpapiere** gebucht. Die Anschaffungsnebenkosten, realisierte Kursgewinne oder Kursverluste sind am Jahresende auszubuchen. Danach werden eventuell erforderliche Abschreibungen oder Zuschreibungen gebucht.

In der **Praxis** ist das Führen als **reines Bestandskonto** üblich. In den **folgenden Darstellungen** wird ebenfalls das Konto **Eigene Wertpapiere als reines Bestandskonto geführt.**

10.1.2 Zugangsbewertung

Zu den **Anschaffungskosten der Wertpapiere** gehören neben dem **Kaufpreis** die **Transaktionskosten** zur Abwicklung des Kaufs. Sie werden als Anschaffungsnebenkosten bezeichnet. Um im Jahr der **Zugangsbewertung** eine notwendige Abschreibung der Anschaffungsnebenkosten zu vermeiden, ist es zulässig und üblich, diese Kosten **sofort als Provisionsaufwand** zu buchen. Die beim Kauf **verzinslicher Wertpapiere** anfallenden **Stückzinsen** werden **nicht** auf dem Konto **Eigene Wertpapiere,** sondern auf dem Konto **Zinserträge aus Wertpapieren** erfasst.

Die bei einer Veräußerung anfallenden **Kursgewinne bzw. Kursverluste** werden auf den Konten **Kursgewinne bzw. Kursverluste aus Wertpapieren** gebucht.

Beispiel:

Für unsere **Problemstellung** (siehe Einstieg) ergeben sich folgende **Buchungen** im **Grundbuch:**

Kauf der Aktien

Buchungssatz	Soll €	Haben €
Eigene Wertpapiere (AB) Provisionsaufwendungen an BBk	105 000,00 110,00	 105 110,00

Skontro Eigene Wertpapiere
WKN A2GS40
Gattung Software AG

Schlusstag	Auftr.-Nr.	Kauf = 1 Verk. = 2	Kurs	⌀-Erwerbskurs (DEK)	Stück		Kurswert		Saldo Bestand
					Zugang/ Abgang	Bestand	Soll	Haben	
30.11.	1	1	35,00 €	35,00 €	3 000	3 000	105 000,00 €	0,00 €	105 000,00 €

Hauptbuch

S	Eigene Wertpapiere (AB)		H
30.11.	105 000,00		

S	Provisionsaufwendungen		H
30.11.	110,00		

S	Bundesbank		H
EBK	1 500 000,00	30.11.	105 110,00

10.1.3 Folgebewertung von Wertpapieren des Anlagebestandes

Wertpapiere des Anlagebestandes sind wie Anlagevermögen zu bewerten. Sie sind **höchstens** mit ihren **Anschaffungskosten** anzusetzen (§§ 253 Abs. 1, 340e HGB). Bei **Wertminderungen** ist festzustellen, ob diese voraussichtlich dauerhaft sind oder nicht.

<table>
<tr>
<td>Voraussichtlich dauernde Wertminderung</td>
<td>Es muss auf den Wert am Bilanzstichtag abgeschrieben werden (strenges Niederstwertprinzip). (§ 253 Abs. 3 Satz 3 HGB).
Für die Steuerbilanz[1] gilt:
■ Bei börsennotierten, börsengehandelten und aktienindexbasierten Wertpapieren des Anlage- und Umlaufvermögens ist von einer voraussichtlich dauernden Wertminderung auszugehen, wenn der Börsenwert zum Bilanzstichtag unter denjenigen im Erwerbszeitpunkt gesunken ist und der Kursverlust die Bagatellgrenze von 5 % der Notierung bei Erwerb überschreitet.
Bei einer vorangegangenen Teilwertabschreibung ist für die Bestimmung der Bagatellgrenze der Bilanzansatz am vorangegangenen Bilanzstichtag maßgeblich.
■ Bei festverzinslichen Wertpapieren ist eine Teilwertabschreibung unter den Nennwert allein wegen gesunkener Kurse regelmäßig nicht zulässig, weil es bei festverzinslichen Wertpapieren, die eine Forderung in Höhe des Nominalwerts der Forderung verbriefen, in der Regel an einer voraussichtlich dauernden Wertminderung fehlt.
Eine Teilwertabschreibung unter den Nennwert ist nur zulässig, wenn ein Bonitäts- oder Liquiditätsrisiko hinsichtlich der Rückzahlung der Nominalbeträge besteht und die Wertpapiere bei Endfälligkeit nicht zu ihrem Nennbetrag eingelöst werden können (BFH vom 8. Juni 2011, BStBl II 2012 S. 716 – I R 98/10).
Die Bagatellgrenze in Höhe von 5 % ist nicht anzuwenden. Im Übrigen ist ein Kursanstieg in der Zeit vom Bilanzstichtag bis zur Bilanzaufstellung als wertbegründender Umstand unbeachtlich.</td>
<td rowspan="2">Wertaufholungsgebot: Der niedrigere Wertansatz darf nicht beibehalten werden, wenn die Gründe dafür nicht mehr bestehen (§ 253 Abs. 5 HGB).</td>
</tr>
<tr>
<td>Voraussichtlich nicht dauernde Wertminderung</td>
<td>Kreditinstitute können bei Wertpapieren des Anlagevermögens Abschreibungen auf den niedrigeren Wert am Bilanzstichtag vornehmen (gemildertes Niederstwertprinzip; §§ 253 Abs. 3 Satz 4; 340e Abs. 1 Satz 3 HGB).</td>
</tr>
</table>

Um festzustellen, ob sich für die eigenen Wertpapiere des Anlagebestandes ein **Abschreibungsbedarf** ergibt, ist der **Buchwert** der einzelnen Wertpapiere (Grundsatz der Einzelbewertung) mit ihrem **Börsenkurs am Bilanzstichtag zu vergleichen.**

1 Schreiben des Bundesministeriums der Finanzen vom 2. Sept. 2016 zur Teilwertabschreibung gemäß § 6 Abs. 1 Nrn. 1 und 2 EStG.

Der Buchwert jeder Wertpapiergattung ist dem **Skontro** zu entnehmen. **Bei mehreren Käufen** von Wertpapieren derselben Gattung kann auch der **Durchschnittserwerbskurs (DEK) als gewogener Durchschnitt** aller Käufe mit dem Börsenkurs am Bilanzstichtag verglichen werden (§ 240 Abs. 4 HGB).

Beispiel:

Wertermittlung am Bilanzstichtag nach Einzelbewertung und der Bewertung nach dem gewogenen Durchschnitt.

Skontro Aktien der FMC AG & Co. KGaA StA; ISIN DE 0005785802

Kaufdatum	Menge (Stück)	Anschaffungskurs (Stück)	Ankaufswert €	Kurs am Bilanzstichtag €	Wert nach Einzelbewertung €
05.03.	2000	33,00	66000,00		66000,00
15.04.	3000	32,00	96000,00		96000,00
13.07.	1500	31,00	46500,00	**34,00**	46500,00
25.10.	2500	36,00	90000,00		85000,00
11.11.	2000	35,00	70000,00		68000,00
	11000	33,50	**368500,00**	368500,00	**361500,00**

Die Wertermittlung am Bilanzstichtag kann nach der Einzelbewertung und der Durchschnittsbewertung zu unterschiedlichen Ergebnissen führen. Dies zeigt auch dieses Beispiel.

- Bei der Einzelbewertung wird jeder Anschaffungskurs mit dem Kurs am Bilanzstichtag verglichen und nach dem Niederstwertprinzip mit der zugehörigen Menge multipliziert. Die Summe der Einzelwerte ergibt den Wert am Bilanzstichtag.
- Bei der Durchschnittswertermittlung wird der durchschnittliche Erwerbskurs (DEK) ermittelt.

$$\text{DEK} = \frac{\text{Summe der Ankaufswerte (€)}}{\text{Summe Menge}}$$

$$\text{DEK} = \frac{368\,500{,}00\text{ €}}{11\,000} = \underline{\underline{33{,}50\text{ €}}}$$

Anschließend wird der DEK mit dem Kurs am Bilanzstichtag verglichen. Der Bestand am Bilanzstichtag wird mit dem niedrigeren der beiden Werte multipliziert, um den Bilanzwert zu ermitteln.

10.1.4 Buchung des Abschreibungsbedarfs

Beispiel:

Angenommen, die Aktien der Software AG (siehe **Problemstellung** im Einstieg auf S. 129) hätten am Bilanzstichtag folgende Kurse:

a) 35,00 €
b) 40,00 €
c) 25,00 €

Im Fall c) soll angenommen werden, dass es sich um eine **voraussichtlich dauernde Wertminderung** handelt.

Der Vergleich ergibt:

	Anschaffungskosten €	Börsenkurs am 31.12. €	Urteil	Bilanzwert 31.12. €
a)	35,00	35,00	Kein Abschreibungsbedarf	105 000,00
b)	35,00	40,00	Es liegt ein **nicht realisierter Kursgewinn** von 5,00 €/Stück vor. Kein Abschreibungsbedarf.	105 000,00
c)	35,00	25,00	Es besteht ein **nicht realisierter Kursverlust** von 10,00 €/Stück. **Abschreibungspflicht,** da eine voraussichtlich dauernde Wertminderung in Höhe von 3 000 · 10,00 € = 30 000,00 € entstanden ist. In der **Steuerbilanz** kann der niedrigere Teilwert angesetzt werden, da der Kursverlust die Bagatellgrenze von 5 % überschreitet.	75 000,00

Im **Fall c)** ist zu buchen:

Grundbuch

Nr.	Buchungssätze		Soll €	Haben €
1	Abschr. a. Wertpapiere (AB)	an Eigene Wertpapiere (AB)	30 000,00	30 000,00
2	SBK	an Eigene Wertpapiere (AB)	75 000,00	75 000,00
3	GuV	an Abschr. a. Wertpapiere (AB)	30 000,00	30 000,00

Hauptbuch

S Eigene Wertpapiere (AB) H

S		H	
30.11.	105 000,00	1	30 000,00
		2	75 000,00

S Abschr. a. Wertpapiere (AB) H

S		H	
1	30 000,00	3	30 000,00

S GuV H

S		H	
3	30 000,00		

S SBK H

S		H	
EBK	75 000,00		

10.1.5 Wertaufholung

Beispiel:

Angenommen, am Ende des folgenden Geschäftsjahres notieren die Aktien der Software AG

a) 38,00 €

b) 32,00 €

c) 24,00 €

Mit welchem Wert sind die eigenen Aktien jeweils zu bewerten, wenn der Bestand an Aktien der Software AG unverändert geblieben ist und der letzte Bilanzwert pro Aktie 25,00 € betrug?

Wie ist im Grundbuch zu buchen?

	Aktueller Börsenpreis pro Aktie €	Letzter Bilanzwert pro Aktie €	Ursprüngliche Anschaffungskosten pro Aktie €	Entscheidung über eine Wertaufholung
a)	38,00	25,00	35,00	Es ist eine **Wertaufholung** bis zu den ursprünglichen Anschaffungskosten erforderlich. 3000 · 10,00 € = 30000,00 €.
b)	32,00	25,00	35,00	Es ist eine **Zuschreibung** von 7,00 € pro Aktie erforderlich. 3000 · 7,00 € = 21000,00 €.
c)	24,00	25,00	35,00	Es bestehen **zwei Möglichkeiten** der Bewertung. ca) Falls die **Wertminderung als voraussichtlich dauerhaft** angesehen wird, ist zwingend auf 24,00 € pro Stück abzuschreiben. cb) Falls die **Wertminderung** nur als **voraussichtlich vorübergehend** angesehen wird, kann der Ansatz von 25,00 € beibehalten werden. In der **Steuerbilanz** darf der niedrigere Teilwert nicht angesetzt werden, da der Kursverlust gegenüber dem Vorjahr 5 % nicht überschreitet.

Nr.	Buchungssätze	Soll €	Haben €
a)	Eigene Wertpapiere (AB) an Erträge aus Zuschreibungen zu Wertpapieren (AB)	30000,00	30000,00
b)	Eigene Wertpapiere (AB) an Erträge aus Zuschreibungen zu Wertpapieren (AB)	21000,00	21000,00
ca)	Abschr. a. Wertpapiere (AB) an Eigene Wertpapiere (AB)	3000,00	3000,00
cb)	Keine Buchung erforderlich!		

Auf einen Blick

Eigene Wertpapiere des Anlagevermögens (Finanzanlagen)

Voraussichtlich **dauernde Wertminderung**	Voraussichtlich **nicht dauernde Wertminderung**
Abschreibungspflicht auf den niedrigeren Wert am Bilanzstichtag (strenges Niederstwertprinzip)	**Abschreibungswahlrecht** (gemildertes Niederstwertprinzip)

Wertaufholungsgebot bei Wegfall der Abschreibungsgründe

Kompetenztraining

91 Die Kreditbank AG kauft als Finanzanlage erstmalig Aktien der Siemens AG.

Skontro Aktien der Siemens AG; ISIN DE 0007236101

Kaufdatum	Stück	Anschaffungskurs €	Ankaufswert €	Kurs am Bilanzstichtag €	Wert nach Einzelbewertung
15.02.	4500	56,00	252000,00		?
28.06.	2000	52,00	104000,00	60,00	?
14.11.	3000	63,00	189000,00		?
31.12.	?	?	?	?	?

a) Mit welchem Wert kann die Kreditbank AG diese Aktien bilanzieren?

b) Wie hoch ist der größtmögliche Bewertungsabschlag?

c) Im folgenden Geschäftsjahr wurden von der Kreditbank AG keine weiteren Aktien der Siemens AG gekauft. Der Kurs der Siemens-Aktien am Bilanzstichtag sei dann 75,00 €.
Mit welchem Wert sind die Aktien der Siemens AG dann in der Bilanz anzusetzen?

92 Die Kreditbank AG kauft für den Anlagebestand am 30.11. d.J. (Zinsvaluta 01.12.)

Nominal 1 Mio. € 4% Bundesanleihe, Zinstermin 30.01.; Kurs 100%. Anschaffungsnebenkosten 2500,00 €; Stückzinsen 33425,00 €.

a) Buchen Sie im Grundbuch und im Hauptbuch diesen Kauf!

b) Erstellen Sie das Skontro für diesen Kauf der 4% Bundesanleihe!

c) Ermitteln Sie die zu aktivierenden Stückzinsen!

d) Wie hoch ist dieser Anlagebestand zum 31.12. zu bilanzieren, wenn der Zeitwert der Anleihe 98% beträgt?

10.2 Wie sind die eigenen Wertpapiere der Liquiditätsreserve zu buchen und zu bewerten?

Einstieg

Die Kreditbank AG kauft am 12.03. 50000 Aktien der Bayer AG für die Liquiditätsreserve zum Kurs von 45,00 €/Stück (Anschaffungsnebenkosten beim Kauf bzw. Verkauf sollen unberücksichtigt bleiben; Verrechnung jeweils über Bundesbank).

Am 20.07. verkauft die Kreditbank AG 5000 dieser Aktien zum Kurs von 48,00 €/Stück an ein anderes Kreditinstitut.

Am 10.10. werden weitere 10000 Aktien zum Kurs von 44,50 € an ein anderes Kreditinstitut verkauft.

Am Bilanzstichtag beträgt der Kurs der Bayer AG-Aktie 44,00 €.

> Wie sind die Käufe und Verkäufe jeweils zu buchen?

> Wie sind diese eigenen Wertpapiere der Liquiditätsreserve beim Jahresabschluss zu bewerten?

10.2.1 Buchungen bei Kauf und Verkauf eigener Wertpapiere der Liquiditätsreserve

(1) Kauf

Die Buchung beim Kauf der Aktien für die Liquiditätsreserve (L) unterscheidet sich nicht vom Kauf für den Anlagebestand.

Beispiel:

Grundbuch

Nr.	Buchungssatz	Soll €	Haben €
1	Eigene Wertpapiere (L) an Bundesbank	2 250 000,00	2 250 000,00

(2) Verkauf

Beim Verkauf hängt die Buchung davon ab, ob das Hauptbuchkonto „Eigene Wertpapiere (L)" als reines Bestandskonto oder als gemischtes Konto geführt wird. Im ersten Fall werden die **realisierten Kursgewinne** bzw. die **realisierten Kursverluste** aus dem Verkauf **sofort** auf dem Erfolgskonto „Kursgewinne aus Wertpapieren (L)" oder „Kursverluste aus Wertpapieren (L)" gebucht, **im zweiten Fall** auf dem Konto „Eigene Wertpapiere (L)" erfasst und erst am Ende des Geschäftsjahres auf die Erfolgskonten umgebucht.

Zusätzlich wird für jede Wertpapiergattung ein Skontro geführt, auf dem die Käufe und Verkäufe festgehalten werden. Dabei werden die Verkäufe zum durchschnittlichen Einstandspreis (DEK) bewertet und die Differenz als Kursgewinn bzw. Kursverlust erfasst.

Beispiel:

Grundbuch

a) Buchung auf einem **reinen Bestandskonto**

Nr.	Buchungssätze		Soll €	Haben €
2	Bundesbank	an Eigene Wertpapiere (L)	240 000,00	225 000,00
		an Kursgewinne a. Wertp. (L)		15 000,00
3	Bundesbank		445 000,00	
	Kursverluste a. Wertp. (L)	an Eigene Wertpapiere (L)	5 000,00	450 000,00

b) Buchung auf einem **gemischten Konto**

Nr.	Buchungssätze	Soll €	Haben €
2	Bundesbank an Eigene Wertpapiere (L)	240 000,00	240 000,00
3	Bundesbank an Eigene Wertpapiere (L)	445 000,00	445 000,00

Als **Vorabschlussrechnung** ist der Saldo der Kursgewinne/Kursverluste aus dem gemischten Konto auszubuchen.

Datum	Vorabschlussbuchung	Soll €	Haben €
31.12.	Eigene Wertpapiere (L) an Kursgewinne a. Wertp. (L)	10 000,00	10 000,00

Skontro Eigene Wertpapiere (L)
ISIN/WKN DE000BAY0017
Gattung Bayer AG

Schluss-tag	Auftr.-Nr.	Kauf = 1 Verk. = 2	Kurs	DEK	Stück			Kurswert		Saldo Bestand €	Kurs-gewinn €	Kurs-verlust €	Saldo €
					Zugang	Abgang	Bestand	Soll €	Haben €				
							0						
12.03.	1	1	45,00	45,00	50 000		50 000	2 250 000,00	0,00	2 250 000,00	0,00	0,00	0,00
20.07.	2	2	48,00	45,00		5 000	45 000	0,00	225 000,00	2 025 000,00	15 000,00	0,00	15 000,00
10.10.	3	2	44,50	45,00		10 000	35 000	0,00	450 000,00	1 575 000,00	0,00	5 000,00	10 000,00
31.12.		Bilanzkurs		44,00				Abschrb.	35 000,00				
								SBK		1 540 000,00			

10.2.2 Bewertung der eigenen Wertpapiere der Liquiditätsreserve am Bilanzstichtag

- **Wertpapiere der Liquiditätsreserve** sind wie **Umlaufvermögen** zu bewerten (§ 340 e HGB).
- Bei Vermögensgegenständen des Umlaufvermögens **sind Abschreibungen vorzunehmen,** um diese mit einem niedrigeren Wert anzusetzen, der sich aus einem Börsen- oder Marktpreis ergibt. Es gilt das **strenge Niederstwertprinzip.**

Beispiel:

In unserem **Beispiel** liegt der Börsenkurs von 44,00 € einen Euro pro Aktie unter dem Anschaffungskurs. Auf den Schlussbestand der Bayer-Aktien von 35 000 Stück ist daher eine **Abschreibung** in Höhe von 35 000 · 1,00 € = 35 000,00 € vorzunehmen.

Grundbuch

Nr.	Abschlussbuchungen		Soll €	Haben €
4	Abschr. a. Wertpap. (L)	an Eigene Wertpapiere (L)	35 000,00	35 000,00
5	SBK	an Eigene Wertpapiere (L)	1 540 000,00	1 540 000,00
6	GuV	an Abschr. a. Wertpap. (L)	35 000,00	35 000,00
7	Kursgewinne a. Wertp. (L)	an GuV	15 000,00	15 000,00
8	GuV	an Kursverluste a. Wertp. (L)	5 000,00	5 000,00

Der **Bilanzwert der eigenen Wertpapiere** (L) beträgt nach Abschreibung noch **1 540 000,00 €.**

Hauptbuch

a) Das Konto Eigene Wertpapiere wird als **reines Bestandskonto** geführt.

S	Eigene Wertpap. (L)		H
1	2 250 000,00	2	225 000,00
		3	450 000,00
		4	35 000,00
		5	1 540 000,00

S	Bundesbank		H
AB	5 000 000,00	1	2 250 000,00
2	240 000,00		
3	445 000,00		

S	Kursgewinne a. Wertp. (L)		H
7	15 000,00	2	15 000,00

S	Kursverluste a. Wertp. (L)		H
3	5 000,00	8	5 000,00

S	Abschr. a. Wertpap. (L)		H
4	35 000,00	6	35 000,00

S	GuV		H
6	35 000,00	7	15 000,00
8	5 000,00		

S	SBK		H
5	1 540 000,00		

b) Das Konto Eigene Wertpapiere wird als **gemischtes Konto** geführt.

S	Eigene Wertpap. (L)		H
1	2 250 000,00	2	240 000,00
31. 12.	**10 000,00**	3	445 000,00
		4	35 000,00
		5	1 540 000,00

S	Bundesbank		H
AB	5 000 000,00	1	2 250 000,00
2	240 000,00		
3	445 000,00		

S	Kursgewinne a. Wertp. (L)		H
31. 12.	10 000,00	**31. 12.**	**10 000,00**

S	Kursverluste a. Wertp. (L)		H

S	Abschr. a. Wertpap. (L)		H
4	35 000,00	6	35 000,00

S	GuV		H
6	35 000,00	31. 12.	10 000,00

S	SBK		H
5	1 540 000,00		

Die **Wertpapiere der Liquiditätsreserve** können auch zur **Vorsorge für allgemeine Bankrisiken** herangezogen werden (vergleiche hierzu Kapitel 11.2.1).

Kompetenztraining

Hinweis: Einstandspreise auf volle 0,10 € kaufmännisch runden!
Die Eigenen Wertpapiere sind jeweils der Liquiditätsreserve zugeordnet.

93 Ein Kreditinstitut erwarb am 15. Februar für den eigenen Bestand 120 000,00 € nom. 7 % Kommunalschuldverschreibungen der DePfa-Bank AG, J/J, zu 88,50 €.

Diese Wertpapiere befinden sich am Bilanzstichtag noch voll im Bestand.

Welche Abschlussbuchungen ergaben sich bei folgenden Bilanzkursen:

a) 88,50 €

b) 87,30 €

c) 92,90 €

94 Am 20. November erwarb ein Kreditinstitut für den eigenen Bestand 200 Stück Siema AG, Kurs 381,50 €

a) Wie wäre dieser Bestand bei folgenden Bilanzkursen zu bilanzieren:
aa) 381,50 €, ab) 365,00 €, ac) 392,40 €.

b) Geben Sie die jeweils anfallenden Buchungen an!

95 Ein Kreditinstitut kaufte am 15. Januar 1000 Stück Mann Aktien, Kurs 134,00 €.

Davon verkaufte es am 27. September 800 Stück zum Kurs von 155,00 €.

Das Konto Eigene Wertpapiere wird als gemischtes Konto geführt.

Wie lauten die Buchungen beim Jahresabschluss, wenn folgende Bilanzkurse gelten:

a) 125,00 €,

b) 134,00 €,

c) 160,00 €.

96 Ein Kreditinstitut erwarb

am 17. März	100000,00 €	nom. 8 % Pfandbriefe der BHV AG, J/J, Kurs 99,00 €. Bonus 0,5 %.
am 30. Juni	150000,00 €	dgl. Kurs 100,00 €.

Es verkaufte am 17. April 50000,00 € nom. zu 99,60 €.

Welche Buchungen ergeben sich am Bilanzstichtag bei folgenden Kursen:

a) 98,50 €,

b) 99,40 €,

c) 101,30 €.

Das Konto Eigene Wertpapiere wird als reines Bestandskonto geführt.

97 Schließen Sie das Konto „Eigene Wertpapiere" (Liquiditätsreserve) zum 31. Dezember ab!

Das Konto Eigene Wertpapiere wird als gemischtes Konto geführt.

Bayerische Motorenwerke

Käufe:	27. März	300 Stück	Kurs 410,00 €
	28. Mai	200 Stück	Kurs 415,00 €
	30. November	100 Stück	Kurs 395,00 €
Verkäufe:	18. April	150 Stück	Kurs 412,00 €
	20. Juli	225 Stück	Kurs 420,00 €
	3. Dezember	50 Stück	Kurs 400,00 €

Kurs am Bilanzstichtag:

a) 390,00 €,

b) 409,20 €,

c) 422,00 €.

98 Ein Kreditinstitut erwirbt für den eigenen Bestand 250000,00 € nominal 7 % Pfandbriefe, A/O, Kurs 96,00 € netto.

Kauf 14. August; Valuta 16. August; Zinsmethode 30/360.

a) Buchen Sie den Kauf! Verrechnung durch BBk.

b) Buchen Sie die Zinszahlung am 1. Oktober! Überweisung durch die Clearing AG auf BBk-Konto.

c) Schließen Sie das Konto „Eigene Wertpapiere" (Liquiditätsreserve) zum 31. Dezember ab! Börsenkurs der Pfandbriefe am 31. Dezember:

  ca) 96,00 €;

  cb) 98,00 €;

  cc) 94,00 €.

d) Geben Sie jeweils den Bilanzausweis an!

99 Die Sparkasse Glückstadt kaufte in diesem Geschäftsjahr eigene Wertpapiere für den Anlagebestand, und zwar 3 000 000,00 € 5,5 % Anleihe, 01.01. gzj., zu 99 %.

Am Bilanzstichtag beträgt der Kurs dieser Anleihe 97,5 %.

Mit welchen Werten kann die Anleihe bilanziert werden?

100 Mit welchem Wert hätte die Sparkasse Glückstadt bei Aufgabe 99 bilanzieren können, wenn die Anleihe mit 99,5 % notiert worden wäre?

101 Bei Aufgabe 99 hat die Sparkasse Glückstadt von dem niedrigsten Wertansatz Gebrauch gemacht. Im folgenden Geschäftsjahr beträgt der Börsenkurs der Anleihe am Bilanzstichtag 98,5 %.

Welcher Wertansatz für diese Anleihe ist jetzt zu wählen?

10.3 Exkurs: Wie sind die eigenen Wertpapiere des Handelsbestandes zu buchen und zu bewerten?

Einstieg

Die Kreditbank AG kauft für den Handelsbestand (HB):

1. am 08.10. d.J. 10 000 Stück Deutsche Post Aktien, Kurs 25,00 €, Anschaffungspreis 250 000,00 € zuzüglich 350,00 € Provision. Abrechnung über Bundesbank.

Die Kreditbank AG verkauft Deutsche Post Aktien an KK-Kunden:

2. am 02.11. d.J. 4 000 Stück, Kurs 28,00 €, 112 000,00 € zuzüglich 2 240,00 € Provision.
3. am 15.12. d.J. 1 000 Stück, Kurs 30,00 €, 30 000,00 € zuzüglich 540,00 € Provision.

Am Bilanzstichtag beträgt der Marktpreis der Deutsche Post Aktien 35,00 € pro Stück. Das Ausfallrisiko für nicht realisierte Erträge soll mit 10 % des Marktpreises angenommen werden.

> Wie sind diese Geschäfte im Grundbuch zu buchen? Die Provisionen sollen sofort auf den Erfolgskonten Provisionsaufwendungen bzw. -erträge (HB) gebucht werden.

> Buchen Sie diese Geschäfte im Hauptbuch!

> Führen Sie das Skontro Deutsche Post Aktien!

> Wie erfolgt die Bewertung des Handelsbestandes am Bilanzstichtag?

> Ermitteln Sie den Handelserfolg! Buchen Sie die Ergebnisse der Bewertung!

> Wie ist der Handelsbestand in der Bilanz und in der GuV-Rechnung auszuweisen?

Der **Handelsbestand an eigenen Wertpapieren** ist nach den Grundsätzen ordnungsmäßiger Buchführung von den eigenen Wertpapieren des Anlagebestandes und der Liquiditätsreserve buchhalterisch zu trennen.

Die **Skontren** für jede einzelne Wertpapiergattung werden in der bekannten Weise geführt.

10.3.1 Buchungen der Käufe und Verkäufe

Beispiel:

Grundbuch

Nr.	Buchungssätze	Soll €	Haben €
1	Eigene Wertpapiere (HB) und Provisionsaufwendungen (HB) an Bundesbank	250 000,00 350,00	 250 350,00
2	Kunden-KK an Eigene Wertpapiere (HB) an Provisionserträge (HB)	114 240,00	112 000,00 2 240,00
3	Kunden-KK an Eigene Wertpapiere (HB) an Provisionserträge (HB)	30 540,00	30 000,00 540,00

Hauptbuch

S	Eigene Wertpapiere (HB)		H
1	250 000,00	2	112 000,00
		3	30 000,00

S	Kunden-KK		H
2	114 240,00		
3	30 540,00		

S	Bundesbank		H
AB	500 000,00	1	250 350,00

S	Provisionserträge (HB)		H
		2	2 240,00
		3	540,00

S	Provisionsaufwend. (HB)		H
1	350,00		

10.3.2 Skontro

Beispiel:

Eigene Wertpapiere (Handelsbestand)
ISIN/WKN WKN 555200
Gattung DEUTSCHE POST AG

Schluss-tag	Auftr.-Nr.	Kauf = 1 Verk. = 2	Kurs	DEK	Stück Zugang	Stück Abgang	Stück Bestand	Kurswert Soll €	Kurswert Haben €	Saldo Bestand €	Kurs-gewinn €	Kurs-verlust €	Saldo €
							0			0,00			
08.10.	1	1	25,00	25,00	10 000		10 000	250 000,00	0,00	250 000,00	0,00	0,00	0,00
02.11.	2	2	28,00	25,00		4 000	6 000	0,00	100 000,00	150 000,00	12 000,00	0,00	12 000,00
15.12.	3	2	30,00	25,00		1 000	5 000	0,00	25 000,00	125 000,00	5 000,00	0,00	17 000,00

10.3.3 Wie sind die eigenen Wertpapiere des Handelsbestandes zu bewerten?

(1) Zugangsbewertung

Die **Zugangsbewertung** erfolgt zu den **Anschaffungskosten.** Dazu gehören auch die **Anschaffungsnebenkosten.** Es ist aber **nicht zu beanstanden, wenn nur der Kaufpreis** angesetzt wird und die **Anschaffungsnebenkosten unmittelbar als Aufwand** auf dem Konto

Provisionsaufwendungen (HB) gebucht werden. Durch dieses Vorgehen wird erreicht, dass bei der ersten Folgebewertung mit dem beizulegenden Zeitwert eine Abschreibung der Anschaffungsnebenkosten vermieden wird. Die Konten Provisionsaufwendungen (HB) bzw. Provisionserträge (HB) werden mit dem **Konto Handelsergebnis** abgeschlossen, um den Erfolg aus dem Eigenhandel mit Wertpapieren zu ermitteln.

(2) Folgebewertung

Für die **Wertpapiere des Handelsbestandes** gilt die **Zeitwertbewertung.** Danach sind sie mit dem **beizulegenden Zeitwert** zu bewerten. Zusätzlich ist ein **Risikoabschlag** auf den Zeitwert vorzunehmen. Dadurch wird die reine Zeitwertbewertung abgewandelt.

Beizulegender Zeitwert (§ 255 Abs. 4 HGB)	■ Der beizulegende Zeitwert **entspricht** dem **Marktpreis. Das bedeutet,** dass dieser auch **höher sein kann als** die **Anschaffungskosten.** Die in diesem Fall entstehenden nicht realisierten Gewinne sind als **Ertrag zu buchen.** Es **gilt nicht** das **Realisationsprinzip.** ■ **Besteht kein aktiver Markt,** wie z. B. eine Börse, so ist der Bestand nach **allgemein anerkannten Bewertungsmethoden** zu ermitteln. ■ Ist eine **Zeitwertermittlung** nach den beiden vorstehenden Möglichkeiten **nicht möglich,** sind die **Anschaffungs- oder Herstellungskosten** nach § 253 Abs. 4 HGB **fortzuführen,** das bedeutet, dass dann das **strenge Niederstwertprinzip** anzuwenden ist.
Risikoabschlag	■ Der Risikoabschlag hat die **Aufgabe,** die **Ausfallwahrscheinlichkeit realisierbarer Gewinne** zu berücksichtigen. Es ist **kein bestimmtes Verfahren** zur Ermittlung des Risikoabschlags vorgeschrieben. Er **soll** „auf der Basis der internen Risikosteuerung gemäß bankaufsichtsrechtlicher Vorgaben unter Anwendung finanzmathematischer Verfahren“[1] ermittelt werden. Wenn es der internen Risikosteuerung entspricht, sind auch andere Verfahren zur Ermittlung des Risikoabschlags zulässig. **Beispiele:** ■ Auf Einzelgeschäftsbasis: Die Begrenzung auf nicht realisierte Bewertungsgewinne. ■ Bei der Portfolio-Betrachtung: Überschuss der nicht realisierten Bewertungsgewinne über die nicht realisierten Bewertungsverluste. ■ Ein Risikoabschlag auf sämtliche Finanzinstrumente des Handelsbestandes, auch auf solche, bei denen keine Bewertungsgewinne enthalten sind. ■ **Handelsbestände ohne Ausfallrisiko,** z. B. bestimmte erstklassige Staatsanleihen, sind daher zum Marktpreis ohne Risikoabschlag zu bewerten. ■ Der **Risikoabschlag** für eigene Wertpapiere des Handelsbestandes ist im **Handelsergebnis als Aufwand** zu erfassen (§ 340 c Abs. 1 HGB).

Aus den **Skontren** können die **Schlussbestände** der einzelnen Wertpapiere des Handelsbestandes **und** deren **durchschnittlichen Anschaffungskosten** (DEK) entnommen werden.

1 Bei dem finanzmathematischen Verfahren wird aufgrund der Preisschwankungen des Finanzproduktes während einer bestimmten Periode der Vergangenheit (Beobachtungszeitraum; z. B. 250 Tage) der **Wert des Verlusts des Finanzinstrumentes** ermittelt, der bei einer vorgegebenen Wahrscheinlichkeit (Konfidenzniveau; z. B. 99 %) während einer bestimmten Haltedauer (z. B. 10 Tage) nicht überschritten wird. Der errechnete Wert wird als **value at risk** (Wert im Risiko) bezeichnet.

Wenn der **DEK über dem Marktpreis** (beizulegender Zeitwert) liegt, besteht ein **nicht realisierter Aufwand (Buchverlust).** Das Finanzinstrument ist auf den niedrigeren Zeitwert **abzuschreiben.**

Liegt der **DEK unter dem Marktpreis** (beizulegender Zeitwert), liegt ein **nicht realisierter Ertrag,** das heißt ein Bewertungsertrag vor.

Der **Handelsbestand** ist zum **beizulegenden Zeitwert abzüglich** eines **Risikoabschlags** zu bewerten, der dem wahrscheinlichen Ausfall des Bewertungsertrags Rechnung trägt.

Fortsetzung des Beispiels:

Bewertung des Handelsbestandes und Ermitteln des Handelsergebnisses

Im Beispiel der Deutsche Post Aktien im Handelsbestand ergibt sich folgende Bewertung:

(1) Realisierbarer Ertrag (Bewertungsertrag)

Ein Bewertungsertrag liegt vor, wenn der **DEK < Marktpreis** ist.

Für unser Beispiel ergibt diese Prüfung:

DEK	Marktpreis (beizulegender Zeitwert)	Realisierbarer Ertrag (Bewertungsertrag) pro Aktie
25,00 €	**35,00 €**	**10,00 €**

Der **realisierbare Ertrag** des **Handelsbestandes** errechnet sich wie folgt:

Realisierbarer Ertrag = Bestand am Abschlusstag · (Marktpreis – DEK)

In unserem Beispiel:

Realisierbarer Ertrag = 5000 · (35,00 € – 25,00 €) = 50000,00 €

In Höhe dieses Bewertungsertrages muss eine **Zuschreibung zum Handelsbestand** vorgenommen werden. Die Gegenbuchung des zugeschriebenen Bewertungsertrages soll (vereinfacht) direkt auf dem Sammelkonto **Handelsergebnis**[1] erfolgen.

(2) Risikoabschlag

Angenommen, es wurde mithilfe eines statistischen Verfahrens ein **Ausfallrisiko** für den Bewertungsertrag in Höhe von 10 % des beizulegenden Zeitwertes ermittelt. Der Risikoabschlag **pro Aktie** beträgt folglich 10 % von 35,00 € = 3,50 €.

Der **Risikoabschlag** auf den **Handelsbestand** an Deutsche Post Aktien beträgt 5000 · 3,50 € = **17500,00 €.**

Um diesen Betrag sind der **Bewertungsertrag und** die wertmäßige **Zuschreibung zum Handelsbestand** der SAP-Aktien **zu vermindern.** (Ihrem Wesen nach ist die Wertminderung des Handelsbestandes eine sonstige Verbindlichkeit.)

Die **Minderung des Bewertungsertrages** soll (vereinfacht) direkt auf dem **Konto Handelsergebnis** gebucht werden. Der **absolute Betrag des Risikoabschlags** ist, ebenso wie die Faktoren seiner Ermittlung, im **Anhang** anzugeben.

---

1 In der Praxis wird der realisierbare Ertrag zunächst auf einem Konto „Bewertungserträge aus eigenen Wertpapieren des Handelsbestandes" erfasst. **Buchung:** Eigene Wertpapiere (Handelsbestand) **an** Bewertungserträge aus eigenen Wertpapieren des Handelsbestandes.

Der Risikoabschlag wird zulasten dieses Kontos auf ein Konto Sonstige Verbindlichkeiten (Risikoabschläge) umgebucht. **Buchung:** Bewertungserträge aus eigenen Wertpapieren des Handelsbestandes **an** Sonstige Verbindlichkeiten (Risikoabschläge).

Beim **Bilanzausweis** wird das Konto Sonstige Verbindlichkeiten (Risikoabschläge) mit dem Handelsbestand kompensiert. Das Konto Sonstige Verbindlichkeiten (Risikoabschläge) ist am folgenden Bilanzstichtag den dann jeweils aktuellen Verhältnissen anzupassen.

(3) Bewertung des Handelsbestandes

Für die Bewertung des Handelsbestandes ist der **Bilanzkurs** zu ermitteln.

Für unser Beispiel ergibt sich für die Deutsche Post Aktie die folgende Rechnung:

	Marktpreis (beizulegender Zeitwert) 31. 12.	35,00 €
–	10 % Risikoabschlag	3,50 €
=	**Bilanzkurs**	**31,50 €**

Der **Bilanzwert** des Handelsbestandes zum Bilanzstichtag (31. 12.) beträgt somit 5000 · 31,50 € = **157 500,00 €.**

10.3.4 Wie sind die Bewertungen zu buchen und wie wird das Handelsergebnis ermittelt?

Das Konto **Handelsergebnis** soll **sämtliche Aufwendungen und Erträge aus dem Eigenhandel** aufnehmen. Außer den Aufwendungen und Erträgen aus dem Eigenhandel mit Wertpapieren sind auch Eigenhandelsgeschäfte mit Forderungen, Derivaten, Devisen und Edelmetallen dem Handelsergebnis zuzurechnen. Es ist auch zulässig, die laufenden Zinserträge und -aufwendungen alternativ zu einem Ausweis im Nettoergebnis des Handelsbestands zu erfassen, wenn dies mit der internen Steuerung des Kreditinstituts übereinstimmt.

Aufwendungen — Handelsergebnis	Erträge
▪ Realisierte Kursverluste ▪ Abschreibungen/Bewertungsaufwendungen ▪ Provisionsaufwendungen ▪ Risikoabschläge ▪ Laufende Aufwendungen (Zinsen, Gebühren etc.), sofern diese im Einklang mit der internen Steuerung der Bank stehen	▪ Realisierte Kursgewinne ▪ Zuschreibungen/Bewertungserträge ▪ Provisionserträge ▪ Laufende Erträge (Zinsen, Dividenden etc.), sofern diese im Einklang mit der internen Steuerung der Bank stehen

Beispiel:

Grundbuch

Nr.	Geschäftsfälle	Buchungssätze	Soll €	Haben €
4	Umbuchung der realisierten Kursgewinne	Eig. Wertp. (HB) an Handelsergebnis	17 000,00	17 000,00
5	Buchung des realisierbaren Kursgewinns	Eig. Wertp. (HB) an Handelsergebnis	50 000,00	50 000,00
6	Buchung des Risikoabschlags	Handelsergebnis an Eig. Wertp. (HB)	17 500,00	17 500,00
7	Abschlussbuchung des Handelsbestandes	Schlussbilanzkonto an Eig. Wertp. (HB)	157 500,00	157 500,00
8	Abschluss des Kontos Prov.-Aufw. (HB)	Handelsergebnis an Prov.-Aufw. (HB)	350,00	350,00
9	Abschluss des Kontos Prov.-Ertr. (HB)	Prov.-Erträge (HB) an Handelsergebnis	2 780,00	2 780,00

Hauptbuch

S	Eigene Wertpapiere (HB)		H
1	250 000,00	2	112 000,00
4	17 000,00	3	30 000,00
5	50 000,00	6	17 500,00
		7	157 500,00
	317 000,00		317 000,00

S	Provisionsaufwendungen (HB)		H
1	350,00	8	350,00

S	Handelsergebnis		H
6	17 500,00	4	17 000,00
8	350,00	5	50 000,00
Nettoertrag	51 930,00	9	2 780,00

S	Provisionserträge (HB)		H
9	2 780,00	2	2 240,00
		3	540,00

10.3.5 Sonderposten gemäß § 340 e Abs. 4 HGB

Neben dem **Risikoabschlag** haben Kreditinstitute eine zusätzliche Vorsorge zu treffen. Sie müssen in den **Sonderposten „Fonds für allgemeine Bankrisiken"** nach § 340 g (siehe Kapitel 11.2.2) in **jedem Geschäftsjahr** einen **Betrag zuführen**, der **mindestens 10 vom Hundert der Nettoerträge des Handelsbestands** entspricht. Dieser Betrag ist dort **gesondert auszuweisen.**

Dieser **Sonderposten darf nur aufgelöst werden:**

- zum **Ausgleich von Nettoaufwendungen** des Handelsbestands sowie
- zum **Ausgleich eines Jahresfehlbetrags,** soweit er nicht durch einen Gewinnvortrag aus dem Vorjahr gedeckt ist,
- zum **Ausgleich eines Verlustvortrags** aus dem Vorjahr, soweit nicht durch einen Jahresüberschuss gedeckt ist, oder
- soweit er **50 vom Hundert des Durchschnitts der letzten fünf jährlichen Nettoerträge** des Handelsbestands **übersteigt.**

Beispiel:

In unserem Beispiel beträgt das

Handelsergebnis	**51 930,00 €**
Davon 10 % Zuführung zum Sonderposten (§ 340 e Abs. 4 HGB)	5 193,00 €

(1) Buchung der Zuführung nach § 340 e Abs. 4 HGB sowie Abschluss der Konten Handelsergebnis und Fonds für allgemeine Bankrisiken

Grundbuch

Nr.	Geschäftsfälle	Buchungssätze	Soll €	Haben €
10	Zuführung § 340 e Abs. 4 HGB	Handelsergebnis an Fonds für allg. Bankrisiken	5 193,00	5 193,00
11	Abschluss des Kontos Handelsergebnis	Handelsergebnis an GuV (P 7)	46 737,00	46 737,00
12	Abschluss des Kontos Fonds für allgemeine Bankrisiken	Fonds für allg. Bankrisiken an SBK	5 193,00	5 193,00

Hauptbuch

S	Eigene Wertpapiere (HB)		H
1	250 000,00	2	112 000,00
4	17 000,00	3	30 000,00
5	50 000,00	6	17 500,00
		7	157 500,00
	317 000,00		317 000,00

S	Handelsergebnis		H
6	17 500,00	4	17 000,00
8	350,00	5	50 000,00
10	5 193,00	9	2 780,00
11	46 737,00		
	69 780,00		69 780,00

S	Fonds für allg. Bankrisiken (HB)		H
12	5 193,00	10	5 193,00

S	Schlussbilanzkonto (SBK)		H
7	157 500,00	12	5 193,00

S	GuV		H
		11	46 737,00

(2) Ausweis in der Bilanz und der Gewinn- und Verlustrechnung

Je nachdem, ob das Kreditinstitut mit Aktiv- oder Passivprodukten handelt, erfolgt der Bilanzausweis entweder im **Aktivposten „6 a. Handelsbestand"** oder im **Passivposten „3 a. Handelsbestand"**.

In unserem Beispiel:

Aktiva 6 a. Handelsbestand	**157 500,00 €**

Der **Sonderposten nach § 340 e Abs. 4 HGB** ausgewiesen

Passive 11. Fonds für allgemeine Bankrisiken (§ 340 g HGB)	**5 193,00 €**
davon: Zuführung nach § 340 e Abs. 4 HGB	**5 193,00 €**

Gewinn- und Verlustrechnung

Nettoertrag oder Nettoaufwand des Handelsbestands	**46 737,00 €**

Auf einen Blick

Bewertung der Eigenen Wertpapiere nach HGB			
Zuordnung	**Anlagebestand**	**Liquiditätsreserve**	**Handelsbestand**
Zugangs-bewertung	**Anschaffungskosten**	**Anschaffungskosten**	**Anschaffungskosten**
Folge-bewertung	■ Bei voraussichtlich **dauernder Wertminderung: Abschreibungspflicht auf den niedrigeren Wert am Bilanzstichtag** (strenges Niederstwertprinzip)	■ **Grundsätzlich**: Bewertung wie Umlaufvermögen **(maximale Anschaffungskosten)** **Abschreibungen auf einen niedrigeren Marktpreis zwingend vorgeschrieben** (strenges Niederstwertprinzip)	■ Bewertung zum **beizulegenden Zeitwert abzüglich Risikoabschlag.** ■ Der **Risikoabschlag** muss den **Ausfallwahrscheinlichkeiten der realisierbaren Gewinne Rechnung tragen.**

Bewertung der Eigenen Wertpapiere nach HGB			
Zuordnung	**Anlagebestand**	**Liquiditätsreserve**	**Handelsbestand**
	■ Bei voraussichtlich **nicht dauernder Wertminderung: Abschreibungswahlrecht** (gemildertes Niederstwertprinzip)	■ Diese Wertpapiere dürfen zu einem **niedrigeren Wert als** nach § 253 Abs. 1 Satz 1, Abs. 4 bewertet werden, **wenn dies nach vernünftiger kaufmännischer Beurteilung zur Sicherung gegen die besonderen Risiken des Geschäftszweigs der Kreditinstitute notwendig ist** (§ 340f HGB). Der **Umfang** der auf diese Weise gebildeten Vorsorgereserven **ist begrenzt.**	■ Neben dem Risikoabschlag ist eine **jährliche Zuführung zum Sonderposten „Fonds für allgemeine Bankrisiken"** erforderlich (**mindestens** 10 % der Nettobeträge des Handelsbestands, **solange** bis der Sonderposten 50 % des Durchschnitts der letzten fünf jährlichen Netto**erträge** des Handelsbestands nach Risikoabschlag und nach Zuführung zum Sonderposten gemäß § 340e Abs. 4 HGB übersteigt).
Wertaufholung	**Wertaufholungsgebot** bei Wegfall der Abschreibungsgründe.	**Kein Wertaufholungsgebot für gebildete Vorsorgereserven.**	Durch **Zeitwertbewertung** erfolgt eine automatische Wertanpassung.

Kompetenztraining

102 Die Kreditbank AG handelt mit Aktien der Computer AG.

Es fallen insgesamt an: Provisionsaufwendungen 2 300,00 €, Provisionserträge 960,00 €.

Die Käufe und Verkäufe entnehmen Sie dem folgenden Skontro.

Skontro Aktien Computer AG													
Schlusstag	Auftr.-Nr.	Kauf = 1 Verk. = 2	Kurs	DEK	Stück			Kurswert		Saldo Bestand €	Kursgewinn €	Kursverlust €	Saldo €
					Zugang	Abgang	Bestand	Soll €	Haben €				
							0			0,00			
15.05.	1	1	32,00		10 000		10 000						
22.08.	2	1	29,00		4 000		14 000						
11.11.	3	2	34,00			1000	13 000						

Der Marktpreis (beizulegender Zeitwert) dieser Aktien beträgt am Bilanzstichtag 33,00 €/St. Der Risikoabschlag beträgt 2 % des Marktpreises am Bilanzstichtag.

a) Ermitteln Sie den durchschnittlichen Anschaffungspreis der Aktien! (3 Dezimalstellen)

b) Ermitteln Sie den realisierten Erfolg!

c) Ermitteln Sie den Bilanzkurs pro Stück!

d) Ermitteln Sie den Marktwert und den Bilanzwert!

e) Ermitteln Sie den nicht realisierten Erfolg!

f) Ermitteln Sie den Risikoabschlag!

g) Welcher Betrag ist dem Fonds für allgemeine Bankrisiken zuzuführen, wenn dieser noch keinen Altbestand aufweist?

103 Das Wertpapierhandelsportfolio der Handelsbank AG besteht aus den Aktien der Interbau AG und der Agrar AG. Die Skontren beider Aktien sind im Folgenden abgebildet:

Skontro Eigene Wertpapiere (HB)
ISIN/WKN DE007000INT02
Gattung Interbau AG

Schlusstag	Auftr.-Nr.	Kauf = 1 Verk. = 2	Kurs	DEK	Stück			Kurswert		Saldo Bestand €	Kursgewinn €	Kursverlust €	Saldo €
					Zugang	Abgang	Bestand	Soll €	Haben €				
							0			0,00			
02.03.	1	1	18,00	18,00	10000		10000	180000,00	0,00	180000,00	0,00	0,00	0,00
30.07.	2	2	21,00	18,00		3000	7000		54000,00	126000,00	9000,00	0,00	9000,00
14.12.	3	1	22,00	18,50	1000		8000	22000,00	0,00	148000,00	0,00	0,00	9000,00

Skontro Eigene Wertpapiere (HB)
ISIN/WKN DE000AGR0034
Gattung Agrar AG

Schlusstag	Auftr.-Nr.	Kauf = 1 Verk. = 2	Kurs	DEK	Stück			Kurswert		Saldo Bestand €	Kursgewinn €	Kursverlust €	Saldo €
					Zugang	Abgang	Bestand	Soll €	Haben €				
							0			0,00			
15.05.	1	1	40,00	40,00	20000		20000	800000,00	0,00	800000,00	0,00	0,00	0,00
22.08.	2	2	46,00	40,00		15000	5000		600000,00	200000,00	90000,00	0,00	90000,00
11.11.	3	2	42,00	40,00		4000	1000		160000,00	40000,00	8000,00	0,00	98000,00

Am Bilanzstichtag liegen folgende Daten vor:

	Interbau AG	Agrar AG
Risikoabschläge (jeweils vom Kurswert am Bilanzstichtag)	3 %	2 %
Marktpreis/Stück	22,00 €	39,00 €
Anschaffungsnebenkosten	keine	keine

Nach der internen Risikosteuerung berechnet die Handelsbank AG auf sämtliche Finanzinstrumente des Handelsbestandes einen Risikoabschlag.

a) Ermitteln Sie für die beiden Skontren
- den realisierbaren Kursgewinn,
- den Abschreibungsbedarf,
- den Risikoabschlag,
- den Bilanzwert und
- den Marktwert!

b) Ermitteln Sie das Handelsergebnis und den Zuführungsbedarf in den Fonds für allgemeine Bankrisiken nach § 340e Abs. 4 HGB!

11 Risikovorsorge der Kreditinstitute

11.1 Risikovorsorge durch die Bildung von Rückstellungen

Einstieg

Die Volksbank Minden eG hat im November einen Auftrag zur Reparatur des Daches auf einem Zweigstellengebäude erteilt. Diese kann erst im März nächsten Jahres ausgeführt werden. Lt. Kostenvoranschlag ist mit Reparaturkosten von 45 000,00 € zu rechnen.

> Wofür dürfen Rückstellungen gebildet werden?
> Wie sind Rückstellungen zu bewerten?
> Wie sind Rückstellungen zu buchen?
> Wann und wie werden Rückstellungen aufgelöst?

11.1.1 Wofür dürfen Rückstellungen gebildet werden?

Rückstellungen sind dadurch charakterisiert, dass eine Verbindlichkeit ihrem **Grunde nach entstanden ist,** ihre **genaue Höhe und/oder Fälligkeit** aber noch **unbekannt** sind.

Verbindlichkeiten gelten als **ungewiss,** wenn am Bilanzstichtag eine **Verpflichtung gegenüber einem Dritten** bereits **besteht oder entstehen wird.**

Rückstellungen nach § 249 HGB müssen gebildet werden für:

- **Ungewisse Verbindlichkeiten,** z. B. Pensionszusagen.
- **Drohende Verluste aus schwebenden Geschäften,** z. B. aus Kaufverträgen, Mietverträgen, Dienstverträgen.
- Im Geschäftsjahr **unterlassene Aufwendungen für Instandhaltung,** die im folgenden Geschäftsjahr **innerhalb von 3 Monaten nachgeholt** werden.
- **Aufwendungen für Abraumbeseitigung,** die im folgenden Geschäftsjahr nachgeholt werden.
- **Gewährleistungen ohne rechtliche Verpflichtung** (sog. Kulanzleistungen).

Beispiel:

Die Dachreparatur gehört zu den im § 249 HGB aufgeführten Tatbeständen, für die **Rückstellungen** zu bilden sind bzw. gebildet werden dürfen.

Für andere Zwecke dürfen Rückstellungen nicht gebildet werden.

11.1.2 Wie sind Rückstellungen zu bewerten?

(1) Allgemeine Bewertungsregelung

Handelsrechtlich sind Rückstellungen in Höhe des nach **vernünftiger kaufmännischer Beurteilung**[1] notwendigen **Erfüllungsbetrags** anzusetzen (§ 253 Abs. 1, S. 2 HGB).

1 Ein **konkretes Bewertungsverfahren** (Beurteilungsverfahren) ist gesetzlich **nicht geregelt.**

Zukünftige **Preis- und Kostensteigerungen** sind bei der Rückstellungsbewertung zu **berücksichtigen.** Das bedeutet, beim Bewertungsansatz sind die Preis- und Kostenverhältnisse im **Erfüllungszeitpunkt** zugrunde zu legen.[1] Außerdem gilt:

- Rückstellungen mit einer **Restlaufzeit**[2] **von mehr als einem Jahr** (langfristige Rückstellungen) sind mit dem ihrer Restlaufzeit entsprechenden durchschnittlichen Marktzinssatz **abzuzinsen.** Dieser Zinssatz ergibt sich im Falle von **Rückstellungen für Altersversorgungsverpflichtungen** aus den **vergangenen zehn Geschäftsjahren** und im Falle **sonstiger Rückstellungen** aus den vergangenen sieben Geschäftsjahren.

  Die Abzinsungszinssätze werden von der Deutschen Bundesbank ermittelt und monatlich veröffentlicht.
- Rückstellungen mit einer **Restlaufzeit von einem Jahr und weniger** (kurzfristige Rückstellungen) sind **nicht abzuzinsen.**

(2) Zugangs- und Folgebewertung

Für die **Zugangsbewertung** (Erstansatz) sind für Rückstellungen mit einer **Restlaufzeit von mehr als einem** Jahr aus dem anzusetzenden Erfüllungsbetrag die **Barwerte der Rückstellung** zu ermitteln.

Diese werden unter Anwendung der von der Deutschen Bundesbank veröffentlichten Abzinsungszinssätze und der voraussichtlichen Restlaufzeit der Rückstellung errechnet.

Die Unternehmen können die in den Rückstellungen gebundenen Finanzmittel investieren und dadurch **Erträge** erzielen. Aus diesem Grunde sind für Zwecke einer den tatsächlichen Verhältnissen entsprechenden Darstellung der Vermögens-, Finanz- und Ertragslage diese Erträge bei der Bilanzierung zu berücksichtigen.

In den **Folgejahren** sind – sofern keine Veränderungen der Kapitalmarktbedingungen oder sonstigen fallbezogenen Ereignisse vorliegen – die jeweils ermittelten Barwerte anzusetzen.

Aufgrund der kürzeren Restlaufzeiten steigen die Barwerte in den Folgejahren an. Die Differenz zwischen den Barwerten der einzelnen Folgejahre stellt die jeweils angefallenen **Zinsaufwendungen** dar. In der Summe gleichen sich die Zinsaufwendungen und Zinserträge während der gesamten Laufzeit unter der Annahme unveränderter Zinssätze aus.

Beispiel:

Ein ehemaliger Mitarbeiter der Kreditbank AG fordert Gehaltsnachzahlungen in Höhe von 25 000,00 € in einem strittigen Verfahren. Für das Prozessrisiko soll eine Rückstellung in gleicher Höhe (Erfüllungsbetrag) gebildet werden. Die Prozessdauer ist mit 2 Jahren Restlaufzeit zu veranschlagen. Der Abzinsungszinssatz beträgt 4 %.

Aufgaben:

1. Ermitteln Sie die Barwerte für die Rückstellungen am Bilanzstichtag des ersten Wirtschaftsjahres und den zwei Folgejahren! (Der Abzinsungszinssatz soll unverändert bleiben.)
2. Ermitteln Sie die sich aus der Diskontierung ergebenden Aufwendungen oder Erträge für den Bilanzstichtag und die zwei Folgejahre!
3. Bilden Sie die Buchungssätze für die Rückstellungen am Bilanzstichtag und den zwei Folgejahren!

1 Damit sind auch eintretende **Preis- und Kostensenkungen** zu berücksichtigen, was zu Rückstellungsauflösungen führen kann. Aus Vereinfachungsgründen wird hierauf im Folgenden nicht eingegangen.

2 Der Begriff **Restlaufzeit** besagt, dass eine Abzinsungspflicht für eine Verpflichtung (z. B. einer Garantieleistung) nur bis zum Erfüllungszeitpunkt besteht.

Lösungen:

Zu 1.: Der Erfüllungsbetrag beträgt 25 000,00 €. Dieser Betrag steht dem Unternehmen während der Restlaufzeit zwei bzw. ein Jahr(e) zur betrieblichen Nutzung zur Verfügung. Die Barwerte errechnen sich nach der Barwertformel:

$$K_0 = K_n \cdot \frac{1}{\left(1 + \frac{p}{100}\right)^n} \qquad K_2 = 25\,000 \cdot \frac{1}{\left(1 + \frac{4}{100}\right)^2}$$

		Zugangsbewertung	Folgebewertungen	
		Bilanzstichtag	Bilanzstichtag	Bilanzstichtag
	Abzinsungszinssatz	1. Jahr	2. Jahr	3. Jahr
Barwerte (HGB)	4,00 %	23 113,91 €	24 038,46 €	25 000,00 €

Zu 2.: Aus der Differenz zwischen dem Erfüllungsbetrag und dem Barwert am Bilanzstichtag des 1. Jahres ergibt sich ein Zinsertrag. Negative Differenzen zwischen den Barwerten der Folgejahre sind Zinsaufwendungen. In der Summe müssen sich die Zinsaufwendungen und Zinserträge während der gesamten Laufzeit ausgleichen.

	Abzinsungszinssatz	1. Jahr	2. Jahr	3. Jahr
Barwerte (HGB)	4,00 %	23 113,91 €	24 038,46 €	25 000,00 €
Zinserträge (+)/ Zinsaufwendungen (–)		1 886,09 €	– 924,55 €	– 961,54 €

Zu 3.:

Nr.	Geschäftsfälle	Buchungssätze	Soll €	Haben €
1. Jahr	Bildung der Rückstellung in Höhe von 25 000,00 €	Personalaufw. an Rückstellungen	25 000,00	25 000,00
	Buchung des Abzinsungsbetrags	Rückstellungen an Zinsähnliche Erträge	1 886,09	1 886,09
2. Jahr	Buchung des Aufzinsungsbetrags	Zinsähnliche Aufwend. an Rückstellungen	924,55	924,55
3. Jahr	Buchung des Aufzinsungsbetrags	Zinsähnliche Aufwend. an Rückstellungen	961,54	961,54

(3) Besonderheiten bei der Bewertung von Pensionsrückstellungen

Grundsätzlich gelten die allgemeinen handelsrechtlichen Regelungen zur Bewertung von Rückstellungen auch für Pensionsrückstellungen. Es gilt jedoch, folgende **Sonderregelungen zu beachten**:

- Soweit es sich ausschließlich um **wertpapiergebundene Pensionszusagen** handelt, sind Rückstellungen hierfür zum **beizulegenden Zeitwert** dieser Wertpapiere anzusetzen. Enthält die Pensionszusage einen **Mindestbetrag** und liegt dieser **über** dem beizulegenden Zeitwert der Wertpapiere, so hat die Bewertung der Verpflichtung mit dem **Mindestbetrag** zu erfolgen (§ 253 Abs. 1, S. 3 HGB).
- Für alle **Altersversorgungsverpflichtungen** besteht ein **Abzinsungswahlrecht. Alternativ** zur Anwendung des durchschnittlichen Marktzinssatzes der vergangenen zehn Geschäftsjahre können Altersversorgungsverpflichtungen **pauschal** mit dem **durchschnittlichen Marktzinssatz** abgezinst werden, der sich bei einer angenommenen **Laufzeit von 15 Jahren** ergibt (§ 253 Abs. 2, S. 2 HGB). Diese Regelung stellt eine Ausnahme vom Einzelbewertungsgrundsatz dar, wonach für jeden Einzelnen (Pensionär, Anwärter), gegenüber dem eine (Pensions-)Verpflichtung besteht, eine Einzelbetrachtung vorzunehmen ist (§ 253 Abs. 2, S. 2 HGB). Es handelt sich um ein Verfahren, das die Bewertung der Pensionsrückstellungen vereinfachen soll.

11.1.3 Wie sind Rückstellungen mit einer Restlaufzeit bis zu einem Jahr zu buchen?

Rückstellungen werden zulasten des für die Entstehung zuständigen Aufwandskontos gebildet und auf dem **Passivkonto Rückstellungen**[1] erfasst.

Beispiel:

Für unsere **Ausgangssituation** ergibt sich:

Grundbuch

Beleg-Nr.	Buchungssätze			Soll €	Haben €
1	Sonstige betriebliche Aufwendungen	an	(Andere) Rückstellungen	45 000,00	45 000,00
2	(Andere) Rückstellungen	an	SBK	45 000,00	45 000,00
3	GuV	an	Sonstige betriebliche Aufwendungen	45 000,00	45 000,00

Hauptbuch

S Sonstige betriebliche Aufwendungen H

S		H	
1	45 000,00	3	45 000,00

S (Andere) Rückstellungen H

S		H	
2	45 000,00	1	45 000,00

S GuV H

S		H	
3	45 000,00		

S SBK H

S		H	
		2	45 000,00

1 In der Praxis werden meist die **Passivkonten Pensionsrückstellungen, Steuerrückstellungen** oder **andere Rückstellungen** mit entsprechenden Unterkonten unterschieden.

11.1.4 Wann und wie werden Rückstellungen aufgelöst?

Rückstellungen dürfen **nur aufgelöst** werden, **soweit** der **Grund,** der zu ihrer Bildung führte, **entfallen** ist (§ 249 Abs. 2 HGB).

Beim **Eintritt** und der **Fälligkeit** der Verbindlichkeit wird diese **zulasten** des **Kontos Rückstellungen** beglichen. Reicht der zurückgestellte Betrag nicht aus, so wird der verbleibende **Rest zulasten** des betroffenen **aperiodischen Aufwandskontos „Sonstige betriebliche Aufwendungen"** gebucht.

In früheren Jahren zu hoch gebildete Rückstellungen stellen einen außerordentlichen (periodenfremden) Ertrag dar. Sie werden auf dem Erfolgskonto **„Sonstige betriebliche Erträge"** steuerwirksam ausgebucht.

Beispiel:

Beträgt die Abschlussrechnung der Dachreparatur z. B. 43 500,00 €, die dem Kunden gutgeschrieben werden, so ist zu buchen:

Grundbuch

Beleg-Nr.	Buchungssatz	Soll €	Haben €
1	(Andere) Rückstellungen an Kunden-KK an Sonst. betriebliche Erträge	45 000,00	43 500,00 1 500,00

Auf einen Blick

- **Rückstellungen sind Verbindlichkeiten, die dem Rechtsgrunde nach bereits feststehen, deren Höhe und/oder Fälligkeit aber noch nicht bekannt sind.**
- **Rückstellungen** sind in Höhe des nach vernünftiger kaufmännischer Beurteilung erforderlichen **Erfüllungsbetrags** anzusetzen. Dadurch sind auch **Kostensteigerungen** zu berücksichtigen.
- **Rückstellungen** dürfen **nur** für die in § 249 HGB angegebenen Fälle gebildet werden.
- **Rückstellungen** dürfen **nur aufgelöst** werden, soweit der Grund für ihre Bildung weggefallen ist.
- Es besteht eine **Abzinsungspflicht** für Rückstellungen mit einer Restlaufzeit von mehr als einem Jahr. Die Abzinsung erfolgt im Regelfall mit dem durchschnittlichen Marktzinssatz der vergangenen sieben Geschäftsjahre.
- **Wahlrecht** für

Altersvorsorgeverpflichtungen oder vergleichbare langfristig fällige Verpflichtungen

Abzinsung mit dem durchschnittlichen Marktzins der vergangenen zehn Jahre	Pauschal: Abzinsung mit dem durchschnittlichen Marktzins für eine angenommene Restlaufzeit von 15 Jahren

- Die Abzinsungszinssätze werden von der Deutschen Bundesbank ermittelt und monatlich bekanntgegeben.

Kompetenztraining

104 Ein Kreditinstitut prüft bei der Erstellung des Jahresabschlusses, ob für die folgenden Geschäftsvorgänge Rückstellungen gebildet werden müssen. In welchen Fällen ist das erforderlich? Begründen Sie Ihre Entscheidung!

Nr.	Geschäftsvorgang	Entscheidung
1	Für einen im Dezember entstandenen Schaden am Bankgebäude, der bis spätestens Ende Februar des nächsten Geschäftsjahres behoben werden soll, ist mit Kosten von 14000,00 € zu rechnen.	
2	Aufgrund der Betriebsprüfung ist mit einer Gewerbesteuernachzahlung für das laufende Geschäftsjahr in Höhe von 22000,00 € zu rechnen.	
3	Für einen von einem ehemaligen Mitarbeiter angestrengten Prozess auf Nachzahlung von Boni sollen 120000,00 € zurückgestellt werden.	
4	Für ein im vergangenen Geschäftsjahr erworbenes denkmalgeschütztes Gebäude, in dem eine Zahlstelle eingerichtet werden soll, ist in den kommenden Jahren mit erhöhten Instandhaltungsaufwendungen von bis zu 200000,00 € zu rechnen.	
5	Für Spareinlagen mit steigender Verzinsung ist in den kommenden vier Jahren mit Zinsaufwendungen von 30000,00 €, 38000,00 €, 45000,00 € und 60000,00 € zu rechnen.	
6	Für ein im nächsten Geschäftsjahr fälliges Termingeschäft ist mit Verlusten von 40000,00 € zu rechnen.	
7	Für die in fünf Jahren fällige Generalüberholung der Telekommunikationseinrichtungen des Kreditinstituts ist mit Aufwendungen von 300000,00 € zu rechnen.	
8	Für Pensionsverpflichtungen von Mitarbeitern sollen 400000,00 € zurückgestellt werden.	

105 Die Kreditbank AG rechnet im kommenden Geschäftsjahr mit Ausfällen aus Bürgschaftsübernahmen in Höhe von 250000,00 €. Die Abzinsungszinssätze nach § 253 Abs. 2 HGB betragen für

Restlaufzeiten	% p.a.
1 Jahr	3,8
2 Jahre	3,9
3 Jahre	4,2

a) Bilden Sie eine entsprechende Rückstellung zulasten des Kontos „Sonstige betriebliche Aufwendungen" und buchen Sie im Grundbuch!

b) Im Juli des nächsten Jahres wird die Kreditbank AG aus einer Bürgschaft mit 160000,00 € in Anspruch genommen. Überweisung des Bürgschaftsbetrags über Bundesbank.

c) Es folgen keine weiteren Bürgschaftsausfälle im nächsten Geschäftsjahr. Wie ist am Jahresende zu buchen, wenn keine neuen Rückstellungen gebildet werden müssen?

106 Die Volksbank MH eG hat in einem neu erschlossenen Wohn-/Gewerbegebiet auf einem ehemaligen Betriebsgelände eine Fläche zum Bau einer SB-Zweigstelle erworben. Der Grund und Boden ist mit Chemikalien verseucht. Die Behörden geben dem Kreditinstitut auf, die Altlast zu beseitigen, sobald mit dem Bau der SB-Zweigstelle begonnen wird. Damit ist in fünf Jahren zu rechnen. Zum Bilanzstichtag betragen die Kosten für die Abraumbeseitigung pro m^3 Abraum 600,00 €, in fünf Jahren voraussichtlich 760,00 €. Die zu beseitigende Abraummenge beträgt ca. 350 m^3.

a) Ermitteln Sie den Erfüllungsbetrag für die zu bildende Rückstellung!

b) Buchen Sie die Rückstellung im Grundbuch! Der Abzinsungszinssatz für die Restlaufzeit von 5 Jahren beträgt 4,5% p.a.

c) Wie ist am Bilanzstichtag des folgenden Geschäftsjahres zu buchen, wenn sämtliche Bedingungen unverändert bleiben?

107 In dem Mietvertrag für die Geschäftsräume einer Filiale wurde vereinbart, dass der ursprüngliche Zustand der Geschäftsräume wieder hergestellt werden muss. Der Mietvertrag hat noch eine Restlaufzeit von drei Jahren. Eine Verlängerung der Mietzeit erfolgt nicht. Die Kosten für die Wiederherstellung des ursprünglichen Zustands werden auf 140 000,00 € geschätzt. Den Abzinsungszinssatz entnehmen Sie bitte der Aufstellung bei Aufgabe 105.

a) Ermitteln Sie den Rückstellungsbedarf für das Geschäftsjahr 1 und buchen Sie die Rückstellung im Grundbuch!

b) Im Geschäftsjahr 2 wird festgestellt, dass die Wiederherstellungskosten (= Erfüllungsbetrag) wahrscheinlich 150 000,00 € betragen werden. Die Abzinsungszinssätze (Aufgabe 105) sollen unverändert bleiben. Wie verändert sich der Rückstellungsbedarf und wie ist jetzt im Grundbuch zu buchen?

c) Am Ende des Jahres 4 ergeben sich nach Abschluss der Wiederherstellung der Geschäftsräume Gesamtkosten von 145 000,00 €. Wie ist zu buchen, wenn die Gesamtkosten an einen Generalunternehmer auf dessen laufendes Konto bei diesem Kreditinstitut überwiesen werden und der Grund für die Rückstellung entfällt?

108 Buchen Sie die Geschäftsfälle im Grundbuch am Tag ihrer Entstehung und die erforderlichen Abgrenzungen am 31. Dezember!

Geschäftsfälle:

1. Am 1. April wird der Jahresbezugspreis für eine Fachzeitschrift durch Postbank-Überweisung gezahlt: 160,00 €.
2. Wert 30. November wird ein Festgeld bei der Zentrale angelegt. Fällig (Wert) 15. Januar. Zinssatz 4,5%. Betrag 500 000,00 €.
3. Am 15. Februar wird von einem Kunden ein Prozess wegen einer angeblich unberechtigten Auszahlung eines Sparguthabens anlässlich eines Erbfalles eingeleitet. Streitsumme und Kosten ca. 4 000,00 €. Restlaufzeit des Prozesses voraussichtlich 9 Monate.
4. Eine im Dezember eingetroffene Rechnung für Formulare wurde im alten Geschäftsjahr nicht bezahlt: 8 300,00 €.
5. Ein Mieter überweist am 15. Dezember die Miete für seine Wohnung im bankeigenen Gebäude für die Monate Dezember und Januar, je 800,00 €, und zwar auf unser Postbank Girokonto: 1 600,00 €.
6. Ein Kunde legt Wert 15. Dezember ein Festgeld an. Überweisung des Festgeldes von seinem Girokonto. Fällig 15. Januar. Zinssatz 6 %. Betrag 60 000,00 €.
7. Nach Abschluss der steuerlichen Betriebsprüfung ist im nächsten Geschäftsjahr mit einer Steuernachzahlung von 15 000,00 € zu rechnen.
8. Am 1. Juli wird die Kfz-Steuer für Geschäftsfahrzeuge für ein Jahr im Voraus durch BBk überwiesen: 2 800,00 €.

11.2 Risikovorsorge durch die Bildung von Vorsorgereserven und Rücklagen

Einstieg

Auf der Vertreterversammlung einer Kreditgenossenschaft hören Sie im Bericht des Vorstandes, dass auch in diesem Geschäftsjahr von dem erwirtschafteten Gewinn wieder ein erheblicher Betrag der Risikovorsorge zugeführt wurde.

> Erläutern Sie, in welcher Form diese Risikovorsorge getroffen werden kann!
> Suchen Sie Beispiele, bei denen diese Formen der Risikovorsorge in Ihrem Ausbildungsbetrieb eingesetzt wurden!

11.2.1 Vorsorge für allgemeine Bankrisiken (§ 340 f Abs. 1 HGB)

Zur **Sicherung** gegen **besondere Geschäftszweigrisiken** dürfen Kreditinstitute **stille Reserven** bilden (§ 340f Abs. 1 HGB), soweit dies nach **vernünftiger kaufmännischer Beurteilung notwendig ist.**

Um dies zu erreichen, dürfen **bestimmte Vermögensgegenstände niedriger bewertet** werden, als dies nach § 253 Abs. 1 Satz 1, Abs. 4 HGB **zulässig ist.**

Die **Unterbewertung** ist **zulässig für**

- **Forderungen an Kreditinstitute**
- **Forderungen an Kunden**
- **bestimmte „übrige" Wertpapiere** (Liquiditätsreserve), die **weder wie Anlagevermögen behandelt** werden, noch **Handelsbestand** sind.

Das Kreditinstitut bestimmt jährlich selbst, welche Wertpapiere dazugehören sollen.

Der Betrag der auf diese Weise gebildeten **Vorsorgereserven** darf **vier vom Hundert des Gesamtbetrags der zugrunde liegenden Vermögensgegenstände,** der sich bei deren Bewertung nach § 253 Abs. 1 Satz 1, Abs. 4 HGB ergibt, **nicht übersteigen.**

Ein niedrigerer Wertansatz darf beibehalten werden (§ 340f Abs. 1 Satz 3 HGB).

Beispiel:

	A	B	C	D	E	F
1	Ermittlung der Vorsorgereserven nach § 340f HGB					
2	Bestände zum Bilanzstichtag	Eigene Wertpapiere			Forderungen	
3	in TEUR					
4	insgesamt	20 000,00			120 000,00	
5		wie Anlagevermögen bewertet	Handelsbestand	Liquiditätsreserve	Forderungen an Kreditinstitute	Forderungen an Kunden
6		4 000,00	3 000,00	13 000,00	12 000,00	108 000,00
7	– Abschreibungen	200,00	300,00	1 950,00	600,00	13 500,00
8	= Wertansatz nach Abschreibung	3 800,00	2 700,00	11 050,00	11 400,00	94 500,00
9	Bemessungsgrundlage der Vorsorgereserven			116 950,00		
10	max. mögliche Vorsorgereserve (4 % der Bemessungsgrundlage)				4 678,00	
11	Gebildete Vorsorgereserven, z. B.				4 000,00	
12	Bilanzwert nach Vorsorgereserve				112 950,00	
13	Verteilung der Vorsorgereserve auf z. B.			800,00	400,00	2 800,00
14	Bilanzwerte	3 800,00	2 700,00	10 250,00	11 000,00	91 700,00

11.2.2 Sonderposten Fonds für allgemeine Bankrisiken (§ 340 g HGB)

Kreditinstitute können zur Sicherung gegen allgemeine Bankrisiken nach § 340 g HGB auch einen Sonderposten **„Fonds für allgemeine Bankrisiken“** bilden und diesen **offen** in der Bilanz ausweisen. Dieser Sonderposten zählt zum **Kernkapital** des Kreditinstituts.

Beispiel:

Ein Kreditinstitut will 500 000,00 € in den Fonds für allgemeine Bankrisiken einstellen.

Geschäftsfall	Buchungssatz	Soll €	Haben €
Zuführung zum Fonds für allgemeine Bankrisiken	Einstellung in den Fonds für allgemeine Bankrisiken an Fonds für allgemeine Bankrisiken	500 000,00	500 000,00

Geschäftsfall	Buchungssätze	Soll €	Haben €
Abschlussbuchungen	GuV an Einstellung in den Fonds für allgemeine Bankrisiken	500 000,00	500 000,00
	Fonds für allgemeine Bankrisiken an SBK	500 000,00	500 000,00

Der Fonds für allgemeine Bankrisiken wird in der **Bilanz** Passiva **Posten 11** ausgewiesen. **Zuführungen und Auflösungen** dieses Passivpostens sind in der **GuV-Rechnung gesondert** auszuweisen.

11.2.3 Risikovorsorge durch die Bildung offener Rücklagen

(1) Bildung von Rücklagen

Der Jahresüberschuss kann zur Verstärkung der Rücklagen des Kreditinstituts benutzt werden. **Rücklagen sind Eigenkapital.**

Rücklagen nach der Art ihrer Entstehung

- **offene Rücklagen**
- **stille Rücklagen**

Offene Rücklagen:

Kapitalrücklagen (§ 272 Abs. 2 HGB)

Es sind **auszuweisen**

1. der Betrag, der bei der Ausgabe von Anteilen einschließlich von Bezugsanteilen über den Nennbetrag hinaus erzielt wird;
2. der Betrag, der bei der Ausgabe von Schuldverschreibungen für Wandlungsrechte und Optionsrechte zum Erwerb von Anteilen erzielt wird;
3. der Betrag von Zuzahlungen, die Gesellschafter gegen Gewährung eines Vorzugs für ihre Anteile leisten;
4. der Betrag von anderen Zuzahlungen, die Gesellschafter in das Eigenkapital leisten.

Gewinnrücklagen (§ 272 Abs. 3 HGB)

Als Gewinnrücklagen dürfen nur Beträge ausgewiesen werden, die im Geschäftsjahr oder in einem früheren Geschäftsjahr aus dem Ergebnis gebildet worden sind.

Die RechKredV unterscheidet folgende Arten:

1. Gesetzliche Rücklagen
2. Rücklagen für Anteile an einem herrschenden oder mehrheitlich beteiligten Unternehmen
3. Satzungsmäßige Rücklagen
4. Andere Gewinnrücklagen

Kreditinstitute in der Rechtsform der AG haben eine **gesetzliche Rücklage** zu bilden.

In diese ist der zwanzigste Teil des um einen Verlustvortrag aus dem Vorjahr geminderten Jahresüberschusses einzustellen, bis die gesetzliche Rücklage und die Kapitalrücklagen zusammen den zehnten oder den in der Satzung bestimmten höheren Teil des Grundkapitals erreichen (§ 150 AktG).

Für **Anteile an einem herrschenden oder mit Mehrheit beteiligten Unternehmen** ist eine Rücklage zu bilden. In diese ist ein Betrag einzustellen, der dem auf der Aktivseite der Bilanz für die Anteile an dem herrschenden oder mit Mehrheit beteiligten Unternehmen angesetzten Betrag entspricht (§ 272 Abs. 4 HGB).

Satzungsmäßige Rücklagen sind gemäß des in der Satzung der AG festgelegten Satzes zu bilden.

Andere Gewinnrücklagen können nach freiem Ermessen aus dem Jahresüberschuss gebildet werden. Stellen Vorstand und Aufsichtsrat einer AG den Jahresabschluss fest, so können sie bis zur Hälfte des Jahresüberschusses in andere Gewinnrücklagen einstellen (§ 58 AktG). Darüber hinaus kann die Hauptversammlung aus dem Bilanzgewinn Zuweisungen zu den anderen Gewinnrücklagen vornehmen.

Stille Rücklagen entstehen durch die Bewertung der Vermögens- und Schuldenwerte des Unternehmens, und zwar durch die Unterbewertung von Vermögenswerten oder durch die Überbewertung von Verbindlichkeiten.

(2) Auflösung der Rücklagen

Das Aktiengesetz bestimmt in § 150 Abs. 3 und 4 die **Verwendung der gesetzlichen Rücklage** und der **Kapitalrücklage.**

Verwendungsmöglichkeiten **Gesetzliche Rücklage** und **Kapitalrücklage** belaufen sich auf	
bis 10 % oder dem in der Satzung bestimmten höheren Teil des Grundkapitals	über 10 % oder dem in der Satzung bestimmten höheren Teil des Grundkapitals
1. zum **Ausgleich** eines **Jahresfehlbetrages,** soweit er nicht durch einen Gewinnvortrag aus dem Vorjahr gedeckt ist **und** nicht durch Auflösung anderer Gewinnrücklagen ausgeglichen werden kann; 2. zum **Ausgleich** eines **Verlustvortrags** aus dem Vorjahr, soweit er nicht durch einen Jahresüberschuss gedeckt ist **und** nicht durch Auflösung anderer Gewinnrücklagen ausgeglichen werden kann.	1. zum **Ausgleich** eines **Jahresfehlbetrags,** soweit er nicht durch einen Gewinnvortrag aus dem Vorjahr gedeckt ist; 2. zum **Ausgleich** eines **Verlustvortrags** aus dem Vorjahr, soweit er nicht durch einen Jahresüberschuss gedeckt ist; 3. zur **Kapitalerhöhung aus Gesellschaftsmitteln.**

Die **Rücklage** für **Anteile an einem herrschenden oder mit Mehrheit beteiligten Unternehmen** ist aufzulösen, soweit die Anteile an dem herrschenden oder mit Mehrheit beteiligten Unternehmen veräußert, ausgegeben oder eingezogen werden oder auf der Aktivseite ein niedrigerer Betrag angesetzt wird (§ 272 Abs. 4 HGB).

Andere Gewinnrücklagen können nach eigenem Ermessen der Gesellschaft aufgelöst werden. **Stille Rücklagen** können nach den Vorschriften des Bewertungsrechts wieder aufgelöst werden. Sie sind dann als neutrale Erträge zu erfassen und zu versteuern.

Der nicht den Gewinnrücklagen zugeführte Teil des Jahresüberschusses wird den Anteilseignern als **Dividende** ausgeschüttet.

Ein evtl. verbleibender Rest wird als **Gewinnvortrag** auf das folgende Geschäftsjahr übertragen.

Auf einen Blick

- **Rücklagen** sind Eigenkapital.

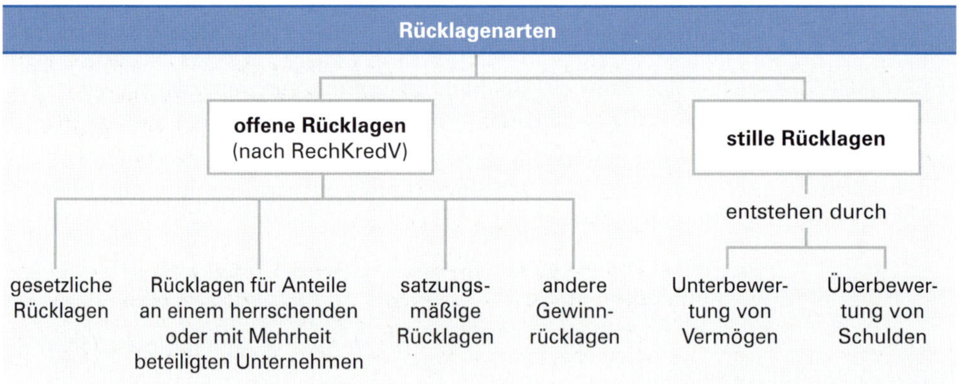

- Rücklagenzuweisungen sind Selbstfinanzierung.

Kompetenztraining

109 Im Bestand der Handelsbank AG (Liquiditätsreserve) befinden sich u. a. Industrieschuldverschreibungen im Nennwert von 80 Mio €. Diese wurden zum Kurs von 100 % erworben. Der Börsenkurs am 31. Dezember betrug 95 %.

Wegen der zu erwartenden weiteren Kurssenkungen, die auf eine restriktive Geldpolitik der Zentralbank zurückzuführen sind, sollen diese Wertpapiere unter Bezug auf § 340f HGB mit maximal möglichem Betrag bewertet werden.

a) Mit welchem Betrag erscheinen diese Wertpapiere in der Bilanz?

b) Welche Konsequenzen hat diese Bewertung für das Kreditinstitut?

c) Wie beurteilen Sie diese Möglichkeit der Bewertung der Wertpapiere?

110 Die Handelsbank AG will erstmalig Vorsorgereserven nach § 340f HGB in maximal zulässigem Umfang bilden (auf volle 1 000 abrunden).

Es liegen die folgenden Inventurwerte vor, auf die zunächst Einzelwertberichtigungen zu bilden sind.

	Inventurwerte TEUR	Einzelwertberichtigungsbedarf TEUR
Eigene Wertpapiere des Anlagevermögens	3 000	150
Eigene Wertpapiere des Handelsbestands	2 250	225
Eigene Wertpapiere der Liquiditätsreserve	9 750	1 462
Forderungen an Kreditinstitute	9 000	450
Forderungen an Kunden	81 000	10 125

Erarbeiten Sie einen Vorschlag zur Verteilung der maximal möglichen Vorsorgereserve!

B Lernfeld 11: Wertschöpfungsprozesse erfolgsorientiert steuern

KMK-Plan

Die Schülerinnen und Schüler verfügen über die Kompetenz, Wertschöpfungsprozesse auf Grundlage der Kosten- und Erlösrechnung zu analysieren und zu beurteilen.

1 Bankcontrolling als integratives System von Planung, Steuerung und Kontrolle

Einstieg

Der Vorstand einer Kreditgenossenschaft stellt fest, dass die bisherige Betriebsgröße und die Ertragskraft dieser Bank nicht ausreichen, um langfristig erfolgreich den Wettbewerb mit anderen Kreditinstituten zu bestehen. Der Vorstand setzt sich daher zum Ziel, das Geschäftsvolumen, eventuell auch durch Fusionen mit benachbarten Kreditgenossenschaften, und gleichzeitig die Rentabilität der Bank zu erhöhen.

Davis, Auszubildender bei der Kreditgenossenschaft, fragt sich, wer dem Vorstand die Informationen liefert, um die jeweilige Geschäftslage zu beurteilen und begründete Entscheidungen für die Zukunft treffen zu können.

Informieren Sie sich in Ihrem Ausbildungsbetrieb, wer dem Vorstand diese Informationen liefert!

1.1 Was ist Controlling bei Kreditinstituten?

- **Controlling** ist eine Managementmethode, mit der die Planungs-, Entscheidungs- und Steuerungsprozesse in einem Unternehmen unterstützt werden.
- Während sich das **operative** Controlling auf einen kurz- und mittelfristigen Zeitraum bezieht, nimmt das **strategische** Controlling die langfristige Existenzsicherung des Unternehmens in den Blick.

Beispiel:

In der Ausgangssituation hat der Vorstand eine **strategische Entscheidung** getroffen, da er sich ein langfristiges Ziel gesetzt hat. Diese Zielsetzung hat er nun im Tagesgeschäft durch **operative Entscheidungen** umzusetzen. Das bedeutet, er hat Maßnahmen zu planen, durchzuführen und zu kontrollieren, die dazu führen, seine langfristigen strategischen Ziele zu erreichen.

Die Entwicklung einer langfristigen Unternehmensstrategie vollzieht sich in mehreren Stufen.

(1) Stufen der Entwicklung einer langfristigen Unternehmensstrategie

Stufe 1 Situationsanalyse

Die Situationsanalyse hat einerseits das **Umfeld** des Kreditinstituts, andererseits das Kreditinstitut selbst, also das „Innenleben", zum Gegenstand.

Instrumente zur Situationsanalyse sind z. B.

- **Chancen-Risiken-Analyse**
  Diese Analyse befasst sich mit dem Umfeld eines Unternehmens. Dieses wird durch unterschiedliche Entwicklungen beeinflusst, wie z. B.
  - die ökonomischen Veränderungen auf den Finanzmärkten;
  - die Änderungen der gesetzlichen Rahmenbedingungen;
  - die Entwicklung durch neue Bankprodukte, z. B. die Finanzderivate;
  - die soziokulturellen Veränderungen durch einen Wertewandel;
  - veränderte ökologische Rahmenbedingungen.

Ziel dieser Analyse ist es, die Veränderungen im betrieblichen Umfeld beim Erreichen der Unternehmensziele zu berücksichtigen.

- **Stärken-Schwächen-Analyse**
  Durch diese Analyse soll das **Innenleben** des Kreditinstituts deutlich gemacht werden.
  Dazu gehören u. a. die Untersuchung
  - der Bankdienstleistungen nach deren Marktstellung;
  - der Qualität der Unternehmensführung;
  - der Mitarbeiterpotenziale;
  - der Finanzkraft;
  - der Organisation und des Standortes.

Die Ergebnisse können in einem **Stärken-Schwächen-Profil** dargestellt werden.
Durch einen **Vergleich mit dem stärksten Mitwettbewerber** können die Stärken und Schwächen deutlich gemacht werden (sog. **Benchmarking**).

Stufe 2 Unternehmensziele

Die **Ziele der Gesamtbank** sind zunächst zu bestimmen. Aus den Gesamtunternehmenszielen können die **Teilziele für die einzelnen strategischen Geschäftsfelder (SGF)** abgeleitet werden.

Wichtig ist, dass die Ziele nach Zielinhalt, Zielausmaß und zeitlichem Bezug definiert werden, da diese nur dann nachträglich hinsichtlich der Zielerreichung durch **Soll-Ist-Vergleich** überprüft werden können.

Stufe 3 Festlegung strategischer Geschäftsfelder (SGF)

Die Gesamtbank wird in einzelne strategische Geschäftsfelder zerlegt. **Gliederungskriterien** können sein

- Kundengruppen,
- einzelne Produkte oder Produktgruppen,
- Regionen oder
- Kombinationen dieser Kriterien.

Es ist darauf zu achten, dass die SGF eindeutig abgrenzbar sind. Sie können dann als organisatorische Unternehmenseinheit mit eigener Verantwortung geführt werden, z. B. das SGF **Firmenkunden.**

Stufe 4 Strategieentwicklung, -bewertung und -auswahl

Nach der Festlegung der Unternehmensziele und der Bildung der SGF ist es jetzt erforderlich, für die einzelnen SGF Strategien zu entwickeln, **wie** die Ziele erreicht werden können.

Diese Strategien können sich auf die Produkte, die Mitarbeiter, das Kapital, das Vertriebssystem usw. beziehen.

Da unterschiedliche Strategien möglich sind, ist eine Auswahl hinsichtlich der umzusetzenden Strategien zu treffen.

Stufe 5 Entwicklung einer Taktik

Hier sind Überlegungen anzustellen, wie z. B. bestimmte Marktstrategien am günstigsten durchzusetzen sind. Wie bringe ich z. B. die Vorstände der Banken dazu, eine Fusion zu befürworten.

Stufe 6 Maßnahmenformulierung

Schließlich sind die Strategien und Taktiken in detaillierte Maßnahmen umzusetzen. Das können z. B. im Personalbereich konkrete Weiterbildungsmaßnahmen oder im Absatzbereich bestimmte Werbemaßnahmen zur Gewinnung neuer Kunden sein.

Stufe 7 Controlling

Durch das **Controlling** sollen **strategische** Entscheidungen unterstützt werden. Außerdem ist durch **Soll-Ist-Vergleiche** die Zielerreichung ständig zu überprüfen und bei Abweichungen dafür zu sorgen, dass, falls erforderlich, Veränderungen der Ziele, Strategien oder Maßnahmen erfolgen.

Ein zentrales Instrument des **operativen Controllings** ist die **Bankkalkulation** (Kosten- und Erlösrechnung).

(2) Unternehmensziele

Wichtigste **Unternehmensziele** auf der Ebene der Gesamtbank sind das Erzielen einer angemessenen **Rentabilität** und die **Sicherung** des Unternehmens gegen die Risiken des Bankbetriebs.

Aus diesen **Hauptzielen** lassen sich **Unterziele** ableiten, wie z. B. das Ziel der Erhaltung einer ausreichenden Liquidität, das Wachstum des Unternehmens oder auf der Ebene eines Arbeitsplatzes die Formulierung bestimmter Kostenziele oder Erlösziele.

Um den einzelnen Geschäftsstellen und letztlich den einzelnen Mitarbeitern die Unternehmensziele sichtbar zu machen, müssen diese so formuliert und in Zahlen umgesetzt werden, dass alle Beteiligten wissen, **welche Ziele in welchem Umfang** und in **welcher Zeit** erreicht werden sollen. Die so formulierten Teilziele werden als **operationale Teilziele** bezeichnet. Die zahlenmäßige Vorgabe der Planziele bis hin zum einzelnen Geschäft bezeichnet man als **Budgetierung.**

Beispiel:

Für einen **Anlageberater** könnte eine derartige Zielvorgabe lauten: „Steigere den Absatz festverzinslicher Wertpapiere gegenüber dem Vorjahr um 3 %."

(3) Ansatzpunkte des Bankcontrollings

Das **Controlling** kann seine Maßnahmen bei der Unterstützung der Unternehmensleitung an verschiedenen Punkten ansetzen.

Ansatzpunkte des Bankcontrollings	Erläuterung
Umfang	Controllingmaßnahmen können bei der **Gesamtbank** ansetzen oder sich auf die einzelnen **Geschäftsstellen** beziehen.
Unternehmens-ziele	Hier haben Controllingmaßnahmen das Ziel, das Erreichen bestimmter Unternehmensziele zu überprüfen. Dabei stehen die Ziele **Sicherheit** und **Rentabilität** im Mittelpunkt.
Bankleistungen	Kreditinstitute erstellen **Marktleistungen.** Hier kann das Controlling z. B. überprüfen, ob die eigenen Marktleistungen im Vergleich zu den Mitwettbewerbern konkurrenzfähig sind. Das Aufrechterhalten bzw. die Verbesserung der **Wettbewerbssituation** durch attraktive Marktleistungen wird als **Portfolio-Management** bezeichnet. Aber auch die zur Erstellung der Marktleistungen erforderlichen **Betriebsleistungen** müssen ständig auf ihre Effizienz hin überprüft werden. Bei zunehmendem Wettbewerb kommt es darauf an, die Kosten im **technisch-organisatorischen Bereich** gegenüber den Konkurrenten niedriger zu gestalten.
Risikosteuerung	Kreditinstitute betreiben ihre Geschäfte nicht ohne Risiken. Die **typischen Risiken der Kreditinstitute** sind: ■ Das **Kreditrisiko,** das sich aus Bankgeschäften gegenüber den Geschäftspartnern ergeben kann. Dabei werden **drei Arten** von **Kreditrisiken** unterschieden: – Das **Ausfallrisiko,** das sich ergibt, wenn die Geschäftspartner ihre vertraglichen Zahlungsverpflichtungen nicht erfüllen. – Das **Länderrisiko,** das z. B. durch politische oder soziale Unruhen, Devisenkontrollen, Auf- oder Abwertungen der Landeswährungen oder durch staatliche Einschränkungen des Zahlungstransfers entstehen kann. – Das **Abwicklungsrisiko,** das im Scheitern der Abwicklung oder Verrechnung von Transaktionen, z. B. von Zahlungen oder Wertpapierübertragungen, besteht. ■ Das **Marktrisiko,** das sich aus der Unsicherheit über die Veränderung von Marktpreisen, wie z. B. der Zinsen, Aktienkurse oder Wechselkurse, ergibt. ■ Das **operationelle Risiko** liegt in der Gefahr von Verlusten, die infolge der Unangemessenheit oder des Versagens von internen Verfahren, Menschen und Systemen oder infolge externer Ereignisse eintreten. ■ Die **Rechtsrisiken** (Compliance), die sich aus der Nichteinhaltung rechtlicher Regelungen und Vorgaben ergeben können.

(4) Merkmale von Controllingaufgaben

Die Unternehmensziele werden durch die Umsetzung in **Sollwerte** der Unternehmenspläne rechenbar und damit überprüfbar. Die **Sollvorgabe** kann nachträglich mit den tatsächlichen **Istwerten** verglichen werden. Die **Abweichungen** können analysiert und erforderliche Gegenmaßnahmen getroffen werden. Dieses Vorgehen ist der Kern der **Unternehmenssteuerung.**

Dieser permanente **Steuerungsprozess** lässt sich als **Regelkreis** darstellen.

Beispiel:

Die **Führungsgröße** (z.B. der Vorstand) legt die Ziele der Gesamtbank unter Hinzuziehung von sachkundigen Mitarbeitern und eventuell externen Beratern fest. Die Ziele der Gesamtbank werden auf die einzelnen Stellen umverteilt. Der Filialleiter ist z. B. dafür verantwortlich, dass die einzelnen Mitarbeiter ihre Sollgrößen **(Stellgrößen)** erfahren, und er hat diese durch Feststellen der tatsächlichen Ergebnisse **(Regelgrößen)** zu überprüfen, Abweichungen zu analysieren und im Rahmen seiner Kompetenzen abweichende Sollgrößen für die nächste Periode vorzugeben. Er hat somit die Funktion eines **Reglers.**

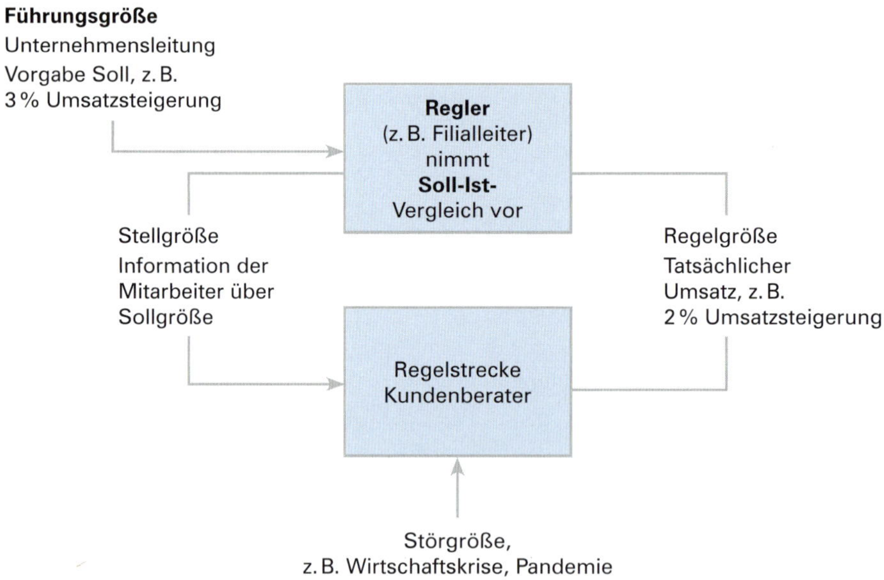

Das Regelkreismodell ermöglicht die Kontrolle der Leistungen der Mitarbeiter auf allen betrieblichen Ebenen, z. B. Gesamtbank, Filiale, Abteilung, Gruppe bis hin zur Kontrolle einzelner Erlös- oder Kostenarten im Markt- bzw. Betriebsbereich.

(5) Voraussetzungen für ein effektives Bankcontrolling

Ein **effektives Bankcontrolling** ist nur möglich, wenn das herkömmliche Rechnungswesen, das auch weiterhin für die vergangenheitsbezogene Rechnungslegung benötigt wird, durch ein zukunftsbezogenes **Bankbuchführungs- und Informationssystem** ergänzt wird. Es hat die Aufgabe, die Unternehmensleitung mit Informationen zu versorgen, um die Steuerungsaufgabe optimal wahrnehmen zu können.

Durch fortlaufende **Soll-Ist-Vergleiche** zwischen den Planwerten (Budgetwerten) und den tatsächlich eingetretenen Ist-Werten **sowie** der **Analyse der Abweichungen** soll eine optimale Unternehmenssteuerung möglich werden.

Ein für die Unternehmenssteuerung wirksames **Führungs- und Informationssystem** sollte folgende Bereiche umfassen:

Instrumente	Erläuterung
Laufende Informationen über Marktentwicklung	**Kreditinstitute** setzen ihre Leistungen am Markt ab. Dies ist nur erfolgreich, wenn fortlaufend die Marktveränderungen in die Unternehmensentscheidungen einbezogen werden. Durch **Marktbeobachtungen** sind die wesentlichen Marktdaten, z. B.: ▪ Kundenverhalten, ▪ Konkurrenzverhalten, ▪ Einkommensentwicklung, ▪ innovative Produkte der Mitwettbewerber zu ermitteln.
Betriebskalkulation	Die **Bankleistungen** müssen zu Marktpreisen abgesetzt werden, die nach Möglichkeit einen Überschuss für das Kreditinstitut ermöglichen. Eine angemessene Preisgestaltung wird durch die Betriebskalkulation unterstützt. Hierzu werden verschiedene Rechnungen bereitgestellt, z. B.: ▪ Kosten- und Erlösartenrechnung, ▪ Kostenstellenrechnung, ▪ Kostenträgerrechnung, ▪ Konto- und Geschäftsverbindungskalkulation.
Betriebsstatistik	Die **Betriebsstatistik** ist im Gegensatz zur Planungsrechnung **vergangenheitsorientiert.** Sie befasst sich mit dem **Erfassen der Ergebnisse** der Vergangenheit, **um** den nachträglichen **Vergleich mit den Vorgaben der Planungsrechnung zu ermöglichen** und dadurch **Planabweichungen** zu erkennen und deren **Ursachen zu analysieren.**
Budgetierung	Die **Unternehmensziele** müssen unter Beachtung der langfristigen (strategischen) Ziele in kurzfristige (operative) Ziele für die nächste Periode umgesetzt werden. Dieses geschieht durch die **Budgetierung.** Der **Budgetprozess** besteht in der Regel aus **vier Phasen:** ▪ **Budgetentwurf:** Vorlage von Teilbudgets für die einzelnen Unternehmensbereiche. ▪ **Budgetabstimmung:** Koordinierung der Einzelbudgets zum untereinander abgestimmten Gesamtbudget des Unternehmens. ▪ **Budgetvorgabe:** Die abgestimmten Einzelbudgets werden in Vollzug gesetzt. Die Budgetangaben sind jetzt verbindliche Ziele für die Betroffenen in der Planperiode. ▪ **Budgetkontrolle:** Während der Plandurchführung und am Ende der Planperiode werden **Soll-Ist-Vergleiche** vorgenommen (Controllingprozess).
Profit-Center; Cost-Center	Um den Führungsprozess wirksamer und gezielter zu gestalten, werden Bereiche gebildet, auf die sich die Budgetwerte beziehen. Diese abgegrenzten Bereiche können am **Markt** tätig sein, sog. **Profit-Center,** oder nur den **organisatorisch-technischen Bereich** des Unternehmens (Betriebsbereich) betreffen. Bei Letzterem liegt ein **Cost-Center** vor. Die einzelnen Profit-Center bzw. Cost-Center handeln **weitgehend eigenverantwortlich.**

1.2 Welche Hauptaufgaben hat die Kosten- und Erlösrechnung beim Controlling zu übernehmen?

(1) Ziele der Kosten- und Erlösrechnung

Das **betriebliche Rechnungswesen** besteht aus der **Finanzbuchhaltung** und der **Betriebsbuchhaltung.** Die **Finanzbuchhaltung** (externes Rechnungswesen) hat als Hauptaufgabe, die Informationen bereitzustellen, die für **Außenstehende,** wie die Eigentümer, der Staat oder die Öffentlichkeit, bestimmt sind. Um diese Aufgaben zu erfüllen, müssen z.B. die laufenden Geschäftsfälle erfasst, Jahresabschlüsse erstellt und Meldungen abgegeben werden.

Wegen dieser Außenorientierung wird auch von der **externen Rechnungslegung** gesprochen.

Dem steht die **Betriebsbuchhaltung** (internes Rechnungswesen) gegenüber. Sie hat die Informationen für ein wirksames **entscheidungsorientiertes Bankcontrolling** zu liefern. Den **Kern** des internen Rechnungswesens bildet die **Kosten- und Erlösrechnung (Bankkalkulation).**

Ziele der Kosten- und Erlösrechnung

- Selbstkostenermittlung
- Wirtschaftlichkeitskontrolle
- Erfolgskontrolle

(2) Selbstkostenermittlung

Bei der **Selbstkostenermittlung** werden die Kosten je Leistungseinheit festgestellt, z.B. die Kosten für die Einlösung eines Schecks oder die der Abwicklung eines Effektenauftrages. Durch die Ermittlung der Selbstkosten erhält die Geschäftsleitung ein Instrument zur Gestaltung der Konditionen (Preise). Die Selbstkosten stellen langfristig die Preisuntergrenze dar, die ein Kreditinstitut am Markt für seine Leistungen erzielen muss, um nicht in den Verlustbereich zu geraten.

Besonders bei der Entscheidung über **Sonderkonditionen** sind Kenntnisse über die Selbstkosten wichtig.

(3) Wirtschaftlichkeitskontrolle

Bei der **Wirtschaftlichkeitskontrolle** stellt man das Verhältnis von Leistungen und Kosten fest und vergleicht die erhaltene Kennziffer mit geeigneten Beurteilungsmaßstäben.

$$\text{Wirtschaftlichkeit (Werteverhältnis)} = \frac{\text{Leistungen}}{\text{Kosten}}$$

$$\text{Produktivität (Mengenverhältnis)} = \frac{\text{Output (= Ausbringungsmenge)}}{\text{Input (= Faktoreinsatzmenge)}}$$

Beispiel:

Im Auslandszahlungsverkehr wurden in den Jahren 2018 bis 2020 folgende Kosten und Stückleistungen festgestellt:

Jahr	Kosten der Stelle in €	Anzahl der Vorgänge in Stück	Wirtschaftlichkeit	Kosten pro Vorgang in €
2018	140 000	390 000	2,7857	**0,3590**
2019	165 000	440 000	2,6667	**0,3750**
2020	190 000	520 000	2,7368	**0,3654**

Die Wirtschaftlichkeit war im Jahr 2018 am höchsten, was zu den niedrigsten Kosten pro Vorgang führte.

Die Wirtschaftlichkeitskennziffern können durch

- **internen Zeitvergleich,** d. h. im Vergleich mit den Ergebnissen früherer Jahre,
- **zwischenbetrieblichen Vergleich** (externen Vergleich), d. h. durch Vergleiche mit anderen nach Größe und Geschäftsstruktur ähnlichen Kreditinstituten oder
- **Planvergleich,** d. h. dem Vergleich der geplanten Wirtschaftlichkeit (Soll-Werte) mit der tatsächlich erzielten Wirtschaftlichkeit (Ist-Werte)

ausgewertet werden.

(4) Erfolgskontrolle

Bei der **Erfolgskontrolle** werden die Kosten und Erlöse der Marktleistung in Beziehung gesetzt.

$$\text{Erfolg} = \frac{\text{Kosten}}{\text{Erlöse}}$$

Die Gegenüberstellung von Kosten und Erlösen kann auf verschiedenen Ebenen vorgenommen werden.

In der gröbsten Form kann der **Gesamterfolg** des Kreditinstituts durch die Gegenüberstellung von Gesamtkosten : Gesamterlösen vorgenommen werden.

Weitere Bezugsgrößen können z. B. Zweigstellen, einzelne Geschäftszweige, Abteilungen, Kunden oder Konten sein.

Die **Erfolgskontrolle** kann durch internen Zeitvergleich, zwischenbetrieblichen Vergleich oder Planvergleich (Soll-Ist-Vergleich) erfolgen.

Wirtschaftlichkeits- und Erfolgskontrollen können zu unterschiedlichen Ergebnissen führen. Eine verschlechterte Wirtschaftlichkeit und ein besserer Erfolg können wegen der Marktabhängigkeit des letzteren durchaus nebeneinanderstehen.

2 Welche Grundbegriffe der Kosten- und Erlösrechnung sind zu unterscheiden?

Einstieg

Annabel hört einem Gespräch des Controllers mit einem Angestellten ihres Ausbildungsbetriebes zu. Dabei fallen auch Begriffe wie Aufwendungen, Grundkosten und Zusatzerlöse.

Klären Sie diese und ähnliche Begriffe der Finanz- bzw. Betriebsbuchführung.

Die Finanzbuchhaltung und die Kosten- und Erlösrechnung verwenden, entsprechend ihrer unterschiedlichen Zielsetzung, verschiedene Begriffe. Diese sollen im Folgenden erläutert werden.

2.1 Grundbegriffe der Finanzbuchhaltung

2.1.1 Auszahlungen/Einzahlungen

Auszahlungen	Auszahlungen sind Abflüsse von Zahlungsmitteln aus der Barreserve (Liquidität) des Unternehmens. Barreserve = Kassenbestand + täglich verfügbare Bankguthaben.
Einzahlungen	Einzahlungen sind Zuflüsse von Zahlungsmitteln in die Barreserve (Liquidität) des Unternehmens.

2.1.2 Ausgaben/Einnahmen

Ausgaben	Ausgaben sind Minderungen des Geldvermögens. Geldvermögen = Barreserve + Forderungen – Verbindlichkeiten.
Einnahmen	Einnahmen sind Mehrungen des Geldvermögens.

2.1.3 Aufwendungen/Erträge

(1) Aufwendungen und Erträge in der Erfolgsrechnung nach dem HGB

Die Begriffe **Aufwendungen** und **Erträge** werden in der Finanzbuchhaltung bei der Erfolgsrechnung (Gewinn- und Verlustrechnung) verwendet.

Aufwendungen	Die Aufwendungen stellen den **gesamten Verbrauch** an Sachmitteln (z. B. Abschreibungen) und Dienstleistungen (z. B. Personalaufwendungen) des Kreditinstituts, also der Produktionsfaktoren dar.
Erträge	Die Erträge sind der **gesamte Wertzuwachs,** den das Kreditinstitut in der Berichtsperiode ausweist.

Die **Differenz von Erträgen und Aufwendungen** ergibt den **Erfolg** des Unternehmens im Berichtsjahr.

Um die Zwecke der Information, z.B. für Gläubiger oder Investoren, sowie der Rechenschaftslegung der Unternehmensleitung zu erfüllen, erfolgt in der Gewinn- und Verlustrechnung ein getrennter Erfolgsausweis von ordentlichen und außerordentlichen Erfolgsbeiträgen **(Erfolgsspaltung).**

!

Die Differenz der ordentlichen Erträge und Aufwendungen ist das **Ergebnis der gewöhnlichen (normalen)**[1] **Geschäftstätigkeit** des Berichtsjahres.

Das **außerordentliche Ergebnis** des Berichtsjahres wird als Differenz zwischen den außerordentlichen Erträgen und den außerordentlichen Aufwendungen ermittelt.

Außerordentliche Erträge und **Aufwendungen (§ 277 IV Satz 1 HGB)**	Dies sind Erträge und Aufwendungen **außerhalb** der **gewöhnlichen** (normalen) **Geschäftstätigkeit.**

Nach dieser Begriffsbestimmung können außerordentliche Erträge und Aufwendungen entweder durch Vorgänge,

die **gänzlich außerhalb der Geschäftstätigkeit** (= betriebsfremd)	oder	die **außerhalb der gewöhnlichen Geschäftstätigkeit** (= außergewöhnlich) liegen, verursacht werden.

Beispiele:

- Katastrophen-/Schadensfälle (z.B. Erdbeben), Hilfsschenkungen
- Staatliche Zwangseingriffe (z.B. Enteignung, ungewöhnliche Umweltschutzauflagen, Bußgelder, Geldstrafen), Boykott

Beispiele:

Unternehmensumstrukturierungen wie z.B. Gründung, Auflösung, Änderung der Rechtsform, Eingehen oder Beendigung von Unternehmensverbindungen, Veräußerung von Betriebsteilen, vom Kreditinstitut übernommene Kassenfehlbeträge.

(2) Betriebliche und neutrale Aufwendungen eines Kreditinstituts

Das Ergebnis der gewöhnlichen Geschäftstätigkeit eines Kreditinstituts gibt keine Auskunft darüber, ob und in welchem Umfang die in der Gewinn-und Verlustrechnung enthaltenen Aufwendungen und Erträge auf die **betriebliche Leistungserstellung des Berichtsjahres** zurückzuführen sind. Sie enthalten z.B. auch Aufwendungen und Erträge, die früheren Geschäftsjahren wirtschaftlich zuzurechnen sind. Eine genaue Zurechnung der betrieblichen Aufwendungen und Erträge kann nur mithilfe des (internen) Gewinn- und Verlust**kontos** erfolgen.

Im Rahmen der Kosten- und Leistungsrechnung sind die **Aufwendungen** aufzuteilen in:

- ordentliche betriebliche Aufwendungen (= **Zweckaufwendungen**) und
- neutrale Aufwendungen.

Ordentliche betriebliche Aufwendungen

Sie entstehen bei der betrieblichen Leistungserstellung.

Beispiele:

- Zins- und zinsähnliche Aufwendungen,
- Personalaufwendungen,
- Sachaufwendungen,
- betriebsbedingte Abschreibungen auf Sachanlagen.

1 § 275 HGB verwendet den Begriff „gewöhnliche Geschäftstätigkeit"; die Kreditinstituts-Rechnungslegungsverordnung spricht von „normaler Geschäftstätigkeit".

Neutrale Aufwendungen

Sie sind der Teil der gesamten Aufwendungen, der nicht zur gewöhnlichen betrieblichen Leistungserstellung der Periode notwendig ist.

Die **neutralen Aufwendungen** setzen sich wie folgt zusammen:

<table>
<tr><th></th><th>Arten</th><th>Beschreibung</th><th>Beispiele</th></tr>
<tr><td></td><td>Betriebsfremde Aufwendungen</td><td>Aufwendungen, die in keinem (direkten) Zusammenhang mit der betrieblichen Leistungserstellung stehen.</td><td>- Spenden für karitative Organisationen
- Katastrophen-/Schadensfälle</td></tr>
<tr><td rowspan="2">Außerordentliche Aufwendungen[1]</td><td>Außergewöhnliche Aufwendungen</td><td>Aufwendungen, die zwar mit dem Betriebszweck in einem Zusammenhang stehen, aber nur einmalig oder unregelmäßig anfallen.</td><td>- Kosten für die Neuorganisation des Kreditinstituts
- Kreditausfall wegen einer überraschenden Insolvenz eines Kunden</td></tr>
<tr><td>Periodenfremde Aufwendungen</td><td>Betriebliche Aufwendungen, die nicht in der Periode gezahlt werden, der sie wirtschaftlich zuzurechnen sind.[2]</td><td>- Gehaltsnachzahlungen für frühere Geschäftsjahre nach verlorenem Prozess
- Zinsrückvergütungen für frühere Geschäftsjahre</td></tr>
</table>

<table>
<tr><th colspan="3">Neutrale Aufwendungen</th><th rowspan="3">Ordentliche betriebliche Aufwendungen (Zweckaufwendungen)</th></tr>
<tr><td rowspan="2">Betriebsfremde Aufwendungen</td><td colspan="2">Außerordentliche Aufwendungen</td></tr>
<tr><td>außerordentlich</td><td>periodenfremd</td></tr>
</table>

(3) Betriebliche und neutrale Erträge eines Kreditinstituts

Ebenso wie die Aufwendungen werden auch die **Erträge** unterteilt in:

- ordentliche betriebliche Erträge (= **Zweckerträge**) und
- neutrale Erträge.

Ordentliche betriebliche Erträge

Sie entstehen mit der Verwertung (= Verkauf) betrieblicher Leistungen, z.B. durch Zins- und Provisionserträge.

Neutrale Erträge

Sie sind der Teil der gesamten Erträge, der nicht zur gewöhnlichen betrieblichen Leistungsverwertung der Periode notwendig ist.

1 In der Praxis werden die Konten für außergewöhnliche sowie periodenfremde Aufwendungen als außerordentliche Aufwandskonten bezeichnet.

2 Periodenfremde Aufwendungen sind in den ordentlichen Aufwendungen der GuV-Rechnung enthalten. Kreditinstitute müssen diese im Anhang angeben und erläutern, wenn diese nicht von untergeordneter Bedeutung sind (§ 277 IV Satz 3 HGB).

Die **neutralen Erträge** setzen sich wie folgt zusammen:

	Arten	Beschreibung	Beispiele
	Betriebsfremde Erträge	Erträge, die in keinem (direkten) Zusammenhang mit der betrieblichen Leistungsverwertung stehen.	Staatliche Zuschüsse für Investitionen
Außerordentliche Erträge[1]	**Außergewöhnliche Erträge**	Erträge, die zwar mit dem Betriebszweck in einem Zusammenhang stehen, aber nur einmalig oder unregelmäßig anfallen.	■ Erträge aus dem Verkauf ganzer Betriebsteile ■ Kassenüberschüsse
	Periodenfremde Erträge	Betriebliche Erträge, die nicht in der Periode gezahlt werden, der sie wirtschaftlich zuzurechnen sind.[2]	■ Zinserträge früherer Jahre aufgrund korrigierter Zinsberechnungen ■ Haus- und Grundstückserträge aus früheren Geschäftsjahren nach Abschluss von Prozessen

<table>
<tr><th colspan="3">Neutrale Erträge</th><th rowspan="3">Ordentliche betriebliche Erträge (Zweckerträge)</th></tr>
<tr><td rowspan="2">Betriebsfremde Erträge</td><td colspan="2">Außerordentliche Erträge</td></tr>
<tr><td>außerordentlich</td><td>periodenfremd</td></tr>
</table>

Die genaue Zuordnung von betrieblichen und neutralen Aufwendungen und Erträgen ist nur intern möglich, da dazu konkrete Kenntnisse über einzelne Sachverhalte erforderlich sind.

Kompetenztraining

1 Das Gewinn- und Verlustkonto der Handelsbank hat am 31. Dez. 20.. dieses Aussehen.

Soll (Aufwendungen) — Gewinn- und Verlustkonto der Handelsbank zum 31. Dez. 20.. (in TEUR) — Haben (Erträge)

Soll (Aufwendungen)		Haben (Erträge)	
Zinsaufwendungen	6810	Zinserträge	14050
Personalkosten	3320	Provisionen aus Dienstleistungen	420
Sachaufw. für das Bankgeschäft	1300	Mehrerlöse aus Anlageverkäufen	70
Abschreib. auf Ford. und Wertp.	305	Erträge aus der Auflösung von Rückstellungen	50
Abschreibungen auf Grundstücke, Gebäude und Geschäftsausst.	300	Zuschuss aus dem Investitionsförderungsprogramm	20
Steuern vom Einkommen und vom Ertrag	855		
Spenden an karitative Organisationen	20		
Kursverluste aus Devisen- und Wertpapiergeschäften	15		
Jahresüberschuss	1685		
	14610		14610

Ordnen Sie die einzelnen Positionen den Aufwands- und Ertragsarten zu!

1 In der Praxis werden die Konten für außergewöhnliche sowie periodenfremde Erträge als außerordentliche Ertragskonten bezeichnet.

2 Periodenfremde Erträge sind in den ordentlichen Erträgen der GuV-Rechnung enthalten. Kreditinstitute müssen diese im Anhang angeben und erläutern, wenn diese nicht von untergeordneter Bedeutung sind (§ 277 IV Satz 3 HGB).

2 Der Controller der Handelsbank AG fährt mit dem Dienstwagen zu einer Tagung. Er zahlt die Tankrechnung (150,00 €) mit einer Geldkarte der Bank. Die Tankfüllung wird während der Fahrt zur Tagung vollständig verbraucht.

Bestimmen Sie Auszahlung, Ausgabe und Aufwand!

3 Ein Kunde zahlt auf sein Sparkonto 1000,00 € ein. Welche unmittelbaren Auswirkungen hat dieser Vorgang auf die Finanzbuchhaltung des Kreditinstituts?

1. Es ist eine Auszahlung.
2. Es ist eine Ausgabe.
3. Es entstehen Aufwendungen.
4. Es entstehen Erträge.
5. Es ist eine Einnahme.
6. Es ist eine Einzahlung. ☐

4 Ordnen Sie den folgenden Geschäftsfällen die zutreffende Ziffer zu.

1 = ordentlicher betrieblicher Aufwand
2 = betriebsfremder neutraler Aufwand
3 = außerordentlicher neutraler Aufwand
4 = ordentlicher betrieblicher Ertrag
5 = betriebsfremder neutraler Ertrag
6 = außerordentlicher neutraler Ertrag

Geschäftsfälle

1. Nach einem gewonnenen Prozess, der seit vier Jahren anhängig war, erhalten wir vom Prozessgegner 3000,00 €. ☐
2. Planmäßige Abschreibung auf eine vor drei Jahren angeschaffte Büromaschine. ☐
3. Unseren Kreditnehmern werden Zinsen belastet. ☐
4. Eingang einer Überweisung für eine bereits vollständig abgeschriebene Forderung von einem ehemaligen Kunden. ☐
5. Überweisung des Jahresabonnementpreises von 250,00 € für eine Wertpapierzeitschrift. ☐
6. Zahlung des Jahresbeitrags für den Förderverein Schlosskonzerte e. V. 500,00 €. ☐

5 a) Bilden Sie zu den folgenden Geschäftsfällen die Buchungssätze!

b) Geben Sie an, ob die einzelnen Auszahlungen, Einzahlungen, Ausgaben, Einnahmen, Aufwendungen oder Erträge des Kreditinstituts betreffen! Geben Sie jeweils den entsprechenden Betrag an!

c) Geben Sie bei den Aufwendungen und Erträgen an, ob diese ordentlicher oder außerordentlicher Natur sind!

Geschäftsfälle	Buchungssatz	Auszahlung	Einzahlung	Ausgabe	Einnahme	Aufwand	Ertrag
1. Einem Kunden wird das von ihm aufgenommene Darlehen auf seinem laufenden Konto bereitgestellt. 100 000,00 €							
2. Dem Kunden wird das Bearbeitungsentgelt von 500,00 € auf dessen laufendem Konto belastet.							
3. Der Kunde hebt von seinem laufenden Konto 5 000,00 € ab.							
4. Das KI kauft einen Pkw für die Geschäftsleitung auf Ziel für 50 000,00 € zzgl. 19 % USt. 9 500,00 €							
5. Die Kfz-Versicherung für das laufende Jahr wird durch BBk Anfang Januar überwiesen. 1 500,00 €							
6. Der Pkw wird am Jahresende mit 20 % abgeschrieben.							
7. Der Darlehensnehmer zu 1. zahlt 2 000,00 € bar ein. Davon entfallen 1 500,00 € auf Zinsen, der Rest ist Tilgung.							
8. Ein Kunde überweist von einem anderen KI 50 000,00 € auf unser BBk-Konto zur Anlage als Festgeld für 30 Tage. Zinssatz 5 %.							
9. Bei Fälligkeit überweisen wir dem Kunden zu 8. das Festgeld zzgl. Zinsen über BBk. (Steuern sollen unberücksichtigt bleiben.)							
10. Das Kreditinstitut kauft für 100,00 € Lose anlässlich des Jubiläums des Gesangvereins Liederkranz e. V., bar.							

2.2 Grundbegriffe der Betriebsbuchhaltung

2.2.1 Kosten – Leistungen – Erlöse

Unternehmen haben die Aufgabe, Güter oder Dienstleistungen für die Nachfrager zu produzieren bzw. bereitzustellen. Eine Automobilfabrik erzeugt z.B. Kraftfahrzeuge. Die Erzeugnisse sind die **Leistungen** dieses Unternehmens. Die Leistungen werden meist am Markt angeboten, aber es ist auch möglich, dass Unternehmen Leistungen für den Eigenverbrauch erstellen.

Um Leistungen erzeugen zu können, muss das Unternehmen Produktionsfaktoren, z.B. Arbeitskräfte, Maschinen, Werkstoffe, Betriebsstätten, einsetzen. Die Produktionsmittel werden wiederum am Markt beschafft. Diese kosten Geld. Den **in Geld bewerteten betrieblichen Verbrauch** an diesen zur **betrieblichen Leistungserstellung** erforderlichen Gütern und Dienstleistungen bezeichnet man als **Kosten.**

Die erzeugten Güter und Dienstleistungen werden in der Regel am Markt gegen Entgelt angeboten. Die aus dem Verkauf erzielten Entgelte bezeichnet man als **Erlöse** (Verkaufserlöse).

Kosten
für Arbeitskräfte, Betriebsmittel, Werkstoffe

↓

entstehen bei der Erstellung der betrieblichen

↓

Leistungen
in Form von Gütern oder Dienstleistungen.

↓

Der Verkauf dieser Güter und Dienstleistungen erbringt

Erlöse

2.2.2 Zusammenhänge von Kosten und Aufwendungen sowie Erlösen und Erträgen

Einstieg

Die Taunussparkasse muss für eine Zweigstelle einen Auszugsdrucker für 7 000,00 € kaufen. Dieser kann voraussichtlich 7 Jahre genutzt werden.

Wie ist diese Anschaffung in der Finanzbuchhaltung (Gewinn- und Verlustrechnung) und in der Kosten- und Erlösrechnung zu berücksichtigen?

(1) Zweckaufwand, Grundkosten

In der **Finanzbuchhaltung** wird dieser Auszugsdrucker jährlich mit 1 000,00 € abgeschrieben. Diese Abschreibung ist ein ordentlicher betrieblicher Aufwand, also **Zweckaufwand,** da der Auszugsdrucker der betrieblichen Leistungserstellung dient.

In der **Betriebsbuchhaltung** sind in gleicher Höhe jährlich 1 000,00 € als Kosten zu berücksichtigen. Da diese aufwandsgleich sind, werden sie als **Grundkosten** bezeichnet.

Gewinn- und Verlustrechnung
Zweckaufwand 1 000,00 € pro Jahr (= kostengleicher Aufwand)
=
Grundkosten 1 000,00 € pro Jahr (= aufwandsgleiche Kosten)
Kosten- und Erlösrechnung

(2) Zweckaufwand, Grundkosten, Zusatzkosten

Da das Controlling dafür zu sorgen hat, dass die **Substanz des Kreditinstituts auf Dauer gesichert** wird, müssen die in der Zukunft zu erwartenden Wertänderungen der Vermögensgegenstände in der Kostenrechnung berücksichtigt werden. Deshalb müssen die Vermögensgegenstände jetzt nicht zu ihren Anschaffungswerten, sondern zu ihren **Wiederbeschaffungswerten** in die Bankkalkulation eingehen.

Beispiel:

Wenn in der Ausgangssituation damit gerechnet wird, dass in 7 Jahren der Auszugsdrucker für 8400,00 € wieder beschafft werden kann, muss **in der Kostenrechnung** die jährliche Abschreibung 8400,00 € : 7 = 1200,00 € betragen.

Der jährliche Mehrbedarf gegenüber der Abschreibung in der Finanzbuchhaltung stellt **Zusatzkosten** dar. Ihm steht kein entsprechender **Zweckaufwand** gegenüber. Da diese Kosten **nur für die Kalkulation** der Bankdienstleistungen herangezogen werden, nennt man sie auch aufwandsungleiche oder **kalkulatorische Kosten.**

Gewinn- und Verlustrechnung	
Zweckaufwand 1000,00 € pro Jahr (= kostengleicher Aufwand)	
=	
Grundkosten 1000,00 € pro Jahr (= aufwandsgleiche Kosten)	**Zusatzkosten** 200,00 € pro Jahr (= aufwandsungleiche Kosten oder **kalkulatorische Kosten)**
Kosten- und Erlösrechnung	

Die **wichtigsten Zusatzkosten (kalkulatorische Kosten)** sind:

kalkulatorische Abschreibungen	Sie werden gebildet, weil in der **Finanzbuchhaltung** die Abschreibungen nach **steuer- und handelsrechtlichen Vorschriften** bemessen werden und nicht unter dem Gesichtspunkt der Kalkulation der Bankdienstleistungen. Bei der **Kalkulation** ist von **Wiederbeschaffungspreisen und** der **tatsächlichen,** nicht aber der steuerlich zulässigen (betriebsgewöhnlichen) **Nutzungsdauer** der Wirtschaftsgüter auszugehen. Da diesen Kosten Aufwendungen in anderer zeitlicher Verteilung entgegenstehen, werden sie auch als **Anderskosten (aufwandsungleiche Kosten)** bezeichnet. Außerdem kann es Kosten geben, denen überhaupt keine Aufwendungen in der Finanzbuchhaltung gegenüberstehen. Diese Kosten werden als **Zusatzkosten (aufwandslose Kosten)** bezeichnet. Auf diese Unterscheidung soll hier verzichtet werden, da die begriffliche Unterscheidung in der Bankpraxis keine Bedeutung hat.

kalkulatorische Wagnisse	Bei der Kalkulation der Risikokosten für Kreditausfälle kann nicht von den durch das Handels- und Steuerrecht bestimmten Abschreibungsmöglichkeiten ausgegangen werden, da hier häufig bilanzpolitische Überlegungen eine große Bedeutung haben. In Geschäftsjahren mit guten Erträgen wird versucht, durch eine großzügigere Risikobemessung den Jahresüberschuss zu verringern. In der Kalkulation muss dagegen von dem tatsächlichen, latenten Kreditrisiko ausgegangen werden, das jede Kreditgewährung hat. Dieses Risiko wird als durchschnittliches Ausfallrisiko mehrerer Geschäftsjahre ermittelt. Vgl. Abschnitt Kalkulation von Bankdienstleistungen.
kalkulatorische Eigenmiete	In der Kostenrechnung ist auch für die im Eigentum des Kreditinstituts stehenden eigengenutzten Räume eine Miete anzusetzen, obwohl das Kreditinstitut dafür keine Miete zahlt. Es werden die ortsüblichen Mieten für vergleichbare Räume angenommen.
kalkulatorische Zinsen	Kreditinstitute dürfen bestimmte risikobehaftete Bankleistungen nur anbieten, wenn dafür ein bestimmtes Eigenkapital unterlegt wird. Da dieses „gebundene" Eigenkapital nicht anderweitig genutzt werden kann, sind in die Bankprodukte Zinskosten einzukalkulieren, um die von dem Kreditinstitut angestrebte Eigenkapitalrendite erzielen zu können. Vgl. Abschnitt Kalkulation von Bankdienstleistungen.

(3) Zweckerträge, Grunderlöse, Zusatzerlöse

Einstieg

Die Mainzer Volksbank hat 200 Kundensafes vermietet, darunter 30 an eigene Angestellte. Sie berechnet pro Safe ein Jahresentgelt von 100,00 €. Die Angestellten der Volksbank bezahlen 60,00 € pro Safe.

Wie ist diese Bankleistung in der Finanzbuchhaltung (Gewinn- und Verlustrechnung) und in der Kosten- und Erlösrechnung zu berücksichtigen?

In der **Gewinn- und Verlustrechnung** sind die Mieterträge von 170 · 100,00 € = 17 000,00 € für Nichtangestellte und 30 · 60,00 € = 1 800,00 €, insgesamt 18 800,00 € als betriebliche Erträge oder **Zweckerträge** auszuweisen.

In der **Kosten- und Erlösrechnung** werden diese ertragsgleichen Erlöse als **Grunderlöse** in Höhe von 18 800,00 € berücksichtigt. **Erlöse** sind die in Geld bewerteten unternehmensbezogenen Leistungen.

Gewinn- und Verlustrechnung
Zweckerträge 18 800,00 € (= erlösgleiche Erträge)
=
Grunderlöse 18 800,00 € (= ertragsgleiche Erlöse)
Kosten- und Erlösrechnung

Die Erlöse der Mainzer Volksbank sind aber durch diese Zuordnung nicht leistungsgerecht erfasst. Auch die gegenüber den Mitarbeitern erbrachte Bankleistung hat einen **tatsächlichen Wert von 100,00 €** pro Safe. Die durch die Mitarbeiterkonditionen verursachte Ertragsminderung stellt in Wirklichkeit ein Zusatzentgelt für die Mitarbeiter dar. Diese Minderung in Höhe von 30 · 40,00 € = 1 200,00 € müsste in der Kostenrechnung einerseits als Personalzusatzkosten erfasst und andererseits als **Zusatzerlös** berücksichtigt werden.

<table>
<tr><td>Gewinn- und Verlustrechnung</td><td></td></tr>
<tr><td>Zweckerträge
18 800,00 €
(= erlösgleiche Erträge)</td><td></td></tr>
<tr><td>=</td><td></td></tr>
<tr><td>Grunderlöse
18 800,00 €
(= ertragsgleiche Erlöse)</td><td>Zusatzerlöse
30 · 40,00 € = 1 200,00 €
(= kalkulatorische Erlöse)</td></tr>
<tr><td colspan="2">Kosten- und Erlösrechnung</td></tr>
</table>

In der Kostenrechnung werden damit die vollen Erlöse aus der Bankleistung Safevermietung von 20 000,00 € ausgewiesen.

Auf einen Blick

- **Aufwand** und **Ertrag** sind Begriffe der Erfolgsrechnung der Finanzbuchhaltung.

  Arten:

Aufwendungen
= gesamter Verbrauch einer Rechnungsperiode

- **Ordentliche betriebliche Aufwendungen**
  = für Betriebszwecke verursacht
- **Neutrale Aufwendungen**
  - **betriebsfremd**
    = kein direkter Zusammenhang mit Betriebszweck
  - **außerordentlich**
    = zwar durch betriebliche Zwecke verursacht, aber
    - **entweder** einmalig bzw. unregelmäßig anfallend (= außergewöhnlich)
    - **oder** durch Vorjahre verursacht (periodenfremd)

Erträge
= gesamter Wertzuwachs einer Rechnungsperiode

- **Ordentliche betriebliche Erträge**
  = aus Verkauf von Betriebsleistungen
- **Neutrale Erträge**
  - **betriebsfremd**
    = kein Zusammenhang mit dem Verkauf betrieblich erstellter Leistungen
  - **außerordentlich**
    = aus Leistungsverwertung erzielt, aber
    - **entweder** einmalig bzw. unregelmäßig anfallend (= außergewöhnlich)
    - **oder** durch Vorjahre verursacht (= periodenfremd)

- **Kosten** und **Erlöse** sind Begriffe der Betriebsbuchhaltung **(Kosten- und Erlösrechnung)**.

Erlöse
= in Geld bewertete unternehmensbezogene Leistungen

- **Zusatzerlöse**
  (kalkulatorische Erlöse)
  Diesen Erlösen stehen keine Zweckerträge gegenüber.
- **Grunderlöse**
  (ertragsgleiche Erlöse)
  Sie entsprechen den Zweckerträgen.

Kosten
= in Geld bewerteter Verzehr an Produktionsfaktoren bei der Leistungserstellung

- **Grundkosten**
  (aufwandsgleiche Kosten)
  Diese fallen bei der Erstellung der Betriebsleistung an.
- **Zusatzkosten**
  (aufwandsungleiche Kosten oder **kalkulatorische Kosten**)
  - kalkulatorische Abschreibungen
  - kalkulatorische Wagnisse
  - kalkulatorische Eigenmiete
  - kalkulatorische Zinsen

Kompetenztraining

6 Ordnen Sie, wenn möglich, die Vorgänge den Grundkosten, Zusatzkosten, Grunderlösen und Zusatzerlösen zu!

Vorgänge:

1. Avalprovision für gewährten Avalkredit,
2. Soziale Aufwendungen,
3. Spende für das Rote Kreuz,
4. Instandhaltung der Einrichtungsgegenstände,
5. Zinsen für Eigenkapital,
6. Miete für Geschäftsräume,
7. Zinsen für gewährtes Darlehen,
8. Kassenüberschuss,
9. Kalkulatorische Wagnisse (Risiken),
10. Bearbeitungsentgelt für Ratenkredite.

7 a) Erklären Sie die Begriffe Aufwendungen, Erträge, Kosten, Leistungen, Erlöse!

b) Welche Arten von Bankleistungen können unterschieden werden (vgl. Kapitel 2.3)?

c) Suchen Sie mindestens zwei Beispiele für die einzelnen Arten der Bankleistungen!

8 Bei der Sparkasse Glücksstadt fallen die folgenden Geschäftsfälle an. Diese werden im externen und internen Rechnungswesen berücksichtigt.

Bestimmen Sie mit Beträgen: Neutralen Aufwand, Zweckaufwand, Grundkosten, Zusatzkosten, Neutralen Ertrag, Zweckertrag, Grunderlös, Zusatzerlös! Angaben jeweils in Euro.

Geschäftsfälle	Neutraler Aufwand	Zweckaufwand	Grundkosten	Zusatzkosten	Neutraler Ertrag	Zweckertrag	Grunderlös	Zusatzerlös
1. Kauf eines PC für umsatzsteuerfreie Bankgeschäfte. 3 000,00 € + 19 % USt 570,00 €								
2. Die betriebsgewöhnliche Nutzungsdauer des PC zu 1. beträgt 3 Jahre. Die Ersatzbeschaffung wird zu gleichen Preisen erwartet.								
3. Am Anfang des 4. Jahres wird der PC für 200,00 € verkauft.								
4. Sparern werden Zinsen gutgeschrieben. 35 000,00 €								
5. Die Bank betreibt einen Geldautomaten im Supermarkt X. Standortmiete 30 000,00 €/Jahr.								

Geschäftsfälle	Neutraler Aufwand	Zweck-aufwand	Grund-kosten	Zusatz-kosten	Neutraler Ertrag	Zweck-ertrag	Grund-erlös	Zusatz-erlös
6. In Allendorf betreibt die Bank eine Geschäftsstelle in einem in Eigentum der Bank stehenden Gebäude. 240 m^2 Nutzfläche. Marktpreis pro m^2 im Monat 40,00 €.								
7. Das Finanzamt überweist zu viel gezahlte Umsatzsteuer aus den Vorjahren. 2 540,00 €								
8. Ein Termingeld über 25 000,00 € ist fällig. Es wird dem Kunden einschließlich 200,00 € Zinsen zurückgezahlt.								
9. Eine Volksbank betreibt auch das Warengeschäft. In den Lagerbeständen ist ein Eigenkapital von 300 000,00 € gebunden. Der alternative Marktzins beträgt 6 % p. a.								
10. Für vermietete Schließfächer werden den Kunden Entgelte in Höhe von 12 000,00 € + 19 % USt belastet.								

9 Das Bankhaus Schröder & Co. KG kauft am 10. Januar einen AKT für 28 000,00 € einschl. USt. Dieser kann steuerlich in 7 Jahren abgeschrieben werden. In der KER wird ebenfalls von dieser Nutzungsdauer ausgegangen. Es wird aber mit um 20 % höheren Wiederbeschaffungskosten kalkuliert.

Das Kreditinstitut wendet nur die lineare Abschreibungsmethode an.

a) Erstellen Sie die Abschreibungspläne für das externe und das interne Rechnungswesen!

b) Bestimmen Sie Zweckaufwand/Grundkosten, neutralen Aufwand und die Zusatzkosten für die Nutzungsdauer!

Anschaffungs-kosten					
Jahr	**Bilanzmäßige Abschreibungen**	**Kalkulatorische Abschreibungen**	**Zweckaufwand = Grundkosten**	**Neutraler Aufwand**	**Zusatzkosten**
1					
2					
3					
4					
5					
6					
7					

c) Am Anfang des 8. Jahres wird dieser AKT verkauft. Verkaufserlös 500,00 €. Wie ist der Ertrag in der Finanzbuchhaltung bzw. in der KER zuzuordnen?

10 Für eine Selbstbedienungsfiliale schafft die Sparkasse Gießen am 25. Januar einen Twinsafe an. Anschaffungskosten 34 800,00 € einschließlich 19 % USt. Die Nutzungsdauer gemäß AfA-Tabelle beträgt 7 Jahre, die bilanzmäßige Abschreibung erfolgt linear.

Für die Kalkulation soll von einer linearen Jahresabschreibung in 8 Jahren ausgegangen werden. Die Wiederbeschaffungskosten sollen den Anschaffungskosten entsprechen.

Bestimmen Sie für die einzelnen Wirtschaftsjahre folgende Größen:

Anschaffungskosten					
Jahr	**Bilanzmäßige Abschreibungen**	**Kalkulatorische Abschreibungen**	**Zweckaufwand = Grundkosten**	**Neutraler Aufwand**	**Zusatzkosten**
1					
2					
3					
4					
5					
6					
7					
8					

11 Die Volksbank Dreieich kauft im Januar Büromöbel für 30 300,00 € einschließlich USt. Aus konjunkturellen Gründen zahlt der Staat einen Barzuschuss von 3 000,00 €. Die Abschreibung gemäß AfA-Tabelle beträgt 13 Jahre; lineare AfA.

In der KER wird von einer Nutzungsdauer von 10 Jahren und einem Wiederbeschaffungspreis von 30 000,00 € ausgegangen.

Bestimmen Sie für die einzelnen Wirtschaftsjahre folgende Größen:

Anschaffungskosten			**Bilanzmäßige ND in Jahren**		**Lineare AfA**
Wiederbeschaffungskosten			**Kalkulatorische ND in Jahren**		
Jahr	**Bilanzmäßige Abschreibungen**	**Kalkulatorische Abschreibungen**	**Zweckaufwand = Grundkosten**	**Neutraler Aufwand**	**Zusatzkosten**
1					
2					
3					
⋮					
13					

2.3 Worin besteht die Besonderheit von Betriebs- und Wertbereich bei Kreditinstituten?

Einstieg

Eine Kundin erhält ihre erste Abrechnung für ihr laufendes Konto. Sie beschwert sich bei Ihnen darüber, dass ihr für die Überziehung des Kontos zu hohe Zinsen belastet und außerdem noch Entgelte für die Buchungen berechnet wurden.

Suchen Sie Argumente, mit denen Sie die Kundin dazu bringen könnten, diese Belastungen zu akzeptieren!

Die bisherigen Ausführungen über Kosten, Leistungen und Erlöse entsprechen denen, die für Industrie- und Handelsbetriebe angewandt werden. Bei näherem Zusehen lässt sich für die Kreditinstitute ein bedeutsamer Unterschied feststellen.

Beispiel:

„Ein Kunde überweist von seinem Girokonto 200,00 €. Kontostand *vor* der Ausführung der Überweisung 300,00 € Soll."

Worin besteht die Marktleistung des Kreditinstituts?

Zunächst erbringt das Kreditinstitut eine **Dienstleistung**. Diese besteht in der Ausführung des Überweisungsauftrages.

Gleichzeitig erbringt das Kreditinstitut eine weitere Leistung in Form einer zusätzlichen **Kapitalüberlassung** von 200,00 €.

Die Marktleistung: „Überweisung von 200,00 €" besteht damit aus zwei Teilen.

(1) Betriebsleistung und Wertleistung

Die **Dienstleistung** kann nur erbracht werden, wenn der Betrieb Arbeitskräfte beschäftigt, Maschinen und Einrichtungen sowie Material (z. B. Überweisungsvordrucke) bereitstellt.

Diese betrieblichen **Produktionsfaktoren** sind auch zur **Einräumung** des Kredits und bei der Verfügung über den Kredit erforderlich.

- Insgesamt bezeichnet man diesen technisch-organisatorischen Bereich der Leistungserstellung als **Betriebsbereich.**
- Die damit erstellten Leistungen nennt man entsprechend **Betriebsleistungen.**

Da die Leistungen in diesem Bereich in Mengeneinheiten ausgedrückt werden können, z. B. 1 (Stück) Überweisung, wird auch vom **Stückleistungsbereich** gesprochen.

- Die Überlassung des **Kapitals** wird dem **finanzwirtschaftlichen Bereich** zugerechnet. Dieser Bereich wird als **Wertbereich** bezeichnet.
- Die in diesem Bereich erstellten Leistungen nennt man **Wertleistungen.**[1]

1 Teilweise wird auch die Bezeichnung **Wertleistungsbereich** benutzt. Im obigen Beispiel stellt die Überlassung des Kapitals i. H. v. 200,00 € die Wertleistung dar.

Die Marktleistung „Überweisung (von debitorischem Konto)" kann also in zwei Teilleistungen zerlegt werden, eine Betriebsleistung und eine Wertleistung.

Die **Betriebsleistung** wird im Betriebsbereich erstellt, die **Wertleistung** im Wertbereich.

Die in vorherigem **Beispiel** angesprochene Marktleistung „Überweisung" setzt sich im Betriebsbereich aus mehreren **Teilleistungen,** auch Leistungselemente genannt, zusammen. Diese können wiederum in einzelne Tätigkeiten zerlegt werden.

Beispiel:

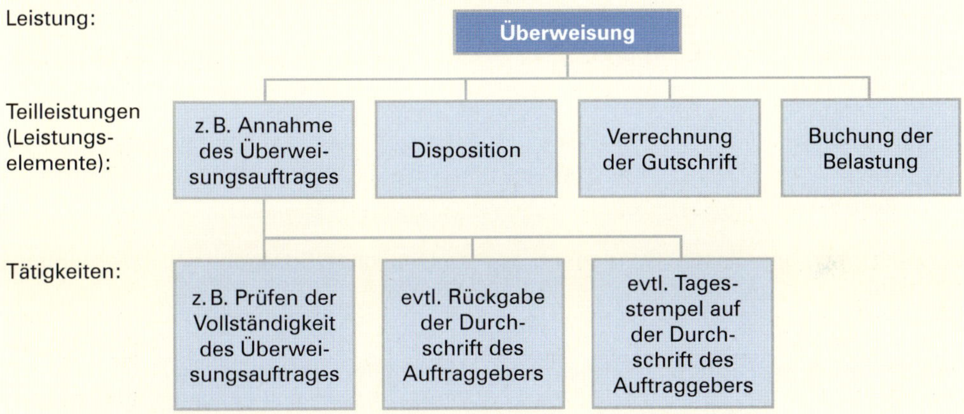

Die **Stückleistung** ist der Grundmaßstab, der in der Kostenrechnung im **Betriebsbereich** angewandt wird.

(2) Betriebskosten und Wertkosten

Bei der Erstellung der Marktleistungen entstehen **Kosten.**

> Die Kostenteile einer Marktleistung, die durch die Betriebsleistung verursacht wurden, nennt man **Betriebskosten.**

Die Betriebskosten werden auch als **Stückleistungskosten** bezeichnet.

Wichtige **Arten der Betriebskosten** sind:

- Personalkosten,
- Sachkosten,
- Kosten für Werbung,
- Abschreibungen auf Sachanlagen.

> Die Kostenteile der Marktleistung, die durch die Wertleistung verursacht werden, heißen **Wertkosten**.

Diese Wertkosten entstehen den Kreditinstituten durch Wertübertragungen im Wertbereich des Unternehmens. Die zugehörigen Wertleistungen bestehen in der Annahme, Schaffung und Weitergabe von monetären Verfügungsmöglichkeiten (Geld).

Wertkosten sind gezahlte Zinsen und Wagnis-(Risiko-)kosten.

(3) Betriebserlöse und Werterlöse

Die von den Kreditinstituten erbrachten Leistungen werden am Markt verwertet. Die Entgelte für diese Marktleistungen bezeichnet man als **Erlöse.**

Entstehen Erlöse aus der Verwertung von **Betriebsleistungen** (Stückleistungen), so spricht man von **Betriebserlösen.**

Diese fallen z. B. in Form der Provisionen und Entgelte aus dem Zahlungsverkehr, dem Effektengeschäft und aus dem Auslandsgeschäft an.

Beispiel:

Ein Kreditinstitut berechnet bei einem Gehaltskonto z. B. pro Buchung ein Entgelt von 0,40 €, um dadurch die Betriebskosten zu decken.

Für die im Rahmen der Marktleistung erbrachten **Wertleistungen** erzielt das Kreditinstitut **Werterlöse.**

Diese bestehen aus Zinsen, Dividenden und zinsähnlichen Erträgen (z. B. Überziehungsprovision).

(4) Zurechnungsproblem von Erlösen zu Marktleistungen und Kosten

Nun muss noch auf eine Schwierigkeit verwiesen werden, die bei der Zurechnung von Erlösen auf die Marktleistung und weiter auf die Kosten entsteht.

Beispiel:

Gehen wir zum Beispiel von zwei Kontokorrentkunden aus, den Kunden A und B. Beide Kunden haben am Anfang des Tages einen Kontostand von 0,00 €. Kunde A zahlt in einer Summe einen Betrag von 20 000,00 € ein. Auf das Konto des Kunden B werden an diesem Tag 10 Einzahlungen zu je 2 000,00 € vorgenommen. Sein Guthaben beträgt damit ebenfalls 20 000,00 €. Die **Wertleistung** ist in beiden Fällen 20 000,00 €. Die **Betriebsleistung** (Stückleistung) ist im Falle des Kunden B dagegen wesentlich höher als bei A.

Das zeigt, dass **Wertleistung** und **Betriebsleistung** (Stückleistung) voneinander **unabhängig** sind.

Aus diesem schwankenden Mengenverhältnis zwischen Wert- und Betriebsleistung ergeben sich für die „richtige" Preisbemessung der Marktleistung wie auch für „richtige" Zurechnung der Kosten für die einzelnen Marktleistungen besondere Probleme.

Auf einen Blick

- Zusammenhänge zwischen Kosten, Leistungen und Erlösen.

Kosten	
Betriebskosten (Stückleistungskosten)	Wertkosten
entstehen in Form von Personalkosten Sachkosten Abschreibungen auf Sachanlagen	entstehen in Form von Zinskosten
im	im
Betriebs- bereich (Stückleistungs- bereich) (techn.-org.)	Wert- bereich (Wertleistungs- bereich) (finanzwirt- schaftlich)
bei der Erstellung der	bei der Erstellung der
Betriebsleistungen (Stückleistungen)	Wertleistungen
Marktleistungen	
erbringen	erbringen
Betriebserlöse	Werterlöse
Erlöse	
in der Form von Provisionen und Gebühren aus Bankgeschäften	in der Form von Zinserlösen zinsähnlichen Erlösen

- Wert- und Betriebsleistung sind voneinander unabhängig.

Kompetenztraining

12 Ein Kreditinstitut stellt ein Baudarlehen über 50 000,00 € zur Verfügung. Festzinssatz 6 % p. a., Entgelt für die schriftliche Einholung eines Handelsregisterauszugs 40,00 €.

Erklären Sie an diesem Vorgang beispielhaft:

a) Betriebsleistung,
b) Wertleistung,
c) Betriebskosten,
d) Wertkosten,
e) Betriebserlöse,
f) Wertkosten.

13 Ein Kreditinstitut stellt Geschäftskunden kostenlos eine Nachttresoranlage zur Verfügung.

Erklären Sie an diesem Vorgang beispielhaft:

a) Betriebsleistung,
b) Wertleistung,
c) Betriebskosten,
d) Wertkosten,
e) Betriebserlöse,
f) Werterlöse.

14 Ein Kunde lässt sich bei einem Kreditinstitut über die Anlage von 25 000,00 € beraten, über die der Kunde in etwa vier Wochen verfügen wird.

Welche Art von Leistung wird von dem Kreditinstitut erbracht und welche Kosten bzw. Erlöse fallen bei dem Kreditinstitut an?

2.4 Welche weiteren Einteilungsmöglichkeiten von Kosten und Erlösen gibt es?

Neben den bereits bekannten Einteilungsmöglichkeiten der Kosten und Erlöse nach

- Grundkosten und Zusatzkosten bzw. Grunderlösen und Zusatzerlösen sowie
- Betriebs-(Stückleistungs-)kosten und Wertkosten bzw. Betriebserlösen und Werterlösen

sind noch weitere Zuordnungsmöglichkeiten der Kosten und Erlöse zu beachten.

2.4.1 Kosten- und Erlösarten in Kreditinstituten

Bei der Einteilung nach Kosten- und Erlösarten stehen die Art der verbrauchten Güter und Dienstleistungen bzw. die Art der erzielten Erlöse als Gliederungsmerkmale im Vordergrund.

Kostenarten im Betriebs- und im Wertbereich

Im Betriebsbereich

- Personalkosten
- Sachkosten (für Bankräume und Geschäftsbetrieb)
- Betriebssteuern
- Abschreibungen auf das Anlagevermögen
- Kalkulatorische Zusatzkosten

Im Wertbereich

- Zinskosten
- Zinsähnliche Kosten
- Abschreibungen auf Forderungen und Wertpapiere
- Abschreibungen auf Sorten und Devisengeschäfte
- Kalkulatorische Wagnis-(Risiko-)kosten
- Kalkulatorische Zinskosten

Erlösarten im Betriebs- und Wertbereich

Im Betriebsbereich

- Umsatzprovisionen
- Spezielle Entgelte für Leistungen im Kreditgeschäft
- Erlöse aus dem Zahlungsverkehr
- Erlöse aus Dienstleistungsgeschäften

Im Wertbereich

- Zinserlöse
- Zinsähnliche Erlöse

2.4.2 Einzel- und Gemeinkosten

Die Kosten entstehen bei der Erstellung von Leistungen, z. B. der Eröffnung eines Girokontos. Hierbei fallen z. B. die Kosten für das Kontoeröffnungsformular und für die Aushändigung der AGB an.

Diese Kosten können dem **Kostenträger** „Giroverkehr“ **direkt** zugerechnet werden.

Unter einem Kostenträger versteht man eine Geschäftssparte eines Kreditinstituts, z. B. Giroverkehr oder Sparverkehr. Die Kostenträger werden auch als Marktleistungsarten bezeichnet.

Die **direkt** einem Kostenträger zurechenbaren Kosten sind **Einzelkosten.**

Bei der Marktleistung „Eröffnung eines Sparkontos“ werden aber auch z. B. das Bankgebäude und die Einrichtungen genutzt. Deren Nutzungsanteile lassen sich aber nur **allgemein** dem Kostenträger zurechnen.

Diese Kosten, die einer betrieblichen Leistung nur allgemein zugerechnet werden können, nennt man **Gemeinkosten.**

2.4.3 Stelleneinzel- und Stellengemeinkosten

In der Kostenrechnung werden die Kosten nicht nur einzelnen Marktleistungsarten **(= Kostenträgern)** zugeordnet, sondern auch einzelnen Kostenstellen.

Unter einer **Kostenstelle** versteht man einen nach kostenrechnerischen Gesichtspunkten abgegrenzten Bereich des Betriebes.

Die Kostenstellen werden nach verschiedenen Gesichtspunkten gebildet. Dabei werden z.B. die Gleichartigkeit der erstellten Leistung und ein abgegrenzter Verantwortungsbereich berücksichtigt. Kostenstellen sind z.B. Verwaltung, Kasse, Kreditabteilung, Registratur.

- Kosten, die einer Kostenstelle **direkt** zugeordnet werden können, heißen **Stelleneinzelkosten** (auch **Direktkosten** oder direkt zurechenbare Kosten).
- Sind die Kosten dagegen einer Kostenstelle **nicht direkt zurechenbar,** so liegen **Stellengemeinkosten** (nicht direkt zurechenbare Kosten) vor.

Diese Stellengemeinkosten müssen mithilfe von Verrechnungsschlüsseln auf die Kostenstellen verteilt werden.

Beispiel:

Die Kosten des **Kassierers** sind der Kostenstelle „Kasse“ **direkt** zurechenbar. Die Kosten von **Auszubildenden** sind keiner Kostenstelle direkt zurechenbar, sie sind somit **Stellengemeinkosten.**

2.4.4 Fixe und variable Kosten

Eine weitere Einteilung der Kosten soll nach deren **Abhängigkeit vom Beschäftigungsgrad** vorgenommen werden.

- Kosten, die unabhängig von einer erbrachten Betriebsleistung entstehen, sind **fixe Kosten.**
- **Variable Kosten** sind von der Beschäftigung abhängig, d.h., sie fallen erst an, wenn eine Leistung erbracht wird.

Beispiel:

Für einen Telefonanschluss muss z.B. eine Grundgebühr bezahlt werden, unabhängig davon, ob man selbst während der Abrechnungsperiode einen anderen Telefonteilnehmer anruft oder nicht. Bei der Grundgebühr handelt es sich also um fixe Kosten.

Wählt man dagegen einen anderen Telefonteilnehmer, z.B. in einem Ferngespräch, an, so sind zusätzlich für bestimmte Zeiteinheiten Telefongebühren zu entrichten.

Diese von der Zeit der Telefonbenutzung abhängigen Kosten sind variable (veränderliche) Kosten.

Auf einen Blick

Hauptkostenarten

Im Betriebsbereich

Personalkosten

- Gehälter, Löhne
- Aufwendungen für Altersversorgung und Unterstützung
- Soziale Abgaben

Sachkosten

- Bürobedarf
- Fachliteratur, Zeitungen
- Porto, Telefon, Fernsprechgebühren
- Raumkosten
- Instandhaltungskosten
- Kfz-Unterhaltungskosten
- Werbungskosten
- Versicherungen
- Prüfungskosten
- Sonstige Sachkosten

Betriebssteuern

- Grundsteuer

Abschreibungen auf das Anlagevermögen

- Abschreibungen auf Gebäude
- Abschreibungen auf Maschinen und maschinelle Anlagen
- Abschreibungen auf Betriebs- und Geschäftsausstattung
- Abschreibungen auf Fuhrpark
- Abschreibungen auf geringwertige Wirtschaftsgüter

Kalkulatorische Zusatzkosten

- Kalkulatorische Abschreibungen auf das Anlagevermögen
- Kalkulatorische Miete

Im Wertbereich

- Zinskosten
- Zinsähnliche Kosten
- Kalkulatorische Zusatzkosten
- Abschreibungen auf Forderungen, Wertpapiere, Sorten und Devisen
- Kalkulatorische Wagnis-(Risiko-)kosten
- Kalkulatorische Zinskosten

Haupterlösarten

Im Betriebsbereich

- Umsatzprovisionen
- Spezielle Entgelte für Leistungen im Kreditgeschäft
- Erlöse aus dem Zahlungsverkehr
- Erlöse aus Dienstleistungsgeschäften

Im Wertbereich

- Zinserlöse
- Zinsähnliche Erlöse

- **Kosten**
  - **Stellen-/Einzelkosten**
    Kostenstelle/-träger
    direkt zurechenbar
  - **Stellen-/Gemeinkosten**
    Kostenstelle/-träger
    nicht direkt zurechenbar

- **Kosten**
  - **fix**
    beschäftigungsunabhängig
  - **variabel**
    beschäftigungsabhängig

Kompetenztraining

15 Für ein bankeigenes Kraftfahrzeug, das von der Geschäftsleitung für verschiedene Zwecke genutzt wird, entstehen jährlich 670,00 € Kfz-Steuer, 750,00 € Kfz-Versicherung und 15 700,00 € Kraftstoffkosten.

Nach welchen Gesichtspunkten können diese Kosten zugeordnet werden?

16 Bei der Abrechnung eines Kontokorrents werden berechnet:

Sollzinsen	1 670,00 €	Überziehungszinsen	81,00 €
Habenzinsen	36,00 €	Umsatzprovision	422,00 €
Kreditbereitstellungsprovision	500,00 €		

Ordnen Sie diesen Abrechnungsbestandteilen Kosten und Erlöse zu!

17 Entscheiden Sie, ob es sich in den folgenden Fällen um fixe oder um variable Kosten handelt!

Vorgänge:
Ausstellung eines Sparbuches bei Kontoeröffnung,
Beleuchtung im Schalterraum des Bankgebäudes,
Grundsteuer,
Papier für Kontoauszüge,
Abschreibungen für das Bankgebäude,
Benzin für Kraftfahrzeuge,
Kfz-Steuer.

3 Gesamtbetriebskalkulation als erste Stufe der Bankkostenrechnung

Einstieg

Auf der Hauptversammlung der Handelsbank AG erklärt der Vorsitzende des Vorstandes bei der Erläuterung des Geschäftsberichtes für das vergangene Geschäftsjahr, dass sich das Betriebsergebnis um ca. 22 % verschlechtert habe.

Erläutern Sie, was unter diesem Ergebnis zu verstehen ist!

3.1 Welche Aufgaben soll die Gesamtbetriebskalkulation erfüllen?

Die Gesamtbetriebskalkulation hat die Aufgabe, den Erfolg eines Kreditinstituts in einer Periode zu ermitteln. Im Unterschied zur Rechnungslegung im Jahresabschluss bleiben aber **neutrale Aufwendungen** und **Erträge unberücksichtigt,** während sie **kalkulatorische Kosten einbeziehen** kann. Als **Ergebnis** dieser Erfolgsrechnung wird das **Betriebsergebnis** ermittelt.

3.2 Formen der Gesamtbetriebskalkulation

Die Gesamtbetriebskalkulation kann entweder als **kalkulatorische** oder als **pagatorische**[1] **Rechnung** durchgeführt werden.

(1) Die kalkulatorische Gesamtbetriebskalkulation

Die kalkulatorische Gesamtkalkulation verknüpft Daten aus der Finanzbuchhaltung mit Daten aus der Betriebsbuchhaltung. Neutrale Aufwendungen und Erträge werden ausgegliedert, bestimmte kalkulatorische Kosten einbezogen.

	Schema zur Ermittlung des kalkulatorischen Gesamtbetriebsergebnisses
	Zinserlöse (aus Kredit- und Geldmarktgeschäften, festverzinslichen Wertpapieren und Schuldbuchforderungen)
+	Lfd. Erlöse (aus Aktien, Beteiligungen und dem Leasingergebnis)
–	Zinskosten (einschließlich kalkulatorische Eigenkapitalkosten)
=	Kalkulatorischer Zinsüberschuss
+	Provisionserlöse
–	Provisionskosten
=	Kalkulatorischer Rohgewinn
–	Personalkosten
–	Sachkosten (einschließlich kalkulatorischer Mieten)
–	Kalkulatorische Abschreibungen auf Sachanlagen
–	Kostensteuern
–	Sonstige Kosten des Betriebsbereichs
+	Ordentliche Kursgewinne
=	Kalkulatorisches Betriebsergebnis

Dieser aus Werten des externen und internen Rechnungswesens bestehenden Gesamtbetriebskalkulation steht die auf der Basis der veröffentlichten Gewinn- und Verlustrechnung aufgebaute Gesamtbetriebskalkulation gegenüber. Letztere ist eine **pagatorische Kalkulation.**

1 Pagatorisch (lat.): auf Zahlungsvorgänge bezogen.

(2) Gesamtbetriebskalkulation auf der Basis der GuV-Rechnung (Teilbetriebsergebnis, Betriebsergebnis)

Beispiel:

Die Handelsbank AG veröffentlichte in ihrem Geschäftsbericht die folgende Gewinn- und Verlustrechnung:

GuV-Posten		Berichtsjahr 02 in Mio. €	Berichtsjahr 01 in Mio. €
1	Zinserträge	318,2	307,2
2	Zinsaufwendungen	189,2	176,4
3	Laufende Erträge aus Aktien und Beteiligungen	8,2	5,0
4	Erträge aus Gewinngemeinschaften, Gewinnabführungs- oder Teilgewinnabführungsverträgen	0,2	0,4
5	Provisionserträge	31,7	33,0
6	Provisionsaufwendungen	3,5	1,9
7	Nettoertrag oder Nettoaufwand des Handelsbestands	3,2	0,7
8	Sonstige betriebliche Erträge	7,0	11,3
9	(weggefallen)	0	0
10	a) Personalaufwand	81,4	73,4
	b) Andere Verwaltungsaufwendungen	41,8	38,0
11	Abschreibungen und Wertberichtigungen auf immaterielle Anlagewerte und Sachanlagen	9,9	7,9
12	Sonstige betriebliche Aufwendungen	4,9	13,0
13	Abschreibungen und Wertberichtigungen auf Forderungen und bestimmte Wertpapiere sowie Zuführungen zu Rückstellungen im Kreditgeschäft	13,0	21,9
14	Erträge aus Zuschreibungen zu Forderungen und bestimmten Wertpapieren sowie aus der Auflösung von Rückstellungen im Kreditgeschäft	0	0
15	Abschreibungen und Wertberichtigungen auf Beteiligungen, Anteile an verbundenen Unternehmen und wie Anlagevermögen behandelte Wertpapiere	0	0
16	Erträge aus Zuschreibungen zu Beteiligungen, Anteile an verbundenen Unternehmen und wie Anlagevermögen behandelten Wertpapieren	0	0
17	Aufwendungen aus Verlustübernahmen	0	0
18	(weggefallen)	0	0
19	**Ergebnis der normalen Geschäftstätigkeit**	**24,8**	**21,2**
20	Außerordentliche Erträge	0	0
21	Außerordentliche Aufwendungen	0	0
22	Außerordentliches Ergebnis	0	0
23	Steuern vom Einkommen und vom Ertrag	13,0	9,9
24	Sonstige Steuern	2,5	2,6
25	**Jahresüberschuss**	**9,3**	**8,7**
26	Gewinnvortrag aus dem Vorjahr	0	0,1
27	Entnahmen aus Ergebnisrücklagen	0	0
28	Einstellungen in Ergebnisrücklagen	0	0
29	**Bilanzgewinn**	**9,3**	**8,8**

Der nach handels- und steuerrechtlichen Vorschriften ermittelte Jahresüberschuss enthält Beträge, die nicht die tatsächliche Ertragslage des abgelaufenen Geschäftsjahres wiedergeben. Um zwischenbetriebliche Erfolgsvergleiche vornehmen zu können, müssen die Bilanzposten daher so zusammengefasst werden, dass sie den Markterfolg des Kreditinstitutes genauer angeben. Als Ergebnis erhält man das **Teilbetriebsergebnis** und das **Betriebsergebnis.**

Beispiel:

Die folgende **Zusammenfassung der GuV-Posten** für das Berichtsjahr 02 lehnt sich an das Schema der Deutschen Bundesbank an:

GuV-Posten		Berichtsjahr 02 in Mio. €
1	Zinserträge	318,2
3	+ Laufende Erträge aus Aktien und Beteiligungen	8,2
4	+ Erträge aus Gewinngemeinschaften, Gewinnabführungs- oder Teilgewinnabführungsverträgen	0,2
2	− Zinsaufwendungen	189,2
	= Zinsüberschuss (1)	137,4
5	Provisionserträge	31,7
6	− Provisionsaufwendungen	3,5
	= Provisionsüberschuss (2)	28,2
10 a	Personalaufwand	81,4
10 b	+ Andere Verwaltungsaufwendungen	41,8
11	+ Abschreibungen und Wertberichtigungen auf immaterielle Anlagewerte und Sachanlagen	9,9
	= Verwaltungsaufwand (3)	133,1
	Teilbetriebsergebnis (1) + (2) – (3)	**32,5**
7	Nettoergebnis des Handelsbestands (4)	3,2
8	Sonstige betriebliche Erträge	7,0
12	− Sonstige betriebliche Aufwendungen	4,9
	= Saldo der sonstigen betrieblichen Aufwendungen und Erträge (5)	2,1
	Betriebsergebnis vor Bewertung (6) = (1) + (2) – (3) + (4) + (5)	**37,8**
13	Abschreibungen und Wertberichtigungen auf Forderungen und bestimmte Wertpapiere sowie Zuführungen zu Rückstellungen im Kreditgeschäft	13,0
14	− Erträge aus Zuschreibungen zu Forderungen und bestimmten Wertpapieren sowie aus der Auflösung von Rückstellungen im Kreditgeschäft	0,0
	= Bewertungsergebnis (Risikovorsorge) (7)	–13,0
	Betriebsergebnis aus normaler Geschäftstätigkeit (6) + (7)	**24,8**
15, 16, 17, 20, 21, 25, 26	+ Saldo der anderen und außerordentlichen Erträge und Aufwendungen[1]	0,0
	= Jahresüberschuss vor Steuern	**24,8**
23, 24	− Steuern vom Einkommen und vom Ertrag	15,5
	= Jahresüberschuss bzw. -fehlbetrag	**9,3**
	Gewinnvortrag aus dem Vorjahr	0,0
	Einstellungen in Gewinnrücklagen	0,0
	= Bilanzgewinn bzw. Bilanzverlust	**9,3**

1 Siehe nachfolgende Übersicht.

Aufgliederung der anderen und außerordentlichen Aufwendungen und Erträge	
Posten der GuV-Rechnung	**Erträge**
16	aus Zuschreibungen zu Beteiligungen, Anteilen an verbundenen Unternehmen und wie Anlagevermögen behandelten Wertpapieren
25	aus Verlustübernahme
20	Außerordentliche Erträge
	Aufwendungen
15	Abschreibungen und Wertberichtigungen auf Beteiligungen, Anteile an verbundenen Unternehmen und wie Anlagevermögen behandelte Wertpapiere
17	Aufwendungen aus Verlustübernahme
21	Außerordentliche Aufwendungen
26	Aufgrund von Gewinngemeinschaft, eines Gewinnabführungs- oder eines Teilgewinnabführungsvertrags abgeführte Gewinne

Quelle: In Anlehnung an Deutsche Bundesbank, Monatsbericht September 2015, S. 43ff.

Das **Teilbetriebsergebnis** umfasst das Ergebnis aus dem laufenden Bankgeschäft ohne das Ergebnis aus dem Eigenhandel.

Das Ergebnis aus dem **Eigenhandel** wird in dem Posten **Nettoertrag oder Nettoaufwand des Handelsbestands** der GuV-Rechnung ausgewiesen. Mit dem Teilbetriebsergebnis gibt es Auskunft über den Erfolg der laufenden Geschäftstätigkeit der Bank. Dieses Ergebnis wird als operatives Ergebnis bezeichnet.

Der Posten **Risikovorsorge** betrifft Abschreibungen bzw. Zuschreibungen auf Forderungen und Wertpapiere sowie die Zuführungen bzw. Auflösungen von Rückstellungen.

Der **Jahresüberschuss (nach Steuern)** zeigt das Ergebnis unter Berücksichtigung der außerordentlichen Aufwendungen und Erträge sowie der Ertragsteuern.

Der **Bilanzgewinn** ist der Erfolg nach der Zuführung bzw. der Auflösung von Rücklagen. Er entspricht in der Regel der Summe des für die Ausschüttung an die Eigentümer vorgesehenen Ertrages (Dividende).

3.3 Auswertungsmöglichkeiten der Gesamtbetriebskalkulation

Für den zwischenbetrieblichen und den innerbetrieblichen **Erfolgsvergleich** lassen sich aus den Ergebnissen der Gesamtbetriebskalkulation verschiedene Erfolgskennzahlen ermitteln.

Bezugsgröße dieser Kennziffern ist jeweils die **durchschnittliche Bilanzsumme.**

Beispiel:

Bei einer durchschnittlichen Bilanzsumme der Handelsbank AG in Höhe von 4971 Mio. € ergibt sich in unserem Fall als

$$\textbf{Bruttozinsspanne} = \frac{(\text{Zinsüberschuss} \cdot 100)}{\text{Durchschnittliche Bilanzsumme}}$$

$$\textbf{Bruttozinsspanne} = \frac{(137{,}4 \cdot 100)}{4971}$$

$$= \mathbf{2{,}76\,\%}$$

Die **Kennzahlen** können sich auf den Wertbereich, den Betriebsbereich, das Handelsergebnis oder auf das Betriebsergebnis des Kreditinstitutes beziehen.

Beispiel:

Für unser Beispiel der Handelsbank AG lassen sich für das Berichtsjahr 02 diese Kennziffern ermitteln:

			Mio. €		durchschnittliche Bilanzsumme 4 971,00 Mio. €	
1		Zinserträge	318,2	}	Zinsertragssatz	6,57 %
3	+	Laufende Erträge aus Aktien und Beteiligungen	8,2			
4	+	Erträge aus Gewinngemeinschaften, Gewinnabführungs- oder Teilgewinnabführungsverträgen	0,2			
2	–	Zinsaufwendungen	189,2		Zinsaufwandssatz	3,81 %
	=	Zinsüberschuss (1)	137,4	→	**Bruttozinsspanne**	**2,76 %**
5		Provisionserträge	31,7			
6	–	Provisionsaufwendungen	3,5			
	=	Provisionsüberschuss (2)	28,2	→	**Provisionsspanne**	**0,57 %**
10a		Personalaufwand	81,4		Personalaufwandsspanne	1,64 %
10b	+	Andere Verwaltungsaufwendungen	41,8	}	Sachaufwandsspanne	1,04 %
11	+	Abschreibungen und Wertberichtigungen auf immaterielle Anlagewerte und Sachanlagen	9,9			
	=	Verwaltungsaufwand (3)	133,1	→	**Bruttobedarfsspanne**	**2,68 %**
		Teilbetriebsergebnis (1) + (2) – (3)	**32,5**			
7		Nettoergebnis des Handelsbestands (4)	3,2	→	**Handelsspanne**	**0,06 %**
8		Sonstige betriebliche Erträge	7,0			
12	–	Sonstige betriebliche Aufwendungen	4,9			
	=	Saldo der sonstigen betrieblichen Aufwendungen und Erträge (5)	2,1	→	**Sonstige Ertragsspanne**	**0,04 %**
		Betriebsergebnis vor Bewertung (6) = (1) + (2) – (3) + (4) + (5)	**37,8**			
13		Abschreibungen u. Wertberichtigungen auf Forderungen und bestimmte Wertpapiere sowie Zuführungen zu Rückstellungen im Kreditgeschäft	13,0			
14	–	Erträge aus Zuschreibungen zu Forderungen und bestimmten Wertpapieren sowie aus der Auflösung von Rückstellungen im Kreditgeschäft	0,0			
	=	Bewertungsergebnis (Risikovorsorge) (7)	– 13,0	→	**Bewertungsspanne (Risikospanne)**	**– 0,26 %**
		Betriebsergebnis aus normaler Geschäftstätigkeit (6) + (7)	**24,8**		**Netto-(Rein-)Gewinnspanne**	**0,50 %**

jeweils in v. H. der durchschnittlichen Bilanzsumme

(1) Wie ermittelt man die Bruttoertragsspanne?

Kennziffer	Beispiel	Erläuterung
Bruttozinsspanne	2,76 %	Die Bruttozinsspanne zeigt den Beitrag, den das **zinsabhängige Kundengeschäft (Wertleistungen)** zum Unternehmensgewinn – ohne Berücksichtigung der Risikokosten – beigetragen hat.
+ Provisionsspanne	0,57 %	Diese Spanne zeigt den Erfolgsbeitrag, den das nicht **zinsabhängige Kundengeschäft (Betriebsleistungen)** in Form von Provisionen zum Erfolg beigetragen hat.
+ Handelsspanne	0,06 %	Die Handelsspanne zeigt den Erfolgsbeitrag durch den **Eigenhandel** mit Wertpapieren, Devisen und ähnlichen Geschäften.
+ Sonstige Ertragsspanne	0,04 %	Hier wird der Erfolgsbeitrag durch die sonstigen betrieblichen Aufwendungen und Erträge erfasst.
= Bruttoertragsspanne	3,44 %	Die Bruttoertragsspanne gibt an, welche Spanne für die Deckung der Bruttobedarfsspanne erwirtschaftet wurde. Es ist somit die **Summe aller Überschüsse aus dem operativen Geschäft** eines Finanzinstitutes.

(2) Wie ermittelt man die Bruttobedarfsspanne?

Personalaufwandsspanne	1,64 %	Der Personalaufwand stellt für die meisten Kreditinstitute den größten Kostenfaktor dar. Er ist daher für zwischenbetriebliche Vergleiche ein interessanter Indikator.
+ Sachaufwandsspanne	1,04 %	Hier werden die übrigen für die betriebliche Leistungserstellung benötigten Betriebskosten erfasst.
+ Bruttobedarfsspanne	2,68 %	Die Bruttobedarfsspanne zeigt an, wie viel Prozent der Bilanzsumme an **betriebsbedingten Kosten** für das operative Geschäft anfallen. In mindestens gleicher Höhe ist eine Bruttoertragsspanne zu erwirtschaften, um kein negatives Betriebsergebnis zu erhalten.

(3) Wie wird die Nettogewinnspanne ermittelt?

Bruttoertragsspanne	3,44 %	
– Bruttobedarfsspanne	2,68 %	
= Bruttogewinnspanne	0,76 %	Die Bruttogewinnspanne gibt an, wie viel v. H. der Bilanzsumme **ohne** Berücksichtigung der **Risikokosten** aus der Verwertung von Wertleistungen, Betriebsleistungen und dem Handelsergebnis erwirtschaftet wurden.
– Bewertungsspanne (Risikospanne)	–0,26 %	Die **Risikokosten** entstehen durch die Wertveränderung im Kredit- und Wertpapiergeschäft der Kreditinstitute. Der Bruttoertrag wird durch die Bewertungsänderungen entweder verringert (Abschreibungen) oder erhöht (Zuschreibungen).
= Netto-(Rein-)-Gewinnspanne	0,50 %	Die **Nettogewinnspanne, auch Reingewinnspanne** genannt, zeigt den Gesamterfolg des Kreditinstituts aus dem Kundengeschäft und dem Eigenhandel. Es ist das **Betriebsergebnis nach Bewertung** (Risikovorsorge), ausgedrückt in v. H. der Bilanzsumme.

(4) Was versteht man unter der Nettozinsspanne?

Kennziffer	Beispiel	Erläuterung
Bruttozinsspanne – Bewertungsspanne (Risikospanne) = Nettozinsspanne	2,76 % –0,26 % 2,50 %	Die Nettozinsspanne bezieht sich **nur** auf den **Wertbereich** des Kreditinstituts. Wegen dieser geringen Aussagekraft kommt dieser Kennziffer nur eine untergeordnete Bedeutung zu.

(5) Ermittlung der Gesamtzinsspanne aus der Zinsertragsbilanz

Die Bruttozinsspanne kann auch aus der **Zinsertragsbilanz** ermittelt werden. Während in der GuV-Rechnung die Zinsen nur global ausgewiesen werden, schlüsselt man diese bei dieser Form der Gesamtzinsspannenrechnung auf. Dabei werden die **Zinsaufwendungen** den Jahresdurchschnittsbeständen der **Passivposten** der Bilanz zugeordnet, die **Zinserlöse** den Jahresdurchschnittsbeständen der **Aktivposten** der Bilanz, welche die Kosten und Erlöse **verursacht haben.**

Die **Gesamtzinsspanne** errechnet sich aus:

Zinserlöse in v. H. des durchschnittlichen Bilanzvolumens
– Zinskosten in v. H. des durchschnittlichen Bilanzvolumens
= Gesamtzinsspanne in v. H. des durchschnittlichen Bilanzvolumens

Beispiel:

Zinsertragsbilanz
Handelsbank zum 31. 12. 01

Aktivposten	Ø-Bestände in Tsd.	Zinserträge in Tsd.	Ø-Zinssatz in %
Forderungen an Kunden			
a) weniger als 4 Jahre	30 100	3 260	10,83
b) 4 Jahre oder länger	67 000	5 690	8,49
Wechsel	1 500	160	10,67
Wertpapiere	20 400	1 540	7,55
Beteiligungen	1 100	30	2,73
Forderungen an KI (ohne Mindestreserve)	26 100	1 340	5,13
Ausgleichs- und Deckungsforderungen	1 200	45	3,75
Summe d. verzinslichen Aktiva/Zinserträge	147 400	12 065	8,19
Unverzinsliche Aktivposten			
Barreserve (einschließlich Mindestreserve)	10 400	–	–
Betriebs- und Geschäftsausstattung	900	–	–
Grundstücke und Gebäude	4 400	–	–
Treuhandkredite	700	–	–
Übrige Aktivposten	100	–	–
Summe der unverzinslichen Aktiva	16 500	–	–
∅ Bilanzsumme/ Zinserträge	163 900	12 065	7,36

Passivposten	Ø-Bestände in Tsd.	Zinsaufwend. in Tsd.	Ø-Zinssatz in %
Verbindlichkeiten gegenüber Kunden			
1. Spareinlagen			
a) dreimonatige Kündigung	60 400	2 510	4,16
b) mehr als dreimonatige Künd.	50 500	3 005	5,95
2. Andere Verb.			
a) täglich fällig	22 090	120	0,54
b) weniger als 3 Monate	250	5	2,0
c) mind. 3 Monate, aber weniger als 4 Jahre	760	30	3,95
d) 4 Jahre und länger	1 260	100	7,94
Verbindlichkeiten gegenüber KI	8 600	350	4,07
a) täglich fällig	1 080	50	4,63
b) weniger als 4 Jahre	9 650	640	6,63
c) 4 Jahre oder länger			
Summe d. verzinslichen Passivposten/Zinsaufw.	154 590	6 810	4,41
Unverzinsliche Passivposten			
Grundkapital	1 800	–	–
Rücklagen	4 000	–	–
Wertberichtigungen	2 300	–	–
Treuhandkredite	700	–	–
Übrige Passiva	510	–	–
Summe der unverzinslichen Passivposten	9 310	–	–
Ø Bilanzsumme/ Zinsaufwendungen	163 900	6 810	4,15

	Zinserträge in v. H. der Ø Bilanzsumme	7,36
–	Zinsaufwendungen in v. H. der Ø Bilanzsumme	4,15
=	Gesamtzinsspanne in v. H. der Ø Bilanzsumme	3,21

Die **Auswertung** der Gesamtzinsspannenrechnung kann innerbetrieblich, zwischenbetrieblich oder durch den Vergleich von Plan-Werten (Soll) mit Ist-Werten erfolgen.

Die Zinsertragsbilanz ermöglicht einen Überblick über die **Struktur** des Aktiv- und Passivgeschäftes mit den anteiligen Zinserlösen bzw. Zinskosten.

B

Auf einen Blick

Ermittlung von Teilbetriebsergebnis, Betriebsergebnis und Bilanzgewinn/-verlust

GuV-Posten		Berichtsjahr 02 Mio. €		durchschnittliche Bilanzsumme 1,00 Mio. €		
1	Zinserträge		}	Zinsertragssatz	0,00 %	jeweils in v.H. der durchschnittlichen Bilanzsumme
3	+ Laufende Erträge aus Aktien und Beteiligungen					
4	+ Erträge aus Gewinngemeinschaften, Gewinnabführungs- oder Teilgewinnabführungsverträgen					
2	– Zinsaufwendungen		→	Zinsaufwandssatz	0,00 %	
	= Zinsüberschuss (1)	0,0	→	**Bruttozinsspanne**	**0,00 %**	
5	Provisionserträge					
6	– Provisionsaufwendungen					
	= Provisionsüberschuss (2)	0,0	→	**Provisionsspanne**	**0,00 %**	
10 a	Personalaufwand		→	Personalaufwandsspanne	0,00 %	
10 b	+ Andere Verwaltungsaufwendungen		}	Sachaufwandsspanne	0,00 %	
11	+ Abschreibungen und Wertberichtigungen auf immaterielle Anlagewerte und Sachanlagen					
	= Verwaltungsaufwand (3)	0,0	→	**Bruttobedarfsspanne**	**0,00 %**	
	Teilbetriebsergebnis (1) + (2) – (3)	**0,0**				
7	**Nettoergebnis des Handelsbestands (4)**		→	**Handelsspanne**	**0,00 %**	
8	Sonstige betriebliche Erträge					
12	– Sonstige betriebliche Aufwendungen					
	= Saldo der sonstigen betrieblichen Aufwendungen und Erträge (5)	0,0	→	**Sonstige Ertragsspanne**	**0,00 %**	
	Betriebsergebnis vor Bewertung (6) = (1) + (2) – (3) + (4) + (5)	**0,0**				
13	Abschreibungen und Wertberichtigungen auf Forderungen und bestimmte Wertpapiere sowie Zuführungen zu Rückstellungen im Kreditgeschäft					
14	– Erträge aus Zuschreibungen zu Forderungen und bestimmten Wertpapieren sowie aus der Auflösung von Rückstellungen im Kreditgeschäft					
	= Bewertungsergebnis (Risikovorsorge) (7)	0,0	→	**Bewertungsspanne (Risikospanne)**	**0,00 %**	
	Betriebsergebnis aus normaler Geschäftstätigkeit (6) + (7)	**0,0**	→	**Netto-(Rein-) Gewinnspanne**	**0,00 %**	
15, 16, 17, 20, 21, 25, 26	+ Saldo der anderen und außerordentlichen Erträge auf Aufwendungen	0,0				
	= Jahresüberschuss vor Steuern	**0,0**				
23, 24	– Steuern vom Einkommen und vom Ertrag					
	= Jahresüberschuss bzw. -fehlbetrag	**0,0**				
	Gewinnvortrag aus dem Vorjahr					
	Einstellungen in Gewinnrücklagen					
	Bilanzgewinn bzw. Bilanzverlust	**0,0**				

■ **Zusammenfassende Kennziffern:**

	Bruttozinsspanne	0,00 %
+	Provisionsspanne	0,00 %
+	Handelsspanne	0,00 %
+	Sonstige Ertragsspanne	0,00 %
=	**Bruttoertragsspanne**	**0,00 %**
	Personalaufwandsspanne	0,00 %
+	Sachaufwandsspanne	0,00 %
=	**Bruttobedarfsspanne**	**0,00 %**
	Bruttoertragsspanne	0,00 %
–	Bruttobedarfsspanne	0,00 %
=	Bruttogewinnspanne	0,00 %
–	Bewertungsspanne (Risikospanne)	0,00 %
=	**Netto-(Rein-)Gewinnspanne**	**0,00 %**
	Bruttozinsspanne	0,00 %
–	Bewertungsspanne (Risikosp.)	0,00 %
=	**Nettozinsspanne**	**0,00 %**

Kompetenztraining

18 Ermitteln Sie das kalkulatorische Betriebsergebnis!

Zinserlöse	49 Mio. €
Zinskosten	35 Mio. €
Kalkulatorische Eigenkapitalkosten	0,8 Mio. €
Kostensteuern	0,5 Mio. €
Ertragsteuern	1 Mio. €
Gebühren- und Provisionserlöse	11 Mio. €
Provisionskosten für Fremdleistungen	2 Mio. €
Personalkosten	9,3 Mio. €
Sonstige Sachkosten einschl. kalkulatorischer Mieten	5 Mio. €
Kalkulatorische Abschreibungen auf Sachanlagen	2,9 Mio. €
Zuführung zu Gewinnrücklagen	2 Mio. €

19 Berechnen Sie das Betriebsergebnis der Inter Bank GmbH!

Zinsaufwendungen	74 900 TEUR
Personalaufwendungen	34 800 TEUR
Sachaufwendungen	22 600 TEUR
Körperschaftsteuer	7 100 TEUR
Neutrale Aufwendungen	3 160 TEUR
Zinserträge	168 300 TEUR
Provisionen aus dem Bankgeschäft	11 100 TEUR
Neutrale Erträge	2 140 TEUR

20 Die Gesamtzinsspannenrechnung der Handelsbank zum 31. Dezember 01 (s. Beispiel S. 200) zeigt **ein Jahr später** diese Zahlen:

Handelsbank **zum 31. Dez. 02**

Aktivposten	Ø-Bestände in Tsd.	Zinserträge in Tsd.	Ø-Zinssatz in %
Forderungen an Kunden			
a) weniger als 4 Jahre	31 200	3 120	
b) 4 Jahre oder länger	71 500	5 370	
Wechsel	1 500	150	
Wertpapiere	22 700	1 530	
Beteiligungen	1 100	30	
Forderungen an KI (ohne Mindestreserve)	23 520	1 030	
Ausgleichs- und Deckungsforderungen	1 200	45	
Summe d. verzinslichen Aktiva/Zinserträge	152 720	11 275	
Unverzinsliche Aktivposten			
Barreserve (einschließlich Mindestreserve)	11 600	–	–
Betriebs- und Geschäftsausstattung	920	–	–
Grundstücke und Gebäude	4 350	–	–
Treuhandkredite	650	–	–
Übrige Aktivposten	130	–	–
Summe der unverzinslichen Aktiva	17 650	–	–
Ø Bilanzsumme/Zinserträge	170 370	11 275	

Passivposten	Ø-Bestände in Tsd.	Zinsaufwend. in Tsd.	Ø-Zinssatz in %
Verbindlichkeiten gegenüber Kunden			
1. Spareinlagen			
a) dreimonatige Kündigung	64 100	2 820	
b) mehr als dreimonatige Künd.	51 500	3 260	
2. Andere Verb.			
a) täglich fällig	20 080	135	
b) weniger als 3 Monate	300	7	
c) mind. 3 Monate, aber weniger als 4 Jahre	1 100	47	
d) 4 Jahre und länger	1 950	160	
Verbindlichkeiten gegenüber KI			
a) täglich fällig	9 200	395	
b) weniger als 4 Jahre	1 200	60	
c) 4 Jahre oder länger	10 700	770	
Summe d. verzinslichen Passivposten/Zinsaufw.	160 130	7 654	
Unverzinsliche Passivposten			
Grundkapital	1 800	–	–
Rücklagen	4 600	–	–
Wertberichtigungen	2 700	–	–
Treuhandkredite	650	–	–
Übrige Passiva	490	–	–
Summe der unverzinslichen Passivposten	10 240	–	–
Ø Bilanzsumme/Zinsaufwendungen	170 370	7 654	

a) Berechnen Sie die Gesamtzinsspanne!

b) Vergleichen Sie die Ergebnisse dieser Gesamtzinsspannenrechnung mit der des Vorjahres!

c) Worauf sind die Unterschiede zurückzuführen?

21 Aus der GuV-Rechnung der Südbank AG wurde folgende Gesamtbetriebskalkulation ermittelt:

Ermittlung des Teilbetriebsergebnisses und des Betriebsergebnisses der Südbank AG				
	Jahr 02 Mio. €	Jahr 01 Mio. €	Veränderungen	
			Mio. €	v.H.
Zinserträge	13889,2	13342,0		
+ Laufende Erträge aus Aktien und Beteiligungen	326,2	305,5		
+ Erträge aus Gewinngemeinschaften, Gewinnabführungs- oder Teilgewinnabführungsverträgen	0,0	0,0		
− Zinsaufwendungen	10428,0	10080,5		
= Zinsüberschuss (1)	3787,4	3567,0		
Provisionserträge	772,4	702,1		
− Provisionsaufwendungen	116,5	117,7		
= Provisionsüberschuss (2)	655,9	584,4		
Personalaufwand	1541,8	1566,8		
+ Andere Verwaltungsaufwendungen	708,4	726,2		
+ Abschreibungen und Wertberichtigungen auf immaterielle Anlagewerte und Sachanlagen	205,3	180,6		
= Verwaltungsaufwand (3)	2455,5	2473,6		
Teilbetriebsergebnis (1) + (2) – (3)	**1987,8**	**1677,8**		
Nettoergebnis des Handelsbestands (4)	190,1	152,6		
Sonstige betriebliche Erträge	43,8	23,2		
− Sonstige betriebliche Aufwendungen	170,5	78,5		
= Saldo der sonst. betriebl. Aufw. und Erträge (5)	–126,7	–55,3		
Betriebsergebnis vor Bewertung (6) = (1) + (2) – (3) + (4) + (5)	**2051,2**	**1775,1**		
Abschreibungen und Wertberichtigungen auf Forderungen und bestimmte Wertpapiere sowie Zuführungen zu Rückstellungen im Kreditgeschäft	1207,5	697,1		
− Erträge aus Zuschreibungen zu Forderungen und bestimmten Wertpapieren sowie aus der Auflösung von Rückstellungen im Kreditgeschäft	0,0	0,0		
= Bewertungsergebnis (Risikovorsorge) (7)	–1207,5	–697,1		
= **Betriebsergebnis aus norm. Geschäftstät. (6) + (7)**	**843,7**	**1078,0**		
+ Saldo der anderen und außerordentlichen Erträge und Aufwendungen	–15,2	–6,3		
= **Jahresüberschuss vor Steuern**	**828,5**	**1071,7**		
− Steuern vom Einkommen und vom Ertrag	210,8	404,0		
= **Jahresüberschuss bzw. -fehlbetrag**	**617,7**	**667,7**		
Gewinnvortrag aus dem Vorjahr	0,0	0,0		
Einstellungen in Gewinnrücklagen	150,0	200,0		
= **Bilanzgewinn**	**467,7**	**467,7**		

a) Ermitteln Sie die Veränderungen gegenüber dem Vorjahr in Mio. Euro und in %!

b) Wie beurteilen Sie die Aussage, dass die Südbank AG im Jahr 02 gegenüber dem Vorjahr am Markt weniger erfolgreich gearbeitet hat?

c) Ein Aktionär wirft dem Vorstand der Südbank AG vor, zu risikoreiche Geschäfte abzuwickeln. Womit könnte dieser Aktionär seinen Vorwurf begründen?

d) Welche Dividendenpolitik der Südbank AG können Sie aus der Gesamtbetriebskalkulation ableiten?

22 Ermitteln Sie anhand der GuV-orientierten Gesamtbetriebskalkulation der Südbank AG (siehe Aufgabe 21) für das Jahr 01 die folgenden Werte:

Die durchschnittliche Bilanzsumme im Jahr 01 beträgt 340 000 Mio. €.

	Bruttozinsspanne	%
+	**Provisionsspanne**	%
+	**Handelsspanne**	%
+	**Sonstige Ertragsspanne**	%
=	**Bruttoertragsspanne**	%

	Personalaufwandsspanne	%
+	**Sachaufwandsspanne**	%
=	**Bruttobedarfsspanne**	%

	Bruttoertragsspanne	%
–	**Bruttobedarfsspanne**	%
=	**Bruttogewinnspanne**	%
–	**Bewertungsspanne (Risikospanne)**	%
=	**Netto-(Rein-)Gewinnspanne**	%

	Bruttozinsspanne	%
–	**Bewertungsspanne (Risikospanne)**	%
=	**Nettozinsspanne**	%

23 Bei der Auswertung der Gesamtbetriebskalkulation wird in der Praxis bevorzugt das prozentuale **Verhältnis von Aufwendungen zu Erträgen** herangezogen. Diese sogenannte **Cost-Income-Ratio** beträgt bei Aufgabe 21 für das Jahr 02:

TEUR	**Zinsüberschuss**	3 787,40	**Nettoergebnis des Handelsbestands**	190,10	**Provisionsüberschuss**	655,90	**Sonstige Ergebnisse**	–1 334,20
Veränderungen								
Summen		3 787,40		190,10		655,90		–1 334,20

Verwaltungsaufwand	2 455,50
Veränderungen	
Summe	2 455,50

:

Betriebserträge	3 299,20

Aufwand-Ertrags-Verhältnis (Cost-Income-Ratio)	**74,43%**

a) Wie hoch war die Cost-Income-Ratio im Jahr 01 bei Aufgabe 21?

b) Erstellen Sie eine Excel-Tabelle, mit der Sie die Cost-Income-Ratio ermitteln und gleichzeitig Änderungen der verschiedenen Erfolgsgrößen simulieren können!

c) Wie verändert sich die Cost-Income-Ratio für das Jahr 02, wenn ausschließlich der Zinsüberschuss um 1 % erhöht werden soll?

d) Welche Auswirkungen hätte auf die Ausgangssituation des Jahres 02 eine Senkung des Verwaltungsaufwandes um 1 %?

24 Die Wetterauer Volksbank eG hat eine durchschnittliche Bilanzsumme von 1 428,5 Mio. €. Diese Bank hat die folgende Gewinn- und Verlustrechnung veröffentlicht.

GuV-Posten		Berichtsjahr 02 in Mio. €
1	Zinserträge	85,5
2	Zinsaufwendungen	38,6
3	Laufende Erträge aus Aktien und Beteiligungen	3,1
4	Erträge aus Gewinngemeinschaften, Gewinnabführungs- oder Teilgewinnabführungsverträgen	0,4
5	Provisionserträge	9,6
6	Provisionsaufwendungen	0,6
7	Nettoergebnis des Handelsbestands	0,2
8	Sonstige betriebliche Erträge	3,3
9	(weggefallen)	0,0
10	a) Personalaufwand	24,7
	b) Andere Verwaltungsaufwendungen	13,6
11	Abschreibungen und Wertberichtigungen auf immaterielle Anlagewerte und Sachanlagen	5,4
12	Sonstige betriebliche Aufwendungen	0,8
13	Abschreibungen und Wertberichtigungen auf Forderungen und bestimmte Wertpapiere sowie Zuführungen zu Rückstellungen im Kreditgeschäft	4,1
14	Erträge aus Zuschreibungen zu Forderungen und bestimmten Wertpapieren sowie aus der Auflösung von Rückstellungen im Kreditgeschäft	0,0
15	Abschreibungen und Wertberichtigungen auf Beteiligungen, Anteile an verbundenen Unternehmen und wie Anlagevermögen behandelte Wertpapiere	0,1
16	Erträge aus Zuschreibungen zu Beteiligungen. Anteile an verbundenen Unternehmen und wie Anlagevermögen behandelten Wertpapieren	0,0
17	Aufwendungen aus Verlustübernahmen	0,0
18	(weggefallen)	0,0
19	Ergebnis der normalen Geschäftstätigkeit	14,2
20	Außerordentliche Erträge	0,0
21	Außerordentliche Aufwendungen	0,0
22	Außerordentliches Ergebnis	0,0
23	Steuern vom Einkommen und vom Ertrag	8,4
24	Sonstige Steuern	– 0,1
25	Jahresüberschuss	5,9
26	Gewinnvortrag aus dem Vorjahr	0,0
27	Entnahmen aus Ergebnisrücklagen	0,0
28	Einstellungen in Ergebnisrücklagen	2,0
29	Bilanzgewinn	3,9

a) Ermitteln Sie das Teilbetriebsergebnis und das Betriebsergebnis nach Bewertung!

b) Ermitteln Sie die Bruttoertragsspanne, die Bruttobedarfsspanne, die Bruttogewinnspanne, die Risikospanne, die Nettogewinnspanne und die Nettozinsspanne!

4 Kalkulation von Bankdienstleistungen im Wertbereich

Einstieg

Eine Kundin beabsichtigt den Kauf einer Eigentumswohnung. Diese wird in etwa 6 Monaten fertiggestellt sein. Bis dahin will sie 50 000,00 € anlegen, die dann zur Mitfinanzierung des Kaufpreises der Eigentumswohnung von insgesamt 270 000,00 € verwendet werden sollen. Die Kundin verlangt für die Einlage eine Verzinsung von 3 %, für ein Darlehen zur Restfinanzierung wäre sie bereit, 5,5 % Zinsen zu bezahlen.

Unter welchen Bedingungen könnte das Kreditinstitut die Konditionenwünsche der Kundin erfüllen?

Die bisher durchgeführte Gesamtbetriebskalkulation gibt auf diese Frage noch keine Antwort. Es ist vielmehr erforderlich, die Faktoren zu ermitteln, die zu der Gesamtzinsspanne bzw. zum Betriebsergebnis geführt haben.

Zu diesem Zweck wird die Kosten- und Erlösrechnung von der **Gesamtbetrachtung** zu einer **Einzelbetrachtung der Erfolgsfaktoren** im **Wertbereich** und im **Betriebsbereich** geführt.

- Im **Wertbereich** erfolgt die Analyse der Gesamtzinsspanne in **Teilzinsspannen** (Margen).
- Im **Betriebsbereich** werden die Kosten und Erlöse durch die **Stückleistungskalkulation** in Teilkosten zerlegt.

Betrachten wir zunächst den Wertbereich.

Grundsätzlich könnte ein Kreditinstitut den Zinswünschen der Kunden dann entsprechen, wenn im **Passivgeschäft** die Zinskosten aus der Geldaufnahme niedriger sind als die Zinserlöse für eine Anlage der aufgenommenen Mittel. Im **Aktivgeschäft** gilt, dass die Zinserlöse aus einem Geschäft höher sind als die Zinskosten, die für die Refinanzierung gezahlt werden müssen.

Das heute in der **Praxis** vorherrschende **Verfahren der Kalkulation der Zinsgeschäfte** ist die **Marktzinsmethode.**

4.1 Marktzinsmethode

(1) Ziel und Grundgedanke

Ziel der Marktzinsmethode ist es, die **Preisuntergrenze** im Wertbereich zu ermitteln.

Der **Grundgedanke** der Marktzinsmethode beruht darauf, dass für **jedes Kundengeschäft** im **Aktiv- und Passivbereich** ein vergleichbares **alternatives Geschäft** mit **gleicher Laufzeit am Geld- und Kapitalmarkt** möglich ist. Das bedeutet, dass der Erfolg an den **Opportunitätskosten** gemessen wird. Dabei werden die Aktiv- und Passivgeschäfte jeweils mit den Alternativen auf der gleichen Bilanzseite gemessen.

Beispiele:

- Statt der Hereinnahme von Sichteinlagen von Kunden könnte auch Tagesgeld am Geldmarkt aufgenommen werden.
- Als Alternative zur Gewährung eines Darlehens an einen Kunden könnte die Anlage in festverzinslichen Wertpapieren am Kapitalmarkt vorgenommen werden.

Für ein Kreditinstitut lohnt sich ein Geschäft mit Kunden nur dann, wenn es einen höheren Zinsertrag bringt als die risikolosere Anlage am Geld- und Kapitalmarkt.

Durch dieses Vorgehen lässt sich kalkulatorisch die Aktivseite der Bilanz von der Passivseite trennen.

Die Kundenberater werden in die Lage versetzt, den Erfolg der jeweiligen Akquisition sofort abschätzen zu können.

(2) Wie ist die Marktzinsmethode aufgebaut?

Kunden-geschäfte		Differenz		**Alternative am GKM**			**Tages-geldzins**	**Bankbilanz**		**Tages-geldzins**	**Alternative am GKM**			Differenz		**Kunden-geschäfte**	
								Aktiva	Passiva								
Zins-ertrag	Zinssatz	Betrag	Marge	Anlage-form	Zins-ertrag	Zinssatz					Art	Zinssatz	Zins-aufwand	Marge	Betrag	Zinssatz	Zins-aufwand
32 500,00	6,50 %	13 500,00	2,70 %	Termin-geld 4 Mon.	19 000,00	3,80 %	2,30 %	Konto-korrent-kredit 500 000,00	Sicht-einlage 500 000,00	2,30 %	Tages-geld	2,30 %	11 500,00 0,00 0,00 0,00	1,80 %	9 000,00	0,50 %	2 500,00 0,00 0,00 0,00
Durchschn. Soll-zinsen	6,50 %				Durchschn. GKM-Satz aktiv	3,80 %	2,30 %	Struktur-beitrag Aktiva 1,50 % Kondi-tionen-beitrag Aktiva 2,70 %	Struktur-beitrag Passiva 0,00 % Kondi-tionen-beitrag Passiva 1,80 %	2,30 %	Durchschn. GKM-Satz passiv	2,30 %				0,50 %	Durchschn Haben-zinsen
								Strukturbeitrag	1,50 %								
								Konditionenbeitrag	4,50 %								
								Bruttozinsspanne	6,00 %								

Sehen wir uns die einzelnen Schritte der Marktzinsmethode am obigen **Beispiel** an.

1. Die Kundenberater müssen über die Preisober- und die Preisuntergrenze der einzelnen Geschäfte informiert werden:

   Die **Preisobergrenze** wird bei Kreditinstituten durch die Konditionen der jeweiligen Mitwettbewerber bestimmt. Die **Preisuntergrenze** für die Kreditinstitute bilden die alternativen Zinssätze zu den einzelnen Bankprodukten am Geld- und Kapitalmarkt (GKM). Zu diesen Konditionen können sich die Kreditinstitute jeweils refinanzieren.

2. Zuordnung der **Alternativzinssätze** zu den **Bankprodukten**:

   Eine Entscheidung darüber, ob die Zinsmarge für ein einzelnes Geschäft ausreicht, kann erst getroffen werden, wenn den Mitarbeitern die jeweiligen Vergleichskonditionen des Geld- und Kapitalmarktes bekannt gemacht werden.

Eine mögliche Zuordnung könnte sein:

Aktiva	**Mögliche Vergleichszinssätze am Geld- und Kapitalmarkt**
Kontokorrentkredite, Dispositionskredite	Tagesgeld
Variabel verzinsliche Darlehen	Sätze für Termingelder je nach Laufzeit der Darlehen
Festverzinsliche Darlehen	Sätze für die laufzeitentsprechende Refinanzierung
Passiva	
Termineinlagen	Geldmarktsätze gleicher Laufzeit
Spareinlagen	Mischsatz aus Dreimonatsgeld und langfristigem Kapitalmarktzins

Das Kreditinstitut muss die entsprechenden Geld- und Kapitalmarktzinssätze laufend feststellen und den Entscheidungsträgern für Aktiv- und Passivgeschäfte als Vergleichszinssätze zur Verfügung stellen.

3. **Konditionenbeiträge ermitteln:**

Das Kreditinstitut benötigt einen Betrag von 500 000,00 €. Es hat die Möglichkeit, dieses Geld am Geldmarkt zu 2,3 % **oder** alternativ durch die Hereinnahme einer Sichteinlage von Kunden zu 0,5 % zu beschaffen. Durch den Vergleich der alternativen Finanzierungskosten wird der Konditionenbeitrag für jedes Einzelgeschäft ermittelt.

Im **obigen Beispiel** errechnen sich die aktiven und passiven Konditionenbeiträge wie folgt:

Konditionenbeitrag Passiva

Kapitalbeschaffung	**Kosten in %**	**Betrag €**
Kapitalbeschaffung über den Geldmarkt	2,3	11 500,00
– Hereinnahme von Sichteinlagen	0,5	2 500,00
= Konditionenbeitrag Passiva	**1,8**	**9 000,00**

Das Kreditinstitut kann die 500 000,00 € entweder am Geldmarkt als 4-Monats-Termingeld zu 3,8 % anlegen **oder** einen Kontokorrentkredit zu 6,5 % gewähren.

Konditionenbeitrag Aktiva

Kapitalverwendung	**Erlöse in %**	**Betrag €**
Gewährung eines Kontokorrentkredites	6,5	32 500,00
– Anlage am Geldmarkt (Termingeld 4 Mon.)	3,8	19 000,00
= Konditionenbeitrag Aktiva	**2,7**	**13 500,00**

Der **Konditionenbeitrag von insgesamt 4,5 %** ergibt sich aus der Summe des aktiven und passiven Konditionenbeitrags.

Da der Konditionenbeitrag von den Kundenbetreuern dadurch erzielt wurde, dass diese mit den Kunden bessere Konditionen vereinbart haben, als die Finanzierung bzw. Refinanzierung am Geld- und Kapitalmarkt erbracht hätte, wird ihnen dieser Erfolg zugerechnet.

Da durch den Konditionenbeitrag zum Beispiel auch die durch den Mitarbeiter verursachten Kosten für die Beratung gedeckt werden müssen, wird die Geschäftsleitung eine **Mindestmarge** festlegen, die von dem Kundenberater nicht unterschritten werden darf.

4. **Bruttozinsspanne feststellen:**

Wenn Sie die Differenz der Zinskonditionen der beiden Kundengeschäfte miteinander vergleichen, können Sie einen Zinsüberschuss von 30 000,00 € oder 6 % feststellen. Diese **Bruttozinsspanne** ist aber nicht identisch mit dem Konditionenbeitrag von 4,5 %. Worauf ist diese Differenz zurückzuführen?

5. **Fristentransformationsbeitrag (Strukturbeitrag) ermitteln:**

Die Ursache für die verbleibende Differenz von 1,5 % ergibt sich aus der vom Kreditinstitut vorgenommenen **Fristentransformation.** Das Kreditinstitut hat das beschaffte Geld nicht fristenkongruent, sondern längerfristig angelegt. Für das Kreditinstitut ist dadurch ein Zinsänderungsrisiko entstanden, falls sich der Zinssatz für die Kapitalbeschaffung schneller verändert, als die Zinsanpassung des Aktivzinses erfolgen kann. Diese Differenz wird auch als **Strukturbeitrag** bezeichnet.

Den Strukturbeitrag könnte eine Bank auch ohne Kundengeschäfte erzielen, wenn nur Geld- und Kapitalmarktgeschäfte abgeschlossen würden. In dem Beispiel könnte die Bank am GKM Tagesgeld zu 2,3 % aufnehmen und als Termingeld (4 Monate Laufzeit) zu 3,8 % anlegen. Als Strukturbeitrag ergibt sich die Differenz von 1,5 %.

Eine **Aufspaltung** des Strukturbeitrags in einen aktivischen und passivischen Strukturbeitrag erhält man, wenn die Fristentransformation anhand eines **Referenzzinssatzes** gemessen wird. Als Referenzzinssatz wird meist der Tagesgeldzinssatz am Kapitalmarkt herangezogen.

In **unserem Beispiel** ergibt sich die folgende Aufteilung des Strukturbeitrags:

Passiver Strukturbeitrag

Kapitalbeschaffung am GKM	Kosten in %
Tagesgeldsatz	2,3
– Durchschn. GKM-Satz passiv	2,3
= **Strukturbeitrag Passiva**	**0,0**

Aktiver Strukturbeitrag

Kapitalanlage am GKM	Erlöse in %
Durchschn. GKM-Satz aktiv	3,8
– Tagesgeldsatz	2,3
= **Strukturbeitrag Aktiva**	**1,5**

Der Strukturbeitrag ist der Preis dafür, dass das Kapital im Termingeld länger als bei einer Tagesgeldanlage gebunden ist.

Da auf der Passivseite in diesem Beispiel keine Fristentransformation vorliegt, entsteht auch kein passiver Strukturbeitrag.

Der Strukturbeitrag von 1,5 % ist nicht dem Kundenbetreuer als Erfolg zuzurechnen, weil er auch erzielt worden wäre, wenn das Kreditinstitut sich das Kapital als Tagesgeld am Geldmarkt zu 2,3 % beschafft und es dort als Termingeld für vier Monate zu 3,8 % angelegt hätte. Aus diesem Grunde ist der Strukturbeitrag als Leistung der **Geschäftsleitung** anzusehen.

(3) Wie ist die Marktzinsmethode zu beurteilen?

Der **Hauptvorteil** dieser Methode liegt darin, dass sie sich immer an aktuellen Marktkonditionen orientiert, was inbesondere bei stark schwankenden Zinsen am GKM wichtig ist.

Den Kundenberatern müssen daher sehr kurzfristig die entsprechenden Änderungen der Zinssätze am Geld- und Kapitalmarkt zur Verfügung gestellt werden.

Zu falschen Entscheidungen kann es kommen, wenn das Kreditinstitut entweder

- mehr Mittel beschafft hat als Kreditnachfrage vorhanden ist oder
- die Kreditnachfrage höher ist als die Mittel aus passivischen Kundengeschäften.

Hat das Kreditinstitut keinen eigenständigen Zugang zum Geld- und Kapitalmarkt, wie zum Beispiel kleinere Kreditgenossenschaften oder Sparkassen, dann ist die Refinanzierung bzw. Kapitalanlage nur bei der genossenschaftlichen Zentralbank bzw. der Girozentrale möglich. Diese berechnen aber ungünstigere Konditionen als die Geld- und Kapitalmarktsätze. Für eine richtige Entscheidung müssen die Kreditinstitute aber diese Refinanzierungs- bzw. Geldanlagesätze ansetzen.

Auf einen Blick

- Die Marktzinsmethode ist eine Kalkulationsmethode zur Ermittlung von Preisuntergrenzen im Wertbereich.
- Es findet eine Trennung von Aktiv- und Passivgeschäften statt.
- Die Erfolge von Aktiv- und Passivgeschäften werden an den jeweiligen **Opportunitätskosten** alternativer Geschäfte am Geld- und Kapitalmarkt gemessen.
- Der **Zinsüberschuss** (Bruttozinsspanne) wird in einen **Konditionenbeitrag** und einen **Strukturbeitrag** zerlegt.
- Der **Konditionenbeitrag** wird erzielt, wenn die Geldbeschaffung oder die Geldverwendung zu günstigeren Konditionen erfolgt, als bei der alternativen Finanzierung am Geld- und Kapitalmarkt möglich ist.
- Der **Strukturbeitrag** ergibt sich aus der **Fristentransformation**, weil die Geschäftsleitung das Risiko einer nicht fristenkongruenten Finanzierung eingeht.

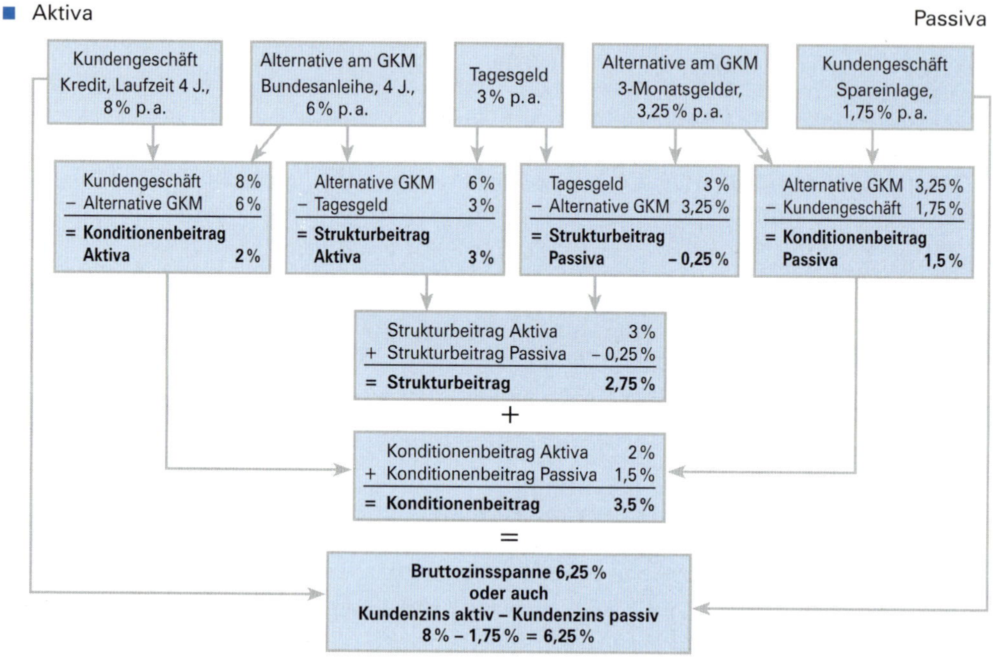

Kompetenztraining

25 Erstellen Sie ein Excel-Arbeitsblatt nach folgendem Muster, um die Auswirkungen von Geschäften auf Strukturbeitrag, Konditionenbeitrag und die Bruttozinsspanne sofort ablesen zu können!

	A	B	C	D	E	F	G	H	I	J	K	L	M	N	O	P	Q	R	S	T
1	**Kunden-geschäfte**		Differenz		**Alternative am GKM**			**Tagesgeld-zins**	**Bankbilanz**				**Tagesgeld-zins**	**Alternative am GKM**			Differenz		**Kunden-geschäfte**	
2									Aktiva			Passiva								
3	Zins-ertrag	Zinssatz	Betrag	Marge	Anlage-form	Zins-ertrag	Zinssatz							Art	Zins-satz	Zins-aufwand	Marge	Betrag	Zinssatz	Zins-aufwand
4	32 500,00	6,50 %	13 500,00	2,70 %	Termin-geld 4 Mon.	19 000,00	3,80 %	2,30 %	Konto-korrent-kredit	500 000,00	Sicht-einlage	500 000,00	2,30 %	Tages-geld	2,30 %	–11 500,00	1,80 %	9 000,00	0,50 %	2 500,00
5	0,00	8,00 %	0,00	8,00 %	Anleihe	0,0	0,00 %	2,30 %		0,00		0,00	2,30 %	0,00	0,00 %	0,00	0,00 %	0,00	0,00 %	0,00
6																				
7																0,00				0,00
8																0,00				0,00
9																0,00				0,00
10								2,30 %					2,30 %							
11						Durchschn. GKM-Satz aktiv	3,80 %		Struktur-beitrag Aktiva	1,50 %	Struktur-beitrag Passiva	0,00 %		Durchschn. GKM-Satz passiv	2,30 %					
12	Durchschn. Soll-zinsen	6,50 %							Kondi-tionen-beitrag Aktiva	2,70 %	Kondi-tionen-beitrag Passiva	1,80 %							0,50 %	Durchschn. Haben-zinsen
13																				
14									Strukturbeitrag			1,50 %								
15									Konditionenbeitrag			4,50 %								
16									Bruttozinsspanne			6,00 %								

Lösen Sie die folgenden Aufgaben entweder mit dem Taschenrechner oder mit Ihrem Excel-Arbeitsblatt Marktzinsmethode!

26 Ein Kreditinstitut beschafft sich 50 000,00 € Spareinlagen mit einer Kündigungsfrist von drei Monaten zu 3 % p. a. Alternativ könnte bei der Zentrale Monatsgeld zu 5,5 % p. a. aufgenommen werden.

Es gewährt ein Darlehen von 50 000,00 € mit einer Laufzeit von 5 Jahren zu 7 % p. a. fest. Alternativ könnten 5,5 %ige Anleihen mit gleicher Laufzeit zu pari gekauft werden.

Tagesgeldsatz am GKM 3,2 %.

Ermitteln Sie

a) die Bruttozinsspanne,

b) die Konditionenbeiträge Aktiva und Passiva sowie den Konditionenbeitrag insgesamt,

c) den Strukturbeitrag (Fristentransformationsbeitrag) sowie dessen Aufteilung Aktiva und Passiva!

27 Ein Kunde verlangt vom Kundenberater einer Sparkasse ein Darlehen in Höhe von 100 000,00 € mit einer Laufzeit von 10 Jahren zu 7,5 % p. a. Alternativ kann er das Geld in Bundesanleihen mit gleicher Laufzeit zu 6,3 % p. a. anlegen.

Die Refinanzierung kann durch die Ausgabe von Inhaberschuldverschreibungen mit einer Laufzeit von 6 Jahren zu 5,5 % p. a. oder durch Termingelder am Interbankenmarkt zu 6,0 % p. a. erfolgen.

Der Satz für Tagesgeld am Interbankenmarkt beträgt 3,8 % p. a.

Ermitteln Sie jeweils in Prozent und in Euro

a) die Konditionenbeiträge aktiv und passiv,

b) den Konditionenbeitrag insgesamt,

c) die Strukturbeiträge aktiv und passiv,

d) den Strukturbeitrag insgesamt,

e) die Bruttozinsspanne!

28 Ein Kreditinstitut hat folgende Geschäfte

Passiva:

100 000,00 € Sichteinlagen zu 0,5 % p. a.
Alternative GKM Tagesgeld zu 5 % p. a.
200 000,00 € Spareinlagen zu 2 % p. a.
Alternative GKM Dreimonatsgeld zu 5,5 % p. a.

Aktiva:

130 000,00 € Kontokorrentkredit zu 8 % p. a.
Alternativ Festgeld am GKM zu 6 % p. a.
170 000,00 € Darlehen, Laufzeit 5 Jahre, 9 % p.a. fest
Alternativ Festverzinsliche Wertpapiere zu 7 % p. a.
Tagesgeldsatz am GKM 5 %

Ermitteln Sie

a) die Bruttozinsspanne,

b) den Konditionenbeitrag und dessen Aufteilung,

c) den Strukturbeitrag und dessen Aufteilung!

29 1. Beschaffen Sie sich in Ihrem Ausbildungsbetrieb oder aus der Fachpresse aktuelle Konditionen des Geld- und Kapitalmarktes!

2. Stellen Sie in Ihrem Ausbildungsbetrieb die Standardkonditionen für die häufigsten Bankgeschäfte im Aktiv- und Passivgeschäft fest!

3. Ermitteln Sie mit selbst gewählten Beispielen und unter Verwendung Ihres Excel-Arbeitsblattes die Margen!

30 Es gelten diese Sätze am GKM:

Geldmarkt	Zinssatz % p. a.
Tagesgeld	3,4
Dreimonatsgeld	3,52
Sechsmonatsgeld	3,64
Zwölfmonatsgeld	3,82

Kapitalmarkt	Zinssatz % p. a.
Laufzeit 2 Jahre	5,3
Laufzeit 5 Jahre	5,5
Laufzeit 10 Jahre	5,9

Ihnen liegen die folgenden Kundenanfragen vor:

Anlage eines Termingeldes 3,4 Mio. € für 40 Tage. Der Kunde fordert 3,3 % Zinsen. Kontokorrentkredit über 2 Mio. € zu 6,5 %. Darlehen über 1,4 Mio. €, Laufzeit 12 Monate, Rückzahlung bei Endfälligkeit zu 5 %.

Wie entscheiden Sie in diesem Falle über die Kundenwünsche?

4.2 Barwertmethode als Weiterentwicklung der Marktzinsmethode

(1) Darlehen mit Tilgung bei Endfälligkeit

Einstieg

Ein Kunde beantragt ein Darlehen über 80 000 €; Laufzeit 2 Jahre; Zinssatz 6,5 % fest; Zinszahlung jährlich nachträglich. Tilgung bei Endfälligkeit.

Ihr Kreditinstitut kann sich zu den nebenstehenden Sätzen refinanzieren.

Empfehlen Sie dieses Kreditgeschäft?

Laufzeit Jahre	Zinssatz % p. a.
1	5,00
2	5,50

Der **Grundgedanke** des Barwertkonzeptes liegt darin, dass der Erfolg aus einem Bankgeschäft nicht mehr auf ein Jahr, sondern **auf die gesamte Laufzeit** bezogen wird.

Die Barwertmethode geht davon aus, dass die durch die Kreditgewährung und deren Refinanzierung während der gesamten Laufzeit verursachten **Zahlungsströme** ermittelt und vergleichbar gemacht werden.

Die **Vergleichbarkeit der Zahlungsströme** wird dadurch erreicht, dass sämtliche Zahlungen auf den Zeitpunkt t_0, das ist der Zeitpunkt der Kreditgewährung, bezogen werden.

Später folgende Ein- und Auszahlungen sind auf den Zeitpunkt t_0 **abzuzinsen.**

Im **Zeitpunkt der Darlehensgewährung** sind drei Fragen zu beantworten:

- Wie viel muss ich aufwenden, um das gewünschte Darlehen mit den heutigen Konditionen zu refinanzieren?
- Wie viel Erträge erziele ich aus dem Darlehen während der gesamten Laufzeit?
- Wird durch die Darlehensgewährung ein Überschuss erwirtschaftet?

Beispiel: Durchführung der Kalkulation nach der Barwertmethode

(1) Lösungsweg für die Entscheidungsvorbereitung

	A	B	C	D	E
1	**Barwertkonzept**				
2					
3	Darlehen	80 000,00		Refinanzierungssätze	
4	Auszahlung	100 %		Jahr	Satz
5	Zinssatz	6,5 %		1	5,00 %
6	Laufzeit Jahre	2		2	5,50 %
7	Tilgung Endfälligkeit				
8	Zinszahlung	jährlich nachträglich			
9					
10	**Zahlungsströme**	Jahr	Jahr	Jahr	
11	**Darlehen**	0	1	2	
12	Darlehensauszahlung	–80 000,00			
13	Zinsen		5 200,00	5 200,00	
14	Darlehenstilgung			80 000,00	
15	**Summe Zahlungen**	**–80 000,00**	**5 200,00**	**85 200,00**	
16					
17	**Refinanzierung**				
18	**2. Jahr**	80 758,29	← : 1,055	–85 200,00	
19	1. Jahr	: 0,055 →	–4 441,71	0,00	
20			: 1,05 758,29		
21			–758,29		
22		722,18	0,00		
23	**Barwert**	**1 480,47**			

(2) Zahlungsstrom für das Darlehen

Für unser Beispiel (siehe Einstieg) ergibt sich für das Darlehen eine **Auszahlung** von 80 000,00 € im Zeitpunkt t_0.

Dem stehen **Einzahlungen** durch die Zinszahlungen von jeweils 5 200,00 € am Ende der Jahre t_1 und t_2 gegenüber. Schließlich hat der Kunde eine **Tilgungszahlung** am Ende des Jahres t_2 im Betrag von 80 000,00 € zu leisten.

(3) Zahlungsstrom für die Refinanzierung

Das Kreditinstitut erhält am Ende des 2. Jahres einen Betrag von 85 200,00 €, der die Zinsen des 2. Jahres und die Tilgung des Darlehens umfasst.

Als **Gegengeschäft** ist ein **Auszahlungsbetrag** für zwei Jahre zu finanzieren. Dies ist mit einem Termingeld für zwei Jahre zu 5,5 % möglich.

Der Gegenwartswert (Barwert) für dieses Termingeld beträgt 80 758,29 €.

Rechnung: 85 200 : 1,055 = **80 758,29 €**

Für diese 80 758,29 € sind am Ende des 1. Jahres und am Ende des 2. Jahres jeweils 4 441,71 € Zinsen zu zahlen, außerdem die Tilgung von 80 758,29 € am Ende des 2. Jahres.

Betrachten Sie bitte einmal die Zahlungsströme im Jahr t_1. Das Kreditinstitut erhält vom Kreditnehmer eine Zahlung von 5 200,00 €. Dem steht die Zinszahlung für die Finanzierung des Darlehens in Höhe von 4 441,71 € gegenüber. Es bleibt ein Zahlungsüberschuss von 758,29 €. Für diesen Betrag könnte das Kreditinstitut im Zeitpunkt t_0 am Geldmarkt eine Refinanzierung von 722,18 € (Zinssatz 5 %) durchführen.

(4) Erfolgsermittlung (Nettobarwert)

Der Erfolg des Kreditinstituts wird dadurch ermittelt, dass festgestellt wird, welchen Betrag das Kreditinstitut zum Zeitpunkt t_0 aus den Rückflüssen des Darlehens am Markt finanzieren könnte.

In unserem Beispiel stehen bezogen auf t_0 der Auszahlung von 80 000,00 € Einzahlungen in Höhe von 81 480,47 € gegenüber. Es ergibt sich ein **Überschuss (Nettobarwert)** von 1 480,47 €.

Da das Kreditinstitut einen höheren Barwert erhält als es einsetzt, lohnt sich diese Investition.

Die Barwertmethode hat gegenüber der Marktzinsmethode den **Vorteil,** dass sie sämtliche Ein- und Auszahlungen berücksichtigt, die eine Investition im Aktiv- oder Passivgeschäft verursachen. Voraussetzung dafür ist aber, dass die Zinsen während der Laufzeit festbleiben.

Bei variabel verzinslichen Geschäften fehlt der exakte Zinssatz für die Ermittlung des Barwertes.

Die Barwertmethode zeigt den tatsächlichen Nutzen während der **Gesamtlaufzeit,** nicht den in einer Geschäftsperiode.

(2) Darlehen mit Annuitätentilgung

Einstieg

Eine Sparkasse zahlt ein Investitionsdarlehen in Höhe von 50 000,00 € aus. Laufzeit 3 Jahre, Zinssatz 6 % p. a., Auszahlung 100 %, Annuitätenzahlung.

Die Sparkasse kann sich zu den nebenstehenden Sätzen refinanzieren.

Wie hoch ist der Barwert aus diesem Darlehen?

Laufzeit Jahre	Zinssatz % p. a.
1	3,00
2	4,25
3	4,50

Auch bei Annuitätentilgung ergibt sich bei der Anwendung der Barwertmethode kein grundsätzlicher Unterschied gegenüber der Tilgung bei Endfälligkeit.

Es sind wiederum die **Zahlungsströme** zu ermitteln. Die **Jahresannuität** eines Darlehens errechnet sich aus der Formel

$$A = \frac{D \cdot q^n \cdot (q - 1)}{q^n - 1}$$

A = Annuität (das ist die Jahresleistung aus Zinsen und Tilgung);
D = Darlehensbetrag; q = 1 + p : 100; p = Zinssatz; n = Laufzeit in Jahren

Beispiel:

Für unsere Problemstellung ergibt sich die folgende Barwertermittlung:

	A	B	C	D	E
1	Darlehen	50 000,00		Refinanzierungssätze	
2	Auszahlung	100 %		Jahr	Satz
3	Zinssatz (p/100)	6,00 %		1	3,00 %
4	q = (1 + p/100)	1,060		2	4,25 %
5	Laufzeit Jahre	3		3	4,50 %
6	Annuitätentilgung			4	5,00 %
7					
8	**Zahlungsströme**				
9	**Darlehen**	Jahr	Jahr	Jahr	Jahr
10		0	1	2	3
11	Darlehensauszahlung	–50 000,00			
12	Annuität		18 705,49	18 705,49	18 705,49
13					
14	**Summe Zahlungen**	**–50 000,00**	**18 705,49**	**18 705,49**	**18 705,49**
15					
16	**Refinanzierung**				
17	3. Jahr	17 899,99			18 705,49
18			–805,50	–805,50	–18 705,49
19					0,00
20	2. Jahr	17 170,26		17 899,99	
21			–729,74	–17 899,99	
22	1. Jahr			0,00	
23			17 170,26		
24		16 670,15	–17 170,26		
25			0,00		
26					
27					
28	**Barwert**	**1 740,40**			

Auf einen Blick

- Bei der Barwertmethode werden die **Zahlungsströme fristenkongruent** dargestellt.
- Die **Zahlungsüberschüsse** werden auf den **Zeitpunkt t_0 abgezinst.**
- Der **Nettobarwert** ist der Überschuss oder Fehlbetrag der abgezinsten Zahlungsströme.
- Eine Investition ist **vorteilhaft,** wenn der **Nettobarwert positiv** ist.
- Diese Methode eignet sich zur Kalkulation von Festzinsgeschäften.

Kompetenztraining

31 a) Erstellen Sie ein Tabellenkalkulationsprogramm für einen Zeitraum von 4 Jahren!

b) Ermitteln Sie den Barwert für dieses Kundengeschäft!

	A	B	C	D	E	F
1						
2	Darlehen	300 000,00		Refinanzierungsschätze		
3	Auszahlung	100 %		Jahr	Satz	
4	Zinssatz	6,75 %		1	5,50 %	
5	Laufzeit, Jahre	4		2	5,50 %	
6	Tilgung, Endfälligkeit			3	5,75 %	
7	Zinszahlung	jährlich nachträglich		4	6,25 %	
8						
9	**Zahlungsströme**					
10	**Darlehen**	Jahr	Jahr	Jahr	Jahr	Jahr
11		0	1	2	3	4
12	Darlehensauszahlung					
13	Zinsen					
14	Darlehenstilgung					
15	**Summe Zahlungen**					
16						
17	**Refinanzierung**					
18	4. Jahr					
19						
20						
21	3. Jahr					
22						
23	2. Jahr					
24						
25	1. Jahr					
26						
27						
28	**Barwert**					

c) Simulieren Sie die Auswirkungen verschiedener Zinssatzänderungen auf den Barwert mit Ihrem Rechnerprogramm!

32 Ermitteln Sie den Barwert für dieses Annuitätendarlehen.

	A	B	C	D	E
1	**Barwertkonzept**				
2					
3	Darlehen	100 000,00		Refinanzierungssätze	
4	Auszahlung	100 %		Jahr	Satz
5	Zinssatz (p/100), fest	5,50 %		1	3,75 %
6	q = (1 + p/100)	1,055		2	4,00 %
7	Laufzeit Jahre	3		3	4,25 %
8	Annuitätentilgung			4	4,50 %
9					
10	**Zahlungsströme**				
11	**Darlehen**	Jahr	Jahr	Jahr	Jahr
12		0	1	2	3
13	Darlehensauszahlung				
14	Annuität				
15					
16	**Summe Zahlungen**				
17					
18	**Refinanzierung**				
19	3. Jahr				
20					
21	2. Jahr				
22					
23	1. Jahr				
24					
25					
26					
27	**Barwert**				

33 Ermitteln Sie den Barwert für folgendes Annuitätendarlehen:

	A	B	C	D	E
1	Darlehen	300 000,00		Refinanzierungssätze	
2	Auszahlung	100 %		Jahr	Satz
3	Zinssatz (p/100)	10,00 %		1	7,00 %
4	q = (1 + p/100)	1,100		2	8,00 %
5	Laufzeit Jahre	4		3	9,00 %
6	Annuitätentilgung			4	9,50 %
7	Zinszahlung	jährlich nachträglich			

5 Kalkulation von Bankdienstleistungen im Betriebsbereich

Einstieg

Die Kundin Anna Müller kauft zum ersten Mal Aktien. Als sie auf der Abrechnung sieht, dass ihr das Kreditinstitut eine Mindestprovision von 20,00 € berechnet, ist sie darüber sehr erbost. Sie beschwert sich unverzüglich bei ihrem Kundenberater.

Suchen Sie Argumente, die Sie in der Situation des Kundenberaters/der Kundenberaterin gegenüber der Kundin vorbringen können, um dieses Entgelt zu rechtfertigen.

5.1 Abgrenzung von Voll- und Teilkostenrechnung

Um der Kundin Anna Müller (siehe Ausgangssituation) eine begründete Antwort geben zu können, müssen Sie eine Vorstellung über die von der Bank zu deckenden Kosten für die Anbahnung, Durchführung und Abwicklung dieser Bankdienstleistung haben. Im Gegensatz zur Geldbeschaffung oder -anlage fallen in diesem Falle keine Wertkosten, sondern nur Betriebskosten an.

Dabei ist das Problem zu lösen, wie die angefallenen **Betriebskosten** auf die einzelnen Bankleistungen (sogenannte Kostenträger) **zu verteilen** sind.

Werden alle anfallenden Betriebskosten einer Periode auf die Kostenträger verteilt, spricht man von einer **Vollkostenrechnung**. Werden auf einen Kostenträger dagegen nur die Kosten verteilt, die von diesem **eindeutig verursacht und diesem direkt als Einzelkosten zugerechnet** werden können, dann liegt eine **Teilkostenrechnung** vor.

5.2 Exkurs: Vollkostenrechnung

In der **traditionellen Bankkostenrechnung** erfolgt die Verrechnung der Betriebskosten in Form der Vollkostenrechnung. Dazu werden sämtliche Kosten einer Periode nach **Kostenarten** gegliedert (Kostenartenrechnung) und mithilfe eines Betriebsabrechnungsbogens (BAB) auf die **Kostenstellen** (Kostenstellenrechnung) und **Kostenträger** (Kostenträgerrechnung) verteilt.

5.2.1 Kostenartenrechnung

Die Kostenartenrechnung soll die Frage beantworten:

Welche Kostenarten sind in einer Periode angefallen?

Mögliche Kostenarten wurden im Kapitel 2.4.1 dargestellt. Die Kostenarten können durch einen Periodenvergleich, einen zwischenbetrieblichen Vergleich (Benchmarking) oder durch einen Vergleich der Plankosten (Sollwerte) mit den tatsächlich entstandenen Kosten, den Istkosten, ausgewertet werden.

5.2.2 Kostenstellenrechnung

Die Kostenstellenrechnung soll die Frage beantworten:

Wo sind die entstandenen Kosten angefallen?

Die Kostenarten sollen auf **die Kostenstellen** verteilt werden, bei deren Leistungserstellung sie anfallen.

Die Kostenstellen können nach verschiedenen Kriterien gebildet werden. Kriterien sind:

- die Gleichartigkeit der Betriebsleistung, z.B. Scheckverkehr;
- die räumlichen Gegebenheiten, z.B. Hauptstelle, Zweigstelle;
- die Verantwortungsbereiche, z.B. Abteilungsleiter, Gruppenleiter;
- die Marktleistungsart, z.B. Kreditgeschäft.

Die Bildung der Kostenstellen wird bei den einzelnen Institutsgruppen unterschiedlich vorgenommen.

Im Beispiel (siehe S. 222) werden der **innerbetriebliche Bereich,** der **Marktleistungsbereich** und die **Zweigstellen** unterschieden. Die Bereiche werden in weitere Kostenstellen unterteilt, wobei die Feingliederung betriebsspezifisch erfolgen kann.

Dem **allgemeinen Hilfsbereich** werden die Tätigkeiten zugerechnet, die „generell zur Unterhaltung und Erhaltung des betrieblichen Leistungsvermögens" anfallen. Dies sind z.B. Kosten für Registratur, Expedition, Materialverwaltung, Hausverwaltung, Telefonzentrale.

Im **allgemeinen Bereich** soll zwischen der Verwaltung und der Buchhaltung unterschieden werden.

Zu den Kosten der **Verwaltung** zählen z.B. Kosten der Geschäftsleitung, der Innenrevision, der Organisations- und Planungsabteilung. Der Kostenstelle **Buchhaltung** werden z.B. die Kosten für die Datenerfassung, Datenverarbeitung, Datenkontrolle, Bilanzerstellung zugerechnet.

Im **Marktleistungsbereich** wird nach Marktleistungsarten gegliedert. Dabei kann eine feinere Gliederung erfolgen, z.B. im Kreditgeschäft nach Kontokorrentkrediten, Wechselkrediten, Ratenkrediten, langfristigen Darlehen gegen Grundpfandrechte usw. Dabei entsteht aber das Problem, dass die Kostenzurechnung umso schwieriger wird, je größer die Zahl der Kostenstellen ist.

Der Bereich „Sonstige Dienstleistungen" erfasst z.B. den Sorten- und Devisenhandel, das Bereitstellen von Kundensafes usw.

Jede **Zweigstelle/Filiale** bildet in der Regel eine eigene Kostenstelle.

Die **Gesamtkosten** werden jetzt auf die Kostenstellen verteilt.

Der Aufbau der Kostenstellenrechnung (Betriebsabrechnung) ist aus dem Beispiel auf S. 222 ersichtlich.

Beispiel:

Kostenstellenrechnung (Betriebsabrechnung)													
Kostenstellen		**Innerbetrieblicher Bereich**			**Marktleistungsbereich**						**Zweigstellen**		
		Allgem. Hilfsbereich	Allgemeiner Bereich				Zahlungsverkehr		Andere Dienstleist.				
Kostenarten (1)	Gesamtkosten i. Tsd. (2)	i. Tsd. (3)	Verwaltung i. Tsd. (4)	Buchhaltung i. Tsd. (5)	Kreditgeschäft i. Tsd. (6)	Spargeschäft i. Tsd. (7)	Kasse i. Tsd. (8)	Giroverkehr i. Tsd. (9)	Effektengeschäft i. Tsd. (10)	sonstige i. Tsd. (11)	I i. Tsd. (12)	II i. Tsd. (13)	
Stelleneinzelkosten													
1. Personalkosten	2500	200	600	400	500	300	100	200	60	30	60	50	
2. Sachkosten													
a) Bürobedarf, Formulare	320	15	20	35	30	40	20	50	15	5	50	40	
b) Raumkosten	240	10	50	25	40	50	15	20	5	–	15	10	
c) Instandsetzungen	50	–	–	20	–	10	–	20	–	–	–	–	
d) Abschreibungen a. BGA	60	5	8	8	4	5	10	5	2	2	6	5	
e) Werbung	380	–	–	–	150	200	–	10	20	–	–	–	
f) Sonstige Sachkosten	50	10	5	5	4	10	5	4	2	–	3	2	
Summe der Stelleneinzelkosten	3600	240	683	493	728	615	150	309	104	37	134	107	Genauigkeitsschicht I
Stellengemeinkosten													
1. Personalkosten	400	10	60	50	65	35	15	45	40	10	40	30	
2. Sachkosten													
a) Versicherungen	130	–	30	30	20	20	10	10	–	–	20	10	
b) Raumkosten	320	20	35	15	20	25	15	40	30	10	60	50	
c) Instandsetzungen Geb.	80	5	9	5	5	6	5	10	8	2	15	10	
d) Werbung	290	–	–	–	40	90	10	60	30	20	20	20	
e) Prüfungskosten	100	–	100	–	–	–	–	–	–	–	–	–	
3. Betriebssteuern	170	–	120	–	–	–	–	–	–	–	30	20	
4. Abschreib. auf Sachanlagen	2 150	130	320	490	120	270	210	190	50	20	190	160	
5. Kalkulator. Zusatzkosten	20	2	–	3	1	1	1	1	1	1	5	4	
Summe d. Stellengemeinkosten	3660	167	674	593	271	437	266	346	159	63	380	304	
Stellenkosten **vor** Umlage	7260	407	1 357	1 086	999	1 052	416	655	263	100	514	411	Genauigkeitsschicht II
Umlagen 1. Allgemeiner Hilfsbereich		→	81,4 (20 %)	40,7 (10 %)	40,7 (10 %)	40,7 (10 %)	40,7 (10 %)	40,7 (10 %)	20,35 (5 %)	20,35 (5 %)	40,7 (10 %)	40,7 (10 %)	
Zwischensumme			1 438,4	1 126,7	1 039,7	1 092,7	456,7	695,7	283,35	120,35	554,7	451,7	
2. Allg. Bereich Verwaltung			→	71,92 (5 %)	431,52 (30 %)	143,84 (10 %)	71,92 (5 %)	71,92 (5 %)	71,92 (5 %)	28,77 (2 %)	287,68 (20 %)	258,91 (18 %)	
Zwischensumme				1 198,62	1 471,22	1 236,54	528,62	767,62	355,27	149,12	842,38	710,61	
3. Allg. Bereich Buchhaltung				→	95,89 (8 %)	275,68 (23 %)	59,93 (5 %)	443,49 (37 %)	47,94 (4 %)	11,99 (1 %)	143,83 (12 %)	119,87 (10 %)	
Zwischensumme					1 567,11	1 512,22	588,55	1 211,11	403,21	161,11	986,21	830,48	
4. Zweigstelle I 5. Zweigstelle II					246,55 207,62 (25 %)	295,86 249,14 (30 %)	49,31 41,52 (5 %)	345,17 290,67 (35 %)	39,45 33,22 (4 %)	9,87 8,31 (1 %)	←	←	
Kosten d. Marktleistungsarten					2 021,28	2 057,22	679,38	1 846,95	475,88	179,29			Genauigkeitsschicht III

Kostenträgerrechnung

Bei der Verteilung der Stellen**einzel**kosten ergeben sich dabei keine besonderen Schwierigkeiten, da die Kosten der Kostenstelle **direkt zurechenbar** sind. Zurechnungsprobleme bestehen dagegen bei der Verteilung der Stellen**gemein**kosten. Diese Kosten sind nach **Kostenschlüsseln** zu verteilen.

Die Raumkosten können z. B. nach der Raumgröße, die Werbungskosten nach dem Umsatz der Marktleistungsarten aufgeteilt werden. Bei den Personalkosten ist z. B. der anteilige Zeitbedarf zu messen oder, falls dies aus Kostengründen nicht getan wird, zu schätzen.

Hauptregel für die Zuordnung der Kosten ist, dass diese **verursachungsgerecht** erfolgen soll. Das bedeutet, dass die Kosten möglichst genau der Kostenstelle zugeordnet werden, welche die Kosten verursacht hat.

Mit der Ermittlung der Stellenkosten vor Umlage ist die Kostenstellenrechnung (= Betriebsabrechnung) im engeren Sinne abgeschlossen.

Als Hilfsmittel für die Zuordnung der Kosten auf die Kostenstellen dient der **Betriebsabrechnungsbogen (BAB).**

Wenn man die Kostenstellenrechnung insgesamt betrachtet, so kann man **drei Genauigkeits(-stufen)schichten** unterscheiden:

- Zunächst den Bereich der Stelleneinzelkosten. Hier ist die Kostenerfassung am genauesten.
- Die Verteilung der Stellengemeinkosten schließt sich an. Dabei ist die Kostenumlage auf die Kostenstellen schon weniger exakt durchzuführen. Viele Kosten müssen durch Schätzung verteilt werden.
- Noch ungenauer wird die Rechnung nach der Umlage der innerbetrieblichen Bereiche und der Zweigstellen.

5.2.3 Kostenträgerrechnung (Marktleistungsartenrechnung)

Hiermit soll die Frage beantwortet werden:

Für welche Marktleistungen sind die Kosten angefallen?

Das **Ziel der Kostenrechnung** besteht nicht darin, nur die Kosten der Kostenstellen zu ermitteln. Vielmehr will man die **Kosten für die einzelnen Marktleistungsarten feststellen.**

Diesem Zweck dient die **Kostenträgerrechnung,** die auch als Marktleistungsartenrechnung bezeichnet wird.

Um dieses Ziel zu erreichen, sind die in den Kostenstellen des innerbetrieblichen Bereichs und der Zweigstellen entstandenen Kosten auf die Kostenstellen des Marktleistungsbereichs zu verteilen.

Zunächst werden die Kosten des allgemeinen Hilfsbereichs verteilt. Dabei kann die einigermaßen genaue Ermittlung des Verteilungsschlüssels große Schwierigkeiten bereiten. Zum Beispiel können die Telefongespräche während eines Zeitraumes notiert und wertmäßig berechnet werden. Die Telefonkosten werden dann prozentual auf die Kostenstellen verteilt.

In der nächsten Stufe werden die Verwaltungskosten, anschließend die Kosten der Buchhaltung auf die jeweils verbleibenden Kostenstellen verteilt.

Zum Schluss ist der Bereich Zweigstellen auf die Marktleistungsbereiche umzulegen.

Als **Ergebnis** dieses Rechenvorganges erhalten wir die **Kosten der Marktleistungsarten in einem Zeitabschnitt** (Rechnungsperiode).

5.2.4 Stückleistungskalkulation

(1) Ziel und Aufgaben

Die Kostenträgerrechnung ist die Basis für die **Stückkalkulation**. Hier lautet die Frage:

Wie viel Selbstkosten entstehen bei der Erstellung **einer Einzelleistung?**

Die unterste Stufe der Bankkalkulation bilden die Kenntnisse über die Kosten der Einzelleistungen. Die dabei anfallenden Kosten sollen pro Leistungsart (Stück) erfasst werden. In unserem Beispiel besteht die Einzelleistung in 1 Stück Überweisung.

Der Bereich der Kostenrechnung, in dem die Selbstkosten einer Stückleistung ermittelt werden sollen, wird als **Stückleistungskalkulation** oder **Kostenträgerstückrechnung** bezeichnet.

Die Aufgabe dieser Stückleistungskalkulation besteht darin, die Betriebskosten, die wir in der Kostenstellenrechnung für die Marktleistungsarten festgestellt haben, anteilig auf die einzelnen Stückleistungen zu verteilen.

Bei der Stückleistungskalkulation/Kostenträgerstückrechnung können verschiedene Kalkulationsmethoden angewandt werden. Hiervon sollen zwei erläutert werden.

Kalkulationsmethoden

- einfache Divisionskalkulation
- Divisionskalkulation mit Äquivalenzziffern (Äquivalenzziffernrechnung)

(2) Einfache Divisionskalkulation

Die einfachste Kalkulationsmethode für Stückleistungen ist die einfache Divisionskalkulation.

Beispiel:

In der Marktleistungsart „Sortenkasse" seien 50 000,00 € Betriebskosten entstanden. In dieser Periode wurden 32 700 Sortenan- und -verkäufe gezählt.

Die Stückkosten (Selbstkosten) pro Einzelleistung können durch eine Division festgestellt werden.

$$\textbf{Selbstkosten pro Stück} = \frac{\textbf{Betriebskosten (der Marktleistungsart)}}{\textbf{Stückzahl der Leistungsart}}$$

Für das Beispiel:

$$\text{Selbstkosten pro Sortengeschäft} = \frac{50\,000{,}00}{32\,700} = 1{,}529 \text{ € pro Stück}$$

Diese einfach anzuwendende Kalkulationsmethode hat den **Nachteil,** dass sie nur bei Marktleistungsarten benutzt werden kann, deren (verschiedene) Stückleistungen sich im Umfang der Kostenverursachung nur wenig unterscheiden.

Dies ist bei Kreditinstituten aber nur vereinzelt gegeben.

Die meisten Marktleistungen der Kreditinstitute bestehen aus verschiedenen **Leistungselementen** (Teilleistungen), die unterschiedlichen Zeitbedarf erfordern. Für derartige Leistungen kann mit der Äquivalenzziffernrechnung kalkuliert werden.

(3) Äquivalenzziffernrechnung

Beispiel:

Bei den Marktleistungen sind die Leistungselemente (Teilleistungen) festzustellen und ihrerseits wieder in zeitlich messbare Tätigkeiten zu unterteilen, wie z. B. bei der Marktleistungsart „Sparverkehr" (ohne staatliche Sparförderung).

(1) Marktleistung

Sparverkehr

Leistungselemente: z. B.
(Teilleistungen)

1. Kontoeröffnung
   - Tätigkeiten: z. B.
     1. Beratung
     2. Ausfüllen des Kontoeröffnungsantrages
     3. Legitimationsprüfung mit Unterschriften
     4. Ausstellen des Sparbuches
     5. DV-Erfassung der Stammdaten
     6. Kontrollen
2. Kontoschließung
3. Einzahlung
4. Auszahlung
5. Sparbucheinzug
6. Änderung von Stammdaten
7. Kündigung einer Spareinlage

(2) Zeitbedarf der Leistungselemente

Der Zeitbedarf der Leistungselemente wird als Summe der einzelnen Zeiten für die Tätigkeiten durch Zeitaufnahmen festgestellt.

Leistungselemente	Zeit-bedarf	Äquivalenz-ziffer	Stück-leistung	Gewichtete Stück-leistungen	Betriebs-kosten der Leistungs-elemente Betrag €
1. Kontoeröffnung	33,0 Min.	13,20	900	11880	3,08
2. Kontoschließung	28,0 Min.	11,20	520	5824	2,61
3. Einzahlung	3,1 Min.	1,24	348900	432636	0,29
4. Auszahlung	3,6 Min.	1,44	240300	346032	0,34
5. Sparbucheinzug	9,6 Min.	3,84	160	614	0,89
6. Änderung von Stammdaten	4,7 Min.	1,88	5040	9475	0,44
7. Kündigung einer Spareinlage	2,5 Min.	1,00	9750	9750	0,23
		Insgesamt		816211	

(3) Berechnung der Äquivalenzziffer

Um die Leistungselemente auf eine einheitliche Basis zu bringen, kann man den Zeitbedarf in eine Äquivalenzziffer umrechnen.

Dabei wird der geringste Zeitbedarf mit dem Wert 1 oder 100 % angenommen. In obigem Beispiel erhält das Leistungselement 7. den Wert 1 oder 100 %.

Für das Leistungselement 1. ergibt sich z. B. dann als Äquivalenzziffer:

$$2{,}5 \mathrel{\hat{=}} 1$$
$$33{,}0 \mathrel{\hat{=}} x \qquad x = 1 \cdot \frac{33}{2{,}5} = \underline{\underline{13{,}2}}$$

(4) Stückleistungen

Für die einzelnen Leistungselemente sind nun noch die Stückleistungen der **Betriebsstatistik zu entnehmen.**

(5) Gewichtete Stückleistungen

Die gewichteten Stückleistungen werden ermittelt, indem man die Äquivalenzziffern mit den Stückleistungen multipliziert.

Gewichtete Stückleistung = Äquivalenzziffer · Stückleistung

Für das Leistungselement Kontoeröffnung ergeben sich

$13{,}20 \cdot 900 = \underline{11880}$ gewichtete Stückleistungen.

Insgesamt ergeben sich in obigem Beispiel 816211 gewichtete Stückleistungen.

(6) Betriebskosten pro gewichteter Stückleistung

Um die Betriebskosten pro gewichteter Stückleistung ermitteln zu können, sind die Betriebskosten der jeweiligen Marktleistungsart aus der Kostenträgerrechnung zu entnehmen.

$$\text{Betriebskosten pro gewichtiger Stückleistung} = \frac{\text{Betriebskosten der Marktleistungsart, z. B. Sparverkehr}}{\text{Summe der gewichteten Stückleistungen}}$$

In diesem Beispiel ist angenommen, dass in der Kostenträgerrechnung für die Marktleistungsart „Sparverkehr" 190000,00 € ausgewiesen wurden.

Dann ergeben sich als

$$\text{Betriebskosten pro gewichteter Stückleistung} = \frac{190\,000{,}00}{816\,211} = \underline{\underline{0{,}233\ €}}$$

(7) Betriebskosten der einzelnen Leistungselemente

Das Ziel war es, die Betriebskosten der einzelnen Leistungselemente festzustellen.

Dies kann man durch die Rechnung

Äquivalenzziffer (des Leistungselements) · Betriebskosten der gewichteten Stückleistung = Betriebskosten des Leistungselements

erreichen.

Für das Leistungselement **Kontoeröffnung** betragen diese Betriebskosten:

$$13{,}2 \cdot 0{,}233 = \underline{\underline{3{,}08\ €}}$$

Die 3,08 € sind die bei der Erstellung der Stückleistung Kontoeröffnung entstehenden Betriebskosten.

Die Betriebskosten der übrigen Leistungselemente sind in der letzten Spalte ebenfalls eingetragen.

Das soeben behandelte Kalkulationsverfahren der **Divisionskalkulation mit Äquivalenzziffern** oder kurz **Äquivalenzziffernrechnung** ist eine verfeinerte Form der einfachen Divisionskalkulation.

Wenn die Betriebskosten der einzelnen Leistungselemente bekannt sind, kann mit der nächsthöheren Stufe der Kalkulation begonnen werden.

(4) Kritik an der traditionellen Stückleistungskalkulation

Die Haupteinwände gegen diese traditionellen Verfahren sind:

- Die **Verteilung der Gemeinkosten** auf die Kostenträger ist nicht exakt, weil die Kostenverteilungsschlüssel keine eindeutigen Beziehungen zu den Kostenträgern herstellen;
- die Belastung einzelner Kostenstellen mit Kosten, die sie nicht verursacht haben, wird von den Betroffenen als **ungerecht** empfunden;
- die bei der Stückkostenrechnung unterstellte **Proportionalisierung der Fixkosten** kann zu falschen Aussagen und Konsequenzen führen, weil nicht zwischen mengenabhängigen (variablen) und kapazitätsabhängigen (fixen) Kosten unterschieden wird;
- die Verrechnung von Vollkosten (Einzel- und Gemeinkosten) auf einzelne Bankleistungen kann zu falschen Preisentscheidungen führen.

5.3 Teilkostenrechnung – Prozessorientierte Standardeinzelkostenrechnung

Um die **Nachteile der Vollkostenrechnung** zu vermeiden, wurden mehrere Methoden entwickelt, die nur solche Kosten berücksichtigen, die der jeweiligen Bankleistung **direkt zurechenbar** sind.

Im Folgenden soll das Verfahren der prozessorientierten **Standardeinzelkostenrechnung** dargestellt werden.

5.3.1 Grundgedanken

(1) Prozessorientierung

Das Controlling hat die wesentliche Aufgabe, den optimalen Einsatz der Produktionsfaktoren zu erreichen, Veränderungen des Marktes zu erkennen und darauf zu reagieren sowie wichtige Informationen für die Unternehmenssteuerung bereitzustellen. Die **Orientierung an Geschäftsprozessen** liefert hierzu die Basis.

Ein **Geschäftsprozess** umfasst **alle Aktivitäten und Tätigkeiten,** die für ein Bankprodukt **oder** eine innerbetriebliche Leistung von den Mitarbeitern erbracht wird.

Beispiel: Bankkredit

Bausteine (Teilprozesse)

Kundenberatung → Scoringbogen auswerten → Schufaauskunft → Kreditentscheidung → Dokumentation → Kreditbereitstellung → Kreditüberwachung

Bei der Erstellung von Bankleistungen fallen für die **einzelnen** Aktivitäten und Tätigkeiten **Kosten** an, die als **Prozesskosten** bezeichnet werden.

(2) Standardkosten

Standardkosten lassen sich durch folgende Elemente charakterisieren:

- Die Kosten der Bankprodukte entstehen immer durch die **gleichen** (standardisierten) **Leistungen.**
- Die Kosten werden auf der Grundlage des **erforderlichen Ressourcenverbrauchs** für die Leistungserstellung ermittelt. Es handelt sich somit um Plankosten.
- Standardkosten werden als **Einzelkosten** erfasst. Sie sind einem Produkt daher **verursachungsgerecht zurechenbar.**

Die Standardkosten werden für die **Kunden- und Produktkalkulation** sowie für die Ermittlung der **Ergebnisse der Geschäftsbereiche** (Abteilungen, Filialen usw.) verwendet.

(3) Standardleistungen

Bei der Erstellung von Bankleistungen sind verschiedene **Arten der Leistungserstellung** möglich.

Standardleistungen	Sie sind dadurch charakterisiert, dass sie ▪ in immer gleichen Arbeitsschritten, ▪ in annähernd gleicher Zeit und ▪ in der gleichen Abfolge der Arbeitsschritte erbracht werden.

Einzelfertigung	Die Einzelfertigung von Bankleistungen zeichnet sich aus durch ▪ eine starke Individualität des Leistungserstellungsprozesses und ▪ einem sehr unterschiedlichen Zeitverbrauch je Einzelfall.
Overheadkosten	Sie entstehen durch die allgemeine Tätigkeit der Unternehmensleitung. Sie sind dadurch gekennzeichnet, dass ▪ sie **keinem Produkt eindeutig zurechenbar** sind und ▪ die Tätigkeit **unabhängig vom Leistungserstellungsprozess** anfallen. **Beispiele:** Kosten der Revision, Bilanzerstellung, Ausbildung.

5.3.2 Ermitteln der prozessorientierten Standardeinzelkosten

Die **Ermittlung der prozessorientierten Standardeinzelkosten** (PSEK) erfolgt in folgenden Schritten:

(1) Ermitteln der Leistungsbereiche (Prozessanalyse)

Zunächst werden die Leistungen (Bankprodukte) ermittelt, die das Kreditinstitut den Kunden anbietet. Diese Bankprodukte werden in einem **Produktkatalog** systematisiert.

(2) Durchführen von Arbeitsablaufstudien

Durch **Arbeitsablaufstudien** wird anschließend ermittelt, **welche Tätigkeiten** (Arbeitsschritte) für die Erstellung der einzelnen Produkte **von welchen Kostenstellen** durchzuführen sind, um z. B. die Einzelleistung **Aktiengeschäft** bei einem Bestandskunden zu erstellen.

Methodisch bietet sich für die Ermittlung des Fertigungsprozesses die **Befragung** der Mitarbeiter (Experten) an.

Die Ergebnisse dieser Interviews werden strukturiert und zu Leistungsbündeln **(Bausteine),** z. B. Gesprächsvorbereitung, Gesprächsdurchführung, Auftragsbearbeitung usw., zusammengefasst.

Beispiel:

Produkt:	Aktiengeschäft Bestandskunde
	↓
Bausteine, z. B.:	Gesprächsvorbereitung, Beratungsgespräch usw.
	↓
Tätigkeiten, z. B.:	Analyse des Kundendepots Terminvereinbarung Beratungsunterlagen bereitstellen usw.

(3) Ermitteln der Standardverbrauchsmengen

Für jeden Baustein (Teilprozess) werden die zur Leistungserstellung erforderlichen **Standardverbrauchsmengen** an **Arbeitszeit und Sachmitteln** ermittelt.

Meist wird eine Tätigkeit 1-mal pro Prozess anfallen. In diesem Fall wird ein Prozessschritt angesetzt. Es kommt aber auch vor, dass die Tätigkeit nicht bei jedem Leistungserstellungsprozess anfällt. So wird z. B. bei der Gewährung eines Anschaffungsdarlehens nicht in jedem Fall eine Schufa-Auskunft eingeholt werden. Ist das z. B. nur in jedem zweiten Prozess erforderlich, wird mit einer Prozessanzahl mit 0,5 gerechnet.

Exkurs: Methoden der Verbrauchsermittlung

Um die **Standardbearbeitungszeit** für **ein Produkt** zu bestimmen, ist die durchschnittlich für jede Tätigkeit aufzuwendende Arbeitszeit durch **Arbeitszeitstudien** festzustellen.

Bei **gleichbleibenden** Tätigkeiten, z. B. der Eingabe der Auftragsdaten in den Computer, könnte die Arbeitszeit relativ einfach mit einer Stoppuhr gemessen werden.

Bei **unregelmäßigem** Zeitbedarf für eine Tätigkeit, wie der Beratungsleistung, können besondere statistische Verfahren, wie z. B. **Multimomentaufnahmen,** zur Leistungsmessung herangezogen werden. Bei dieser Methode wird während eines bestimmten Zeitraums, z. B. innerhalb von vier Wochen, zu nach dem Zufallsprinzip festgelegten Beobachtungszeitpunkten ermittelt, welche Tätigkeiten ein Kundenberater während der Arbeitszeit ausübt. Aus der Verteilung der verschiedenen Tätigkeiten auf die Gesamtarbeitszeit kann dann auf die für die Beratung erforderliche Zeit geschlossen werden.

Da die Mitarbeiter bei Kreditinstituten diesen Methoden häufig mit Vorbehalten begegnen, bieten sich zwei **weitere Methoden** an:

- **Zeitaufschreibung** durch die Mitarbeiter selbst oder
- die **Schätzung** der Zeiten durch Experten.

Die Zeitaufschreibung muss über einen längeren Zeitraum (z. B. 4–6 Wochen) erfolgen, um Mengenschwankungen oder sonstige Zufälligkeiten auszugleichen. Es ist **nur** die tatsächliche tägliche **Arbeitszeit** zu berücksichtigen, die auch Mehrarbeitszeit umfassen muss. Abwesenheitszeiten und Verteilzeiten, z. B. Lesen von Fachliteratur, werden nicht mit einbezogen.

Die **sonstigen Sachmittelmengen,** wie Formulare, Porto, Kosten der Telefoneinheit, lassen sich einfach ermitteln, entweder täglich durch das Aufschreiben der verbrauchten Einheiten oder monatlich aus der Betriebsstatistik, z. B. Zahl der Überweisungen, Effektenorder.

Bei den Telefonkosten erfolgt meist eine pauschale Schätzung der durchschnittlichen Dauer.

Hierzu zählen auch Kosten für die Informationsverarbeitung, soweit sie als DV-Einzelkosten zuzuordnen sind. Die Erfassungseinheit ist die Nutzungszeit in Sekunden.

Beispiel für die Schritte 1.–3.:

Produkt (Kostenträger): Aktienkauf				
Prozess				
Bausteine/Tätigkeiten	Leistungserbringende Kostenstelle Nr.	Bearbeitungszeit in Min.	Anzahl der Prozesse	Gehaltsgruppe
Gesprächsvorarbeiten	100	8	2	
– Terminvereinbarung	100	1	1	1
– Gesprächsvorbereitung	100	7	1	1
Beratungsgespräch	100	10	1	
– Kunden beraten	100	10	1	1
Auftragsbearbeitung	100	2,5	4	
– Order ausfüllen	100	1	1	1
– Dokumentation prüfen	100	0,5	1	1
– Orderweitergabe am PC	100	0,5	1	1
– Orderweitergabe an MS*	100	0,5	1	1
Marktservice	103	2,5	3	
– Orderkontrolle	103	1	1	3
– Orderabwicklung prüfen	103	1	1	3
– Orderablage	103	0,5	1	3

* MS = Marktservice

Sachmitteleinzelkosten		
Kostenart	Menge	Standardkosten/Mengeneinheit
Auftragsformular	1	0,25
Formular Kundenabrechnung	1	0,35
Porti	1	1,10
Telefon	2	0,40
DV-Einzelkosten	90	0,01

(4) Ermitteln der Standardkostensätze

Die im vorigen Schritt ermittelten Standardverbrauchsmengen müssen **bewertet** werden, um die Standardkosten pro Einheit zu erhalten.

Um die Standardeinzelkosten pro Minute Arbeitszeit zu erhalten, werden die **jährlichen Standardpersonalkosten** des die Leistung erbringenden Mitarbeiters (MA) durch dessen Planbeschäftigung pro Jahr (in Minuten) geteilt.

Wenn unterschiedlich bezahlte Mitarbeiter die entsprechende Tätigkeit ausführen, wird von dem durchschnittlichen Gehalt der eingesetzten Mitarbeiter ausgegangen. Die Planbeschäftigung ergibt sich aus der maximal möglichen Jahresarbeitszeit des MA (siehe das folgende Beispiel).

$$\text{Standardkostensatz in €/Min.} = \frac{\text{Standardpersonalkosten MA pro Jahr}}{\text{maximale Planbeschäftigung MA in Minuten pro Jahr}}$$

Bei einer **Unterauslastung** der Mitarbeiter werden bei dieser Rechnung die tatsächlichen Kosten nicht richtig erfasst.

Beispiel:

Ermittlung der maximalen Planbeschäftigung	
Arbeitstage pro Jahr	245
– Urlaubstage pro Jahr	30
– Krankheitstage pro Jahr	10
– Sonstige Fehltage pro Jahr	5
Effektive Arbeitstage pro Jahr	200
Arbeitszeit täglich in Stunden	7,8
Maximale Arbeitszeit pro Jahr in Stunden	1 560
Maximale Arbeitszeit pro Jahr in Minuten (Maximale Planbeschäftigung)	**93 600**

Ermittlung der Standardkostensätze				
Kostenart Personalkosten		Tarif-gruppe	Max. Beschäftigung in Min./Jahr	Standard-kostensatz € pro Min.
	(1)		(2)	(1) : (2)
Tariflohn pro Monat	3 500,00 €	1		
Anzahl der Gehälter	14			
Personalnebenkosten in v. H.	28,00 %			
Höhe der Sparförderung/Monat	40,00 €			
Jahresgehalt	49 000,00 €			
Lohnnebenkosten pro Jahr	13 720,00 €			
VL-Leistungen	480,00 €			
Summe Personalkosten MA	**63 200,00 €**		**93 600**	**0,675**

Tarifvertrag		
Tarifgruppe		Standardkosten/Min.
1	3 500,00 €	**0,675**
2	2 800,00 €	**0,541**
3	2 500,00 €	**0,484**
4	2 100,00 €	**0,407**
5	1 900,00 €	**0,369**

(5) Bewerten der Standardverbrauchsmengen mit Standardkostensätzen

Die **Bearbeitungszeiten** der Tätigkeiten (Teilprozesse) werden mit dem Standardkostensatz der leistungserbringenden Kostenstelle multipliziert. Wir erhalten die standardisierten **Personaleinzelkosten** für jede einzelne Tätigkeit. Diese können zu den Personaleinzelkosten je Baustein bzw. je Produkt aufaddiert werden.

Die **Sachmittelmengen** werden mit den Standardkosten je Mengeneinheit multipliziert. Die Summe aller einem Produkt direkt zurechenbaren Sachkosten bezeichnet man als standardisierte **Sacheinzelkosten.**

(6) Ermitteln der Standardstückkosten pro Produkt (Standardstückkosten)

Die **Standardeinzelkosten pro Produkt** (Bankleistung) ergeben sich aus:

Personalstandardeinzelkosten + Sachmittelstandardeinzelkosten

Beispiel:

Produkt (Kostenträger): Aktienkauf						
Prozess						
Bausteine/Tätigkeiten	Leistungs-erbringen-de Kosten-stelle Nr.	Bearbei-tungszeit in Min.	Anzahl der Prozesse	Gehalts-gruppe	Standard-kostensätze in €/Min.	Standardkosten pro Baustein bzw. Tätigkeit (€/Tätigkeit)
Gesprächsvorarbeiten	100	8	2			**5,40**
– Terminvereinbarung	100	1	1	1	0,675	0,68
– Gesprächsvorbereitung	100	7	1	1	0,675	4,73
Beratungsgespräch	100	10	1			**6,75**
– Kunden beraten	100	10	1	1	0,675	6,75
Auftragsbearbeitung	100	2,5	4			**1,69**
– Order ausfüllen	100	1	1	1	0,675	0,68
– Dokumentation prüfen	100	0,5	1	1	0,675	0,34
– Orderweitergabe am PC	100	0,5	1	1	0,675	0,34
– Orderweitergabe an MS	100	0,5	1	1	0,675	0,34
Marktservice	103	2,5	3			**1,21**
– Orderkontrolle	103	1	1	3	0,484	0,48
– Orderabwicklung prüfen	103	1	1	3	0,484	0,48
– Orderablage	103	0,5	1	3	0,484	0,24
Summe Personalstandardeinzelkosten						**15,05**

Sachmitteleinzelkosten						
Kostenart	Menge	Standard-kosten/ Mengen-einheit				Standard-stückkosten €/Kostenart
Auftragsformular	1	0,25				0,25
Formular Kundenabrechnung	1	0,35				0,35
Porti	1	1,10				1,10
Telefon	2	0,40				0,80
DV-Einzelkosten	90	0,01				0,90
Summe Sachmittelstandardeinzelkosten						**3,40**
Standardeinzelkosten pro Prozess (Auftrag)						**18,45**

(7) Zuschläge für personalbezogene Sachkosten

In der **Praxis** ergibt sich das Problem, dass die so ermittelten **direkt** dem Produkt zurechenbaren standardisierten Personal- und Sachkosten nicht die gesamten Betriebskosten darstellen, die in die **Produktkalkulation für die Standardkondition** einbezogen werden müssen, um vom Kunden einen kostendeckenden Preis zu verlangen. Es fehlen die sogenannten **personalbezogenen Sachkosten,** die zwar bei der Leistungserstellung anfallen, aber nicht direkt als Einzelkosten zurechenbar sind.

Zu diesen Kosten gehören:

- Kalkulatorische Raumkosten
- AfA auf Betriebs- und Geschäftsausstattung
- Infrastrukturkosten für die Datenverarbeitung
- Sonstige nicht direkt zurechenbare Sachkosten
- Kosten der Geschäftsführung und der allgemeinen Verwaltung (Overheadkosten)

Diese Kosten können z. B. als **Arbeitsplatzkosten** bei der Ermittlung der Standardkostensätze einbezogen werden.

Es ist **auch möglich,** diese Kosten als Sachkosten in Form eines prozentualen Zuschlags auf die jeweiligen Personaleinzelkosten der Bausteine zu ermitteln. Der **Aufschlagsatz** könnte berechnet werden aus den

personalbezogenen Sachkosten in v. H. der Personalkostensumme

Beispiel:

Personalbezogene Sachkosten	150 000,00 €
Personalkostensumme	550 000,00 €
Zuschlagssatz	(150 000 · 100)/550 000 = 27,27 %

Problematisch ist bei diesem Vorgehen, dass die exakte Ermittlung der Einzelkosten durch die mehr oder weniger willkürliche Zuordnung von nicht direkt zurechenbaren Kosten wieder verzerrt wird.

Auf einen Blick

- Die **Bankkalkulation im Betriebsbereich** kann auf Voll- oder auf Teilkostenbasis erfolgen.
- Die moderne Betriebskalkulation wendet **Verfahren der Teilkostenrechnung** an. Dabei wird auf die **Umlage von Gemeinkosten in der internen Kalkulation verzichtet.**
- Die prozessorientierte **Standard-Einzelkostenrechnung** (PSEK) wird in folgenden Schritten durchgeführt:
  - Feststellen der **Leistungsbereiche (Prozessanalyse)**
  - **Durchführen von Arbeitsablaufstudien**
  - Ermitteln der **Standardverbrauchsmengen** der Teilprozesse
  - Ermitteln der **sonstigen Sachmitteleinzelkosten**
  - **Feststellen der Standardkostensätze**
  - Bewerten der **Standardverbrauchsmengen mit Standardkostensätzen**
  - Berechnen der **Standardeinzelkosten pro Produkt (Leistung)**
- Bei der externen Produktkalkulation (Standardkonditionen) sind zusätzlich Zuschläge für personalbezogene Sachkosten zu berücksichtigen.

Kompetenztraining

34 Ein Kreditinstitut führt die prozessorientierte Standardeinzelkostenrechnung ein. Dabei wurden für den Prozess Aktienaufträge die Mitarbeiter A, B und C nach ihren Bearbeitungszeiten für die vorher ermittelten Bausteine/Tätigkeiten befragt. Diese Befragung ergab die folgenden Ergebnisse:

Bausteine/Tätigkeiten	Leistungs-erbringende Kostenstelle Nr.	Bearbeitungs-zeit in Min. MA A	Bearbeitungs-zeit in Min. MA B	Bearbeitungs-zeit in Min. MA C
Gesprächsvorarbeiten	100			
– Terminvereinbarung	100	1	4	1,5
– Gesprächsvorbereitung	100	7	10	12
Beratungsgespräch	100			
– Kunden beraten	100	10	15	8
Auftragsbearbeitung	100			
– Order ausfüllen	100	1	2	1,5
– Dokumentation prüfen	100	0,5	0,5	1
– Orderweitergabe am PC	100	0,5	0,5	0,4
– Orderweitergabe an MS	100	0,5	1	0,7
Marktservice	103			
– Orderkontrolle	103	1	1,5	1
– Orderabwicklung prüfen	103	1	1,2	1,2
– Orderablage	103	0,5	0,4	0,4

a) Bereiten Sie diese Informationen sinnvoll auf!

b) Erarbeiten Sie einen Vorschlag für die Festlegung der Standardzeiten für die Bausteine und die Tätigkeiten!

c) Welche Maßnahmen schlagen Sie als Mitarbeiter des Controllings aus dieser Zeitaufnahme im Hinblick auf die Personalentwicklung der Kundenberater vor?

35 Simulation mit dem PC

1. Erstellen Sie eine Tabelle nach dem Aufbau des Beispiels Aktienkauf (siehe folgende Seite)!
2. Geben Sie zunächst die Werte dieses Beispiels ein!
3. Prüfen Sie jeweils alternativ die folgenden Auswirkungen dieser Ereignisse auf die Personalstandardeinzelkosten:
   a) Die Personalkosten steigen um 5 %. Der Zuschlag für Personalnebenkosten bleibt gleich.
   b) Die tägliche Arbeitszeit wird auf 7,3 Stunden verkürzt.
   c) Der Baustein Gesprächsvorarbeiten wird an die leistungserbringende Stelle 105 verlagert. Dort fallen Personalkosten nach der Gehaltsgruppe 5 an. Gleichzeitig kann die Prozesszeit für die Gesprächsvorbereitung auf 4 Minuten gesenkt werden.

Produkt (Kostenträger): Aktienkauf

Prozess

Bausteine/Tätigkeiten	**Leistungs-erbringende Kostenstelle Nr.**	**Bearbei-tungszeit in Min.**	**Anzahl der Prozesse**	**Gehalts-gruppe**	**Standard-kostensätze in €/Min.**	**Standardkosten pro Baustein bzw. Tätigkeit (€/Tätigkeit)**
Gesprächsvorarbeiten	100	8	2			**5,40**
– Terminvereinbarung	100	1	1	1	0,675	0,68
– Gesprächsvorbereitung	100	7	1	1	0,675	4,73
Beratungsgespräch	100	10	1			**6,75**
– Kunden beraten	100	10	1	1	0,675	6,75
Auftragsbearbeitung	100	2,5	4			**1,69**
– Order ausfüllen	100	1	1	1	0,675	0,68
– Dokumentation prüfen	100	0,5	1	1	0,675	0,34
– Orderweitergabe am PC	100	0,5	1	1	0,675	0,34
– Orderweitergabe an MS	100	0,5	1	1	0,675	0,34
Marktservice	103	2,5	3			**1,21**
– Orderkontrolle	103	1	1	3	0,484	0,48
– Orderabwicklung prüfen	103	1	1	3	0,484	0,48
– Orderablage	103	0,5	1	3	0,484	0,24
Summe Personalstandardeinzelkosten						**15,05**

Sachmitteleinzelkosten

Kostenart	**Menge**	**Standard-kosten/Men-geneinheit**				**Standard-stückkosten €/Kostenart**
Auftragsformular	1	0,25				0,25
Formular Kundenabrechnung	1	0,35				0,35
Porti	1	1,10				1,10
Telefon	2	0,40				0,80
DV-Einzelkosten	90	0,01				0,90
Summe Sachmittelstandardeinzelkosten						**3,40**
Standardeinzelkosten pro Prozess (Auftrag)						**18,45**

Ermittlung der Standardkostensätze

Kostenart		**Tarif-gruppe**		**Max. Be-schäftigung in Min./Jahr**	**Standard-kostensatz € pro Min.**	
		(1)		(2)	(1) : (2)	
Tariflohn pro Monat	3 500,00 €	1				
Anzahl der Gehälter	14					
Personalnebenkosten in v. H.	28,00 %					
Höhe der Sparförderung/Monat	40,00 €					
Jahresgehalt	49 000,00 €					
Lohnnebenkosten pro Jahr	13 720,00 €					
VL-Leistungen	480,00 €					
Summe	63 200,00 €			93 600	0,675	

Ermittlung der Maximalbeschäftigung

				Tarif-gruppe		**Standardkosten in €/Min.**
Arbeitstage pro Jahr	245					
– Urlaubstage pro Jahr	30			1	3 500,00 €	0,675
– Krankheitstage pro Jahr	10			2	2 800,00 €	0,541
– Sonstige Fehltage pro Jahr	5			3	2 500,00 €	0,484
Effektive Arbeitstage pro Jahr	200			4	2 100,00 €	0,407
Arbeitszeit täglich in Stunden	7,8			5	1 900,00 €	0,369
Max. Arbeitszeit pro Jahr in Std.	1 560					
Max. Arbeitszeit pro Jahr in Min.	93 600					

36 Kalkulieren Sie nach folgenden Angaben die Standardstückkosten für einen Dispositionskredit!

Produkt (Kostenträger): Kontokorrentkredit Privatkundengeschäft						
Prozess						
Bausteine/Tätigkeiten	**Leistungserbringende Kostenstelle Nr.**	**Bearbeitungszeit in Min.**	**Anzahl der Prozesse**	**Gehaltsgruppe**	**Standardkostensätze in €/Min.**	**Standardkosten pro Baustein bzw. Tätigkeit (€/Tätigkeit)**
Beratungsgespräch einschl. Vorbereitung	601	12,00	2			0,00
– Gesprächsvorbereitung	601	2,50	1	3		
– Kunden beraten	601	9,50	1	3		
Auftragsbearbeitung	601	12,70	2,5			0,00
– Bonitätsprüfung am PC	601	4,50	1	3		
– Schufa-Auskunft	601	3,50	0,4	3		
– ggf. Bankauskunft (Neukunde)	603	3,50	0	4		
– Erfassen der Kundendaten PC	601	1,20	1,1	3		
Produktpflege während der Laufzeit	601	20,50	2,1			0,00
– Überwachen Überziehungsliste	601	2,00	1	3		
– Änderung des Limits	601	5,00	0,5	3		
– Kundenansprache	601	13,50	0,6	3		
Summe Personalstandardeinzelkosten						0,00
Sachmitteleinzelkosten						
Kostenart	**Menge**	**Standardkosten/Mengeneinheit**				**Standardstückkosten €/Kostenart**
Auftragsformular	1	0,50				
Vordruck Sicherheitenbestellung	1	0,35				
Kreditakte	1	1,50				
Porti	2	1,12				
Telefonkosten	1	0,20				
DV-Einzelkosten	180	0,01				
Summe Sachmittelstandardeinzelkosten						0,00
Standardeinzelkosten pro Prozess						0,00
Ermittlung der Standardkostensätze						
Kostenart		**Tarifgruppe**		**Max. Beschäftigung in Min./Jahr**	**Standardkostensatz € pro Min.**	
		(1)		(2)	(1) : (2)	
Tariflohn pro Monat	4200,00 €	1				
Anzahl der Gehälter	14					
Personalnebenkosten in v. H.	25,00 %					
Höhe der Sparförderung/Monat	40,00 €					
Jahresgehalt	58800,00 €					
Lohnnebenkosten pro Jahr	14700,00 €					
VL-Leistungen	480,00 €					
Summe	73980,00 €			0	#DIV/0!	
Ermittlung der Maximalbeschäftigung						
				Tarifgruppe		**Standardkosten in €/Min.**
Arbeitstage pro Jahr	245					
– Urlaubstage pro Jahr	33			1	4200,00 €	
– Krankheitstage pro Jahr	5			2	3750,00 €	
– Sonstige Fehltage pro Jahr	8			3	2870,00 €	
Effektive Arbeitstage pro Jahr	199			4	2200,00 €	
Arbeitszeit täglich in Stunden	7,5			5	1890,00 €	
Max. Arbeitszeit pro Jahr in Std.						
Max. Arbeitszeit pro Jahr in Min.						

6 Produkt-, Kunden- und Geschäftsstellenkalkulation

Da ein Kreditinstitut mindestens kostendeckend arbeiten muss, ist es erforderlich, die einzelnen Produkte so zu kalkulieren, dass diese einen möglichst hohen Beitrag zur Deckung der nicht direkt zurechenbaren Kosten leisten.

Als **Kalkulationsobjekt** kann z. B. das einzelne Produkt, ein Kunde oder eine Kundengruppe, eine Sparte oder eine Geschäftsstelle gewählt werden.

Der **direkte Beitrag** der genannten Bezugsgrößen zum Erfolg einer Bank wird als Deckungsbeitrag bezeichnet. Der **Deckungsbeitrag** ergibt sich aus der Differenz der **direkt zurechenbaren Erlöse** (Zins- und Provisionsergebnis) aus der Verwertung der Marktleistungen und der **direkt zurechenbaren Kosten** (Standardeinzelkosten).

	Zinsergebnis
+	**Provisionsergebnis**
–	**Standardeinzelkosten**
=	**Deckungsbeitrag**

6.1 Einzelproduktkalkulation

Die **Einzelproduktkalkulation** hat zum Ziel, dem Kundenberater

- für ein **Aktiv- oder ein Dienstleistungsgeschäft** die **Preisuntergrenze** bzw.
- für ein **Passivgeschäft** die **Preisobergrenze** anzugeben.

Dadurch wird dieser in die Lage versetzt, Konditionenwünsche der Kunden hinsichtlich deren Wirkungen auf den Gesamterfolg der Bank zu beurteilen.

6.1.1 Kalkulation von Aktivprodukten

Einstieg

Ein Firmenkunde will einen Kontokorrentkredit in Höhe von 120 000,00 €. Er verlangt einen Nettozinssatz von 9,5 % p. a. Der Marktzinssatz für eine alternative Anlage am GKM beträgt 5,5 % p. a. Die Bank verlangt, dass nur Geschäfte eingegangen werden, bei denen sich das eingesetzte Eigenkapital *vor Ertragsteuern* mit mindestens 30 % p. a. verzinst.

Unter welchen Bedingungen gewähren Sie den Kredit zu diesen Konditionen? Der Kunde wurde der KSA-Forderungsklasse Unternehmen zugeordnet und von einer Ratingagentur mit BBB+ geratet.

(1) Kalkulation der Preisuntergrenze

Die Bank wird das Kreditgeschäft mit dem Kunden nur durchführen, wenn **mindestens** die bei einer **alternativen Anlage erzielbaren Erlöse** und die bei der Leistungserstellung entstehenden **direkt zurechenbaren Kosten** gedeckt werden.

> Dieser aus einem einzelnen Kundengeschäft **mindestens** zu erzielende Erlös wird als (kurzfristige) **Preisuntergrenze** bezeichnet.

Alle nicht direkt zurechenbaren Kosten sind bei diesem Preis nicht abgedeckt.

Kalkulation der Preisuntergrenze eines Produkts im Aktivgeschäft			
	in €		in %
Zinserlös für alternative Anlage am GKM		Alternativzinssatz für Anlagen am GKM	
+ Mindestkonditionenbeitrag, bestehend aus		+ Mindestkonditionenmarge, bestehend aus	
Standardrisikokosten		Risikokostensatz (-marge)	
Standardeinzelkosten[1]		Standardeinzelkostensatz (-marge)[2]	
Eigenkapitalkosten		Eigenkapitalkostensatz (-marge)	
= **Preisuntergrenze Aktivprodukte**		= **Preisuntergrenze Aktivprodukt**	

Gemäß der Marktzinsmethode könnte das Kreditinstitut eine **alternative risikolose Anlage** am **Geld- und Kapitalmarkt (GKM)** vornehmen. Im Kundengeschäft sollte daher kein niedrigerer Satz angesetzt werden.

Da der Kundenkredit aber **risikoreicher** ist, sind zusätzlich **Risikokosten** zu kalkulieren.

(2) Ermitteln des Standard-Risikokostensatzes (Risikomarge)

Das mit der Kreditvergabe verbundene **allgemeine (latente) Kreditausfallrisiko** wird in der Gesamtbetriebskalkulation durch die Bildung der Risikovorsorge berücksichtigt. Wenn diese Kreditausfälle nicht aus den Eigenmitteln der Kreditinstitute bezahlt werden sollen, müssen sie in die Preise einkalkuliert und über die Erlöse erwirtschaftet werden. Das geschieht durch die **Kalkulation der Standardrisikokosten.**

Der **Standard-Risikokostenzuschlag** kann z. B. aus den tatsächlichen durchschnittlichen Kreditausfällen der vergangenen fünf Jahre errechnet werden. Dabei können je nach Risikogruppe der Kreditnehmer eigene **Standard-Risikokostensätze** kalkuliert werden.

1 Direkt zurechenbare Betriebskosten.

2 Direkt zurechenbare Betriebskosten in %.

Beispiel:

Ermitteln der Standard-Risikokosten				
Risiko-gruppen	**Durchschnittliches Kreditvolumen der letzten 5 Jahre in Mio. €**	**Durchschnittlicher Forderungsausfall der letzten 5 Jahre in Mio. €**	**Durchschnittlicher Forderungsausfall in v. H.**	**Standard-Risikokostensatz in v. H.**
A	115	0,00	0,00	0,00
B	225	1,45	0,64	0,65
C	23	0,30	1,30	1,32
D	54	0,80	1,48	1,50

Bei der Ermittlung des zu kalkulierenden Risikokostensatzes ist zu beachten, dass die **durchschnittlich ausfallenden Forderungen** von den **nicht ausfallenden Forderungen** zu erwirtschaften sind.

Beispiel:

In unserem Beispiel bedeutet das für die Kreditnehmer der Risikogruppe B:

Durchschnittliches Kreditvolumen	225,00 Mio. €	100,00 %
– **Durchschnittlicher Forderungsausfall**	**1,45 Mio. €**	**0,64 %**
= Nicht vom Ausfall bedrohter Forderungsbestand	223,55 Mio. €	99,36 %

$$\text{Standard-Risikokostensatz} = \frac{\text{durchschnittlicher Forderungsausfall} \cdot 100}{\text{nicht vom Ausfall bedrohter Forderungsbestand}}$$

$$\text{Standard-Risikokostensatz} = \frac{1{,}45 \cdot 100}{223{,}55} = \underline{\underline{0{,}65\,\%}}$$

Probe: 0,65 % von 223,55 Mio. € = 1,45 Mio. €

Zusätzlich gestellte **Sicherheiten** können die Standard-Risikokosten im Einzelfall vermindern.

(3) Ermitteln des Standardeinzelkostensatzes (Betriebskostenmarge)

Bei der Kalkulation der Kreditkosten in Euro werden als Betriebskosten die prozessorientierten Standardeinzelkosten (PSEK) angesetzt. Diese **Kosten sind** dem Produkt **direkt zurechenbar.**

Sollen die Betriebskosten eines Einzelgeschäfts als Marge (Prozentsatz) kalkuliert werden, dann ergibt sich das Problem, dass die ermittelten prozessorientierten Standardeinzelkosten weitgehend unabhängig von der Kredithöhe anfallen. Dieser Sachverhalt wird insbesondere bei Tilgungsdarlehen deutlich.

Als mögliche Lösung des Problems hat sich in der Praxis herausgebildet, die während der gesamten Kreditlaufzeit aufgrund von Erfahrungswerten der Vergangenheit anfallenden

PSEK zu addieren und anschließend durch das Produkt aus durchschnittlichem Kapitaleinsatz und Laufzeit in Jahren zu dividieren.

Beispiel:

Für unser Beispiel soll eine vollständige durchschnittliche Ausschöpfung des Kontokorrentkredits angenommen werden.

Standardeinzelkostensatz (Betriebskostenmarge)	
KKK	
Durchschnittliches KKK-Volumen pro Jahr	120 000,00 €
PSEK	
– Kreditverkauf	400,00 €
– Laufende Standardeinzelkosten pro Jahr	700,00 €
Laufzeit in Jahren	1
PSEK pro Kreditlaufzeit	1 100,00 €
Standardeinzelkostensatz (Marge)	**0,92 %**

$$\text{Standardeinzelkostensatz} = \frac{\text{PSEK der Kreditlaufzeit} \cdot 100}{(\text{durchschnittlicher Kapitaleinsatz} \cdot \text{Kreditlaufzeit})}$$

$$\text{Standardeinzelkostensatz} = \frac{1\,100{,}00 \cdot 100}{(120\,000{,}00 \cdot 1)} = \underline{\underline{0{,}92\,\%\text{ p.a.}}}$$

(4) Ermitteln des Eigenkapitalkostensatzes (Eigenkapitalkostenmarge) mithilfe des Kreditrisiko-Standardansatzes (KSA)

Risiken sind durch **ausreichende Eigenmittel** zu begrenzen. Die **Eigenmittel** sind **ausreichend,** wenn sie **mindestens 8 % der gewichteten Risiken** betragen.[1]

Zur Ermittlung der erforderlichen Eigenmittel zur Abdeckung der Adressrisiken (Kreditrisiken) müssen die Institute zuerst die **Bonität** ihrer Kreditnehmer beurteilen. Das kann entweder durch **externe Ratingagenturen,** sogenannter **Kreditrisiko-Standardansatz** (KSA), **oder** durch den auf **internen Ratings basierenden Ansatz** (IRBA) geschehen. Auf die Darstellung des IRB-Ansatzes wird hier verzichtet.

Zur **Ermittlung der risikogewichteten KSA-Positionen** müssen die Institute ihre Forderungen zunächst KSA-Forderungsklassen zuordnen. Diesen Forderungsklassen werden KSA-Risikogewichte zwischen 0 % und 1 250 % zugeordnet. Die Risikogewichte sind abhängig von der Bonitätsstufe.

1 Grundlage hierfür ist die Verordnung über die **angemessene Eigenmittelausstattung** von Instituten, Institutsgruppen und Finanzholding-Gruppen (Solvabilitätsverordnung – SolvV) vom 6. Dezember 2013.

Beispiel:

KSA-Forderungsklassen	**KSA-Risikogewichte** gemäß Bonitätsstufe					
	Bonitätsstufen					
	1	**2**	**3**	**4**	**5**	**6**
Staaten (Zentralregierungen)	0 %	20 %	50 %	100 %	100 %	150 %
Unternehmen	20 %	50 %	100 %	150 %	150 %	150 %

Mengengeschäft (Forderungen an eine natürliche Person, kleinere und mittlere Unternehmen; Gesamtverpflichtungen des Schuldners beim Institut bzw. der Institutsgruppe bis 1 Mio. €).	Pauschal 75 %

Hypothekarkredite 50 %; bei Wohnimmobilien an Privatpersonen 35 %.

Anschließend wird das **gewichtete Kreditvolumen** berechnet. Es ergibt sich aus der Multiplikation des Kreditvolumens mit dem KSA-Risikogewicht.

Das **erforderliche Eigenkapital** beträgt jeweils 8 % des gewichteten Kreditvolumens. Dieses Eigenkapital kann auch in **Prozent des Kreditvolumens** ausgedrückt werden.

Den **Eigenkapitalkostensatz** (EK-Marge) erhält man, wenn man die gewünschte Eigenkapitalverzinsung vom Eigenkapital in v. H. des Kreditvolumens berechnet, z. B. 30 % von 4 %.

Die Eigenkapitalanforderungen und die Eigenkapitalkostensätze für Unternehmen sind in folgenden Tabellen exemplarisch dargestellt:

Kreditvolumen	120 000 €	**Erforderliches Eigenkapital**	8 %	**EK-Zins vor Ertragsteuern**	30 %

Rating der Agentur	Bonitätsstufe	KSA-Risikogewicht	Gewichtetes Kreditvolumen	Erforderliches Eigenkapital	EK in v. H. des Kreditvolumens	EK-Kostensatz (EK-Marge)
AAA bis AA–	1	20 %	24 000 €	1 920 €	1,60 %	0,48 %
A+ bis A–	2	50 %	60 000 €	4 800 €	4,00 %	1,20 %
BBB+ bis BBB–	3	100 %	120 000 €	9 600 €	8,00 %	2,40 %
BB+ bis BB–	4	150 %	180 000 €	14 400 €	12,00 %	3,60 %
B+ bis B–	5	150 %	180 000 €	14 400 €	12,00 %	3,60 %
CCC+ und darunter	6	150 %	180 000 €	14 400 €	12,00 %	3,60 %
ohne Rating		100 %	120 000 €	9 600 €	8,00 %	2,40 %

Wie aus dieser Tabelle zu ersehen ist, sind die erforderlichen Eigenmittel des Kreditinstituts sehr stark von der Bonität der Kreditnehmer abhängig.

Unter der Voraussetzung, dass das Kreditinstitut **in unserem Beispiel** eine **Eigenkapitalverzinsung** von 30 % (vor Steuern) anstrebt, ergibt sich ein **Eigenkapitalkostensatz (Marge)** von 2,4 % p. a. vom Kreditbetrag.

Beispiel:

Für unser Beispiel ergibt sich für den Kundenberater als Preisuntergrenze:

Satz für alternative Anlage am GKM		5,50 %
+ Mindestkonditionenmarge aus Risikokostensatz Standardeinzelkostensatz Eigenkapitalkostensatz	 0,65 % 0,92 % 2,40 %	 3,97 %
= **Preisuntergrenze**		**9,47 %**

(5) Gemeinkostenzuschlag und Gewinnzuschlag

In diesem mindestens zu erzielenden Nettozinssatz ist **noch kein Zuschlag** für die Deckung der **nicht direkt zurechenbaren Kosten (Gemeinkosten)** enthalten. Dazu gehören die **personalbezogenen Sachkosten** und die sogenannten **Overheadkosten,** die insbesondere für Vorstand und Stabsabteilungen, z. B. Controlling, Zentralmarketing usw., anfallen. Außer diesen Gemeinkosten ist ein **Plangewinn** zu kalkulieren, soweit das nicht bereits in der Einzelproduktkalkulation berücksichtigt wurde.

Als **Basis für diesen Zuschlag** kann die Summe der Personalstandardkosten **oder** die Summe der Standardeinzelkosten gewählt werden. Da die Sacheinzelkosten bei Kreditinstituten relativ bedeutungslos sind, kommen beide Zuschläge zu sehr ähnlichen Ergebnissen.

Wir nehmen die **Summe der Standardeinzelkosten** als Berechnungsbasis.

Beispiel:

Ermitteln des Gemeinkostenzuschlags	
Summe der Gemeinkosten	485,0 Mio. €
Overheadkosten	15,0 Mio. €
Gesamtbedarf	**500,0 Mio. €**
Summe Standardeinzelkosten	**845,0 Mio. €**
Gemeinkostenzuschlag	**59,17 %**
Standardeinzelkostensatz	0,92 %
Gemeinkostenzuschlag in Prozent des Standardeinzelkostensatzes	0,54 %

Ermitteln des Gewinnzuschlags	
Plangewinn	50,0 Mio. €
Plangewinn in v. H. der Standardeinzelkosten	5,92 %
Standardeinzelkostensatz	0,92 %
Gewinnzuschlag in Prozent des Standardeinzelkostensatzes (Plangewinnmarge)	0,05 %

Das heißt, auf die **Summe** der Standardeinzelkosten ist ein Gemeinkostenzuschlag von 59,17 % zu kalkulieren.

Bei der **Margenkalkulation** ist entsprechend auf den Standardeinzelkostensatz (die Standardeinzelkostenmarge) von **in unserem Beispiel** 0,92 % p. a. ein Gemeinkostenzuschlag von 59,17 % zu rechnen, das sind weitere **0,54 % p. a.**

Entsprechend wäre ein Plangewinn (Marge) von 5,92 % des Standardeinzelkostensatzes in den Planpreis einzurechnen.

Beispiel: Lösung für den Eingangsfall

Unter Berücksichtigung der Gemeinkosten ergibt sich folgender Vergleich:

	Preisuntergrenze I	9,47 % p. a.
+	Gemeinkostenzuschlag	0,54 % p. a.
+	Plangewinnmarge	0,05 % p. a.
=	Gesamtkosten	10,06 % p. a.
–	vom Kunden geforderter Nettozinssatz	9,50 % p. a.
=	**Unterdeckung**	**0,56 % p. a.**

Ein Eingehen auf die gewünschte Kondition kann nur bei einem teilweisen Verzicht auf die Deckung der Gemeinkosten und den vollen Verzicht auf die angestrebte Gewinnmarge erfolgen.

6.1.2 Kalkulation von Passivprodukten

Einstieg

Die Kundin Hanne Schmitt will bei Ihrem Ausbildungsbetrieb erneut ein Festgeld von 25 000,00 € auf ihrem Termingeldkonto anlegen. Festlegungsfrist 1 Monat.

Sie verlangt eine Verzinsung von 3 % p. a. Die Normkondition für derartige Einlagen liegt bei 2,5 %.

Die Standardeinzelkosten für eine Termingeldanlage von Kunden als Folgegeschäft betragen 5,00 €.

Wie entscheiden Sie in diesem Fall, wenn der alternative GKM-Zins bei 2,9 % liegt und die Standardeinzelkosten für die Beschäftigung am GKM nicht berücksichtigt werden?

Bei Passivgeschäften hat der Kundenberater die **Preisobergrenze** zu beachten, das heißt, er darf keine höheren Kapitalbeschaffungskosten für Kundeneinlagen bezahlen, als die alternative Refinanzierung am GKM unter Beachtung der Standardeinzelkosten für Kundeneinlagen kostet.

Im Passivbereich entfallen die Risikokosten. Die Geldbeschaffung ist unabhängig vom Eigenkapital.

Durch die **Verzinsung der Mindestreserve** der Kreditinstitute bei der Europäischen Zentralbank entfällt die durch die Nichtverzinsung künstlich verursachte Verteuerung der Refinanzierung weitgehend.

Als **Betriebskosten** sind die **prozessorientierten Standardeinzelkosten** (PSEK) anzusetzen. Diese Kosten sind dem Produkt **direkt zurechenbar.**

Beispiel:

In der Ausgangssituation fallen je Prozess 5,00 € PSEK an. Obwohl diese Kosten nicht von der Höhe der Termineinlage abhängen, können sie in einen Standardeinzelkostensatz pro Jahr umgerechnet werden.

Standardeinzelkostensatz (Passivprodukte)	
Standardeinzelkosten pro Prozess €	5,00
PSEK pro Jahr €	60,00
Anlagebetrag €	25 000,00
Standardeinzelkostensatz (Marge)[1] p. a.	**0,24 %**

Die **Preisobergrenze** für **Passivprodukte** ergibt sich aus folgender **Margenkalkulation**:

Kalkulation der Preisobergrenze eines Produktes im Passivgeschäft		
Margenkalkulation		in % p. a.
	Satz für alternative Beschaffung am GKM	2,90
–	Standardeinzelkostensatz (-marge)[1]	0,24
=	**Preisobergrenze Passivprodukt**	**2,66**

Der Kunde kann höchstens eine Verzinsung von 2,66 % p. a. erhalten. In diesem Fall wären aber weder die nicht direkt zurechenbaren Kosten (Gemeinkosten) gedeckt noch ein Gewinnbeitrag erzielt worden.

Bei einem **Gemeinkostenzuschlag** von 59,17 % auf den Standardeinzelkostensatz von 0,24 % beträgt dieser 0,14 % p. a.

Der dem Kunden zu zahlende Preis verringert sich dann bereits ohne Berücksichtigung eines Plangewinns auf 2,66 % – 0,14 % = **2,52 % p. a.**

Der **Wunsch des Kunden** nach einem Zinssatz von 3 % p. a. kann daher nicht erfüllt werden.

6.1.3 Kalkulation von Dienstleistungen

Einstieg

Sie sind damit beauftragt, die Limitgebühren für Wertpapierorders festzulegen.

Wie könnten Sie den Mindestpreis (Preisuntergrenze) bestimmen?

Die **Grundlage** für die Ermittlung von Entgelten für Dienstleistungen, wie z. B. Wertpapierorder, Überweisungsentgelten, Barein- und -auszahlungen, sind die **prozessorientierten Standardeinzelkosten.**

1 Direkt zurechenbare Betriebskosten in %.

Beispiel:

Betragen die PSEK für den **Prozess Limitüberwachung** z. B. 4,00 €, dann sind mindestens diese Kosten zu decken. Darüber hinaus ist auch hier ein Gemeinkostenzuschlag im Angebotspreis für diese Dienstleistung zu kalkulieren, der 50 % der Standardeinzelkosten betragen soll.

Kalkulation von Dienstleistungen		
Standardeinzelkosten pro Prozess		4,00 €
= **Preisuntergrenze**		**4,00 €**
+ Gemeinkostenzuschlag	50 %	2,00 €
= **Angebotspreis (Standardkondition)**		**6,00 €**

Falls die Provision in Prozent des Umsatzes, also als **Marge** angegeben werden soll, wie dies z. B. bei der Provision für Effektivprovisionen der Fall ist, muss die Marge auf der Basis eines **durchschnittlichen Umsatzes** ermittelt werden, da die Kunden nicht mit einer Vielzahl unterschiedlicher Provisionssätze konfrontiert werden können.

Beispiel:

Standardeinzelkostensatz (Dienstleistungen)		
Standardeinzelkosten pro Prozess		50,00 €
Durchschnittlicher Umsatz		5 000,00 €
Standardeinzelkostensatz (Mindestmarge) (PSEK in v. H. des durchschnittlichen Umsatzes)		**1,00 %**
+ Gemeinkostenzuschlag	50 %	0,50 %
= Entgeltsatz (Marktpreis)		1,50 %

6.1.4 Deckungsbeitragsrechnung

Die in den vorherigen Abschnitten erläuterte **Kalkulation der Produktpreise** ist vom Controlling auch im Nachhinein auf ihren Erfolg hin zu überprüfen. Wurden die Produkte nicht zu den geplanten Preisen am Markt abgesetzt, müssen die Ursachen für die Planabweichungen analysiert, neue Maßnahmen geplant und umgesetzt werden. Auch sind die tatsächlich angefallenen Kosten nicht berücksichtigt, sondern lediglich die Standardkosten. Ein Mittel zur Überprüfung des Markterfolges ist die **Deckungsbeitragsrechnung.**

Der **Markterfolg** eines Kreditinstituts lässt sich auf verschiedenen Ebenen auswerten, wie z. B.

- das Einzelgeschäft,
- den Markterfolg eines Produkts,
- den Erfolg aus der Geschäftsverbindung mit einem Kunden oder
- den Erfolg einer Geschäftsstelle (Filiale) und schließlich
- den Erfolg der Gesamtbank.

Für die **Deckungsbeitragsrechnung** hat sich in der Praxis noch keine einheitliche Terminologie herausgebildet.[1] Es wird im Folgenden von den in den Abschlussprüfungen verwendeten Begriffen ausgegangen. Für **Einzelgeschäfte** wird danach der Deckungsbeitrag wie folgt ermittelt:

Bereich	Deckungsbeitrag Aktivgeschäft		Deckungsbeitrag Passivgeschäft
Wertbereich	Zinserlöse – Alternativzinsen für Anlage am GKM		Alternativzinsen für Beschaffung am GKM – Zinskosten
	= Zins-Konditionenbeitrag	Deckungsbeitrag I	**= Zins-Konditionenbeitrag**
Betriebsbereich	+ Direkt zurechenbare Provisionserlöse – Direkt zurechenbare Betriebskosten (Standardeinzelkosten)		+ Direkt zurechenbare Provisionserlöse – Direkt zurechenbare Betriebskosten (Standardeinzelkosten)
	= Netto-Konditionenbeitrag	Deckungsbeitrag II	**= Netto-Konditionenbeitrag**
Wertbereich	– Risikokosten – Eigenkapitalkosten		
	= Beitrag zum Betriebsergebnis	Deckungsbeitrag III	**= Beitrag zum Betriebsergebnis**

Wertbereich   Betriebsbereich

Die Deckungsbeiträge für Dienstleistungen umfassen nur den Betriebsbereich.

Beispiel:

Kalkulation eines Einzelgeschäfts mit der Deckungsbeitragsrechnung

Ein Kunde unterhält bei der Volksbank Ehingen eG nur ein Wertpapierdepot. Während des vergangenen Geschäftsjahres wurde nur ein Wertpapiergeschäft für diesen Kunden abgewickelt, das 10,00 € Provisionsertrag erbrachte. Die Standardstückkosten der Volksbank Ehingen eG für ein Wertpapiergeschäft betragen 15,00 €.

Wie hoch ist der Deckungsbeitrag III des Kunden?

Lösung:

Zinserlöse	0,00 €	
– Zinskosten	0,00 €	
= Zins-Konditionenbeitrag	**0,00 €**	**Deckungsbeitrag I**
+ Provisionserlöse	10,00 €	
– Direkt zurechenbare Betriebskosten (Standardeinzelkosten [PSEK])	15,00 €	
= Netto-Konditionenbeitrag	**–5,00 €**	**Deckungsbeitrag II**
– (Standard-)Risikokosten	0,00 €	
– (Standard-)Eigenkapitalkosten	0,00 €	
= Beitrag zum Betriebsergebnis	**–5,00 €**	**Deckungsbeitrag III**

Ergebnis:

Der Kunde hat negativ zum Betriebsergebnis beigetragen.

1 Siehe Fußnote auf S. 259.

Denkbare **Folgerungen des Controllings:**

Es könnte an eine Mindestprovision pro Order gedacht werden, die mindestens die Standardeinzelkosten decken sollte. Es kann auch versucht werden, über die Höhe der Depotgebühr dafür zu sorgen, dass „Kleinkunden" an der Geschäftsverbindung nicht mehr interessiert sind.

Auf einen Blick

Kalkulation im Aktivgeschäft (Margen)	Kalkulation im Passivgeschäft (Margen)	Kalkulation für Dienstleistungen
Satz für alternative Anlage am GKM + Mindestkonditionenmarge aus Risikokostensatz Standardkostensatz Eigenkapitalkostensatz	Satz für alternative Beschaffung am GKM – Mindestkonditionenmarge	Standardeinzelkosten
= **Preisuntergrenze**	= **Preisobergrenze**	= **Preisuntergrenze**
+ Gemeinkostenzuschlagsatz + Gewinnzuschlag	– Gemeinkostenzuschlagsatz – Gewinnzuschlagsatz	+ Gemeinkostenzuschlagsatz + Gewinnzuschlagsatz
= **Normkondition** (Standardkondition)	= **Normkondition** (Standardkondition)	= **Normkondition** (Standardkondition)

Kompetenztraining

37 Eine Sparkasse will Kredite an Firmenkunden kalkulieren. Aus diesem Grunde hat sie die Kreditkunden in die Bonitätsklassen A bis E eingeteilt. Für jede dieser Kundengruppen wurde der durchschnittliche Forderungsbestand der letzten fünf Jahre und der zugehörige Forderungsausfall festgestellt.

Kreditnehmergruppe	Durchschnittliches Kreditvolumen der letzten 5 Jahre in Mio. €	Durchschnittlicher Forderungsausfall der letzten 5 Jahre in Mio. €	Durchschnittlicher Forderungsausfall in v. H.	Risikokostensatz in v. H.
A	938	0,45		
B	1450	5,65		
C	890	10,40		
D	390	8,96		
E	38	4,50		

a) Wie hoch ist der durchschnittliche Forderungsausfall jeder Kreditnehmergruppe?

b) Mit welchem Risikokostensatz muss die Sparkasse in jeder Kreditnehmergruppe kalkulieren?

c) Ein Kunde der Kundengruppe C will ein Investitionsdarlehen in Höhe von 80 000,00 € aufnehmen, das in vier Jahresraten zu je 20 000,00 € jeweils am Jahresende getilgt werden soll.

   Die Standardeinzelkosten für den Verkauf des Darlehens betragen 500,00 €.

   Für den Prozess Darlehensverwaltung fallen in den vier Jahren jeweils 100,00 € Prozesseinzelkosten an.

   Mit welcher jährlichen Marge sind diese Standard-Betriebskosten in der Kalkulation eines Nettozinsatzes für das Darlehen anzusetzen?

d) Die Sparkasse hat nur Unternehmenskunden der Bonitätsstufen 1–4. Sie verlangt eine Verzinsung des Eigenkapitals vor Ertragsteuern von 15 %. Das erforderliche Eigenkapital soll 8 % des gewichteten Kreditvolumens betragen.

   Mit welchen EK-Kostensätzen hat die Sparkasse bei den jeweiligen Bonitätsstufen zu kalkulieren?

38 Eine Sparkasse will den Zinssatz für Spareinlagen mit einer Kündigungsfrist von 3 Monaten festlegen. Die alternative Finanzierung am GKM ist zu 2,5 % p. a. möglich.

Die durchschnittlichen Spareinlagen betragen bei dieser Sparkasse 1 800,00 €.

Die PSEK für eine Sparkontoeröffnung betragen 20,00 €. Die durchschnittliche Laufzeit eines Sparkontos wird mit 5 Jahren angenommen. Die jährlich anfallenden Standardeinzelkosten betragen 5,00 € je Sparkonto.

a) Welcher Zinssatz müsste als Normkondition gewählt werden, wenn auf die Standardeinzelkosten noch ein Gemeinkostenzuschlag von 30 % berechnet wird? Ein Gewinnzuschlag soll nicht berücksichtigt werden.

b) Die Sparkasse legt den Regelzinssatz für diese Spareinlagen auf 1,75 % fest. Der Alternativzins am GKM ist auf 2,75 % gestiegen.

   Ermitteln Sie den Nettokonditionenbeitrag mithilfe der Deckungsbeitragsrechnung für dieses Konto!

39 Die Sparkasse Groß-Gerau will den durchschnittlichen Deckungsbeitrag eines Sparkontos mit vereinbarter Kündigungsfrist von 3 Monaten ermitteln. Das Durchschnittsguthaben pro Sparkonto wurde mit 2 400,00 € ermittelt.

Es liegen folgende Daten zugrunde:

Zinssatz	1,5 %
Alternativzinssatz	2,5 %

Standardeinzelkosten:

Barein-/Barauszahlung	1,35 €
Nachträge	0,15 €

Die durchschnittliche Postenzahl pro Sparkonto und Jahr beträgt:

Barein-/Barauszahlungen	4
Nachträge	3

Wie hoch ist der durchschnittliche Deckungsbeitrag III?

40 Der Schreinermeister Hans Rau beantragt einen Kontokorrentkredit, weil er sich selbstständig machen will. Er verlangt einen Nettozinssatz von 7,4 %, da ihm einer unserer Mitwettbewerber ein Angebot zu 7,6 % unterbreitet habe.

Der Alternativzinssatz am GKM beträgt 6,2 %. Für diese Risikogruppe wird mit einem Risikokostensatz von 0,35 % kalkuliert. Der Bearbeitungskostensatz wird mit 0,25 % angenommen. Den Eigenkapitalkostensatz setzt das Kreditinstitut mit 0,6 % an.

Es ist mit einer durchschnittlichen Kreditinanspruchnahme von 30 500,00 € zu rechnen.

Treffen Sie eine Entscheidung über den Kundenwunsch. Begründen Sie, warum Sie zu Ihrer Entscheidung gekommen sind!

41 Die Handelsbank AG will für Lohn- und Gehaltsempfänger eine Monatspauschale für das laufende Konto anbieten.

Aus der Statistik konnten folgende Daten über derartige Konten entnommen werden:

Durchschnittliches Guthaben	1 580,00 €
Zinssatz	0 % p. a.
Durchschnittliche Kreditinanspruchnahme	1 920,00 €
Zinssatz	8,5 % p. a.
Durchschnittlicher Umsatz pro Jahr	30 000,00 €

Durchschnittliche Alternativzinssätze am GKM:

Tagesgeldaufnahme	2 % p. a.
Termingeldanlage	3,5 % p. a.

Die Handelsbank AG hat folgende Standardeinzelkostensätze, bezogen auf den durchschnittlichen Kreditbetrag, ermittelt:

Risikokostensatz	0,2 % p. a.
Eigenkapitalkostensatz	0,4 % p. a.
Standardeinzelkostensatz	0,4 % p. a. vom durchschnittlichen Umsatz

Zur Deckung der Gemeinkosten soll ein Satz von 30 % der Standardeinzelkosten kalkuliert werden.

Mit welchem Preis muss die Handelsbank AG die Monatspauschale mindestens kalkulieren?

42 Richten Sie ein Excel-Arbeitsblatt mit folgendem Aufbau ein, um Veränderungen der Bedingungen der Aufgabe 41 **simulieren** zu können.

	A	B	C	D	E	F	G	H	I	J	K
1	Kundenkalkulation										
2	Name:										
3	Risikokostensatz p. a.	0,00%			Gemeinkosten-zuschlag in vH. der PSEK	0,00%			**Provisions-erlöse**	EUR pro Monat	EUR pro Jahr
4	Eigenkapitalkostensatz p. a.	0,00%							**Prozess**		
5	Standardeinzelkostensatz p. a.				Umsatzdurch-schnitt pro Jahr EUR	0,00			Kontoführung	0,00	0,00
6	Kontokorrentkonto	0,00%							Darlehen		
7	Darlehen	0,00%							Gesamt	**0,00**	**0,00**
8	Passivprodukte	0,00%									
9	**Aktivprodukte**	Durchschnittl. Bestand	Zinssatz	GKM-Zins	Marge	Zinsüberschuss	Direkt zurechenbare Betriebskosten (PSEK)	Standard-risikokosten	Standard-eigenkapital-kosten	**Deckungs-beitrag III**	DB/Monat
10	Kontokorrentkredit	0,00	0,00%	0,00%	0,00%	0,00	0,00	0,00	0,00	**0,00**	0,00
11	Darlehen	0,00	0,00%	0,00%	0,00%	0,00	0,00	0,00	0,00	**0,00**	0,00
12		0,00			0,00%		0,00			**0,00**	0,00
13	Gesamt	0,00				0,00	0,00	0,00	0,00	**0,00**	0,00
14											
15	**Passivprodukte**										
16	Sichteinlagen	0,00	0,00%	0,00%	0,00%	0,00	0,00	0,00	0,00	**0,00**	0,00
17	Spareinlagen	0,00	0,00%	0,00%	0,00%	0,00	0,00	0,00	0,00	**0,00**	0,00
18	Gesamt	0,00				0,00	0,00	0,00	0,00	**0,00**	0,00
19											
20	**Dienstleistungen**										
21											
22											
23	**Zusammenstellung**	pro Jahr	pro Monat								
24	Zinskonditionenbeiträge	EUR	EUR								
25	Aktiva	0,00	0,00								
26	Passiva	0,00	0,00								
27	**Deckungsbeitrag I**	**0,00**	**0,00**								
28	+ Direkt zurechenbare Provisionserlöse	0,00	0,00								
29	- Direkt zurechenbare Betriebskosten (PSEK)	0,00	0,00								
30	= **Deckungsbeitrag II**	**0,00**	**0,00**								
31	- Standardrisikokosten	0,00	0,00								
32	- Standardeigenkapitalkosten	0,00	0,00								
33	**Deckungsbeitrag III**	**0,00**	**0,00**								
34	- Gemeinkostenzuschlag	0,00	0,00								
35	**Deckungsbeitrag III** mit Gemeinkostenzuschlag	**0,00**	**0,00**								

a) Lösen Sie die Aufgabe 41 jetzt mit dem PC!

b) Wie hoch müsste bei den in Aufgabe 41 angegebenen Daten die durchschnittliche Kreditinanspruchnahme sein, wenn
   ba) der Deckungsbeitrag III bzw.
   bb) der Deckungsbeitrag IV
   jeweils gleich 0,00 € sein sollen?
   Die übrigen Daten sollen unverändert bleiben. Nutzen Sie zur Lösung die Funktion **Zielwertsuche** (Information siehe unten)!

c) Bei welchen durchschnittlichen Guthaben können Sie unter sonst gleichen Bedingungen die kostenlose Kontoführung anbieten, wenn bei
   ca) der Deckungsbeitrag III bzw.
   cb) der Deckungsbeitrag IV
   jeweils 0,00 € betragen soll?

d) Wie verändern sich die Deckungsbeiträge III und IV, wenn die **ursprünglichen Werte** gelten, der Risikokostensatz aber von 0,2 % auf 0,3 % steigt?

e) Angenommen, das Kreditinstitut verzichtet auf die Hälfte der Eigenkapitalverzinsung.
   Welche Auswirkungen ergeben sich unter der Prämisse der Ausgangsdaten auf die Deckungsbeiträge III und IV?

f) Simulieren Sie die Veränderung anderer Größen nach Ihrer eigenen Wahl!

Exkurs: Zielwertsuche mit Excel

Mit der Funktion Zielwertsuche im Tabellenkalkulationsprogramm Excel können Sie einen zu suchenden Wert, der sich aus den Verknüpfungen der Formeln ergeben muss, einfach ermitteln.

1. Schritt	Öffnen Sie Ihr Excel-Arbeitsblatt zur Aufgabe 42. Geben Sie die Werte der Aufgabe 42 ein.
2. Schritt	Registerkarte **Daten**/Befehlsgruppe Datentools **Was-wäre-wenn-Analyse/ Zielwertsuche**
3. Schritt	Geben Sie in das Dialogfeld die Felder ein, die Sie in Ihrem Arbeitsblatt belegt haben. **Zielzelle:** Zelle, die den Beitrag zum Betriebsergebnis aufnimmt, im Beispiel auf S. 250 die Zelle B 33. **Zielwert:** Wir wollen den Deckungsbeitrag III (Beitrag zum Betriebsergebnis ohne Gemeinkosten) von 0,00 € ermitteln. Geben Sie daher die Null ein. **Veränderbare Zelle:** Diese Zelle soll die durchschnittliche Kreditinanspruchnahme angeben, die zu dem Zielwert 0 führt. Im Beispiel auf S. 250 ist das die Zelle B 10.
4. Schritt	**OK** Das richtige Ergebnis erhalten Sie, wenn Ihre Programmierung logisch aufgebaut ist. Im obigen Beispiel ist die Lösung 2827,27. ✘ Ändern Sie den Kundenzinssatz auf 6,5 %. Welche notwendige durchschnittliche Kreditinanspruchnahme wäre erforderlich, wenn der Deckungsbeitrag IV 0,00 € betragen soll? Alle anderen Angaben bleiben unverändert.

6.2 Kundenkalkulation

Einstieg

Die Kundin Anne Schreiner hat sich vor zwei Jahren selbstständig gemacht. Sie unterhält bei Ihrem Ausbildungsbetrieb ein laufendes Konto. Die Kalkulation dieses Kontos führte zu einem positiven Deckungsbeitrag von 90,00 €. Die Kundin verlangt eine Senkung des Zinssatzes um $^1/_2$ % mit der Begründung, dass ihr dieser Zinssatz von einem Mitwettbewerber geboten worden sei, falls sie mit ihm in Geschäftsverbindung trete.

Stellen Sie die Überlegungen zu Ihrer Entscheidungsfindung in diesem Falle dar!

Jede Konditionenentscheidung ist nicht isoliert zu treffen. Es ist die **gesamte** Kundenbeziehung in die Entscheidung einzubeziehen.

Beispiel:

Anne Schreiner unterhält bei einem Kreditinstitut ein Kontokorrentkonto, ein Sparkonto mit vereinbarter Kündigungsfrist von drei Monaten und ein Effektendepot.

Die **Kalkulation** der drei **Konten** ergab folgende Deckungsbeiträge:

Kunde/Kundin	Anne Schreiner	
Geschäftsverbindung		
	Erträge bzw. Standardkosten	**€**
Kontokorrentkonto	Zinskonditionenbeitrag	250,00
	Direkt zurechenbare Risikokosten	50,00
	Direkt zurechenbare Eigenkapitalkosten	5,00
	Direkt zurechenbare Provisionserlöse	125,00
	Direkt zurechenbare Betriebskosten	230,00
Sparkonto	Zinskonditionenbeitrag	110,00
	Direkt zurechenbare Risikokosten	0,00
	Direkt zurechenbare Eigenkapitalkosten	0,00
	Direkt zurechenbare Provisionserlöse	0,00
	Direkt zurechenbare Betriebskosten	60,00
Effektenhandelsgeschäfte	Zinskonditionenbeitrag	0,00
	Direkt zurechenbare Risikokosten	0,00
	Direkt zurechenbare Eigenkapitalkosten	0,00
	Direkt zurechenbare Provisionserlöse	330,00
	Direkt zurechenbare Betriebskosten	170,00

Gemeinkostenzuschlagsfaktor in v. H. der Standardeinzelkosten **25 %**

Deckungsbeitrag des Kunden[1]

	Zinskonditionenbeitrag Aktiva	250,00 €	
+	Zinskonditionenbeitrag Passiva	110,00 €	
=	**Deckungsbeitrag I**	360,00 €	(Zins-Konditionenbeitrag)
+	Direkt zurechenbare Provisionserlöse	455,00 €	
–	Direkt zurechenbare Betriebskosten	460,00 €	
=	**Deckungsbeitrag II**	355,00 €	(Netto-Konditionenbeitrag)
–	Direkt zurechenbare Risikokosten	50,00 €	
–	Direkt zurechenbare Eigenkapitalkosten	5,00 €	
=	**Deckungsbeitrag III**	300,00 €	(Deckungsbeitrag des Kunden)
–	Gemeinkostenzuschlag	115,00 €	
=	**Deckungsbeitrag IV**	**185,00 €**	*(Über- bzw. Unterdeckung des Kunden)*

In diesem Fall ist es vertretbar, die Senkung des Zinssatzes um 0,5 % zu akzeptieren, da insgesamt ein Deckungsbeitrag III von 300,00 € erwirtschaftet wurde. Dieser deckt in diesem Falle auch die anteiligen Gemeinkosten aus der Geschäftsverbindung und führt zu einem positiven Gewinnbeitrag von 185,00 €. Ein Wechsel der Kundin zu einem anderen Kreditinstitut könnte auch die positiven Beiträge aus den beiden anderen Konten gefährden.

Bei der Ermittlung der **Deckungsbeiträge** dürfen **keine tatsächlich angefallenen Risiko- und Betriebskosten** angesetzt werden, da nur mit den Standardkosten unwirtschaftliches Handeln sichtbar gemacht werden kann.

Bei der Bewertung des Ergebnisses kommt es neben dem Erfolg in der bisherigen Geschäftsbeziehung – wobei Aktiv-, Passiv- und Dienstleistungsgeschäfte zu berücksichtigen sind – besonders auf die zukünftige Entwicklung der Geschäftsbeziehung an. Hierbei ist eine Beurteilung der **Potenzialentwicklung** des Kunden vorzunehmen. Bei dieser **Potenzialbeurteilung** sind auch Gesichtspunkte zu berücksichtigen, die nicht unmittelbar messbar sind, wie die **Werbewirksamkeit** bei den Kunden, z. B. Handwerker mit vielen Kunden am Ort.

Auch **Meinungsbildner** sind besonders zu betrachten, z. B. der Vorsitzende des örtlichen Sportvereins. Eine ähnliche Funktion haben Kunden mit **Vorbildfunktion,** wie z. B. Spitzensportler.

Bei **Existenzgründern,** insbesondere in sehr innovativen Sektoren, ist es für Kreditinstitute nicht immer einfach, die zukünftige Entwicklung des Kunden bzw. seiner Branche einzuschätzen, z. B. Biotechnologie.

Neben der Entwicklung einer Geschäftsverbindung mit einem Kunden können auch Kundenkalkulationen für bestimmte Kundengruppen, z. B. Ärzte, Landwirte, vorgenommen werden. Dabei sind die speziellen Risiken einzelner Kundengruppen und spezieller Produkte, z. B. Auslandsverbindlichkeiten, zu berücksichtigen.

1 Siehe Fußnote auf S. 259.

6.3 Exkurs: Geschäftsstellenkalkulation

Einstieg

Die Sparkasse Gießen unterhält 21 Geschäftsstellen. Um die Vergütung der Filialleiter erfolgsabhängiger zu gestalten, will sie feststellen, welchen Beitrag die einzelnen Filialen der Sparkasse zum Betriebsergebnis der Gesamtsparkasse beitragen.

Erarbeiten Sie einen Vorschlag, wie die Sparkasse Gießen die erforderlichen Informationen ermitteln könnte!

Wie bei der Kundenkalkulation können auch auf der Ebene der Filiale (Geschäftsstelle, Zweigstelle) die Deckungsbeiträge ermittelt und analysiert werden.

(1) Aufbau der Geschäftsstellenkalkulation

Für die Geschäftsstellenkalkulation (Profit-Center-Kalkulation) ergibt sich folgender Aufbau:

	Zinskonditionenbeiträge der Aktivgeschäfte	
+	Zinskonditionenbeiträge der Passivgeschäfte	
=	**Deckungsbeitrag I**	(Zins-Konditionenbeitrag)
+	Direkt zurechenbare Provisionserlöse	
–	Direkt zurechenbare Betriebskosten (PSEK)	
=	**Deckungsbeitrag II**	(Netto-Konditionenbeitrag)
–	Direkt zurechenbare Risikokosten	
–	Direkt zurechenbare Eigenkapitalkosten	
=	**Deckungsbeitrag III**	(Deckungsbeitrag der Filiale)
–	Gemeinkostenzuschlag	
=	**Deckungsbeitrag IV**	*(Über - bzw. Unterdeckung der Filiale)*

Bei diesen Rechengrößen handelt es sich jeweils um Standardwerte. Nachträglich können aus dem Rechnungswesen die tatsächlich anfallenden Ist-Kosten bzw. Ist–Erlöse ermittelt werden.

Beispiel:

Filialen		Hegerwald	Dammstraße		
Geschäftsart	**Jahresergebnisbeiträge**	**TEUR**	**TEUR**		
Kontokorrentkredite	Zinskonditionenbeitrag	189,00	69,00		
	Direkt zurechenbare Risikokosten	40,00	15,00		
	Direkt zurechenbare Eigenkapitalkosten	12,00	7,00		
	Direkt zurechenbare Provisionserlöse	95,00	20,00		
	Direkt zurechenbare Betriebskosten	55,00	24,00		
Spareinlagen	Zinskonditionenbeitrag	30,00	80,00		
	Direkt zurechenbare Risikokosten	0,00	0,00		
	Direkt zurechenbare Eigenkapitalkosten	0,00	0,00		
	Direkt zurechenbare Provisionserlöse	0,00	0,00		
	Direkt zurechenbare Betriebskosten	6,00	20,00		
Effektenhandels-geschäfte	Zinskonditionenbeitrag	0,00	0,00		
	Direkt zurechenbare Risikokosten	0,00	0,00		
	Direkt zurechenbare Eigenkapitalkosten	0,00	0,00		
	Direkt zurechenbare Provisionserlöse	26,00	54,00		
	Direkt zurechenbare Betriebskosten	5,00	8,50		
Gemeinkosten-zuschlagsfaktor in v. H. der Standard-einzelkosten	25 %				
				Hegerwald	Dammstraße
Deckungsbeitrag der Filiale				in v. H. des Geschäfts-volumens	in v. H. des Geschäfts-volumens
Deckungsbeitrag des Kunden					
Zinskonditionenbeitrag Aktiva		189,00	69,00	5,91	4,86
+ Zinskonditionenbeitrag Passiva		30,00	80,00	0,94	5,63
= Deckungsbeitrag I		**219,00**	**149,00**	**6,84**	**10,49**
+ Direkt zurechenbare Provisionserlöse		121,00	74,00	3,78	5,21
– Direkt zurechenbare Betriebskosten		66,00	52,50	2,06	3,70
= Deckungsbeitrag II		**274,00**	**170,50**	**8,56**	**12,01**
– Direkt zurechenbare Risikokosten		40,00	15,00	1,25	1,06
– Direkt zurechenbare Eigenkapitalkosten		12,00	7,00	0,38	0,49
= Deckungsbeitrag III		**222,00**	**148,50**	**6,94**	**10,46**
– *Gemeinkostenzuschlag*		*16,50*	*13,13*	*0,52*	*0,92*
= Deckungsbeitrag IV (Überdeckung/Unterdeckung der Filiale)		**205,50**	**135,38**	**6,42**	**9,53**
Geschäftsvolumen (TEUR)		3 200,00	1 420,00		

(2) Auswertungsmöglichkeiten der Geschäftsstellenkalkulation

Dieses **Geschäftsstellenergebnis** bietet dem **Bankcontrolling** zahlreiche Ansatzpunkte für die Analyse. Nahe liegt der Vergleich mit den Deckungsbeiträgen anderer vergleichbarer Filialen hinsichtlich der Kosten- und Erlösstrukturen, der Entwicklung der Kosten- und Erlösbeiträge im inner- und zwischenbetrieblichen Vergleich, der unterschiedlichen Erfolge bei einzelnen Kunden oder Kundengruppen. Es können auch Vergleiche hinsichtlich der Deckungsbeiträge einzelner Produkte bei den verschiedenen Geschäftsstellen durchgeführt werden.

Durch den Vergleich der Standardbetriebskosten einer Filiale mit den tatsächlich angefallenen Ist-Betriebskosten kann auf die **Produktivität** der Filiale geschlossen werden.

Beispiel:

Bei den Filialen in unserem Beispiel zeigt sich, dass die Filiale Hegerwald um 9000,00 € höhere Betriebskosten hatte als nach den Standardkosten erforderlich gewesen wäre. Es wurde also unwirtschaftlicher gearbeitet. Umgekehrt war die Filiale Dammstraße um 2500,00 € besser als nach den Standardbetriebskosten zu erwarten war.

	Hegerwald TEUR	Dammstraße TEUR	Abweichung vom Soll TEUR	Abweichung vom Soll TEUR
Ist-Betriebskosten	75,00	50,00	9,00	–2,50
Ist-Forderungsausfälle	36,00	18,00	–4,00	3,00

Bei der Auswertung des Risikoergebnisses zeigt sich umgekehrt, dass hier die Filiale Hegerwald die Kreditrisiken besser eingeschätzt hat als zu erwarten war. Umgekehrt dagegen bei der Filiale Dammstraße.

Auf einen Blick

- Bei der **Kundenkalkulation** sind sämtliche Deckungsbeiträge aus der Geschäftsverbindung mit einem Kunden zusammenzufassen.
- Bei **Konditionenentscheidungen** sind die gegenwärtigen und zukünftigen Deckungsbeiträge in die Überlegung einzubeziehen.
- Die Ergebnisse der Kundenkalkulation können bei der Entwicklung einer langfristigen Kundenstrategie mit dem Ziel eingesetzt werden, defizitäre Deckungsbeiträge bei einzelnen Konten gezielt abzubauen.
- Die **Geschäftsstellenkalkulation** (Profit-Center-Kalkulation) bietet die Möglichkeit, über den Beitrag der einzelnen Geschäftsstellen zum Gesamtbetriebsergebnis eine Steuerung der Geschäftsstelle vorzunehmen, weil nur die der Geschäftsstelle direkt zurechenbaren und damit von der Geschäftsstelle zu verantwortenden Deckungsbeiträge in die Rechnung eingehen.

Kompetenztraining

43 Der Kunde Arnold Pfaff unterhält bei der Sparkasse Leipzig ein Sparkonto mit vereinbarter Kündigungsfrist von 3 Monaten. Sein Durchschnittsguthaben beträgt 8 700,00 €. Der Sparzinssatz beträgt 1,5 %, der alternative Marktzinssatz am GKM 2,8 %.

Herr Pfaff nutzte das Sparkonto in folgendem Umfang:

Vorgänge	Posten	Standardeinzelkosten
Einzahlungen/Auszahlungen	7	1,20 €
Nachträge	18	0,30 €

Herr Pfaff unterhält ein Girokonto bei dieser Sparkasse. Dieses hat einen durchschnittlichen Sollsaldo von 2 500,00 €. Der Sollzinssatz beträgt 8 %. Der Alternativzins am GKM liegt bei 4,5 %.

Der Standardrisikokostensatz wird bei dieser Risikoklasse mit 0,3 % des durchschnittlichen Kreditvolumens angenommen. Die Sparkasse kalkuliert mit einem Eigenkapitalkostensatz von 0,35 % des durchschnittlichen Kreditvolumens.

Für dieses Girokonto waren im Jahr folgende Betriebsleistungen zu erbringen:

Vorgänge	Posten	Standardeinzelkosten
Einzahlungen/Auszahlungen	86	1,10 €
Überweisungen	80	0,40 €
Daueraufträge	36	0,25 €
Kontoauszüge	12	0,30 €

Dem Kunden wird eine monatliche Kontoführungspauschale von 5,00 € berechnet.

a) Welchen Deckungsbeitrag III in Euro erbrachte die gesamte Geschäftsverbindung mit diesem Kunden?

b) Wie hoch ist der Deckungsbeitrag IV aus dieser Geschäftsverbindung?

44 Die Kundin Elvira Schreiner unterhält bei der Volksbank Emmendingen ein laufendes Konto. Für die Kontoführung zahlt sie jährlich eine Kostenpauschale von 144,00 €. Das Durchschnittsguthaben beträgt 1 000,00 €.

Bei der Nachkalkulation dieses Kontos stellte die Volksbank im vergangenen Geschäftsjahr folgende Nutzungen fest:

Vorgänge	Posten	Standardeinzelkosten
Einzahlungen/Auszahlungen	50	1,50 €
Überweisungen	230	0,45 €
Daueraufträge	36	0,35 €
Kontoauszüge	12	0,30 €

a) Welchen Deckungsbeitrag erbringt diese Geschäftsverbindung für die Volksbank, wenn derartige Guthaben nicht verzinst werden müssen? Eigenkapitalkosten sollen unberücksichtigt bleiben. Der alternative Zins am GKM liegt bei 3 %.

b) Angenommen, Sie wären für die Betreuung dieser Kundin zuständig. Wie würden Sie in diesem Falle handeln, wenn Ihre Vergütung teilweise von Ihrem Ergebnisbeitrag abhängt?

45 Es gelingt der Kundenberaterin der Volksbank Emmendingen, Frau Schreiner einen Sparbrief zu verkaufen, Betrag 5 000,00 €, Laufzeit 5 Jahre, Zinssatz 3,2 %, alternativer Marktzinssatz 5 %. Die direkt zurechenbaren Betriebskosten für einen Sparbrief betragen 5,00 €.

Wie verändert sich die Kalkulation der Geschäftsverbindung mit der Kundin Schreiner durch dieses zusätzliche Bankgeschäft?

46 Die Gewerbebank eG, Düsseldorf, führt eine Geschäftsstellenkalkulation durch.

Die **Filiale A** liefert die folgende Kalkulationsgrundlage:

Aktivgeschäfte	Volumen i. Tsd. €	Zinserlöse i. Tsd. €	Durchschnittl. Zinssatz	GKM-Satz
– Firmenkredite	1 300,00	88,40	6,80 %	4,30 %
– Dispokredite	900,00	87,30	9,70 %	4,90 %
– Baufinanzierungen	1 100,00	75,90	6,90 %	5,10 %
Summe				
Passivgeschäfte	Volumen i. Tsd. €	Zinskosten i. Tsd. €	Durchschnittl. Zinssatz	GKM-Satz
– Sichteinlagen	1 200,00	1,80	0,15 %	2,75 %
– Spareinlagen	2 700,00	67,50	2,50 %	3,20 %
Summe				

	Prov.-Erlöse i. Tsd. €	Standardeinzelkosten i. Tsd. €
Dienstleistungsbereich		
– Zahlungsverkehr	55,70	68,30
– Wertpapiergeschäfte	35,20	18,70

Bei der **Filiale B** ergaben sich diese Werte:

Aktivgeschäfte	Volumen i. Tsd. €	Zinserlöse i. Tsd. €	Durchschnittl. Zinssatz	GKM-Satz
– Firmenkredite	2 500,00	165,00	6,60 %	4,30 %
– Dispokredite	500,00	47,00	9,40 %	4,90 %
– Baufinanzierungen	800,00	55,20	6,90 %	5,10 %
Summe				
Passivgeschäfte	Volumen i. Tsd. €	Zinskosten i. Tsd. €	Durchschnittl. Zinssatz	GKM-Satz
– Sichteinlagen	2 200,00	5,50	0,25 %	2,75 %
– Spareinlagen	1 100,00	27,50	2,50 %	3,20 %
Summe				

	Prov.-Erlöse i. Tsd. €	Standardeinzelkosten i. Tsd. €
Dienstleistungsbereich		
– Zahlungsverkehr	77,00	88,30
– Wertpapiergeschäfte	40,20	46,30

Die Risiko- und Bearbeitungskosten für beide Geschäftsstellen betragen jeweils:

Risikokosten	
Firmenkredite in % des Volumens	0,20
Dispokredite in % des Volumens	0,30
Baufinanzierungen in % des Volumens	0,05

Bearbeitungskosten in % des Volumens	
Firmenkredite	1,30
Dispokredite	1,20
Baufinanzierungen	0,95
Passivgeschäfte	0,60

a) Ermitteln Sie die Deckungsbeiträge der beiden Filialen für das Aktiv-, Passiv- und Dienstleistungsgeschäft!

b) Analysieren Sie die Geschäftsstruktur sowie Stärken und Schwächen der beiden Filialen!

c) Erarbeiten Sie einen Vorschlag für die beiden Geschäftsstellenleiter, wie diese die Stärken weiter ausbauen und die Schwächen abbauen könnten!

d) In welchen Fällen können Kenntnisse über die Geschäftsstellenkalkulation bei der Kundenberatung nützlich sein?

---

1 **Fußnote zu S. 247 und S. 253.**
Es hat sich bei den Kreditinstituten noch kein einheitliches **Schema für die Deckungsbeitragsrechnung** herausgebildet.

Im VR-Control der Kreditgenossenschaften wird folgendes Deckungsbeitragsschema eingesetzt:	In den Abschlussprüfungen für Bankkaufleute verwendet die IHK zzt. folgendes Grundschema (Stand: August 2020):
Konditionenbeitrag = **Deckungsbeitrag I a** + Provisionsbeitrag = **Deckungsbeitrag I b** – Risikoprämie = **Deckungsbeitrag II** – Standardstückkosten = **Deckungsbeitrag III**	Zinserlöse – Alternativzinsen am GKM = **Deckungsbeitrag I** (Zins-Konditionenbeitrag) + Direkt zurechenbare Provisionserlöse – Direkt zurechenbare Betriebskosten = **Deckungsbeitrag II** (Netto-Konditionenbeitrag) – Risikokosten – Eigenkapitalkosten = **Deckungsbeitrag III** (Beitrag zum Betriebsergebnis)

C Exkurs: Bonität von Geschäfts- und Firmenkunden beurteilen (aus Lernfeld 13)

KMK-Plan

Die Schülerinnen und Schüler verfügen über die Kompetenz, die Bonität von Geschäfts- und Firmenkunden zu beurteilen, ...

1 Wie lässt sich die Kreditwürdigkeit von Firmenkunden beurteilen?

Einstieg

Die Jens Müller GmbH & Co. KG betreibt ein Malergeschäft. Das Unternehmen steht seit vielen Jahren mit Ihrem Ausbildungsbetrieb in Geschäftsverbindung.

Die Geschäftsführerin Lisa Müller plant die Erweiterung des Unternehmens. Dazu beantragt sie bei Ihrem Ausbildungsbetrieb einen Betriebsmittelkredit in Höhe von 250 000,00 €.

Alle Kreditinstitute sind bei der Genehmigung von Krediten verpflichtet, die Kreditwürdigkeit der Antragsteller zu prüfen.

Stellen Sie fest, welche(s) Ratingverfahren Ihr Ausbildungsbetrieb zur Prüfung der Kreditwürdigkeit einsetzt!

Referieren Sie Ihre Ergebnisse.

Die **Bewertung (Rating)** der **Bonität eines Firmenkunden** erfolgt anhand verschiedener Kriterien. Dabei werden verschiedene Faktoren in die Beurteilung einbezogen:

Quantitative Faktoren	Qualitative Faktoren
Diese sogenannten **„hard facts"** sind **Kennzahlen** über die Vermögens-, Finanz- und Ertragslage des Unternehmens.	Diese sogenannten **„soft facts"**, also „weiche Faktoren", geben u. a. Auskunft über das bisherige oder das in Zukunft zu erwartende Verhalten der Unternehmensleitung, der Marktentwicklung und der Branche.
Basis für die Ermittlung der Kennzahlen sind ■ Jahresabschlüsse bzw. ■ Einnahmeüberschussrechnungen	**Basis** für die Bewertung sind u. a. die ■ Auswertung der bisherigen Geschäftsverbindung, ■ Branchenanalysen, ■ Nachfolgeplanung

Je nach Branche, Rechtsform und Unternehmensgröße werden die Ergebnisse des Ratings in eine Skala, der sogenannten Ratingklasse eingestuft.

Diese Skalierung spiegelt das Kreditrisiko wider. Die unterschiedlichen Ausfallrisiken des Kredits verlangen entsprechend unterschiedliche Kreditkonditionen.

2 Unterschiede der Bilanzen von Industrie-, Handels-, Dienstleistungs- und Handwerksunternehmen

Einstieg

Bei Ihrer Ausbildung im Firmenkundenbereich legt Ihnen die Ausbilderin die folgenden Bilanzen vor. Die Ausbilderin fordert Sie auf festzustellen und zu begründen, bei welcher Bilanz es sich um die eines Industrie-, Handels-, Dienstleistungs- oder Handwerksunternehmens handelt.

Unternehmen A

Bilanz zum 31. Dez. 20.. (Mio. €)

Aktiva		**Passiva**	
A. Anlagevermögen		**A. Eigenkapital**	
I. Sachanlagen		1. Stammkapital	5,9
1. Grundstücke und Gebäude	4,2	2. Gewinnrücklagen	8,4
2. Maschinen	9,9	**B. Rückstellungen**	
3. Betr.- und Geschäftsausst.	11,6	1. Rückstellungen für Pensionen	9,1
II. Finanzanlagen		2. Sonstige Rückstellungen	1,9
1. Beteiligungen	3,7	**C. Verbindlichkeiten**	
B. Umlaufvermögen		1. Verbindlichkeiten gegenüber Kreditinstituten	
I. Vorräte		– langfristig	8,1
1. Roh-, Hilfs- und Betriebsstoffe	4,6	– kurzfristig	2,5
2. Unfertige Erzeugn./Leistungen	2,2	2. Verbindlichkeiten aus Lieferungen und Leistungen	16,6
3. Fertige Erzeugnisse u. Waren	1,7	**D. Rechnungsabgrenzungsposten**	0,6
II. Forderungen aus Lieferungen	13,6		
III. Liquide Mittel	1,1		
C. Rechnungsabgrenzungsposten	0,5		
Summe Aktiva	**53,1**	**Summe Passiva**	**53,1**

Unternehmen B

Bilanz zum 31. Dez. 20.. (Tsd. €)

Aktiva		**Passiva**	
A. Anlagevermögen		**A. Eigenkapital**	
I. Sachanlagen		1. Komplementärkapital Karl Mölln	6,8
1. Grundstücke und Gebäude	50,1	2. Kommanditkapital Karin Schön	9,1
2. Maschinen	9,1	**B. Rückstellungen**	
3. Betr.- und Geschäftsausst.	41,0	1. Rückstellungen für Pensionen	13,7
II. Finanzanlagen		2. Sonstige Rückstellungen	28,3
1. Beteiligungen	27,8	**C. Verbindlichkeiten**	
B. Umlaufvermögen		1. Verbindlichkeiten gegenüber Kreditinstituten	
I. Vorräte		– langfristig	104,8
1. Roh-, Hilfs- und Betriebsstoffe	0,5	– kurzfristig	127,6
2. Unfertige Erzeugn./Leistungen	0,9	2. Verbindlichkeiten aus Lieferungen und Leistungen	164,0
3. Fertige Erzeugnisse u. Waren	191,4	**D. Rechnungsabgrenzungsposten**	1,5
II. Forderungen aus Lieferungen	114,0		
III. Liquide Mittel	18,2		
C. Rechnungsabgrenzungsposten	2,8		
Summe Aktiva	**455,8**	**Summe Passiva**	**455,8**

Unternehmen C

Aktiva	Bilanz zum 31. Dez. 20.. (Tsd. €)		Passiva
A. Anlagevermögen		**A. Eigenkapital**	
I. Sachanlagen		1. Einlage Karl Sommer	80,9
1. Grundstücke und Gebäude	59,4	2. Einlage Claudia Sommer	15,4
2. Maschinen	10,1	**B. Rückstellungen**	
3. Betr.- und Geschäftsausst.	123,3	1. Rückstellungen für Pensionen	23,1
II. Finanzanlagen		2. Sonstige Rückstellungen	47,8
1. Beteiligungen	7,7	**C. Verbindlichkeiten**	
B. Umlaufvermögen		1. Verbindlichkeiten gegenüber Kreditinstituten	
I. Vorräte		– langfristig	177,3
1. Roh-, Hilfs- und Betriebsstoffe	39,3	– kurzfristig	215,9
2. Unfertige Erzeugn./Leistungen	47,8	2. Verbindlichkeiten aus Lieferungen und Leistungen	209,0
3. Fertige Erzeugnisse u. Waren	9,3	**D. Rechnungsabgrenzungsposten**	1,5
II. Forderungen aus Lieferungen	434,8		
III. Liquide Mittel	38,5		
C. Rechnungsabgrenzungsposten	0,8		
Summe Aktiva	**770,9**	**Summe Passiva**	**770,9**

Unternehmen D

Aktiva	Bilanz zum 31. Dez. 20.. (Tsd. €)		Passiva
A. Anlagevermögen		**A. Eigenkapital**	
I. Sachanlagen		1. Stammkapital	50,0
1. Grundstücke und Gebäude	0,0	2. Gewinnrücklagen	11,8
2. Maschinen	0,0	**B. Rückstellungen**	
3. Betr.- und Geschäftsausst.	97,4	1. Rückstellungen für Pensionen	17,7
II. Finanzanlagen		2. Sonstige Rückstellungen	36,6
1. Beteiligungen	13,0	**C. Verbindlichkeiten**	
B. Umlaufvermögen		1. Verbindlichkeiten gegenüber Kreditinstituten	
I. Vorräte		– langfristig	76,7
1. Roh-, Hilfs- und Betriebsstoffe	7,7	– kurzfristig	348,1
2. Unfertige Erzeugn./Leistungen	0,0	2. Verbindlichkeiten aus Lieferungen und Leistungen	49,1
3. Fertige Erzeugnisse u. Waren	0,0	**D. Rechnungsabgrenzungsposten**	0,0
II. Forderungen aus Lieferungen	430,7		
III. Liquide Mittel	41,2		
C. Rechnungsabgrenzungsposten	0,0		
Summe Aktiva	**590,0**	**Summe Passiva**	**590,0**

> Stellen Sie die Unterschiede gegenüber einer Bankbilanz fest!

> Vergleichen Sie die Bilanzen der Unternehmen A–D im Hinblick auf deren Struktur!

> Geben Sie mit Begründung an, welche Bilanz von einem Industrie-, Handels-, Dienstleistungs- oder Handwerksunternehmen stammen könnte!

2.1 Wie liest man eine Bilanz?

Verschiedentlich wird die **Bilanz als Lesebuch** eines Unternehmens beschrieben. Da Sie mit den Grundzügen der Bankbilanz bereits vertraut sind, werden Sie beim Lesen der nachstehenden Bilanzen sicherlich einige Unterschiede, aber auch Übereinstimmungen feststellen.

> **Gemeinsam** ist allen Bilanzen, dass sie auf der **Passivseite** Auskunft über die **Quellen (Herkunft) der Finanzierungsmittel** geben.

Daraus können Sie erkennen, in welchem Umfang die **Eigentümer** und in welchem Umfang **Dritte** das Unternehmen finanziert haben.

> Aus der **Aktivseite** kann der Bilanzleser entnehmen, wie das Unternehmen die beschafften Mittel **verwendet (investiert)** hat.

Bilanz zum 31. Dez. 20.. (Mio. €)

	Aktiva (Verwendung der Finanzierungsmittel)	**Passiva** (Quellen der Finanzierungsmittel)
Basis für Leistungs-erstellung	**A. Anlagevermögen**	**A. Eigenkapital**
	I. Sachanlagen	1. Stammkapital
	1. Grundstücke und Gebäude	2. Gewinnrücklagen
	2. Maschinen	**B. Rückstellungen**
	3. Betr.- und Geschäftsausst.	1. Rückstellungen für Pensionen
	II. Finanzanlagen	2. Sonstige Rückstellungen
	1. Beteiligungen	**C. Verbindlichkeiten**
Laufende Leistungs-erstellung	**B. Umlaufvermögen**	1. Verbindlichkeiten gegenüber Kreditinstituten
	I. Vorräte	– langfristig
	1. Roh-, Hilfs- und Betriebsstoffe	– kurzfristig
	2. Unfertige Erzeugn./Leistungen	2. Verbindlichkeiten aus Lieferungen und Leistungen
	3. Fertige Erzeugnisse u. Waren	**D. Rechnungsabgrenzungsposten**
	II. Forderungen aus Lieferungen	
	III. Liquide Mittel	
	C. Rechnungsabgrenzungsposten	
	Summe Aktiva	**Summe Passiva**

Aus der **Art der Verwendung** lassen sich nun Rückschlüsse auf die **Art der unternehmerischen Tätigkeit** ziehen. Durch Investitionen im **Anlagevermögen,** das alle Investitionen mit einer Investitionsdauer von mehr als einem Jahr anzeigt, wurde die **Voraussetzung** für die Durchführung der betrieblichen **Leistungserstellung** geschaffen. Das ist bei Kreditinstituten nicht anders als in anderen Branchen. Verwaltungs- und Betriebsgebäude, Maschinen und die Betriebs- und Geschäftsausstattung sind, je nach Branche, in mehr oder weniger hohem Umfang notwendig, um die Unternehmensleistungen in Form von Gütern oder Dienstleistungen zu erstellen.

Das **Umlaufvermögen** spiegelt den laufenden **Leistungserstellungsprozess** wider. Die dazu jeweils notwendige Prozesskette ist bei **Fertigungsbetrieben** anders als bei **Dienstleistungserstellern.**

Für die **Produktion von Gütern** sind Rohstoffe, Hilfs- und Betriebsstoffe erforderlich. Es entstehen zuerst halbfertige Erzeugnisse und schließlich Fertigerzeugnisse. Werden diese zum Beispiel auf Ziel verkauft, so entstehen Forderungen aus Lieferungen und Leistungen.

Mit der Bezahlung der gelieferten Produkte erhält das Unternehmen wieder liquide Mittel, je nach Zahlungsart in Form von Bar- und Buchgeld. Damit können wiederum Roh-, Hilfs- und Betriebsstoffe gekauft werden. Diesen **Kreislauf** können Sie an den obigen vier Bilanzen nachvollziehen.

2.2 Was wird in den verschiedenen Bilanzposten ausgewiesen?

Bevor Sie mit der **Analyse von Kundenbilanzen** beginnen, sollten Sie sich mit den **Inhalten** der wichtigsten **Bilanzposten** bei Nichtkreditinstituten vertraut machen. Die wesentlichen Inhalte der **Posten der Bankbilanz** kennen Sie ja bereits.

(1) Posten auf der Aktivseite

Aktiva	
Posten	**Inhalt**
Anlagevermögen	! Erfasst werden die Vermögensgegenstände, die **dauernd** dem Geschäftsbetrieb dienen (§ 247 Abs. 2 HGB).
Sachanlagen	Es handelt sich um die **materiellen** (körperlichen) Anlagegüter. Im Gegensatz dazu gibt es die **immateriellen** Vermögensgegenstände, wie z. B. Patente, Lizenzen, Nutzungs- und Gebrauchsrechte oder den **Firmenwert,** der eventuell bei Erwerb eines Unternehmens für dessen Ansehen, Bekanntheitsgrad, Kundenstamm usw. mitgezahlt werden muss. Der Firmenwert wird auch als **Goodwill** bezeichnet. Dieser entgeltlich erworbene Geschäfts- oder Firmenwert **ist** als zeitlich begrenzt nutzbarer Vermögensgegenstand **zu aktivieren** und planmäßig abzuschreiben (§ 253 Abs. 3 HGB). Sollte die betriebliche Nutzungsdauer **fünf Jahre übersteigen,** so sind die Gründe hierfür im **Anhang** anzugeben (§ 285 Ziffer 13 HGB). Außerplanmäßige Abschreibungen sind möglich. Eine **Wertaufholung** ist **nicht erlaubt** (§ 253 Abs. 5 S. 2 HGB).
■ Grundstücke und Gebäude	Alle bebauten Grundstücke und Gebäude.
■ Technische Anlagen und Maschinen	Diese dienen direkt dem technischen Produktionsprozess, wie z. B. Pressen, Stanzen, Hochöfen, Förderbänder.
■ Betriebs- und Geschäftsausstattung (BGA)	Die **BGA** dient **mittelbar** der betrieblichen Leistungserstellung. **Betriebsausstattung:** z. B. Fuhrpark, Werkzeuge, Lagereinrichtungen **Geschäftsausstattung:** z. B. DV-Anlagen, Büromaschinen, Kommunikationsmittel
Finanzanlagen	Das sind **langfristige,** bei **anderen** Unternehmen angelegte Mittel.
■ Beteiligungen	Das bilanzierende Unternehmen beabsichtigt mit dem Erwerb einer Beteiligung eine **dauerhafte Verbindung** zu einem anderen Unternehmen durch die Beteiligung an dessen Eigenkapital. **Beispiele:** ■ Eine Volksbank beteiligt sich am Kapital der Genossenschaftlichen Zentralbank. ■ Kreditinstitute halten Anteile am Kapital der Gesellschaft für Zahlungssysteme.

Aktiva	
Posten	**Inhalt**
■ Wertpapiere des Anlagevermögens	Hierbei handelt es sich um **längerfristige Kapitalanlagen** ohne Beteiligungsabsicht.
Umlaufvermögen	Das Umlaufvermögen dient dem **laufenden** Geschäftsbetrieb. Es besteht daher **keine** längerfristige Kapitalbindung.
Vorräte	**Vorräte** dienen der Leistungserstellung. In Bilanzen von Klein- und Mittelbetrieben erfolgt keine weitere Aufgliederung dieses Postens. Zu den Vorräten werden auch die von Kunden erhaltenen **Anzahlungen** gerechnet.
■ Roh-, Hilfs- und Betriebsstoffe	■ **Rohstoffe** werden **wesentlicher Bestandteil** des Enderzeugnisses, z. B. Baumwolle für Herstellung von Stoffen. ■ **Hilfsstoffe** sind **Nebenbestandteile** des Enderzeugnisses, z. B. Lacke, Leim, Schrauben. ■ **Betriebsstoffe** werden bei der Produktion benötigt, ohne dass diese in das Haupterzeugnis eingehen, z. B. Schmierstoffe.
■ Unfertige Erzeugnisse/unfertige Leistungen	**Unfertige Erzeugnisse bzw. Leistungen** liegen vor, wenn der Fertigungs- bzw. Leistungserstellungsprozess zwar begonnen, aber noch nicht beendet ist. **Beispiele:** ■ Ein mit einem Fertigbau beauftragter Bauunternehmer hat am Bilanzstichtag erst den Keller fertiggestellt. ■ Ein Planungsbüro hat erst ein Drittel eines Auftrages erledigt.
■ Fertigerzeugnisse und Handelswaren	**Fertigerzeugnisse** entstehen am Ende des Fertigungsprozesses. Sie stehen zum Verkauf zur Verfügung. **Handelswaren** sind von anderen gekaufte Erzeugnisse, die im Wesentlichen unverändert weiterverkauft werden.
Forderungen aus Lieferungen und Leistungen	Hier werden die Forderungen aus dem **Verkauf** der Fertigerzeugnisse bzw. der erstellten Dienstleistungen erfasst. Für die Bilanzanalyse ist deren Laufzeit zu berücksichtigen. Die **Restlaufzeiten** werden in der Bilanz oder im Anhang zur Bilanz angegeben.
Wertpapiere	In diesem Posten werden **kurzfristige Anlagen** in Wertpapieren angegeben.
Liquide Mittel	Dieser Posten umfasst im Wesentlichen die **Guthaben bei Kreditinstituten** und die **Kassenbestände**.
Rechnungsabgrenzungsposten	Auf der Aktivseite werden die **transitorischen Posten** ausgewiesen. Das sind **Ausgaben** im alten Geschäftsjahr, die **Aufwand** des neuen Geschäftsjahres sind.

(2) Posten auf der Passivseite

Passiva	
Posten	**Inhalt**
Eigenkapital	Hier bestehen keine Unterschiede zur Bankbilanz.
Rückstellungen	
Verbindlichkeiten	Die Verbindlichkeiten werden in der Bilanz nach bestimmten **Gruppen** ausgewiesen. Durch Zusatzangaben in der Bilanz oder im Anhang ist eine **Fristengliederung** nach **Restlaufzeiten** möglich, und zwar ▪ bis zu einem Jahr = kurzfristig; ▪ über fünf Jahre = langfristig. Als Differenz können die mittelfristigen Verbindlichkeiten errechnet werden.
▪ Verbindlichkeiten gegenüber Kreditinstituten	Dieser Posten enthält alle Bankkredite und Bankdarlehen.
▪ Verbindlichkeiten aus Lieferungen und Leistungen	Es handelt sich dabei um die auf Ziel (Lieferantenkredite) **gekauften** Warenlieferungen.
Rechnungsabgrenzungsposten	Hier erfolgt der Ausweis der **passiven Rechnungsabgrenzungsposten.** Das sind **Einnahmen** im alten Geschäftsjahr, die **Ertrag** des neuen Geschäftsjahres sind.

Kompetenztraining

1 Sie sollen über die Bilanz informieren! Welche Angaben sind zutreffend?

1. Das Umlaufvermögen spiegelt die Basis für die Leistungserstellung wider.
2. Aus der Passivseite ersehen Sie die Sicherheiten des Unternehmens.
3. Der Leistungserstellungs- und -verwertungsprozess lässt sich aus dem Umlaufvermögen ableiten.
4. Das Umlaufvermögen muss mindestens ein Geschäftsjahr für den Betriebsprozess zur Verfügung stehen.
5. Die Bilanz eines Dienstleistungsunternehmens hat keine Roh-, Hilfs- und Betriebsstoffe.
6. Der Firmenwert kann bei Bedarf bilanziert werden.

3 Auswertung von Jahresabschlüssen der Kunden im Hinblick auf Kredit- und Anlageentscheidungen

Einstieg

Die Anderwerk AG ist Kundin Ihres Ausbildungsbetriebes. Der Gesellschaft wird ein Kontokorrentkredit von 2,3 Mio. € eingeräumt. Im Rahmen der laufenden Kreditüberwachung wird der Jahresabschluss der Kreditnehmerin ausgewertet.

Die Anderwerk AG reicht ihren Jahresabschluss ein (siehe S. 268 bis S. 272).

> Bereiten Sie den Jahresabschluss zur Auswertung auf!

> Stellen Sie dar, ob sich aus dem Anhang sowie den Erläuterungen zur Bilanz und zur Gewinn- und Verlustrechnung negative Aussagen über diese Gesellschaft ableiten lassen!

> Wie ist der Bestätigungsvermerk zu bewerten?

> Stellen Sie wesentliche Aufgaben des Aufsichtsrates dar, soweit sich diese aus dem Bericht des Aufsichtsrates ergeben!

Bei **Kreditentscheidungen,** aber auch bei **Anlageentscheidungen** ergibt sich die Notwendigkeit, das betroffene Unternehmen zu beurteilen. In beiden Fällen kommt dabei der **zukünftigen Entwicklung** des Unternehmens vorrangige Bedeutung zu. Der **Kreditgeber** ist an einer vertragsgerechten Rückzahlung des Kredites, der **Anleger** an einer marktgerechten Verzinsung seines Kapitals interessiert.

Aussagen über die Zukunft eines Unternehmens werden u.a. aus der Entwicklung von Unternehmensdaten der Vergangenheit abgeleitet, die zukünftige Entwicklung lässt sich aber nur schwer beurteilen. Für den externen Beurteiler stellt der **Jahresabschluss** die **Hauptinformationsquelle** über die bisherige Entwicklung eines Unternehmens dar.

Als **Faustregel** kann angenommen werden, dass vergangenheitsbezogene Informationen des Jahresabschlusses zu etwa **einem Drittel,** zukunftsbezogene Informationen zu etwa **zwei Dritteln** für die Kredit- bzw. Anlageentscheidung herangezogen werden sollten.

Vergangenheitsorientierung	Zukunftsorientierung
Ein Drittel	Zwei Drittel

Beispiel:

Bilanz der Anderwerk Aktiengesellschaft zum 31. Dez. 20..

Aktiva

	Restlaufzeit mehr als 1 Jahr EUR	31. 12. Berichtsjahr TEUR	31. 12. Vorjahr TEUR
Anlagevermögen			
Immaterielle Vermögensgegenstände			
Konzessionen, gewerbliche Schutzrechte und ähnliche Rechte und Werte		1	0
Sachanlagen			
Grundstücke und Bauten		1 430	1 535
Technische Anlagen und Maschinen		1 287	1 391
Andere Anlagen, Betr.- u. Geschäftsausstattung		2 426	1 929
Geleistete Anzahlungen und Anlagen im Bau		270	0
		5 413	4 855
Finanzanlagen			
Anteile an verbundenen Unternehmen		225	225
Sonstige Ausleihungen		538	566
		763	791
		6 176	5 646
Umlaufvermögen			
Vorräte			
Roh-, Hilfs- und Betriebsstoffe		2 440	2 342
Unfertige Erzeugnisse, unfertige Leistungen		8 396	7 559
Fertige Erzeugnisse und Waren		2 957	2 414
Geleistete Anzahlungen		162	203
		13 955	12 518
Forderungen und sonstige Vermögensgegenstände			
Forderungen aus Lieferungen und Leistungen	23 940	10 439	9 873
Sonstige Vermögensgegenstände	402	584	144
	24 342	11 023	10 017
Wertpapiere – Sonstige –		16	16
Flüssige Mittel		1 287	1 451
		26 281	24 002
Rechnungsabgrenzungsposten		52	80
Davon Disagio TEUR 42 (Vj. TEUR 58)		32 509	29 728

Passiva

	Restlaufzeit bis zu 1 Jahr TEUR	31. 12. Berichtsjahr TEUR	31. 12. Vorjahr TEUR
Eigenkapital			
Gezeichnetes Kapital		4 800	4 800
Kapitalrücklage		105	105
Gewinnrücklagen			
Gesetzliche Rücklage		375	375
Andere Gewinnrücklagen		1 246	1 185
		1 621	1 560
Bilanzgewinn		313	351
		6 839	6 816
Rückstellungen			
Rückstellungen für Pensionen		1 778	1 663
Steuerrückstellungen		0	213
Sonstige Rückstellungen		9 149	9 861
		10 927	11 737
Verbindlichkeiten			
Verbindlichkeiten gegenüber Kreditinstituten	2 580	4 597	2 954
Erhaltene Anzahlungen	1 091	1 091	1 594
Verbindlichkeiten aus Lieferungen und Leistungen	2 350	2 350	2 077
Verbindlichkeiten aus der Annahme gezogener Wechsel und der Ausstellung eigener Wechsel	2 238	2 238	418
Verbindlichkeiten gegenüber verbundenen Unternehmen	0	225	225
Sonstige Verbindlichkeiten	2 884	4 242 3 907	
davon aus Steuern TEUR 654 (Vorjahr TEUR 435)			
davon im Rahmen der sozialen Sicherheit TEUR 1 529 (Vorjahr TEUR 1 449)			
	11 143	14 743	11 175
		32 509	29 728

Gewinn- und Verlustrechnung der Anderwerk Aktiengesellschaft für das Geschäftsjahr 20..

	TEUR	Berichtsjahr TEUR	Vorjahr TEUR
Umsatzerlöse		56759	53504
Bestandsveränderung der Erzeugnisse		1148	81
Andere aktivierte Eigenleistungen		52	0
Sonstige betriebliche Erträge		2001	3345
		59960	56930
Aufwendungen für Roh-, Hilfs- und Betriebsstoffe sowie für bezogene Waren		24885	18910
Personalaufwand			
Löhne und Gehälter	16856		15687
Soziale Abgaben und Aufwendungen für Altersversorgung und für Unterstützung	3300		4066
davon für Altersversorgung TEUR: 385 (im Vorjahr TEUR 1407)		20156	
Abschreibungen auf immaterielle Vermögensgegenstände des Anlagevermögens und auf Sachanlagen		1469	2631
Sonstige betriebliche Aufwendungen		11964	13867
		58474	55161
Erträge aus anderen Wertpapieren und aus Ausleihungen des Finanzanlagevermögens		36	36
Sonstige Zinsen und ähnliche Erträge		49	227
Zinsen und ähnliche Aufwendungen		573	373
davon an verbundene Unternehmen TEUR 7 (im Vorjahr TEUR 7)			
Ergebnis der gewöhnlichen Geschäftstätigkeit		998	1659
Steuern vom Einkommen und vom Ertrag		480	829
Sonstige Steuern		206	205
Jahresüberschuss		312	625
Gewinnvortrag aus dem Vorjahr		0	26
Einstellung aus dem Jahresüberschuss in andere Gewinnrücklagen		0	300
Bilanzgewinn		312	351

Anhang für das Geschäftsjahr 20..

Die Gesellschaft ist eine große Kapitalgesellschaft i. S. d. § 267 Abs. 3 Satz 2 HGB. Die Gewinn- und Verlustrechnung wird nach dem Gesamtkostenverfahren erstellt.

Bilanzierungs- und Bewertungsgrundsätze

Die nachstehend beschriebenen Bilanzierungs- und Bewertungsgrundsätze sind unverändert gegenüber dem Vorjahr.

Das Sachanlagevermögen wird zu Anschaffungs- oder Herstellungskosten, vermindert um planmäßige, nutzungsbedingte Abschreibungen, angesetzt. Sofern die Voraussetzungen vorlagen, wurden in der Vergangenheit Abschreibungen gemäß § 6b EStG vorgenommen. Die Nutzungsdauer bei Gebäuden beträgt maximal 50 Jahre, bei technischen Anlagen und Maschinen überwiegend 10 Jahre und bei Betriebs- und Geschäftsausstattungen zwischen 4 und 10 Jahren. Beim beweglichen Anlagevermögen wird überwiegend degressiv abgeschrieben mit Übergang zur linearen Methode. Geringwertige Anlagegüter werden im Jahr des Zugangs voll abgeschrieben. Für Werkzeuge, Vorrichtungen, Modelle besteht ein Festwert.

Die Anteile an verbundenen Unternehmen werden unverändert mit den Anschaffungskosten ausgewiesen.

Die sonstigen Ausleihungen enthalten Darlehen gemäß § 17 BerlinFG, die mit dem Auszahlungsbetrag abzüglich Tilgung aktiviert sind.

Die Vorräte sind mit den Anschaffungs- oder Herstellungskosten unter Beachtung des Niederstwertprinzips bilanziert. Bei den Herstellungskosten sind neben den Einzelkosten die nach § 255

Abs. 2 Satz 3 HGB aktivierungsfähigen Gemeinkosten angesetzt. Darüber hinaus wird den vorhersehbaren Risiken durch angemessene Bewertungsabschläge Rechnung getragen.

Forderungen aus Lieferungen und Leistungen werden zu Nennwerten abzüglich Einzelabwertungen und einer Pauschalabwertung für latente Risiken angesetzt.

Der Ansatz der sonstigen Vermögensgegenstände erfolgt zum Nennwert abzüglich erforderlicher Wertberichtigungen.

Wertpapiere werden aus steuerlichen Gründen nach dem strengen Niederstwertprinzip bewertet.

Das in den Rechnungsabgrenzungsposten enthaltene Disagio wird nach der Zinssummenmethode abgeschrieben. Die Vorauszahlungen für künftige Zeiträume sind zeitanteilig abgegrenzt.

Die Pensionsrückstellungen werden gemäß § 6a EStG (Zinssatz 6 %) bilanziert. Das zugrunde gelegte Endalter wurde den Änderungen in der gesetzlichen Rentenversicherung angepasst.

Bei Bildung der Steuer- und sonstigen Rückstellungen ist den erkennbaren Risiken und ungewissen Verbindlichkeiten angemessen Rechnung getragen. Sie sind in der Höhe bemessen, die nach vernünftiger, kaufmännischer Beurteilung notwendig ist.

Die Verbindlichkeiten sind mit dem Rückzahlungsbetrag angesetzt. Die Verbindlichkeiten gegenüber der Unterstützungseinrichtung (sonstige Verbindlichkeit) stellen einen Teil des Kassenvermögens dar. Mit einem weiteren Teil wurden in 20.. 29 Wohneinheiten gekauft, die im Kassenvermögen nach den Vorschriften des Bewertungsgesetzes mit dem 2,0-Fachen des Einheitswertes aktiviert sind. Das Gesamtkassenvermögen weist bei Bewertung der Wohnungen zum Verkehrswert keine Unterdeckung gegenüber dem nach versicherungsmathematischen Grundsätzen ermittelten Teilwert gemäß § 6a EStG aus.

Erläuterungen zur Bilanz

Anlagevermögen

Die in der Bilanz ausgewiesenen Positionen des Anlagevermögens sind in ihrer Gliederung und Bewegung im Geschäftsjahr 20.. am Schluss des Anhangs dargestellt. Das Ausmaß der Beeinflussung des Jahresergebnisses aufgrund steuerlicher Vorschriften vorgenommener Abschreibungen in früheren Geschäftsjahren ist von untergeordneter Bedeutung. Die Anteile an verbundenen Unternehmen betreffen die 100 %igen Tochtergesellschaften Bach GmbH.

Gezeichnetes Kapital

Das als gezeichnetes Kapital ausgewiesene Grundkapital ist aufgeteilt in 96 000 Stückaktien ohne Nennbetrag. Die Aktien lauten auf den Inhaber.

Andere Gewinnrücklagen

Gemäß § 58 Abs. 3 AktG wurden vom Jahresüberschuss des Vorjahres 62 889,83 € durch Beschluss der Hauptversammlung vom 28. August 20.. den anderen Gewinnrücklagen zugeführt.

Rückstellungen

Die sonstigen Rückstellungen betreffen im Wesentlichen Garantieverpflichtungen, noch zu erbringende Leistungen im Anlagenbau, Rückstellungen für Umweltschutz, unterlassene Instandhaltung, leistungsbedingte Vergütung sowie rückständige Urlaubslöhne, Urlaubsgehälter und Urlaubsgelder. Die Rückstellung für Garantieverpflichtungen trägt u. a. den besonderen Risiken eines Großauftrages Rechnung.

Verbindlichkeiten

Der Gesamtbetrag der Verbindlichkeiten mit einer Restlaufzeit von mehr als 5 Jahren beträgt 1,2 Mio. €.

Die Verbindlichkeiten gegenüber Kreditinstituten enthalten 2,5 Mio. € durch Grundpfandrechte gesicherte Darlehen. Davon haben 574 TEUR eine Restlaufzeit von mehr als 5 Jahren.

Von den sonstigen Verbindlichkeiten haben 594 TEUR eine Restlaufzeit von mehr als 5 Jahren.

Haftungsverhältnisse

Das Wechselobligo beträgt 360 270,52 € (43 110,55 €).

Zur Sicherung der von Banken bereitgestellten Kredite ist der Grundbesitz der Gesellschaft mit Grundpfandrechten in Höhe von 3 345 800,00 € belastet (Valuta 31. Dez. 2 499 924,21 €).

Sonstige finanzielle Verpflichtungen

Bestellobligo Sachanlagen 1783272,00 €.

Erläuterungen zur Gewinn- und Verlustrechnung

Ein Umsatz gliedert sich wie folgt:	Berichtsjahr TEUR	Vorjahr TEUR
Nahrungsmittelmaschinen	19748	17666
Industriemaschinen und Anlagenbau	27968	26631
Handelsware	7814	7786
Übrige	1229	1421
Gesamt	56759	53504

Davon sind im Inland 28766 TEUR (23898 TEUR) erzielt worden.

Im Jahresdurchschnitt waren 132 (130) Arbeiter und 121 (113) Angestellte beschäftigt.

Die Bezüge der tätigen Vorstandsmitglieder betrugen für das Geschäftsjahr 522637,30 €.

Für Pensionsverpflichtungen gegenüber früheren Mitgliedern des Vorstandes und deren Hinterbliebenen bestehen Rückstellungen in Höhe von 371625,00 €. Die laufenden Bezüge betrugen 38676,00 €. An die Mitglieder des Aufsichtsrates wurden im Geschäftsjahr 9000,00 € gezahlt.

Gewinnverwendungsvorschlag

Wir schlagen vor, aus dem Bilanzgewinn in Höhe von 312884,57 € eine Dividende von 288000,00 € zu zahlen und den verbleibenden Teil von 24884,57 € auf neue Rechnung vorzutragen.

Entwicklung des Anlagevermögens in TEUR	Anschaffungskosten	Zugänge	Abgänge	Abschreibungen		Buchwert	
				bis 31. Dez. Vorjahr	Berichtsjahr	Stand 31. Dez. Vorjahr	Stand 31. Dez. Berichtsjahr
Immaterielle Vermögensgegenstände	87	0	82	5	0	0	0
Grundstücke und Bauten	5921	0	0	4387	104	1430	1535
Technische Anlagen und Maschinen	11313	457	58	9894	531	1287	1391
Betriebs- und Geschäftsausstattung	6363	1335	105	4334	833	2426	1929
Geleistete Anzahlungen und Anlagen im Bau	0	270	0	0	0	270	0
Anteile an verbundenen Unternehmen	225	0	0	0	0	225	225
Sonstige Ausleihungen	649	0	111	0	0	538	566
	24558	2062	356	18620	1468	6176	5646

Remscheid, 25. Mai 20..

Bestätigungsvermerk

Die Buchführung und der Jahresabschluss entsprechen nach unserer pflichtgemäßen Prüfung den gesetzlichen Vorschriften. Der Jahresabschluss vermittelt unter Beachtung der Grundsätze ordnungsmäßiger Buchführung ein den tatsächlichen Verhältnissen entsprechendes Bild der Vermögens-, Finanz- und Ertragslage der Anderwerk Aktiengesellschaft. Der Lagebericht steht im Einklang mit dem Jahresabschluss.

Köln, 28. Mai 20..

Deutsche Revision Aktiengesellschaft
Wirtschaftsprüfungsgesellschaft und Steuerberatungsgesellschaft

gez. Mayer — Wirtschaftsprüfer

gez. ppa. Schuster — Wirtschaftsprüfer

Bericht des Aufsichtsrates

Der Aufsichtsrat hat sich während des Geschäftsjahres aufgrund mündlicher und schriftlicher Berichterstattung des Vorstandes laufend über die Geschäftsführung und die Lage der Gesellschaft unterrichtet. Alle wichtigen Angelegenheiten der Gesellschaft wurden in mehreren Sitzungen mit dem Vorstand behandelt.

Der Jahresabschluss und der Lagebericht des Vorstandes sind von der Deutschen Revision AG, Köln, geprüft worden. Der uneingeschränkte Bestätigungsvermerk wurde erteilt. Der Aufsichtsrat hat von dem Ergebnis der Prüfung zustimmend Kenntnis genommen.

Der Aufsichtsrat hat den vom Vorstand aufgestellten Jahresabschluss und den Lagebericht geprüft und gebilligt, der damit festgestellt ist.

Der Aufsichtsrat hat ferner den Gewinnverwendungsvorschlag des Vorstandes geprüft und schlägt vor, dass die Hauptversammlung beschließt, aus dem ausgewiesenen Bilanzgewinn in Höhe von 312884,57 € eine Dividende von 288000,00 € auszuschütten und 24884,57 € auf neue Rechnung vorzutragen.

Remscheid, im Juli 20..

Der Aufsichtsrat

3.1 Aufbereitung des Jahresabschlusses zu Vergleichszwecken

(1) Vorüberlegungen

Für die **Analyse des Jahresabschlusses** können die Angaben in der Bilanz und GuV-Rechnung in der Regel nicht unverändert in zu errechnende Kennziffern übernommen werden, da sie aus der **Sicht des Gläubigerschutzes** zu fehlerhaften Aussagen im Fall einer Insolvenz führen.

Ein weiterer Aspekt ergibt sich bei der Beurteilung der **Liquidität,** da weder die Aktiv- noch die Passivseite nach der **exakten Laufzeit** der verschiedenen Vermögenswerte bzw. der Verbindlichkeiten gegliedert ist. Da die Unternehmen aber bestimmte Angaben über die Fristen in der Bilanz oder im Anhang machen müssen, besteht die Möglichkeit, Blöcke nach der Fristigkeit zu bilden.

- Die vorzunehmenden **Kompensationen** (Verrechnungen mit dem Eigenkapital) und **Umgliederungen nach der Fristigkeit** sind Gegenstand der **Aufbereitung der Bilanz.**
- In der **Gewinn- und Verlustrechnung** kommt es hauptsächlich darauf an, durch die Aufbereitung das **Betriebsergebnis** festzustellen, da es dem externen Beobachter den besten Einblick in die Ertragssituation des Unternehmens ermöglicht.

Für die **Beurteilung** der Ertragslage des Unternehmens sind außerdem die Informationen aus dem **Anhang** auszuwerten, da durch bestimmte Bewertungsmöglichkeiten der Jahreserfolg beeinflusst werden kann.

Ein **weiteres Argument** für die Notwendigkeit einer Aufbereitung liegt in der verbesserten Möglichkeit des **Vergleichs** mit anderen Unternehmen, da der Gesetzgeber, insbesondere bei kleinen und mittleren Nichtkapitalgesellschaften, eine individuelle Gestaltung der Bilanz und Gewinn- und Verlustrechnung zulässt. Kreditinstitute werden von den Kreditnehmern in der Regel verlangen, dass sie Bilanzen nach den **Gliederungsvorschriften der großen Kapitalgesellschaften** einreichen.

(2) Aufbereitung der Bilanz

Für die **Aktivseite** und **Passivseite** der Bilanz werden unter dem Gesichtspunkt der Fristigkeit die folgenden Blöcke (Cluster) gebildet:

Aufbereitung der Bilanz

	Aktiva		Passiva
	Konzessionen, andere immaterielle Güter		Gezeichnetes Kapital
Summe	**Immaterielles Vermögen**		Rücklagen
	Grundstücke, Bauten		Bilanzgewinn/-verlust
	Maschinen, techn. Anlagen		Gewinn-/Verlustvortrag
	Inventar, andere Anlagen		– Geschäfts-/Firmenwert
	Anlagen im Bau, Anzahlungen		– Ausstehende Einlagen
Summe	**Sachanlagen**		– Aktiviertes Disagio
	Anteile an verbundenen Unternehmen	Summe	**Eigenkapital**
	Sonstige Ausleihungen		Mittel- und langfristige Bankverbindlichkeiten
Summe	**Finanzanlagen**		Mittel- und langfristige Verbindlichkeiten aus Lieferungen und Leistungen
Summe	**Anlagevermögen**		Sonstige mittelfristige/langfristige Verbindlichkeiten
	Mittel- und langfristige Forderungen aus Lieferungen und Leistungen		Pensionsrückstellungen
	Sonstige mittel- und langfristige Forderungen	Summe	**Mittel- und langfr. Fremdkapital**
Summe	**Sonstige mittel- und langfristige Aktiva**		Kurzfristige Bankverbindlichkeiten
	Roh-, Hilfs- u. Betriebsstoffe		Kurzfristige Verbindlichkeiten aus Lieferungen u. Leistungen
	Unfertige Erzeugnisse		Akzepte
	Fertige Erzeugnisse/Waren		Erhaltene Anzahlungen
	Anzahlungen aus Lieferungen und Leistungen		Kurzfristige Rückstellungen
Summe	**Vorräte und Anzahlungen**		Sonstige kurzfristige Verbindlichkeiten
	Kurzfristige Forderungen aus Lieferungen und Leistungen	Summe	**Kurzfristiges Fremdkapital**
	Kurzfristige Forderungen gegenüber verb./bet. Unternehmen		
	Liquide Mittel		
	Sonstige kurzfristige Forderungen/Vermögen		
Summe	**Sonstige kurzfristige Aktiva**		
	Bilanzsumme (bereinigt)		**Bilanzsumme (bereinigt)**

Bei der Aufbereitung der **Vermögenswerte** ist grundsätzlich zu beurteilen, ob der jeweilige Vermögensgegenstand im Notfall einen **verwertbaren Wert** hat. Ist dies voraussichtlich nicht der Fall, wird der Vermögenswert vom Eigenkapital abgesetzt (kompensiert).

Bilanzposten	Zuordnung bei der Analyse
Aktiva	
Immaterielle Vermögensgegenstände	In diesem Posten werden **entgeltlich erworbene** Rechte und Werte ausgewiesen. Falls **Zweifel** an der Verwertbarkeit bestehen, sollten immaterielle Anlagen **mit dem Eigenkapital kompensiert** werden. Das gilt aus Vorsichtsgründen **immer** für den aktivierten **Geschäfts- und Firmenwert,** da nicht sicher ist, ob dieser Wert im Insolvenzfall realisiert werden kann. Die Abschreibung des erworbenen Geschäfts- oder Firmenwertes mit einem Abschreibungssatz von weniger als 25 % ist eher negativ zu beurteilen.
Ausstehende Einlagen	Diese Forderungen an die Eigentümer des Unternehmens sind ebenfalls mit dem Eigenkapital zu kompensieren.
Rechnungsabgrenzungsposten	Sie sind dem Posten „Sonstiges Umlaufvermögen" zuzuordnen. Falls ein **Disagio** aktiviert wurde, so ist es mit dem **Eigenkapital** zu kompensieren, da dieser Vermögenswert nicht realisiserbar ist.
Passiva	
Gewinnvortrag, Jahresüberschuss, Bilanzgewinn	Falls **keine Ausschüttung** (Entnahme) vorgesehen oder zu erwarten ist, erfolgt die Zuordnung als **haftendes Eigenkapital.** Der für die **Ausschüttung** vorgesehene Teil des Jahresüberschusses, der in der Bilanz in dem Posten **Bilanzgewinn** ausgewiesen wird, ist den **kurzfristigen Verbindlichkeiten** zuzuordnen, da nach dem Beschluss über die Gewinnverwendung, z. B. durch die Hauptversammlung oder die Gesellschafterversammlung, die **Auszahlung** erfolgt.[1]
Pensionsrückstellungen	Sie sind dem **langfristigen Fremdkapital** zuzurechnen. Die **neu gebildeten** Pensionsrückstellungen stellen Selbstfinanzierung dar. Sie zählen daher zum **Cashflow.** Wird ein Fehlbetrag an nicht passivierten Pensionsrückstellungen bis zum 31. 12. 2024 nur mit jährlich $^1/_{15}$ abgebaut, dann ist dies als normal zu bewerten. Positiv dagegen ist ein Abbau des Fehlbetrages in einem kürzeren Zeitraum zu bewerten.
Steuerrückstellungen, sonstige Rückstellungen	Hier handelt es sich um **kurzfristiges Fremdkapital.** Die Bildung sonstiger Rückstellungen von mehr als 20 % ist eher positiv zu bewerten, wenn dafür keine speziellen Gründe angeführt werden.
Rechnungsabgrenzungsposten	Sie werden dem **sonstigen kurzfristigen Fremdkapital** zugeordnet.

(3) Aufbereitung der Gewinn- und Verlustrechnung

Die **Gewinn- und Verlustrechnung** kann nach dem **Gesamtkostenverfahren** oder dem Umsatzkostenverfahren aufgebaut sein.

1 **Beachten** Sie die Angaben über den Vorschlag zur Gewinnverwendung im **Anhang** (vgl. S. 271).

C

Gesamtkostenverfahren

Bei diesem Verfahren werden den **Umsatzerlösen die Gesamtkosten der produzierten Leistungen gegenübergestellt.** Um die produzierten Leistungen bei der Ermittlung des Betriebsergebnisses berücksichtigen zu können, müssen in der GuV auch die **Bestandsveränderungen an Halb- und Fertigerzeugnissen** angegeben werden.

Umsatzkostenverfahren

Bei diesem Verfahren werden den **Umsatzerlösen** die **Herstellkosten der abgesetzten Betriebsleistungen** zuzüglich der **in der Abrechnungsperiode angefallenen Verwaltungs- und Vertriebsgemeinkosten** gegenübergestellt. Eine Korrektur des Ergebnisses durch Bestandsveränderungen der Halb- und Fertigfabrikate ist nicht erforderlich.

Beispiel: Gesamtkostenverfahren und Umsatzkostenverfahren

Ausgangssituation: Zwei-Produkt-Unternehmen

Herstellungsmenge (Stück)

Produkt I	10 000		
Produkt II	4 000		
Absatzmenge			
Produkt I Stück	9 000	Preis pro Stück	14,00
Produkt II Stück	5 000	Preis pro Stück	18,00
Herstellkosten pro Stück			
Produkt I	6,00	lfd. Periode	
Produkt I	5,50	Vorperiode	
Produkt II	11,00	lfd. Periode	
Produkt II	10,00	Vorperiode	
Verwaltungsgemeinkosten pro Stück	3,00		
Gesamtkosten			60 000,00
			44 000,00
			42 000,00
			146 000,00

Gesamtkostenverfahren

Erlöse
− Gesamtkosten der lfd. Periode
+ oder − Bestandsveränderungen an Halb- und Fertigerzeugnissen
= **Betriebsergebnis**

Erlöse	
Produkt I	126 000,00
Produkt II	90 000,00
= **Gesamterlöse**	216 000,00
− **Gesamtkosten**	146 000,00
+ Best.-Veränderungen	−4 000,00
= **Betriebsergebnis**	**66 000,00**
zu Bestandsveränderungen	
Produkt I	6 000,00
Produkt II	−10 000,00
= **Wert der Best.-Veränd.**	−4 000,00

Umsatzkostenverfahren

Erlöse
− Kosten des Umsatzes
= **Betriebsergebnis**

Erlöse	216 000,00
Kosten	54 000,00
	44 000,00
	10 000,00
VerwGK	42 000,00
= **Betriebsergebnis**	66 000,00

Sie sehen an dem Beispiel, dass beide Verfahren zum selben Ergebnis kommen.

Die Anderwerk AG hat die GuV-Rechnung nach dem **Gesamtkostenverfahren** erstellt (siehe S. 269). Zur **Aufbereitung der GuV-Rechnung** nach diesem Verfahren kann folgendes Schema genutzt werden:

Aufbereitung der GuV-Rechnung

	Umsatzerlöse (netto)
±	Bestandsveränderungen an fertigen und unfertigen Erzeugnissen
+	Andere aktivierte Eigenleistungen
=	**Gesamtleistung**
–	Materialaufwand
=	**Rohertrag**
–	Personalaufwand
–	Planmäßige Abschreibungen auf Sachanlagen
–	Betriebsteuern
–	Sonstige betriebliche Aufwendungen
+	Sonstige betriebliche Erträge
=	**Betriebsergebnis**
+	Zinserträge u. Ä.
–	Zinsaufwendungen
=	**Ergebnis nach Zinsen**
–	Abschreibungen auf Finanzanlagen und Wertpapiere des Umlaufvermögens
–	Sonstige a. o. Aufwendungen
+	Sonstige a. o. Erträge
=	**Ergebnis vor EE-Steuern**
–	Steuern vom Einkommen und vom Ertrag
=	**Jahresüberschuss/-fehlbetrag**
+	Gewinnvortrag
–	Verlustvortrag
±	Rücklagenveränderung
=	**Bilanzgewinn/-verlust**

Da das Ziel der Aufbereitung der GuV-Rechnung die Ermittlung des **Periodenerfolgs** ist, sind die periodenfremden Aufwendungen und Erträge nicht dem Betriebsergebnis zuzurechnen.

Beachten Sie bei der Aufbereitung der GuV-Rechnung daher die folgenden Hinweise:

GuV-Posten	Zuordnung bei der Analyse
Sonstige betriebliche Erträge	**Sonstige außerordentliche Erträge** sind Erträge von außergewöhnlicher Größenordnung oder außergewöhnlicher Bedeutung. **Periodenfremde Erträge** sind Erträge, die einem anderen Geschäftsjahr zuzurechnen sind. Falls diese beiden Ertragsarten nicht von untergeordneter Bedeutung sind, müssen sie im **Anhang** angegeben werden.

GuV-Posten	Zuordnung bei der Analyse
Sonstige betriebliche Aufwendungen	**Sonstige außerordentliche Aufwendungen** sind Aufwendungen von außergewöhnlicher Größenordnung oder außergewöhnlicher Bedeutung. **Periodenfremde Aufwendungen** sind Aufwendungen, die einem anderen Geschäftsjahr zuzurechnen sind. Falls diese beiden Aufwandsarten nicht von untergeordneter Bedeutung sind, müssen sie im **Anhang** angegebgen werden.

(4) Anhang

In den Anhang sind diejenigen Angaben aufzunehmen, die zu den einzelnen Posten der Bilanz oder der Gewinn- und Verlustrechnung vorgeschrieben **oder** die im Anhang zu machen sind, weil sie in Ausübung eines Wahlrechts nicht in die Bilanz oder in die GuV-Rechnung aufgenommen wurden.

Den Angaben des **Anhangs** kommt wegen der dort angegebenen Bilanzierungs- und Bewertungsgrundsätze erhebliche Bedeutung zu.

Über die **Ansatz- und Bewertungswahlrechte** haben die Unternehmen die Möglichkeit, den ausgewiesenen Jahresüberschuss zu beeinflussen.

Als **positiv** kann z. B. angesehen werden, wenn ein Unternehmen

- eine möglichst kurze Nutzungsdauer unterstellt;
- die Bewertung von Roh-, Hilfs- und Betriebsstoffen bei steigenden Preisen nach der LIFO-Methode (last in, first out) vornimmt;
- die Möglichkeiten der Bewertung der Betriebsmittel zum Festwert nutzt oder für bewegliches Umlaufvermögen Gruppen bildet und diese Gruppen gemeinsam bewertet (Gruppenbewertung);
- auf Zuschreibungen verzichtet, soweit dies steuerlich zulässig ist;
- alle Möglichkeiten der steuerlichen Sonderabschreibungen nutzt;
- auf die rechtlich zulässige Auflösung stiller Reserven verzichtet.

(5) Bestätigungsvermerk

Der **Jahresabschluss** und der **Lagebericht** von mittleren und großen Kapitalgesellschaften sind durch einen Abschlussprüfer zu prüfen, bevor sie von den zuständigen Organen **festgestellt** werden können. In diese Prüfung ist die **Buchführung** einzubeziehen.

Über das Ergebnis der Prüfung wird ein Bestätigungsvermerk (Testat) erteilt. Die anderen Unternehmen lassen den Jahresabschluss meist von einem **Steuerberater** erstellen.

- Für Analysezwecke ist zu prüfen, ob der Bestätigungsvermerk **uneingeschränkt** erteilt wurde. **Hinweise** auf das Unternehmen ergeben sich auch aus dem **Ruf** des **Abschlussprüfers** oder des **Steuerberaters.**
- **Kritisch** ist ein Wechsel des prüfenden Unternehmens zu betrachten, da langjährige Prüfer das Unternehmen genau kennen. Ohne Grund wird kein Unternehmen den Abschlussprüfer oder den Steuerberater wechseln.

3.2 Vergangenheitsorientierte Beurteilungsmaßstäbe

Einstieg

Sie sollen ein Gutachten über die Anderwerk AG abgeben.

> Ermitteln Sie zur Beurteilung der Anderwerk AG geeignete Kennziffern für das laufende Geschäftsjahr!

> Beurteilen Sie die Anderwerk AG durch einen Vergleich mit der Branche! Für die Branche liegen folgende Kennziffern vor:

Umsatzrentabilität	1,2 %	Eigenkapitalquote	28,7 %
Cashflow-Rate	4,1 %	Anlagendeckungsgrad I	145,0 %
Eigenkapitalrentabilität	11,9 %	Anlagendeckungsgrad II	255,0 %
Gesamtkapitalrentabilität	5,2 %	Kreditorenziel	80 Tage
Lagerdauer	320 Tage	Liquidität II	155,0 %
Debitorenziel	50 Tage	Abnutzungsgrad techn. Anlagen	52,0 %
Dynam. Verschuldungsgrad	11 Jahre	Pro-Kopf-Ertrag	92 600,00 €

Um dem Bilanzanalytiker ein Urteil über den vorgelegten Jahresabschluss zu ermöglichen, werden aus den aufbereiteten Daten der Bilanz und GuV-Rechnung **sinnvolle Kennzahlen** (Kennziffern) ermittelt. Dabei handelt es sich meistens um **Verhältniszahlen.**

Die **Kennzahlen können von jedem Kreditinstitut individuell definiert** werden. Bei **externen Vergleichen** von Kennzahlen, die von verschiedenen Instituten ermittelt wurden, ist daher die jeweilige Definition zu beachten.

Bei den folgenden Kennzahlen wird von einer GuV-Rechnung nach dem **Gesamtkostenverfahren** ausgegangen. Aus der Fülle möglicher Kennzahlen sollen nur einige **häufig** verwendete vorgestellt werden.

Die Kennzahlen sollen Analysen über

- die **Ertragslage** (Rentabilität),
- die **Vermögenslage** (Vermögensstruktur),
- die **Finanzlage** (Kapitalstruktur und Liquidität) sowie über
- **sonstige Sachverhalte** wie die Produktivität, Modernität und die Kostensituation

ermöglichen.

(1) Kennzahlen zur Ertragslage (Rentabilität)

Umsatzrentabilität

Hierdurch kommt zum Ausdruck, wie viel Prozent Ertrag aus 100 GE Gesamtleistung erwirtschaftet wurden. (Bei der GuV nach dem Umsatzkostenverfahren treten an die Stelle der Gesamtleistung die Umsatzerlöse.)

$$\frac{\text{Betriebsergebnis} \cdot 100}{\text{Umsatzerlöse}}$$

Nahezu zwei Drittel aller Insolvenzfälle wiesen eine Umsatzrendite unter 1 % auf.

Cashflow

Der Cashflow stellt die **Selbstfinanzierungskraft** des Unternehmens dar, und zwar unabhängig von bilanzpolitischen Beeinflussungen des Ergebnisses durch Abschreibungen und Zuführungen zu langfristigen Rückstellungen.

Betriebsergebnis + ordentliche Abschreibungen + Bildung mittel- und langfristiger Rückstellungen

Cashflow-Rate

Der Cashflow ist eine der wichtigsten Größen zur Beurteilung eines Unternehmens. Dazu wird er in Relation zur Gesamtleistung bzw. zu den Umsatzerlösen gesetzt, weil er als **absolute Zahl** für Branchenvergleiche wenig aussagefähig ist. Diese Kennzahl macht deutlich, in welchem Umfang ein Unternehmen in der Lage ist, **liquide Mittel aus eigener Kraft am Markt zu erwirtschaften.**

$$\frac{\text{Cashflow} \cdot 100}{\text{Gesamtleistung bzw. Umsatzerlöse}}$$

In rund 70 % der Insolvenzfälle lag diese Kennzahl unter 2 %.
> 10 % = optimal; 5 % bis 10 % = Mittelmaß; < 5 % = Gefährdung.

Eigenkapitalrentabilität

Die Eigenkapitalrentabilität zeigt, wie sich das eingesetzte **Eigenkapital verzinst.**

$$\frac{\text{Betriebsergebnis} \cdot 100}{\text{Eigenkapital}}$$

Diese Kennziffer sollte über dem langfristigen Kapitalmarktzins liegen, da zusätzlich eine Risikoprämie für den Unternehmer zu berücksichtigen ist.

Gesamtkapitalrentabilität

Dadurch wird die **Rentabilität** des insgesamt im Unternehmen **eingesetzten Kapitals** ausgedrückt, und zwar unabhängig von der Finanzierungsstruktur. Der Einfluss stark schwankender Zinsen auf die Rentabilität wird durch diese Rechnung ausgeglichen.

$$\frac{(\text{Betriebsergebnis} + \text{Zinsaufwand}) \cdot 100}{\text{bereinigte Bilanzsumme}}$$

> 20 % = optimal; 8 % bis 20 % = Mittelmaß; < 8 % = Gefährdung.

Return-on-Investment-Verfahren (ROI-Kennzahl)

Die ROI-Kennzahl bringt die Faktoren Betriebsergebnis, Gesamtleistung und investiertes Kapital in einen Zusammenhang.

$$\frac{\text{Betriebsergebnis} \cdot 100}{\text{Gesamtleistung}^1} = \text{Umsatzrentabilität (\%)}$$

X = ROI (%)

$$\frac{\text{Gesamtleistung}^1}{\text{bereinigte Bilanzsumme}} = \text{Kapitalumschlag (X)}$$

1 bzw. Umsatzerlöse

Bei der GuV nach dem **Umsatzkostenverfahren** tritt an die Stelle der Gesamtleistung der Umsatz. Der ROI ist die Darstellung der Gesamtkapitalrentabilität in anderer Form. Er zeigt, dass durch eine Erhöhung des Kapitalumschlags bei gleichbleibender Umsatzrentabilität die Gesamtrentabilität verbessert werden kann.

(2) Kennzahlen zur Vermögensstruktur

■ (Gesamt-)Kapitalumschlag

Durch diese Kennzahl wird die **Bindungsdauer des Kapitals** ausgedrückt. Je häufiger das Kapital umgesetzt wird, desto besser ist seine Nutzung.

$$\frac{\text{Umsatzerlöse}}{\text{Bilanzsumme}}$$

■ Lagerdauer (in Tagen)

Damit wird die Dauer der durchschnittlichen Kapitalbindung in den Lagervorräten aufgezeigt. Eine möglichst kurze Lagerzeit erhöht die Rentabilität.

$$\frac{\text{Vorräte} \cdot 365}{\text{Materialaufwand}}$$

Unternehmen versuchen, die Lagerzeiten zu optimieren, z. B. durch die Organisation der Zulieferung von Roh-, Hilfs- und Betriebsstoffen **just in time.**

Die Lagerung von Fertigerzeugnissen soll durch Direktauslieferung am Ende des Fertigungsprozesses möglichst vermieden werden.

■ Debitorenziel (in Tagen)

Hiermit wird das **Zahlungsverhalten der Kunden** in Form des durchschnittlich beanspruchten Zahlungszieles in Tagen aufgezeigt. Die Forderungen enthalten die Umsatzsteuer, die Umsatzerlöse dagegen nicht.

$$\frac{(\text{kurz- und mittelfristige Forderungen aus Lieferungen und Leistungen}) \cdot 365}{\text{Umsatzerlöse}}$$

(3) Kennzahlen zur Kapitalstruktur und Liquidität

■ Dynamischer Verschuldungsgrad (in Jahren)

Der dynamische Verschuldungsgrad zeigt an, wie viele Jahre es dauert, bis das Unternehmen seine **Verbindlichkeiten** durch die **Selbstfinanzierung begleichen** kann.

$$\frac{\text{Fremdkapital – liquide Mittel}}{\text{Cashflow}}$$

In 85 % der Insolvenzfälle lag der dynamische Verschuldungsgrad über 15 Jahren.
< 3 Jahre = optimal; > 10 Jahre = Gefährdung.

Eigenkapitalquote

Diese Strukturzahl drückt den prozentualen Anteil des Eigenkapitals am Gesamtkapital aus. Sie ist damit der Gradmesser für die **Voraushaftungsfunktion** des Eigenkapitals.

$$\frac{\text{Eigenkapital} \cdot 100}{\text{bereinigte Bilanzsumme}}$$

Bei der Beurteilung dieser Größe ist auf die **branchenübliche Quote** abzustellen. **Generell** gilt: **Je geringer die Eigenkapitalquote, desto höher das Risiko für die Gläubiger.**

Bei etwa 80 % der Insolvenzfälle lag die Eigenkapitalquote im letzten Jahresabschluss unter 10 %.

Anlagendeckungsgrad I

Diese Kennzahl gibt an, in welchem Umfang **langfristige Investitionen** durch Eigenkapital finanziert sind.

$$\frac{\text{Eigenkapital} \cdot 100}{\text{Anlagevermögen}}$$

Das Eigenkapital hat für das Unternehmen den Vorteil, dass es im Falle schlechter Geschäftslage nicht verzinst werden muss. Das wirtschaftliche Risiko geht voll zulasten der Eigentümer.

Fremdkapitalgeber bestehen auf der Zahlung von Zins- und Tilgungsleistungen, unabhängig von der wirtschaftlichen Situation des Unternehmens.

Das Anlagevermögen verursacht (hohe) Abschreibungen und Finanzierungskosten.

Anlagendeckungsgrad II

Mit dieser Kennzahl wird die Einhaltung der Finanzierungsregel für die horizontale Bilanzstruktur überprüft.

$$\frac{(\text{Eigenkapital} + \text{mittel- und langfr. Fremdkapital}) \cdot 100}{\text{Anlagevermögen}}$$

Mindestens das **Anlagevermögen** sollte durch **mittel- und langfristige Finanzierungsmittel gedeckt sein.** Diese Kennzahl sollte über 100 % liegen.

Kreditorenziel (in Tagen)

Hier wird das **Zahlungsverhalten des Unternehmens gegenüber seinen Lieferanten** bei Zieleinkäufen aufgezeigt. Die Verbindlichkeiten enthalten die Umsatzsteuer, der Materialaufwand (Wareneinsatz) dagegen nicht.

$$\frac{(\text{Verbindlichkeiten a. Lief. u. Leist.} + \text{Wechselverb.}) \cdot 365}{\text{Materialaufwand bzw. Wareneinsatz}}$$

Im Zeitverlauf länger werdende Inanspruchnahme von Zahlungszielen lassen auf Zahlungsschwierigkeiten oder fehlerhafte Finanzierung schließen.

Liquidität II

Durch diese Kennziffer wird ausgedrückt, in welchem Umfang **kurzfristige Verbindlichkeiten** durch **kurzfristiges Vermögen** beglichen werden können.

$$\frac{\text{(Vorräte u. Anz. + so. kurzfr. Aktiva)} \cdot 100}{\text{kurzfristiges Fremdkapital}}$$

Andere in der Literatur dargestellte Liquiditätskennzahlen sind in der Praxis für externe Analysen nicht von Bedeutung. Für die interne Beurteilung der kurzfristigen Liquiditätsentwicklung stehen gut geführten Unternehmen Finanzpläne zur Verfügung, die die voraussichtlichen Ein- und Auszahlungen des Unternehmens in den nächsten Wochen oder Monaten enthalten.

Der Überschuss des kurzfristig gebundenen Kapitals über das kurzfristige Fremdkapital wird als **working capital** bezeichnet. Durch einen Vergleich der Entwicklung des Überschusses in mehreren Geschäftsjahren kann die **eingetretene Liquiditätsveränderung** festgestellt werden. Die Differenz weist außerdem auf das **vorhandene Finanzierungspotenzial** hin.

< 70 % = Gefährdung; 70 % bis 150 % = Mittelmaß; > 150 % = optimal.

(4) Kennziffern zur Analyse der Gewinn- und Verlustrechnung

Materialaufwandsquote

Hier können Veränderungen des Materialeinsatzes sichtbar gemacht werden.

$$\frac{\text{Materialaufwand} \cdot 100}{\text{Gesamtleistung}}$$

Personalaufwandsquote

Die Kennziffer ist ein Indikator für die Entwicklung der Personalkosten im Verhältnis zur Gesamtleistung. Arbeitsproduktivität kann gemessen werden.

$$\frac{\text{Personalaufwand} \cdot 100}{\text{Gesamtleistung}}$$

Sachabschreibungsquote

Durch diese Kennziffer kann auf die Investitionstätigkeit geschlossen werden.

$$\frac{\text{Abschreibungen auf Sachanlagen} \cdot 100}{\text{Sachanlagen + Abschreibungen auf Sachanlagen}}$$

(5) Sonstige Kennzahlen

Abnutzungsgrad technischer Anlagen und Maschinen

Diese Kennzahl gibt Auskunft über den **Grad der Modernität** des Bestandes der technischen Anlagen und Maschinen.

$$\frac{\text{kumulative Abschreibungen auf techn. Anl.} \cdot 100}{\text{Anschaffungskosten techn. Anlagen}}$$

Je höher diese Kennzahl, desto veralteter ist der technische Zustand des Unternehmens.

- **Pro-Kopf-Ertrag**

Der Ertrag pro Mitarbeiter gibt bei zwischenbetrieblichen Vergleichen Hinweise auf die Produktivität der Beschäftigten.

$$\frac{\text{Rohertrag}}{\text{Beschäftigte}}$$

- **Lohnproduktivität**

In dieser Kennziffer wird die Arbeitsproduktivität im Verhältnis zu den Kosten für die Arbeitskraft ausgedrückt.

$$\frac{\text{Rohertrag}}{\text{Personalaufwand}}$$

- **Umsatz pro m² Verkaufsfläche**

Diese Kennziffer ist vor allem bei Vergleichen von Unternehmen des Handels geeignet.

$$\frac{\text{Umsatz}}{\text{Verkaufsfläche } (m^2)}$$

- **Kurs-Gewinn-Verhältnis (KGV)**

Diese Kennziffer zeigt an, mit dem Wievielfachen des erwarteten Gewinns eine Aktie am Kapitalmarkt bewertet wird.

$$\frac{\text{Börsenkurs}}{\text{erwarteter Gewinn pro Aktie}}$$

- **Dividendenrendite**

Hiermit wird angezeigt, wie sich das eingesetzte Kapital verzinst.

$$\frac{\text{veröffentlichte Dividende} \cdot 100}{\text{Kapitaleinsatz}}$$

!

- Durch die **Auswertung des Jahresabschlusses** werden für die Risiko- bzw. Anlageentscheidung vergangenheitsorientierte Anhaltspunkte über die Ertrags- und Finanzlage von Unternehmen bereitgestellt.
- Diese **Kennzahlen reichen** für eine endgültige Risikobeurteilung aber **nicht aus.**
- Vergangenheitsorientiert sind auch die **Auswertung der bisherigen Kontoführung** und die Berücksichtigung der **bisherigen Entwicklung** sowie der **Dauer der Geschäftsbeziehung.**
- Die **Rechtsform** ist ebenfalls unter dem Gesichtspunkt der persönlichen **Risikoübernahme** durch die Eigentümer bzw. die Geschäftsführer zu bewerten.

3.3 Qualitative zukunftsorientierte Unternehmensanalyse

Um **Kredit-(Anlage-)Risiken** zu begrenzen, ist es vor allem notwendig, **zukünftige Entwicklungen** des Unternehmens frühzeitig zu erkennen und in die Kredit- bzw. Anlageentscheidung einzubeziehen.

Zu beurteilen sind in diesem Zusammenhang

- das **Management,**
- die **Branche** und die **Wettbewerbsbedingungen,**
- die **Unternehmensentwicklung** im bisherigen Geschäftsjahr und
- **ökologische Risiken.**

(1) Beurteilung des Managements

Bei der Beurteilung des Managements sind mindestens die folgenden Gesichtspunkte zu berücksichtigen:

Beurteilungskriterien	Inhalt
Persönliche/ fachliche Qualifikation	**Positive Eigenschaften:** teamfähig, zukunftsorientiert, entscheidungsfreudig, aufgeschlossen, lernfähig und -willig, durchsetzungsfähig, willensstark, belastbar, risikobewusst, ideenreich u. a. **Negative Eigenschaften:** Rückwärts orientiert, oberflächlich, verschwenderisch, selbstherrlich, starrsinnig, ideenarm, unzuverlässig, mangelndes Risikobewusstsein u. a.
Planungstätigkeit	**Positiv** ist das Vorhandensein einer kurz- und mittelfristigen Planung zu bewerten, die regelmäßig auf den neuesten Stand gebracht wird.
Personalplanung	**Positiv** zu bewerten ist eine mittelfristig angelegte Personalbedarfsplanung mit einer konsequenten Planung der **Personalentwicklung.** Bei Einzelunternehmen und Personengesellschaften ist auf die **Nachfolgeplanung** zu achten.
Umfang und Verlässlichkeit der Planung (Controlling)	**Positiv** ist es, wenn das Management über ein umfassendes, prognosesicheres **Planungssystem** verfügt. Darin sollten kurz-, mittel- und langfristige Planungen berücksichtigt sein. Das betriebliche **Controlling** sollte voll ausgebaut und der Unternehmensleitung direkt verantwortlich sein.

(2) Beurteilung der Branche und der Wettbewerbsbedingungen

Jedes Unternehmen muss seine Leistungen am **Markt** absetzen. Dabei wird es in der Regel nicht alleiniger Anbieter sein. Da sich die Nachfrage der Verbraucher ständig verändert, sind die **Entwicklungen der Branchen** zu beachten, z. B. durften die Hersteller von PCs nicht von der Entwicklung von Laptops, Notebooks, Tablets usw. überrascht werden. Auch die **gesellschaftlichen Einstellungen** zu bestimmten Produkten können sich ändern, z. B. ist die Erzeugung von Strom aus Kernenergie sehr umstritten.

Beurteilungskriterien	Inhalt
Produktionsprogramm/ Brancheneinschätzung	Die Analyse des Produktionsprogramms bzw. der Warengruppen gibt Aufschluss über die zu erwartenden langfristigen Marktchancen des Unternehmens. Wichtig ist dabei die Untersuchung des Anteils der einzelnen Produkte am Gesamtprogramm, ob z. B. ein Unternehmen von einem Produkt abhängig ist, dessen Zukunftschancen als negativ zu beurteilen sind. **Produktportfolio** erstellen.
Wettbewerbsbedingungen	Hier sind zahlreiche Fragen zu klären, wie z. B.: ■ Welche **Marktform** herrscht vor? ■ Wie hoch sind die **Marktanteile** des Unternehmens bei den einzelnen Produkten? ■ Besteht **Preisführerschaft?** ■ Welche **Abhängigkeiten** bestehen zu einzelnen Lieferanten bzw. Kunden? ■ Stellt das Unternehmen **Markenprodukte** her? ■ Wie ist der **Ruf** des Unternehmens einzuschätzen? ■ Wie ist die **Produktentwicklung** zu beurteilen? ■ Betreibt das Unternehmen eine eigenständige **Grundlagenforschung** und **Produktentwicklung?** ■ Wie ist der **Standort** des Unternehmens einzuschätzen? Zentrale Lage, zukunftssicher? ■ Wie **modern** sind die Produktionsanlagen bzw. Verkaufsräume? ■ Welche **Vertriebswege** werden genutzt? ■ Ist das **Sortiment** saison- oder modeabhängig?

(3) Unternehmensentwicklung im bisherigen Geschäftsjahr

Da der Jahresabschluss im Zeitpunkt der Kredit- oder Anlagebeurteilung bereits veraltet ist, sind die neuesten Entwicklungen des Unternehmens zu hinterfragen.

Im Geschäftsbericht finden sich Angaben über diese Entwicklung seit dem Jahresabschluss. Bei kleinen und mittleren Unternehmen sind diese Angaben von der Geschäftsleitung zu erfragen.

Um die Entwicklung ausreichend beurteilen zu können, sollten Fragen zum **Auftragsbestand** und zur **Auftragsentwicklung** gestellt werden. Kurzfristige **Finanzpläne** sollten eingesehen werden.

Auch **Änderungen** im Unternehmen, wie z. B. die Änderung der Rechtsform, neue gesetzliche Rahmenbedingungen, Kurzarbeit oder Personalfreisetzungen sollten beachtet werden.

(4) Ökologische Risiken

Durch das gesteigerte **Umweltbewusstsein** der Öffentlichkeit kommt der Berücksichtigung ökologischer Gesichtspunkte im Firmenkreditgeschäft ein größeres Gewicht als in der Vergangenheit zu.

Besondere Umweltrisiken sind:

Bonitätsrisiken	Wenn Umweltprobleme **Ausfälle in der Produktion verursachen,** können Unternehmen ihre Zins- und Tilgungsverpflichtungen nicht erfüllen.
Besicherungsrisiken	Die als Sicherheiten eingebrachten Grundstücke und Gebäude können ihren **Wert** ganz oder teilweise **einbüßen,** weil diese z. B. in ein Naturschutzgebiet einbezogen oder die Nutzungsvorschriften geändert wurden.
Imageverlust	Kredite an Unternehmen, die in **Umweltskandale** verwickelt sind, können zu einem Imageverlust der kreditgebenden Banken führen.
Geschäftsfeld-verschiebungen	Umweltvorschriften können Unternehmen dazu veranlassen, die **Produktion** betroffener Erzeugnisse **einzustellen oder** ins Ausland zu **verlagern.**
Altlastenrisiko	Der Kreditnehmer beantragt ein Darlehen, um den Bau eines Wohngebäudes auf dem Gelände einer stillgelegten Tankstelle zu errichten. Es stellt sich heraus, dass umfangreiche unvorhergesehene **Bodensanierungsarbeiten** durchzuführen sind.

Die Kreditinstitute sollten sich zur **Beurteilung der ökologischen Kreditrisiken** u. a. mit den Stoffkreisläufen, den Altlasten, den bisherigen Störfällen, den gesetzlichen Bestimmungen, dem veränderten Käuferverhalten befassen. Eine Möglichkeit bietet auch die **Einsicht in die Stoff- und Energiebilanz** (Ökobilanz) des Unternehmens. Es ist aber zweifelhaft, ob kleinere und mittlere Unternehmen über derartige Bilanzen verfügen.

3.4 Vom Ratingverfahren zu den Kreditkonditionen

Die Firmenkunden der Kreditinstitute unterscheiden sich z. B. nach Branche, Rechtsform, Unternehmensgröße, Dauer der Betriebstätigkeit.

Aus diesem Grund werden verschiedene Ratingverfahren verwendet, wie für kleine, mittlere und größere Unternehmen.

Auch branchenspezifische Verfahren, wie z. B. für landwirtschaftliche Unternehmen, sind üblich. Den verschiedenen Verfahren liegen jeweils eigene Beurteilungskriterien zugrunde.

Jeder Ratingklasse (Bonitätsstufe) ist die entsprechende Ausfallwahrscheinlichkeit in v. H. pro Jahr zugeordnet.

Beispiel:

Ratingklasse	Ausfallwahrscheinlichkeit in v. H.
1	0,06
2	0,15
3	0,85
4	1,95
5	3,25
6	25,65

Die unterschiedlichen Ausfallrisiken des Kredits verlangen entsprechend unterschiedliche Kreditkonditionen. Das Kreditinstitut wird festlegen, ab welcher Ausfallwahrscheinlichkeit es in der Regel die Darlehensgewährung ablehnt (im Beispiel auf S. 286 bei einer Ausfallwahrscheinlichkeit von mehr als 1,95 %).

Die Höhe des Sollzinssatzes für Darlehen wird unter Berücksichtigung der Risikokosten und der Eigenkapitalkosten gebildet (vgl. Kapitel 6.1, S. 238).

Auf einen Blick

- Zur **Analyse** des Jahresabschlusses ist die **Aufbereitung der Bilanz und der Gewinn- und Verlustrechnung** erforderlich.
- Für die **Kredit- bzw. Anlageentscheidung** sind vorrangig **zukunftsbezogene Gesichtspunkte** zu berücksichtigen.
- Bei der **Aufbereitung der Bilanz** werden einzelne Bilanzposten zu gleichartigen Gruppen zusammengefasst.
- Bei der **Analyse der Gewinn- und Verlustrechnung** kommt der Feststellung des **Betriebsergebnisses** eine vorrangige Bedeutung zu.
- Für die **Analyse** werden **Kennziffern** ermittelt, die durch innerbetrieblichen Zeitvergleich oder durch Branchenvergleich ausgewertet werden können.
- Im Rahmen der **zukunftsbezogenen Unternehmensanalyse** sind das Management, die Wettbewerbssituation, die Unternehmensentwicklung und ökologische Faktoren zu berücksichtigen.

Kompetenztraining

2 **Aktiva** **Bilanz der Frischauf AG zum 31. Dez. 20..** **Passiva**

	Vorjahr Mio. €	Berichtsjahr Mio. €		Vorjahr Mio. €	Berichtsjahr Mio. €
I. Anlagevermögen			Gezeichnetes Kapital	105	150
Sachanlagen	329	333	Gewinnrücklagen	177	183
Finanzanlagen	74	76	Bilanzgewinn	19	23
II. Umlaufvermögen			Pensionsrückstellungen	104	141
Vorräte	530	465	Verbindlichkeiten:		
Forderungen aus Lieferungen und Leistungen	240	280	Verbindlichkeiten geg. Kreditinst.	570	520
davon: Restlaufzeit über 1 Jahr	(10)	(13)	davon: Restlaufzeit bis 1 Jahr	(320)	(335)
Liquide Mittel	162	186	Restlaufzeit über 5 Jahre	(110)	(120)
			Verbindlichkeiten aus Lieferungen und Leistungen	360	323
			davon: Restlaufzeit bis 1 Jahr	(360)	(323)
	1335	1340		1335	1340

Gewinn- und Verlustrechnung der Frischauf AG zum 31. Dez. 20..

	Vorjahr Mio. €	Berichtsjahr Mio. €
Umsatzerlöse	1 587	1 655
Bestandsveränderungen	50	–65
Sonstige betriebliche Erträge	270	255
Aufwendungen für Roh-, Hilfs- und Betriebsstoffe, Waren	713	686
Personalaufwand	462[1]	467
Abschreibungen auf Sachanlagen	56	52
Sonstige betriebliche Aufwendungen	404	381
Zinserträge	7	6
Zinsaufwendungen	49	46
Ergebnis der gewöhnlichen Geschäftstätigkeit	230	219
Steuern vom Einkommen und vom Ertrag	110	105
Sonstige Steuern	90	85
Jahresüberschuss	30	29
Einstellung aus dem Jahresüberschuss in andere Gewinnrücklagen	11	6
Bilanzgewinn	19	23

Anhang

Bilanzgewinn wird zur Gewinnausschüttung vorgeschlagen.

Sonstige betriebliche Erträge sind Erträge aus Weiterbelastungen von Kosten und Leistungen.

Sonstige betriebliche Aufwendungen sind Betriebs-, Verwaltungs- und Vertriebsaufwendungen.

Zahl der Beschäftigten (in Klammern Vorjahr): 10 700 (11 000)

a) Bereiten Sie die Bilanz und die GuV-Rechnung der Frischauf AG auf!

b) Beurteilen Sie die Entwicklung dieser Gesellschaft in den beiden letzten Geschäftsjahren! Ermitteln Sie dazu die Kennziffern wie bei der Anderwerk AG, soweit diese aus den gegebenen Angaben errechnet werden können!

1 Darin sind 30 Mio. € Zuführung zu Pensionsrückstellungen enthalten.

3 Bereiten Sie die Bilanz und die GuV-Rechnung zur Analyse auf!

Bilanz der Koschü AG zum 31.12.20..

Aktiva	€	€	Vorjahr (i. Tsd. €)
A. Anlagevermögen			
I. Sachanlagen			
1. Grundstücke, grundstücksgleiche Rechte und Bauten einschließlich der Bauten auf fremden Grundstücken	4651530,00		5036
2. Technische Anlagen und Maschinen	9127858,00		9312
3. Andere Anlagen, Betriebs- und Geschäftsausstattung	921339,00		837
4. Geleistete Anzahlungen und Anlagen im Bau	618167,00		1019
		15318894,00	16204
II. Finanzanlagen			
1. Anteile an verbundenen Unternehmen	600000,00		600
2. Sonstige Ausleihungen	140000,00		140
		740000,00	740
B. Umlaufvermögen			
I. Vorräte			
1. Roh-, Hilfs- und Betriebsstoffe	4003490,00		4292
2. Unfertige Erzeugnisse	6703550,00		5962
3. Fertige Erzeugnisse und Waren	7057220,00		7076
		17764260,00	17330
II. Forderungen und sonstige Vermögensgegenstände			
1. Forderungen aus Lieferungen und Leistungen	10622278,00		8594
2. Sonstige Vermögensgegenstände	1838826,00		936
		12461104,00	9530
III. Wertpapiere			
Sonstige Wertpapiere		118731,00	119
IV. Schecks, Kassenbestand, Bundesbank- und Postbankguthaben, Guthaben bei Kreditinstituten		3577163,00	5355
C. Rechnungsabgrenzungsposten			
1. Disagio	109910,00		141
2. Sonstige	7544,00		1
		117454,00	142
		50097606,00	49420

Passiva		€	€	Vorjahr (i. Tsd. €)
A. Eigenkapital				
I. Gezeichnetes Kapital			8 000 000,00	8 000
II. Gewinnrücklagen				
1. Gesetzliche Rücklage		2 733 000,00		2 733
2. Andere Gewinnrücklagen		7 587 817,00		7 609
			10 320 817,00	
III. Bilanzgewinn			820 330,00	642
			19 141 147,00	18 984
B. Rückstellungen				
1. Rückstellungen für Pensionen		7 859 763,00		7 664
2. Steuerrückstellungen		1 755 448,00		2 198
3. Sonstige Rückstellungen		8 602 441,00		7 211
			18 217 652,00	17 073
C. Verbindlichkeiten				
1. Verbindl. gegenüber Kreditinstituten		5 525 000,00		6 175
2. Verbindl. a. Lieferungen u. Leistungen		2 317 474,00		1 968
3. Verbindl. gegenüber verbund. Unternehmen		159 398,00		498
4. Sonstige Verbindlichkeiten		4 736 935,00		4 722
davon aus Steuern	877 217,38			
davon i. Rahmen d. soz. Sicherheit	808 216,24		12 738 807,00	13 363
			50 097 606,00	49 420
Verbindlichkeiten aus der Begebung und Übertragung von Wechseln	3 251 373,00			
Verbindlichkeiten aus Bürgschaften	1 280 610,00			

Gewinn- und Verlustrechnung der Koschü AG

			Vorjahr i. Tsd. €
1. Umsatzerlöse	104 099 096,00		104 156
2. Erhöhung (im Vorjahr Verminderung) des Bestands an fertigen u. unfertigen Erzeugn.	722 940,00	104 822 036,00	–60
3. Sonstige betriebliche Erträge		1 634 900,00	1 378
4. Materialaufwand		106 456 936,00	105 474
a) Aufwendungen für Roh-, Hilfs- und Betriebsstoffe und für bezogene Waren	38 184 691,00		36 341
b) Aufwendungen für bezogene Leistungen	7 026 003,00	45 210 694,00	7 487
		61 246 242,00	
5. Personalaufwand			
a) Löhne und Gehälter	33 024 574,00		33 262
b) Soziale Abgaben und Aufwendungen für Altersversorgung und für Unterstützung	6 967 212,00		6 901
6. Abschreibungen auf immaterielle Vermögensgegenstände d. Anlageverm.- u. Sachanlagen	7 472 884,00		7 235
7. Sonstige betriebliche Aufwendungen	10 890 037,00	58 354 707,00	10 645
		2 891 535,00	3 603
8. Erträge aus Beteiligungen	250 000,00		–
9. Sonstige Zinsen und ähnliche Erträge	258 852,00		250
10. Zinsen und ähnliche Aufwendungen	517 159,00	–8 307,00	–626
11. Ergebnis der gewöhnlichen Geschäftstätigkeit		2 883 228,00	3 227
12. Steuern vom Einkommen und vom Ertrag	1 589 967,00		2 101
13. Sonstige Steuern	474 960,00	2 064 927,00	486
14. Jahresüberschuss		818 301,00	640
15. Gewinnvortrag aus dem Vorjahr		2 029,00	2
16. Bilanzgewinn		820 330,00	642

Anhang

I. Erläuterungen zur Bilanz

Forderungen und sonstige Vermögensgegenstände

Von den Sonstigen Vermögensgegenständen haben 337 000,00 € eine Restlaufzeit von mehr als einem Jahr.

Verbindlichkeiten	20.. i. Tsd. €	– davon Restlaufzeit – bis 1 Jahr i. Tsd. €	1–5 Jahre i. Tsd. €	mehr als 5 Jahre i. Tsd. €
Verbindlichkeiten gegenüber Kreditinstituten (davon grundpfandrechtlich gesichert)	5 525 (4 625)	938	3 149	1 438
Verbindlichkeiten aus Lieferungen und Leistungen	2 318	2 318	–	–
Verbindlichkeiten geg. verbund. Unternehmen	159	159	–	–
Sonstige Verbindlichkeiten	4 737	3 073	–	1 664
	12 739	6 488	3 149	3 102

II. Erläuterungen zur Gewinn- und Verlustrechnung

Sonstige betriebliche Erträge

Erträge aus der Auflösung von Rückstellungen	706,0 Tsd. €
Übrige Erträge	928,9 Tsd. €
	1 634,9 Tsd. €

Die übrigen Erträge enthalten hauptsächlich Mieteinnahmen, Investitionszulagen sowie Weiterbelastungen von Kosten und Leistungen.

Personalaufwand

Insgesamt	39 992 Tsd. €
– davon für Altersversorgung	1 155 Tsd. €

Im Jahresdurchschnitt wurden beschäftigt:

Lohnempfänger	676
Gehaltsempfänger	184
Auszubildende	31
	891

Sonstige betriebliche Aufwendungen

Die betrieblichen Aufwendungen enthalten hauptsächlich Betriebs-, Verwaltungs- und Vertriebsaufwendungen.

Vorschlag für die Verwendung des Bilanzgewinns

Der Jahresabschluss der AG weist einen Bilanzgewinn von 820 330,00 € aus.

Wir empfehlen im Einvernehmen mit dem Aufsichtsrat, daraus eine Dividende von 10 % (5,00 € pro Aktie zu 50,00 €) auf das Grundkapital von 8 000 000,00 € auszuschütten und 20 330,00 € auf neue Rechnung vorzutragen.

AG	Anschaff.-/ Herstellungs-kosten Vorj. €	Zugänge €	Umbu-chungen €	Abgänge €	Kumulierte Abschreibung €	Buchwerte 31. 12. Berichtsjahr €	Buchwerte 31. 12. Vorjahr €	Abschrei-bungen lfd. Jahr €
Sachanlagen								
Grundstücke, grundstücksgleiche Rechte u. Bauten einschl. der Bauten auf fremden Grundstücken	16 271 443,00	27 500,00	0,00	0,00	11 647 413,00	4 651 530,00	5 036 453,00	412 423,00
Technische Anlagen und Maschinen	61 752 918,00	5 651 747,00	+817 482,00	668 028,00	58 426 262,00	9 127 858,00	9 312 317,00	6 653 688,00
Andere Anlagen, Betriebs- und Geschäftsausst.	4 335 755,00	491 320,00	0,00	147 379,00	3 758 357,00	921 339,00	836 791,00	406 772,00
Geleistete Anzahlungen und Anlagen im Bau	1 018 905,00	418 986,00	–817 482,00	2 242,00	0,00	618 167,00	1 018 905,00	0,00
	83 379 021,00	6 589 553,00	0,00	817 649,00	73 832 032,00	15 318 894,00	16 204 466,00	7 472 883,00
Finanzanlagen								
Anteile an verbundenen Unternehmen	600 000,00	0,00	0,00	0,00	0,00	600 000,00	600 000,00	0,00
sonst. Ausleihungen	140 000,00	0,00	0,00	0,00	0,00	140 000,00	140 000,00	0,00
	740 000,00	0,00	0,00	0,00	0,00	740 000,00	740 000,00	0,00
	84 119 021,00	6 589 553,00	0,00	817 649,00	73 832 032,00	16 058 894,00	16 944 466,00	7 472 883,00

4 a) Ermitteln Sie für die Koschü AG (Aufgabe 3) für das Berichtsjahr folgende Kennziffern:

	Branchenübliche Werte
Cashflow-Rate %	8,2 %
Gesamtkapitalrentabilität %	4,2 %
Dyn. Verschuldungsgrad (Jahre)	4,6 Jahre
Liquidität II	160 %
Anlagendeckungsgrad II	174 %
Lagerdauer	136 Tage
Debitorenziel	44 Tage
Kreditorenziel	28 Tage
Abnutzungsgrad techn. Anlagen	69 %

b) Beurteilen Sie die Koschü AG durch Vergleich mit der Branche!

c) Welche zusätzlichen Informationen könnten die Beurteilung der Koschü AG verbessern?

5 **Bilanzen der Industrie AG zum 31. 12.**

Aktiva	Vorvorjahr Mio. €	Vorjahr Mio. €	Berichtsjahr Mio. €
Anlagevermögen:			
Sachanlagen	270	290	335
Finanzanlagen	50	60	60
Umlaufvermögen:			
RH, Fertige Erzeugnisse	355	360	380
Forderungen aus Lieferungen und Leistungen; Restlaufzeit unter 1 Jahr	286	300	280
Wertpapiere (börsengängig)	30	20	20
Liquide Mittel	139	152	156
	1 130	1 182	1 231

Passiva	Vorvorjahr Mio. €	Vorjahr Mio. €	Berichtsjahr Mio. €
Gezeichnetes Kapital	105	130	130
Gewinnrücklagen	140	160	165
Bilanzgewinn	20	17	26
Pensionsrückstellungen	75	85	95
Bankverbindlichkeiten (Restlaufzeit unter 1 Jahr)	540 (80)	490 (90)	485 (100)
Verbindlichkeiten aus Lieferungen und Leistungen, Restlaufzeit bis 1 Jahr	250	300	330
	1 130	1 182	1 231

Anhang: Der Bilanzgewinn wird zur Ausschüttung vorgeschlagen.

Gewinn- und Verlustrechnung der Industrie AG zum 31. 12.

	Vorvorjahr Mio. €	Vorjahr Mio. €	Berichtsjahr Mio. €
Umsatzerlöse	1210	1390	1430
Bestandsveränderungen an fertigen/unfertigen Erzeugnissen	+20	–40	+30
Sonstige betriebliche Erträge (siehe Anhang[1])	20	25	30
Materialaufwand	540	560	600
Personalaufwand	480	485	520
Abschreibungen auf Sachanlagen	50	55	70
Sonstige betriebliche Aufwendungen (siehe Anhang[2])	100	188	224
Zinsen und ähnliche Erträge	10	8	7
Zinsen und ähnliche Aufwendungen	45	38	32
Ergebnis der gewöhnlichen Geschäftstätigkeit	45	57	51
Steuern vom Einkommen und vom Ertrag	17	15	16
Sonstige Steuern	3	5	4
Jahresüberschuss	25	37	31
Einstellung in die Gewinnrücklagen	5	20	5
Bilanzgewinn	20	17	26

Anhang

a) Bereiten Sie die Bilanz und die GuV-Rechnung auf!

b) Beurteilen Sie die Entwicklung der Industrie AG! Ermitteln Sie hierzu – soweit möglich – folgende Kennziffern:
   1. Eigenkapitalquote (wirtsch.)
   2. Gesamtkapitalrentabilität
   3. Liquidität II
   4. Anlagendeckungsgrad I
   5. Debitorenziel
   6. Kreditorenziel!

6 Die Kraftfahrzeuge AG veröffentlichte den folgenden Jahresabschluss:

Aktiva — Bilanz zum 31. Dez. 20.. — Passiva

	lfd.Jahr Mio. €	Vorjahr Mio. €		lfd.Jahr Mio. €	Vorjahr Mio. €
Anlagevermögen			**Eigenmittel**		
Sachanlagen	2894	2335	Grundkapital	1200	1200
Finanzanlagen	2317	1786	Gewinnrücklagen	2835	2704
Umlaufvermögen			**Fremdkapital**		
			Rückstellungen		
Vorräte	2282	2038	a) für Pensionen	4978	4558
Forderungen a. L. u. L.	2995	2819	b) sonstige Verbindl.	891	881
Liquide Mittel	3579	4011	c) mittel- u. langfr. (KI)	2127	1984
			d) kurzfristig (a. L. u. L.)	1843	1422
			Bilanzgewinn	193	240
Summe	14067	12989	Summe	14067	12989

1 Hauptsächlich Mieteinnahmen sowie Weiterbelastungen von Kosten und Leistungen.

2 Betriebs-, Verwaltungs- und Vertriebsaufwendungen.

Weitere Angaben aus der Erfolgsrechnung:

	lfd. Jahr Mio. €	**Vorjahr** Mio. €
Umsatzerlöse	25623	24685
Materialaufwand	15809	15137
Personalaufwand	6534	5608
Abschreibungen auf Sachanlagen	1021	904
Abschreibungen auf Finanzanlagen	100	10
Zinsaufwendungen	210	170
Aufwendungen für Altersversorgung	420	555
Sonstige betriebliche Aufwendungen	68	120
Steuern von Einkommen und Ertrag	1134	1739
Sonstige Steuern	3	4
Jahresüberschuss	324	438
Einstellungen in Gewinnrücklagen	131	198
Bilanzgewinn	193	240

Entwicklung des Anlagevermögens in Mio. €:

	01.01.	Zugänge	Abgänge	Abschreibungen	31.12.
Sachanlagen	2335	1635	55	1021	2894
Finanzanlagen	1786	814	183	100	2317

a) Erstellen Sie eine Finanzierungsrechnung! Vgl. S. 301f.

b) Beurteilen Sie die Bilanzstruktur dieses Unternehmens!

c) Beurteilen Sie die Liquidität dieses Unternehmens!

d) Ermitteln Sie den Cashflow dieses Unternehmens für das letzte Geschäftsjahr!

e) Ermitteln Sie die Rentabilität des Eigenkapitals und das ROI dieses Unternehmens!

f) Erläutern Sie die Kennziffer ROI!

g) Angenommen, das Unternehmen will bei Ihrem Arbeitgeber einen Lieferantenkredit über 100 Mio. € in Anspruch nehmen. Befürworten Sie diese Kreditgewährung, wenn Ihnen nur die von Ihnen ermittelten Kennziffern zur Verfügung stehen?

7 **Aufgabenstellung**

Die Firma Metallbau Fischer ist seit einigen Jahren im Werkzeugmaschinenbau tätig.

Sie haben die Aufgabe, die Bonität dieses Kunden zu überprüfen.

Zu diesem Zweck haben Sie sich die letzten drei Bilanzen der Firma Metallbau Fischer beschafft. Sie wollen die Entwicklung dieses Unternehmens beurteilen. Dabei wollen Sie sowohl dessen Bilanzentwicklung als auch den Vergleich zur Branche heranziehen.

Die Branchenwerte des letzten Jahres entnehmen Sie, soweit nicht in den letzten beiden Spalten der aufbereiteten Bilanz bzw. GuV-Rechnung angegeben, der folgenden Aufstellung.

Sie entscheiden sich bei der Analyse für die folgenden Kennzahlen:

	Formel	Jahr 1	Jahr 2	Berichts-jahr	Branche	
					von %	bis %
Erfolgskennzahlen						
Materialaufwandsquote					28,1	41,6
Personalaufwandsquote					37,1	47,3
Sachabschreibungsquote					18,0	22,5
Cashflow-Rate					2,9	14,4
Finanzierungskennzahlen						
Anlagendeckungsgrad II					92,5	168,8
Debitorenziel (Tage)					29,8	58,7
Kreditorenziel (Tage)					52,3	144,1
Lagerdauer (Tage)					100,4	315,2
Bilanzstrukturkennzahlen						
Eigenkapitalquote					8,8	32,5
Bruttoinvestitionsquote					1,3	6,9

a) Wie beurteilen Sie die Entwicklung der Firma Metallbau Fischer?

b) Welche drei Maßnahmen sollten Ihrer Ansicht nach am dringendsten getroffen werden, um die Situation der Firma zu ändern?

(Bilanz und GuV-Rechnung der Firma Metallbau Fischer siehe nachfolgende drei Seiten!)

Aktiva Metallbau Fischer

	A	B	C	D	E	F	G	H	I
1	Firma	Metallbau Fischer			Strukturzahlen in v. H. d. Bilanzsumme			Branche in v. H.	
2	**Bilanz zum**	31.12.01	31.12.02	31.12.BR	Jahr 1	Jahr 2	Berichtsjahr	von	bis
3									
4									
5	**Aufbereitung der Bilanz**								
6									
7	**Aktiva**								
8		Jahr 1	Jahr 2	Berichtsjahr					
9									
10		i. Tsd. €	i. Tsd. €	i. Tsd. €	v. H.	v. H.	v. H.		
11	**Konzessionen, andere immaterielle Güter**								
12									
13	**Summe immaterielles Vermögen**	0,000	0,000	0,000					
14									
15	**Grundstücke, Bauten**	671,000	1 926,000	4 034,000					
16	**Maschinen, techn. Anlagen**	1 032,000	1 010,000	528,000					
17	**Inventar, andere Anlagen**	161,000	112,000	153,000					
18	**Anlagen im Bau, Anzahlungen**								
19									
20	**Summe Sachanlagen**	1 864,000	3 048,000	4 715,000					
21	*davon Bruttoinvestitionen*		*1 659,000*	*2 556,00*		*40,7*	*39,8*		
22	Anteile an verbundenen Unternehmen	6,000	6,000	7,000					
23	sonstige Ausleihungen	47,000	60,000	71,000					
24									
25	**Summe Finanzanlagen**	53,000	66,000	78,000					
26									
27	**Summe Anlagevermögen**	1 917,000	3 114,000	4 793,000				23,3	52,1
28									
29	mittel- u. langfr. Forderungen a. L. u. L.	0,000							
30									
31									
32	sonst. mittel- u. langfr. Forderungen	0,000							
33									
34	**Summe sonst. mittel- u. langfr. Ford.**	0,000	0,000	0,000					
35									
36	Roh-, Hilfs- und Betriebsstoffe	60,000	6,000	2,000					
37	unfertige Erzeugnisse	517,000	487,000	642,000					
38	fertige Erzeugnisse		66,000	136,000					
39	Anzahlungen aus Lief. und Leistungen								
40									
41	**Summe Vorräte und Anzahlungen**	577,000	559,000	780,000					
42									
43	kurzfr. Forderungen aus L. und L.	352,000	369,000	592,000					
44									
45	kurzfr. Ford. gegenüber verb. Unternehmen								
46									
47	liquide Mittel	9,000	15,000	9,000					
48									
49	sonst. kurzfr. Forderungen/Vermögen	24,000	24,000	252,000					
50									
51	**Summe sonst. kurzfr. Vermögen**	385,000	408,000	853,000					
52									
53	**Summe Umlaufvermögen**	962,000	967,000	1 633,000					
54									
55	**Bilanzsumme (bereinigt)**	2 879,000	4 081,000	6 426,000					

Passiva Metallbau Fischer

	A	B	C	D	E	F	G	H	I
1	Firma	Metallbau Fischer			Strukturzahlen in v. H. d. Bilanzsumme			Branche in v. H.	
2	**Bilanz zum**	31. 12. 01	31. 12. 02	31. 12. BR	Jahr 1	Jahr 2	Berichtsjahr	von	bis
3									
4									
5	**Aufbereitung der Bilanz**								
6									
7	**Passiva**								
8		Jahr 1	Jahr 2	Berichtsjahr					
9									
10		i. Tsd. €	i. Tsd. €	i. Tsd. €	v. H.	v. H.	v. H.		
11	Grund-, Stamm-, Gesellschaftskapital	615,000	607,000	525,000					
12									
13	**Rücklagen**								
14	Kapitalrücklagen								
15									
16	Gewinnrücklagen								
17	gesetzliche Rücklage								
18	andere Gewinnrücklagen								
19									
20	Bilanzgewinn/Bilanzverlust								
21									
22	./. Geschäfts-/Firmenwert								
23									
24	./. ausstehende Einlagen								
25									
26	./. Disagio								
27									
28									
29									
30									
31									
32	Gesellschafterdarlehen		39,000	39,000					
33	**Summe Eigenkapital**	615,000	646,000	564,000				8,8	32,5
34									
35	mittel- und langfristige Bankverbindlichkeiten	966,000	2 134,000	2 910,000					
36									
37									
38	sonstige mittel- und langfr. Verbindlichkeiten	134,000	371,000	618,000					
39									
40									
41									
42	Pensionsrückstellungen								
43									
44	**Summe mittel- und langfr. Fremdkapital**	1 100,000	2 505,000	3 528,000				8,6	35,7
45									
46	**Summe langfristiges Kapital**	1 715,000	3 151,000	4 092,000					
47									
48	kurzfristige Bankverbindlichkeiten	330,000	308,000	867,000					
49									
50	kurzfr. Verb. aus Lief. und Leistungen	595,000	395,000	787,000					
51									
52									
53									
54	Akzepte			92,000					
55									
56	erhaltene Anzahlungen								
57									
58	kurzfristige Rückstellungen	0,000	20,000	24,000					
59									
60									
61	sonst. kurzfr. Verbindlichkeiten	239,000	207,000	564,000					
62	**Summe kurzfr. Fremdkapital**	1 164,000	930,000	2 334,000				39,8	68,8
63									
64	**Bilanzsumme (bereinigt)**	2 879,000	4 081,000	6 426,000					

GuV Metallbau Fischer

	A	B	C	D	E	F	G	H	I
1	**Aufbereitung der GuV-Rechnung**								
2		Jahr 1	Jahr 2	Berichtsjahr	Strukturzahlen i. v. H. d. Gesamtleistung			Branche Berichtsjahr	
3		i. Tsd. €	i. Tsd. €	i. Tsd. €	Jahr 1	Jahr 2	Berichtsjahr	von %	bis %
4	Umsatzerlöse (netto)	6079,000	6259,000	5975,000					
5									
6	Bestandsveränderungen +/–			226,000					
7									
8	andere aktivierte Eigenleistungen +/–								
9	**Gesamtleistung**	6079,000	6259,000	6201,000					
10									
11	./. Materialaufwand	2051,000	1820,000	2196,000				28,1	41,6
12	**Rohertrag**	4028,000	4439,000	4005,000					
13									
14	Personalaufwand	2841,000	3213,000	2586,000				37,1	47,3
15									
16	planm. Abschrb. auf Sachanlagen	386,000	477,000	403,000				2,1	5,2
17									
18	Betriebssteuern	65,000	35,000	61,000					
19	Mieten	11,000	4,000	102,000				0,1	2,4
20	sonstige betriebliche Aufwendungen	366,000	385,000	453,000					
21									
22	sonstige betriebliche Erträge	11,000	12,000						
23	**Betriebsergebnis**	370,000	337,000	400,000					
24	Zinserträge			23,000					
25									
26	Zinsaufwendungen	159,000	230,000	470,000				1,3	3,8
27	**Ergebnis nach Zinsen**	211,000	107,000	–47,000				–0,1	7,2
28									
29	Abschr. auf Finanzanl. u. Wertpap. d. Umlaufv.								
30									
31									
32									
33									
34									
35	sonst. a. o. Aufwendungen	6,000							
36									
37	sonst. a. o. Erträge		4,000	35,000					
38	**Ergebnis vor EE-Steuern**	205,000	111,000	–12,000					
39									
40									
41	Steuern vom Einkommen und Ertrag								
42	**Jahresüberschuss/-fehlbetrag**	205,000	111,000	–12,000					
43									
44	Gewinnvortrag + / Verlustvortrag –								
45	Rücklagenveränderung								
46	Einstellung in gesetzliche Rücklage –								
47	Einstellung in andere Gewinnrücklagen –								
48	Entnahmen aus Gewinnrücklagen +								
49	**Bilanzgewinn/-verlust**	205,000	111,000	–12,000					
50									
51	**Sonstige Angaben**								
52	Ausschüttungen/Entnahmen	146,000	88,000	40,000					
53									
54	Zahl der Beschäftigten			80					

8 Beurteilen Sie die folgende aufbereitete Bilanz und Gewinn- und Verlustrechnung!

Aktiva **Bilanz der Pharma AG** zum 31. Dez. 20.. (Mio. €) Passiva

Aktiva		Passiva	
Anlagevermögen		Grundkapital	75,0
Sachanlagen	120,0	Gewinnrücklagen	30,0
Finanzanlagen (langfristig)	20,0	Bilanzgewinn	14,0
Umlaufvermögen		Finanzschulden (langfristig)	90,0
Vorräte und Anzahlungen	200,0	Finanzschulden (kurzfristig)	241,0
Forderungen a. Lief. u. Leist.	164,0	Verbindlichkeiten a. Lief. u. Leist.	80,0
Liquide Mittel	50,0	Kurzfristige Rückstellungen	24,0
	554,0		554,0

Betriebsergebnis in Mio. €:

	Umsatzerlöse	1 228
+/−	Bestandsveränderungen	0
+	andere aktivierte Eigenleistungen	0
+	Sonstige betriebliche Erträge	20
−	Materialaufwand	958
−	Personalaufwand	90
−	Planmäßige Abschreibungen auf Sachanlagen	31
−	Sonstige betriebliche Aufwendungen	142
=	**Betriebsergebnis**	**27**

Zusatzangaben

Zinsaufwendungen 18 Mio. €

Jahresüberschuss	14
Bilanzgewinn	14

Der Bilanzgewinn wird vollständig den Gewinnrücklagen zugeführt.

Bestand der langfristigen Rückstellungen Vorjahr	0,00 €
Börsenkurs	140,00 €
Erwarteter Gewinn pro Aktie	10,00 €
Veröffentlichte Dividende pro Aktie	5,00 €
Kapitaleinsatz pro Aktie	120,00 €

Ermitteln Sie die folgenden Kennziffern:

1. Eigenkapital
2. Eigenkapitalquote
3. Anlagendeckungsgrad I
4. Anlagendeckungsgrad II
5. Cashflow
6. Eigenkapitalrentabilität
7. Gesamtkapitalrentabilität
8. Umsatzrentabilität
9. Liquidität II
10. Debitorenziel (Tage)
11. Kreditorenziel (Tage)
12. KGV
13. Dividendenrendite

4 Finanzierungsrechnung (Kapitalflussrechnung, Bewegungsbilanz)

Die Bilanz eines Unternehmens gibt Auskunft über die Beschaffung von Finanzierungsmitteln (Passivseite) und die Verwendung von Finanzierungsmitteln (Aktivseite).

Untersucht man die Veränderungen der einzelnen Vermögens- und Schuldenpositionen zwischen zwei Bilanzstichtagen, so kann festgestellt werden, aus welchen Quellen dem Unternehmen Mittel zuflossen und in welcher Form sie verwendet wurden. So lässt sich der **Fluss von Finanzierungsmitteln** (Kapitalflussrechnung) innerhalb einer Rechnungsperiode erkennen.

Beispiel: Finanzierungsrechnung der Linus AG für das Jahr 20..

Herkunft der Mittel	Mio. €	%	Verwendung der Mittel	Mio. €	%
Innenfinanzierung					
Abschreibungen und Abgänge			Zugänge und Zuschreibungen		
Sachanlagen	637	45,5	Sachanlagen	652	46,6
Beteiligungen	282	20,1	Beteiligungen	125	8,9
übrige Finanzanlagen	16	1,2	übrige Finanzanlagen	29	2,1
Einstellung aus d. Jahresüberschuss in Gewinnrücklagen	129	9,2	Erhöhung der Vorräte	140	10,0
			Erhöhung der Forderungen	186	13,3
Erhöhung der Rückstellungen	91	6,5	Minderung der sonstigen Verbindlichkeiten mit einer Laufzeit von mind. vier Jahren	268	19,1
Erhöhung des Bilanzgewinns	43	3,1			
Minderung der flüssigen Mittel	122	8,7			
	1 320	94,3			
Außenfinanzierung					
Erhöhung d. and. Verbindlichk.	80	5,7			
Gesamt	1 400	100,0	Gesamt	1 400	100,0

Die Finanzierungsrechnungen werden auf der **Mittelbeschaffungsseite** häufig nach Innen- und Außenfinanzierung gegliedert.

Innenfinanzierung	■ Finanzierung durch Zurückbehaltung von Gewinn (Selbstfinanzierung), ■ Finanzierung durch Bildung von Rückstellungen, ■ Finanzierung aus Abschreibungen, ■ Finanzierung durch Kapitalfreisetzung (Verminderung des Anlage- und Umlaufvermögens, Umschichtungsfinanzierung).
Außenfinanzierung	■ Eigenfinanzierung (Einlagen der Gesellschafter, Beteiligungen), ■ Fremdfinanzierung (Aufnahme von Krediten und sonstigen Verbindlichkeiten).

Der Bilanzgewinn des laufenden Jahres wird als Kapitalbeschaffung angesehen.

Bei der Darstellung der **Mittelverwendung** werden die einzelnen Verwendungsarten gegliedert nach

- Zugängen im Anlagevermögen,
- Veränderungen im Umlaufvermögen,
- Ausschüttung der Vorjahresdividende.

Kompetenztraining

9 a) Erstellen Sie die Finanzierungsrechnung der Metallwerke AG!

(**Hinweis:** Ermitteln Sie zunächst die Differenzen der Bilanzpositionen des Umlaufvermögens gegenüber dem Vorjahr und kennzeichnen Sie diese mit + (Zunahme) oder – (Abnahme). Veränderungen des Anlagevermögens sind bereits angegeben.

b) Welche Regel lässt sich für die Zuordnung der Veränderungen zur Kapitalbeschaffung oder Kapitalverwendung aufstellen?

c) Beurteilen Sie die Finanzierung des abgelaufenen Jahres!

Bilanz der Metallwerke AG

Aktiva	Vorjahr Mio. €	Berichtsjahr Mio. €	Veränderungen gegenüber Vorjahr	**Passiva**	Vorjahr Mio. €	Berichtsjahr Mio. €	Veränderungen gegenüber Vorjahr
1. Sachanlagen	736	818		1. Gezeichnetes Kapital	410	415	
2. Finanzanlagen	402	433		2. Gewinnrücklagen	442	460	
Anlagevermögen	1 138	1 251		Eigenkapital	852	875	
3. Vorräte	75	87		3. Rückstellungen	123	158	
4. Forderungen	274	332		4. Langfr. Bankverb.	373	457	
5. Flüssige Mittel	46	50		5. Kurzfr. Bankverb.	160	197	
Umlaufvermögen	395	469		Fremdkapital	656	812	
Summe der Aktiva	1 533	1 720		6. Bilanzgewinn	25	33	
				Summe der Passiva	1 533	1 720	

Entwicklung des Anlagevermögens

a)

		Mio. €
	Sachanlagen Stand 01.01.	736
+	Zugänge	179
–	Abschreibungen	97[1]
	Stand 31.12.	818

b)

		Mio. €
	Finanzanlagen Stand 01.01.	402
+	Zugänge	36
–	Abschreibungen	5
	Stand 31.12.	433

1 In den Abschreibungen des Anlagenspiegels sind die Abgänge des lfd. Jahres enthalten.

10 Erstellen Sie eine Finanzierungsrechnung!

Bilanz der Handels AG zum 31. Dez. 20..

Aktiva	31. Dez. Vorjahr Mio. €	Zugänge Mio. €	Abgänge Mio. €	Abschreibungen Mio. €	31. Dez. Berichtsjahr Mio. €
Anlagevermögen					
1. Sachanlagen	986,5	197,1	–	128,2	1055,4
2. Finanzanlagen	58,4	2,7	–	1,5	59,6
Umlaufvermögen					
1. Vorräte	324,4				393,1
2. sonstige Forderungen	41,9				66,7
3. Forderungen a. Lieferungen	19,5				22,4
4. sonstige Wertpapiere (börsengängig)	1,0				1,1
5. Kassenbestand	16,7				19,6
6. Guthaben bei Kreditinstituten	112,7				171,5
	1561,1				1789,4
Passiva					
Gezeichnetes Kapital	270,0				300,0
Gewinnrücklagen	489,0				549,0
Bilanzgewinn	54,0				60,0
Rückstellungen					
a) für Pensionen	150,0				178,0
b) sonstige	29,2				33,5
Verbindlichkeiten					
a) langfristig	305,6				394,4
b) kurzfristig	263,3				274,5
	1561,1				1789,4

Gewinn- und Verlustrechnung der Handels AG

	Vorjahr Mio. €	Berichtsjahr Mio. €
Umsatzerlöse (ohne MwSt)	3646,0	4159,5
Aufwendungen für bezogene Waren	2483,4	2820,9
Sonstige betriebliche Erträge	105,1	124,5
Personalkosten	636,2	747,6
Abschreibungen auf Sachanlagen	110,3	128,2
Abschreibungen auf Finanzanlagen		1,5
Zinsen und ähnliche Aufwendungen	23,3	30,5
Steuern		
a) vom Einkommen und vom Ertrag	147,3	151,9
b) sonstige	1,1	0,9
Sonstige betriebliche Aufwendungen	241,5	282,5
Jahresüberschuss	108,0	120,0
Einstellung in die Gewinnrücklagen	54,0	60,0
Bilanzgewinn	54,0	60,0

Anlage 1

Verordnung über die Rechnungslegung der Kreditinstitute und Finanzdienstleistungsinstitute (Kreditinstituts-Rechnungslegungsverordnung – RechKredV)

in der Fassung der Bekanntmachung vom 11. Dezember 1998 (BGBl. I S. 3658), zuletzt geändert durch Artikel 8 des Gesetzes vom 17. Juli 2015 (BGBl. I S. 1245)

Inhaltsübersicht

Abschnitt 1. Anwendungsbereich §§

Anwendungsbereich 1

Abschnitt 2. Bilanz und Gewinn- und Verlustrechnung

Formblätter 2
Unterposten 3
Nachrangige Vermögensgegenstände und Schulden 4
Gemeinschaftsgeschäfte 5
Treuhandgeschäfte 6
Wertpapiere 7
Restlaufzeit 8
Fristengliederung 9
Verrechnung 10
Anteilige Zinsen 11

Abschnitt 3.
Vorschriften zu einzelnen Posten der Bilanz (Formblatt 1)
Unterabschnitt 1. Posten der Aktivseite

Barreserve (Nr. 1) 12
Schuldtitel öffentlicher Stellen und Wechsel, die zur Refinanzierung bei Zentralnotenbanken zugelassen sind (Nr. 2) 13
Forderungen an Kreditinstitute (Nr. 3) 14
Forderungen an Kunden (Nr. 4) 15
Schuldverschreibungen und andere festverzinsliche Wertpapiere (Nr. 5) 16
Aktien und andere nicht festverzinsliche Wertpapiere (Nr. 6) 17
Beteiligungen (Nr. 7) 18
Ausgleichsforderungen gegen die öffentliche Hand einschließlich Schuldverschreibungen aus deren Umtausch (Nr. 10) 19
Sonstige Vermögensgegenstände (Nr. 14) 20

Unterabschnitt 2. Posten der Passivseite

Verbindlichkeiten gegenüber Kreditinstituten (Nr. 1), Verbindlichkeiten gegenüber Kunden (Nr. 2) 21
Verbriefte Verbindlichkeiten (Nr. 3) 22
Rechnungsabgrenzungsposten (Nr. 6) 23
Rückstellungen (Nr. 7) 24
Eigenkapital (Nr. 12) 25
Eventualverbindlichkeiten (Nr. 1 unter dem Strich) 26
Andere Verpflichtungen (Nr. 2 unter dem Strich) 27

Abschnitt 4. Vorschriften zu einzelnen Posten der Gewinn- und Verlustrechnung (Formblätter 2 und 3)

Zinserträge (Formblatt 2 Spalte Erträge Nr. 1, Formblatt 3 Nr. 1) 28
Zinsaufwendungen (Formblatt 2 Spalte Aufwendungen Nr. 1, Formblatt 3 Nr. 2) 29
Provisionserträge (Formblatt 2 Spalte Erträge Nr. 4, Formblatt 3 Nr. 5), Provisionsaufwendungen (Formblatt 2 Spalte Aufwendungen Nr. 2, Formblatt 3 Nr. 6) 30
Allgemeine Verwaltungsaufwendungen (Formblatt 2 Spalte Aufwendungen Nr. 4, Formblatt 3 Nr. 10) 31

§§

Bestimmte Abschreibungen und Wertberichtigungen sowie Zuführungen zu Rückstellungen (Formblatt 2 Spalte Aufwendungen Nr. 7, Formblatt 3 Nr. 13), bestimmte Erträge (Formblatt 2 Spalte Erträge Nr. 6, Formblatt 3 Nr. 14) 32
Bestimmte Abschreibungen und Wertberichtigungen (Formblatt 2 Spalte Aufwendungen Nr. 8, Formblatt 3 Nr. 15), bestimmte Erträge (Formblatt 2 Spalte Erträge Nr. 7, Formblatt 3 Nr. 16) 33

Abschnitt 5. Anhang

Zusätzliche Erläuterungen 34
Zusätzliche Pflichtangaben 35
Termingeschäfte 36

Abschnitt 6. Konzernrechnungslegung

Konzernrechnungslegung 37

Abschnitt 7. Ordnungswidrigkeiten

Ordnungswidrigkeiten 38

Abschnitt 8. Schlussvorschriften

Übergangsvorschriften 39
Inkrafttreten, Aufhebung von Rechtsvorschriften 40

Abschnitt 1. Anwendungsbereich

§ 1 Anwendungsbereich. Diese Verordnung ist auf Institute (Kreditinstitute und Finanzdienstleistungsinstitute) sowie Zweigstellen anzuwenden, für die nach § 340 Abs. 1 Satz 1 und Abs. 4 Satz 1 des Handelsgesetzbuchs der Erste Unterabschnitt des Vierten Abschnitts des Dritten Buchs des Handelsgesetzbuchs anzuwenden ist. Diese Verordnung ist auf Wohnungsunternehmen mit Spareinrichtung nicht anzuwenden.

Abschnitt 2. Bilanz und Gewinn- und Verlustrechnung

§ 2 Formblätter. (1) Institute haben anstelle des § 266 des Handelsgesetzbuchs über die Gliederung der Bilanz das anliegende Formblatt 1 und anstelle des § 275 des Handelsgesetzbuchs über die Gliederung der Gewinn- und Verlustrechnung das anliegende Formblatt 2 (Kontoform) oder 3 (Staffelform) anzuwenden, soweit für bestimmte Arten von Instituten nachfolgend sowie in den Fußnoten zu den Formblättern nichts anderes vorgeschrieben ist. Kreditinstitute mit Bausparabteilung haben die für Bausparkassen vorgesehenen besonderen Posten in ihre Bilanz und in ihre Gewinn- und Verlustrechnung zu übernehmen.

(2) Die mit kleinen Buchstaben versehenen Posten der Bilanz und der Gewinn- und Verlustrechnung können zusammengefasst ausgewiesen werden, wenn

1. sie einen Betrag enthalten, der für die Vermittlung eines den tatsächlichen Verhältnissen entsprechenden Bildes im Sinne des § 264 Abs. 2 des Handelsgesetzbuchs nicht erheblich ist, oder
2. dadurch die Klarheit der Darstellung vergrößert wird; in diesem Falle müssen die zusammengefassten Posten jedoch im Anhang gesondert ausgewiesen werden.

Satz 1 ist auf die der Deutschen Bundesbank und der Bundesanstalt für Finanzdienstleistungen einzureichenden Bilanzen und Gewinn- und Verlustrechnungen nicht anzuwenden.

§ 3 Unterposten. Als Unterposten sind im Formblatt jeweils gesondert auszuweisen:

1. die verbrieften und unverbrieften Forderungen an verbundene Unternehmen zu den Posten „Forderungen an Kreditinstitute“ (Aktivposten Nr. 3), „Forderungen an Kunden“ (Aktivposten Nr. 4) und „Schuldverschreibungen und andere festverzinsliche Wertpapiere“ (Aktivposten Nr. 5);
2. die verbrieften und unverbrieften Forderungen an Unternehmen, mit denen ein Beteiligungsverhältnis besteht, zu den Posten „Forderungen an Kreditinstitute“ (Aktivposten Nr. 3), „Forderungen an Kunden“ (Aktivposten Nr. 4) und „Schuldverschreibungen und andere festverzinsliche Wertpapiere“ (Aktivposten Nr. 5);
3. die verbrieften und unverbrieften Verbindlichkeiten gegenüber verbundenen Unternehmen zu den Posten „Verbindlichkeiten gegenüber Kreditinstituten“ (Passivposten Nr. 1), „Verbindlichkeiten gegenüber Kunden“ (Passivposten Nr. 2), „Verbriefte Verbindlichkeiten“ (Passivposten Nr. 3) und „Nachrangige Verbindlichkeiten“ (Passivposten Nr. 9);
4. die verbrieften und unverbrieften Verbindlichkeiten gegenüber Unternehmen, mit denen ein Beteiligungsverhältnis besteht, zu den Posten „Verbindlichkeiten gegenüber Kreditinstituten“ (Passivposten Nr. 1), „Verbindlichkeiten gegenüber Kunden“ (Passivposten Nr. 2), „Verbriefte Verbindlichkeiten“ (Passivposten Nr. 3) und „Nachrangige Verbindlichkeiten“ (Passivposten Nr. 9).

Die Angaben nach Satz 1 können statt in der Bilanz im Anhang in der Reihenfolge der betroffenen Posten gemacht werden.

§ 4 Nachrangige Vermögensgegenstände und Schulden. (1) Vermögensgegenstände und Schulden sind als nachrangig auszuweisen, wenn sie als Forderungen oder Verbindlichkeiten im Fall der Liquidation oder der Insolvenz erst nach den Forderungen der anderen Gläubiger erfüllt werden dürfen.

(2) Nachrangige Vermögensgegenstände sind auf der Aktivseite bei dem jeweiligen Posten oder Unterposten gesondert auszuweisen. Die Angaben können statt in der Bilanz im Anhang in der Reihenfolge der betroffenen Posten gemacht werden.

§ 5 Gemeinschaftsgeschäfte. Wird ein Kredit von mehreren Kreditinstituten gemeinschaftlich gewährt (Gemeinschaftskredit), so hat jedes beteiligte oder unterbeteiligte Kreditinstitut nur seinen eigenen Anteil an dem Kredit in die Bilanz aufzunehmen, soweit es die Mittel für den Gemeinschaftskredit zur Verfügung gestellt hat. Übernimmt ein Kreditinstitut über seinen eigenen Anteil hinaus die Haftung für einen höheren Betrag, so ist der Unterschiedsbetrag als Eventualverbindlichkeit auf der Passivseite der Bilanz unter dem Strich zu vermerken. Wird von einem Kreditinstitut lediglich die Haftung für den Ausfall eines Teils der Forderung aus dem Gemeinschaftskredit übernommen, so hat das kreditgebende Kreditinstitut den vollen Kreditbetrag auszuweisen, das haftende Kreditinstitut seinen Haftungsbetrag in der Bilanz im Unterposten „Verbindlichkeiten aus Bürgschaften und Gewährleistungsverträgen" (Passivposten unter dem Strich Nr. 1 Buchstabe b) zu vermerken. Satz 1 u. 2 ist entsprechend anzuwenden, wenn Kreditinstitute Wertpapiere oder Beteiligungen gemeinschaftlich erwerben.

§ 6 Treuhandgeschäfte. (1) Vermögensgegenstände und Schulden, die ein Institut im eigenen Namen, aber für fremde Rechnung hält, sind in seine Bilanz aufzunehmen. Die Gesamtbeträge sind in der Bilanz unter den Posten „Treuhandvermögen" (Aktivposten Nr. 9) und „Treuhandverbindlichkeiten" (Passivposten Nr. 4) auszuweisen und im Anhang nach den Aktiv- und Passivposten des Formblatts aufzugliedern. Als Gläubiger gilt bei hereingenommenen Treuhandgeldern die Stelle, der das bilanzierende Kreditinstitut die Gelder unmittelbar schuldet. Als Schuldner gilt bei Treuhandkrediten die Stelle, an die das bilanzierende Kreditinstitut die Gelder unmittelbar ausreicht.

(2) Kredite sind unter den Voraussetzungen des Absatzes 1 in der Bilanz im Vermerk „darunter: Treuhandkredite" bei Aktivposten Nr. 9 und bei Passivposten Nr. 4 auszuweisen.

(3) Vermögensgegenstände und Schulden, die ein Institut im fremden Namen für fremde Rechnung hält, dürfen in seine Bilanz nicht aufgenommen werden.

(4) Kapitalverwaltungsgesellschaften haben die Summe der Inventarwerte und die Zahl der verwalteten Investmentvermögen in der Bilanz auf der Passivseite unter dem Strich in einem Posten mit der Bezeichnung „Für Anteilinhaber verwaltete Investmentvermögen" auszuweisen.

§ 7 Wertpapiere. (1) Als Wertpapiere sind Aktien, Zwischenscheine, Anteile oder Aktien an Investmentvermögen, Optionsscheine, Zins- und Gewinnanteilscheine, börsenfähige Inhaber- und Ordergenussscheine, börsenfähige Inhaberschuldverschreibungen auszuweisen, auch wenn sie vinkuliert sind, unabhängig davon, ob sie in Wertpapierurkunden verbrieft oder als Wertrechte ausgestaltet sind, börsenfähige Orderschuldverschreibungen, soweit sie Teile einer Gesamtemission sind, ferner andere festverzinsliche Inhaberpapiere, soweit sie börsenfähig sind, und andere nicht festverzinsliche Wertpapiere, soweit sie börsennotiert sind. Hierzu rechnen auch ausländische Geldmarktpapiere, die zwar auf den Namen lauten, aber wie Inhaberpapiere gehandelt werden.

(2) Als börsenfähig gelten Wertpapiere, die die Voraussetzungen einer Börsenzulassung erfüllen; bei Schuldverschreibungen genügt es, dass alle Stücke einer Emission hinsichtlich Verzinsung, Laufzeitbeginn und Fälligkeit einheitlich ausgestattet sind.

(3) Als börsennotiert gelten Wertpapiere, die an einer deutschen Börse zum Handel im regulierten Markt zugelassen sind, außerdem Wertpapiere, die an ausländischen Börsen zugelassen sind oder gehandelt werden.

§ 8 Restlaufzeit. (1) Für die Gliederung nach Restlaufzeiten sind bei ungekündigten Kündigungsgeldern die Kündigungsfristen maßgebend. Sofern neben der Kündigungsfrist noch eine Kündigungssperrfrist vereinbart wird, ist diese ebenfalls zu berücksichtigen. Bei Forderungen sind vorzeitige Kündigungsmöglichkeiten nicht zu berücksichtigen.

(2) Bei Forderungen oder Verbindlichkeiten mit Rückzahlungen in regelmäßigen Raten gilt als Restlaufzeit der Zeitraum zwischen dem Bilanzstichtag und dem Fälligkeitstag jedes Teilbetrags.

(3) Als täglich fällig sind nur solche Forderungen und Verbindlichkeiten auszuweisen, über die jederzeit ohne vorherige Kündigung verfügt werden kann oder für die eine Laufzeit oder Kündigungsfrist von 24 Stunden oder von einem Geschäftstag vereinbart worden ist; hierzu rechnen auch die sogenannten Tagesgelder und Gelder mit täglicher Kündigung einschließlich der über geschäftsfreie Tage angelegten Gelder mit Fälligkeit oder Kündigungsmöglichkeit am nächsten Geschäftstag.

§ 9 Fristengliederung. (1) Im Anhang sind gesondert die Beträge der folgenden Posten oder Unterposten des Formblattes 1 (Bilanz) nach Restlaufzeiten aufzugliedern:

1. andere Forderungen an Kreditinstitute mit Ausnahme der darin enthaltenen Bausparguthaben aus abgeschlossenen Bausparverträgen (Aktivposten Nr. 3 Buchstabe b),
2. Forderungen an Kunden (Aktivposten Nr. 4),
3. Verbindlichkeiten gegenüber Kreditinstituten mit vereinbarter Laufzeit oder Kündigungsfrist (Passivposten Nr. 1 Buchstabe b),
4. Spareinlagen mit vereinbarter Kündigungsfrist von mehr als drei Monaten (Passivposten Nr. 2 Buchstabe a Doppelbuchstabe ab),
5. andere Verbindlichkeiten gegenüber Kunden mit vereinbarter Laufzeit oder Kündigungsfrist (Passivposten Nr. 2 Buchstabe b Doppelbuchstabe bb),
6. andere verbriefte Verbindlichkeiten (Passivposten Nr. 3 Buchstabe b).

Auf Pfandbriefbanken (Hypothekenbanken, Schiffspfandbriefbanken und öffentlich-rechtliche Grundkreditanstalten) und Bausparkassen ist Satz 1 entsprechend anzuwenden; Bausparkassen brauchen die Bauspareinlagen nicht nach Restlaufzeiten aufzugliedern.

(2) Für die Aufgliederung nach Absatz 1 sind folgende Restlaufzeiten maßgebend:

1. bis 3 Monate,
2. mehr als drei Monate bis ein Jahr,
3. mehr als ein Jahr bis fünf Jahre,
4. mehr als fünf Jahre.

(3) Im Anhang sind ferner zu folgenden Posten der Bilanz anzugeben:

1. die im Posten „Forderungen an Kunden" (Aktivposten Nr. 4) enthaltenen Forderungen mit unbestimmter Laufzeit;
2. die im Posten „Schuldverschreibungen und andere festverzinsliche Wertpapiere" (Aktivposten Nr. 5) und im Unterposten „begebene Schuldverschreibungen" (Passivposten Nr. 3 Buchstabe a) enthaltenen Beträge, die in dem Jahr, das auf den Bilanzstichtag folgt, fällig werden.

§ 10 Verrechnung. (1) Täglich fällige, keinerlei Bindungen unterliegende Verbindlichkeiten gegenüber einem Kontoinhaber müssen mit gegen denselben Kontoinhaber bestehenden täglich fälligen Forderungen und Forderungen, die auf einem Kreditsonderkonto belastet und gleichzeitig auf einem laufenden Konto erkannt sind, verrechnet werden, sofern für die Zins- und Provisionsberechnung vereinbart ist, dass der Kontoinhaber wie bei Verbuchung über ein einziges Konto gestellt wird.

(2) Eine Verrechnung von Forderungen und Verbindlichkeiten in verschiedenen Währungen ist nicht zulässig. Nicht verrechnet werden darf mit Sperrguthaben und Spareinlagen.

§ 11 Anteilige Zinsen. Anteilige Zinsen und ähnliche das Geschäftsjahr betreffende Beträge, die erst nach dem Bilanzstichtag fällig werden, aber bereits am Bilanzstichtag bei Kreditinstituten den Charakter von bankgeschäftlichen und bei Finanzdienstleistungsinstituten den Charakter von für diese Institute typischen Forderungen oder Verbindlichkeiten haben, sind demjenigen Posten der Aktiv- oder Passivseite der Bilanz zuzuordnen, dem sie zugehören. § 268 Abs. 4 Satz 2, Abs. 5 Satz 3 des Handelsgesetzbuchs bleibt unberührt. Die in Satz 1 genannten Beträge brauchen nicht nach Restlaufzeiten aufgegliedert zu werden.

Abschnitt 3. Vorschriften zu einzelnen Posten der Bilanz (Formblatt 1)

Unterabschnitt 1. Posten der Aktivseite

§ 12 Barreserve (Nr. 1). (1) Als Kassenbestand sind gesetzliche Zahlungsmittel einschließlich der ausländischen Noten und Münzen sowie Postwertzeichen und Gerichtsgebührenmarken auszuweisen. Zu einem höheren Betrag als dem Nennwert erworbene Gedenkmünzen sowie Goldmünzen, auch wenn es sich um gesetzliche Zahlungsmittel handelt, und Barrengold sind im Posten „Sonstige Vermögensgegenstände" (Aktivposten Nr. 15) zu erfassen.

(2) Als Guthaben dürfen nur täglich fällige Guthaben einschließlich der täglich fälligen Fremdwährungsguthaben bei Zentralnotenbanken und Postgiroämtern der Niederlassungsländer des Instituts ausgewiesen werden. Andere Guthaben wie Übernachtungsguthaben im Rahmen der Einlagefazilität der Deutschen Bundesbank sowie Forderungen an die Deutsche Bundesbank aus Devisenswapgeschäften, Wertpapierpensionsgeschäften und Termineinlagen sind im Posten „Forderungen an Kreditinstitute" (Aktivposten Nr. 3) auszuweisen. Bei Zentralnotenbanken in Anspruch genommene Kredite wie Übernachtkredite im Rahmen der Spitzenrefinanzierungsfazilität der Deutschen Bundesbank oder andere täglich fällige Darlehen sind nicht von den Guthaben abzusetzen, sondern im Posten „Verbindlichkeiten gegenüber Kreditinstituten" (Passivposten Nr. 1) als täglich fällige Verbindlichkeiten auszuweisen.

§ 13 Schuldtitel öffentlicher Stellen und Wechsel, die zur Refinanzierung bei Zentralnotenbanken zugelassen sind (Nr. 2). (1) Im Posten Nr. 2 sind Schatzwechsel und unverzinsliche Schatzanweisungen sowie ähnliche Schuldtitel öffentlicher Stellen und Wechsel auszuweisen, die unter Diskontabzug hereingenommen wurden und zur Refinanzierung bei den Zentralnotenbanken der Niederlassungsländer zugelassen sind. Schuldtitel öffentlicher Stellen, die die bezeichneten Voraussetzungen nicht erfüllen, sind im Unterposten „Geldmarktpapiere von öffentlichen Emittenten" (Aktivposten Nr. 5 Buchstabe a Doppelbuchstabe aa), gegebenenfalls im Unterposten „Anleihen und Schuldverschreibungen von öffentlichen Emittenten" (Aktivposten Nr. 5 Buchstabe b Doppelbuchstabe ba), auszuweisen, sofern sie börsenfähig sind, andernfalls im Posten „Forderungen an Kunden" (Aktivposten Nr. 4). Öffentliche Stellen im Sinne dieser Vorschrift sind öffentliche Haushalte einschließlich ihrer Sondervermögen.

(2) Im Vermerk zum Unterposten Buchstabe a „bei der Deutschen Bundesbank refinanzierbar" sind alle im Bestand befindlichen Schatzwechsel und unverzinslichen Schatzanweisungen und ähnliche Schuldtitel öffentlicher Stellen auszuweisen, die bei der Deutschen Bundesbank refinanzierungsfähig sind.

(3) Der Bestand an eigenen Akzepten ist nicht auszuweisen. Den Kunden nicht abgerechnete Wechsel, Solawechsel und eigene Ziehungen, die beim bilanzierenden Institut hinterlegt sind (Depot- oder Kautionswechsel), sind nicht als Wechsel zu bilanzieren.

§ 14 Forderungen an Kreditinstitute (Nr. 3). Im Posten „Forderungen an Kreditinstitute" sind alle Arten von Forderungen aus Bankgeschäften sowie alle Forderungen von Finanzdienstleistungsinstituten an in- und ausländische Kreditinstitute einschließlich der von Kreditinstituten eingereichten Wechsel auszuweisen, soweit es sich nicht um börsenfähige Schuldverschreibungen im Sinne des Postens „Schuldverschreibungen und andere festverzinsliche Wertpapiere" (Aktivposten Nr. 5) handelt. Von den à forfait eingereichten Wechseln sind diejenigen hier auszuweisen, die von Kreditinstituten akzeptiert sind, soweit sie nicht unter Aktivposten Nr. 2 Buchstabe b auszuweisen sind. Zu den Forderungen an Kreditinstitute gehören auch Namensschuldverschreibungen sowie nicht börsenfähige Inhaberschuldverschreibungen, Orderschuldverschreibungen, die nicht Teile einer Gesamtemission sind, sowie nicht börsenfähige Orderschuldverschreibungen, die Teile einer Gesamtemission sind, Namensgeldmarktpapiere und nicht börsenfähige Inhabergeldmarktpapiere, Namensgenussscheine, nicht börsenfähige Inhabergenussscheine und andere nicht in Wertpapieren verbriefte rückzahlbare Genussrechte. § 7 bleibt unberührt. Ferner gehören hierzu Bausparguthaben aus abgeschlossenen Bausparverträgen und Soll-Salden aus Effektengeschäften und Verrechnungskonten.

§ 15 Forderungen an Kunden (Nr. 4). (1) Im Posten „Forderungen an Kunden" sind alle Arten von Vermögensgegenständen einschließlich der von Kunden eingereichten Wechsel auszuweisen, die Forderungen an in- und ausländische Nichtbanken (Kunden) darstellen, soweit es sich nicht um börsenfähige Schuldverschreibungen im Sinne des Postens „Schuldverschreibungen und andere festverzinsliche Wertpapiere" (Aktivposten Nr. 5) handelt. § 7 bleibt unberührt. Von den à forfait eingereichten Wechseln sind diejenigen hier auszuweisen, die von Nichtbanken akzeptiert sind, soweit sie nicht unter Aktivposten Nr. 2 Buchstabe b auszuweisen sind. Zu den Forderungen an Kunden gehören auch Forderungen aus dem eigenen Warengeschäft und die in § 14 Satz 3 bezeichneten Papiere. Es darf nur die Summe der in Anspruch genommenen Kredite, nicht die Summe der Kreditzusagen, eingesetzt werden.

(2) Als durch Grundpfandrechte gesichert sind nur Forderungen zu vermerken, für die dem bilanzierenden Institut Grundpfandrechte bestellt, verpfändet oder abgetreten worden sind und die den Erfordernissen der §§ 11, 12 Abs. 1 und 2 des Hypothekenbankgesetzes entsprechen, jedoch unabhängig davon, ob sie zur Deckung ausgegebener Schuldverschreibungen dienen oder nicht. Bausparkassen haben hier nur solche Baudarlehen zu vermerken, für die dem bilanzierenden Institut Grundpfandrechte bestellt, verpfändet oder abgetreten worden sind, die den Erfordernissen des § 7 Abs. 1 des Gesetzes über Bausparkassen entsprechen. Durch Grundpfandrechte gesicherte Forderungen, die in Höhe des die zulässige Beleihungsgrenze übersteigenden Betrages durch eine Bürgschaft oder Gewährleistung der öffentlichen Hand gesichert sind (I b-Hypothekendarlehen), sind ebenfalls hier zu vermerken.

(3) Als Kommunalkredite sind alle Forderungen zu vermerken, die an inländische Körperschaften und Anstalten des öffentlichen Rechts gewährt wurden oder für die eine solche Körperschaft oder Anstalt die volle Gewährleistung übernommen hat, unabhängig davon, ob sie zur Deckung ausgegebener Schuldverschreibungen dienen oder nicht. Hier sind auch Kredite gemäß § 5 Abs. 1 Nr. 1 und Abs. 2 des Hypothekenbankgesetzes auszuweisen.

(4) Schiffshypotheken dürfen unter der Bezeichnung „durch Schiffshypotheken gesichert" gesondert vermerkt werden, wenn sie den Erfordernissen des § 10 Abs. 1, 2 Satz 1 und Abs. 4 Satz 2, des § 11 Abs. 1 und 4 sowie des § 12 Abs. 1 und 2 des Schiffsbankgesetzes entsprechen.

(5) Absatz 2 gilt für öffentlich-rechtliche Kreditanstalten mit der Maßgabe, dass anstelle der Erfordernisse der §§ 11 und 12 Abs. 1 und 2 des Hypothekenbankgesetzes die Vorschriften des Gesetzes über die Pfandbriefe und verwandten Schuldverschreibungen öffentlich-rechtlicher Kreditanstalten anzuwenden sind.

§ 16 Schuldverschreibungen und andere festverzinsliche Wertpapiere (Nr. 5). (1) Als Schuldverschreibungen und andere festverzinsliche Wertpapiere sind die folgenden Rechte, wenn sie börsenfähig sind und nicht zu dem Unterposten „Schatzwechsel und unverzinsliche Schatzanweisungen sowie ähnliche Schuldtitel öffentlicher Stellen" (Aktivposten Nr. 2 Buchstabe a) gehören, auszuweisen: festverzinsliche Inhaberschuldverschreibungen, Orderschuldverschreibungen, die Teile einer Gesamtemission sind, Schatzwechsel, Schatzanweisungen und andere verbriefte Rechte (wie zum Beispiel commercial papers, euronotes, certificates of deposit, bons de caisse), Kassenobligationen sowie Schuldbuchforderungen. Vor Fälligkeit hereingenommene Zinsscheine sind ebenfalls hier aufzunehmen.

(2) Als festverzinslich gelten auch Wertpapiere, die mit einem veränderlichen Zinssatz ausgestattet sind, sofern dieser an eine bestimmte Größe, zum Beispiel an einen Interbankzinssatz oder an einen Euro-Geldmarktsatz gebunden ist, sowie Null-Kupon-Anleihen, ferner Schuldverschreibungen, die einen anteiligen Anspruch auf Erlöse aus einem gepoolten Forderungsvermögen verbriefen.

(2a) Als Geldmarktpapiere gelten alle Schuldverschreibungen und anderen festverzinslichen Wertpapiere unabhängig von ihrer Bezeichnung, sofern ihre ursprüngliche Laufzeit ein Jahr nicht überschreitet.

(3) Als „beleihbar bei der Deutschen Bundesbank" sind nur solche Wertpapiere zu vermerken, die bei der Deutschen Bundesbank refinanzierungsfähig sind. Sie sind mit dem Bilanzwert zu vermerken.

(4) Im Unterposten Buchstabe c sind zurückgekaufte börsenfähige Schuldverschreibungen eigener Emissionen auszuweisen; der Bestand an nicht börsenfähigen eigenen Schuldverschreibungen ist vom Passivposten 3 Buchstabe a abzusetzen.

(5) Bezüglich Absatz 1 bis 2a und 4 bleibt § 7 unberührt.

§ 17 Aktien und andere nicht festverzinsliche Wertpapiere (Nr. 6). Im Posten „Aktien und andere nicht festverzinsliche Wertpapiere" sind Aktien auszuweisen, soweit sie nicht im Posten „Beteiligungen" (Aktivposten Nr. 7) oder im Posten „Anteile an verbundenen Unternehmen" (Aktivposten Nr. 8) auszuweisen sind, ferner Zwischenscheine, Anteile oder Aktien an Investmentvermögen, Optionsscheine, Gewinnanteilscheine, als Inhaber- oder Orderpapiere ausgestaltete börsenfähige Genussscheine sowie andere nicht festverzinsliche Wertpapiere, soweit sie börsennotiert sind. Vor Fälligkeit hereingenommene Gewinnanteilscheine sind ebenfalls hier aufzunehmen.

§ 18 Beteiligungen (Nr. 7). Institute in der Rechtsform der eingetragenen Genossenschaft und genossenschaftliche Zentralbanken haben Geschäftsguthaben bei Genossenschaften unter dem Posten „Beteiligungen" (Aktivposten Nr. 7) auszuweisen. In diesem Fall ist die Postenbezeichnung entsprechend anzupassen.

§ 19 Ausgleichsforderungen gegen die öffentliche Hand einschließlich Schuldverschreibungen aus deren Umtausch (Nr. 10). Im Posten Nr. 10 sind Ausgleichsforderungen aus der Währungsreform von 1948 sowie Ausgleichsforderungen gegenüber dem Ausgleichsfonds Währungsumstellung auszuweisen. Hierzu zählen auch Schuldverschreibungen des Ausgleichsfonds Währungsumstellung, die aus der Umwandlung gegen ihn gerichteter Ausgleichsforderungen entstanden sind, unabhängig davon, ob das bilanzierende Institut die Schuldverschreibungen aus dem Umtausch eigener Ausgleichsforderungen oder als Erwerber von einem anderen Institut oder einem Außenhandelsbetrieb erlangt hat.

§ 20 Sonstige Vermögensgegenstände (Nr. 14). Im Posten „Sonstige Vermögensgegenstände" sind Forderungen und sonstige Vermögensgegenstände auszuweisen, die einem anderen Posten nicht zugeordnet werden können. Hierzu gehören auch Schecks, fällige Schuldverschreibungen, Zins- und Gewinnanteilscheine, Inkassowechsel und sonstige Inkassopapiere, soweit sie innerhalb von 30 Tagen ab Einreichung zur Vorlage bestimmt und dem Einreicher bereits gutgeschrieben worden sind. Dies gilt auch dann, wenn sie unter dem Vorbehalt des Eingangs gutgeschrieben worden sind. Hierzu zählen ferner nicht in Wertpapieren verbriefte Genussrechte, die nicht rückzahlbar sind. Zur Verhütung von Verlusten im Kreditgeschäft erworbene Grundstücke und Gebäude dürfen, soweit sie nicht im Posten Nr. 12 „Sachanlagen" ausgewiesen sind, im Posten Nr. 14 „Sonstige Vermögensgegenstände" nur ausgewiesen werden, wenn sie sich nicht länger als fünf Jahre im Bestand des bilanzierenden Institutes befinden.

Unterabschnitt 2. Posten der Passivseite

§ 21 Verbindlichkeiten gegenüber Kreditinstituten (Nr. 1), Verbindlichkeiten gegenüber Kunden (Nr. 2). (1) Als Verbindlichkeiten gegenüber Kreditinstituten sind alle Arten von Verbindlichkeiten aus Bankgeschäften sowie alle Verbindlichkeiten von Finanzdienstleistungsinstituten gegenüber in- und ausländischen Kreditinstituten auszuweisen, sofern es sich nicht um verbriefte Verbindlichkeiten (Passivposten Nr. 3) handelt. Hierher gehören auch Verbindlichkeiten aus Namensschuldverschreibungen, Orderschuldverschreibungen, die nicht Teile einer Gesamtemission sind, Namensgeldmarktpapieren, Haben-Salden aus Effektengeschäften und aus Verrechnungskonten sowie Verbindlichkeiten aus verkauften Wechseln einschließlich eigener Ziehungen, die den Kreditnehmern nicht abgerechnet worden sind.

(2) Als Verbindlichkeiten gegenüber Kunden sind alle Arten von Verbindlichkeiten gegenüber in- und ausländischen Nichtbanken (Kunden) auszuweisen, sofern es sich nicht um verbriefte Verbindlichkeiten (Passivposten Nr. 3) handelt. Hierzu gehören auch Verbindlichkeiten aus Namensschuldverschreibungen, Orderschuldverschreibungen, die nicht Teile einer Gesamtemission sind, Namensgeldmarktpapieren, Sperrguthaben und Abrechnungsguthaben der Anschlussfirmen im Teilzahlungsfinanzierungsgeschäft, soweit der Ausweis nicht unter dem Posten „Verbindlichkeiten gegenüber Kreditinstituten" (Passivposten Nr. 1) vorzunehmen ist, sowie „Anweisungen im Umlauf".

(3) Verbindlichkeiten, die einem Institut dadurch entstehen, dass ihm von einem anderen Institut Beträge zugunsten eines namentlich genannten Kunden mit der Maßgabe überwiesen werden, sie diesem erst auszuzahlen, nachdem er bestimmte Auflagen erfüllt hat (sogenannte Treuhandzahlungen), sind unter „Verbindlichkeiten gegenüber Kunden" (Passivposten Nr. 2) auszuweisen, auch wenn die Verfügungsbeschränkung noch besteht. Eine Ausnahme besteht nur dann, wenn nach dem Vertrag mit dem die Treuhandzahlung überweisenden Kreditinstitut nicht der Kunde, sondern das empfangende Institut der Schuldner ist.

(4) Als Spareinlagen sind nur unbefristete Gelder auszuweisen, die folgende vier Voraussetzungen erfüllen:

1. sie sind durch Ausfertigung einer Urkunde, insbesondere eines Sparbuchs, als Spareinlagen gekennzeichnet;
2. sie sind nicht für den Zahlungsverkehr bestimmt;
3. sie werden nicht von Kapitalgesellschaften, Genossenschaften, wirtschaftlichen Vereinen, Personenhandelsgesellschaften oder von Unternehmen mit Sitz im Ausland mit vergleichbarer Rechtsform angenommen, es sei denn, diese Unternehmen dienen gemeinnützigen, mildtätigen oder kirchlichen Zwecken oder es handelt sich bei den von diesen Unternehmen angenommenen Geldern um Sicherheiten gemäß § 551 des Bürgerlichen Gesetzbuchs oder § 14 Abs. 4 des Heimgesetzes;
4. sie weisen eine Kündigungsfrist von mindestens drei Monaten auf.

Sparbedingungen, die dem Kunden das Recht einräumen, über seine Einlagen mit einer Kündigungsfrist von drei Monaten bis zu einem bestimmten Betrag, der jedoch pro Sparkonto und Kalendermonat 2 000 € nicht überschreiten darf, ohne Kündigung zu verfügen, schließen deren Einordnung als Spareinlagen im Sinne dieser Vorschrift nicht aus. Geldbeträge, die aufgrund von Vermögensbildungsgesetzen geleistet werden, gelten als Spareinlagen. Bauspareinlagen gelten nicht als Spareinlagen.

§ 22 Verbriefte Verbindlichkeiten (Nr. 3). (1) Als verbriefte Verbindlichkeiten sind Schuldverschreibungen und diejenigen Verbindlichkeiten auszuweisen, für die nicht auf den Namen lautende übertragbare Urkunden ausgestellt sind.

(2) Als begebene Schuldverschreibungen sind auf den Inhaber lautende Schuldverschreibungen sowie Orderschuldverschreibungen, die Teile einer Gesamtemission sind, unabhängig von ihrer Börsenfähigkeit auszuweisen. Zurückgekaufte, nicht börsenfähige eigene Schuldverschreibungen sind abzusetzen. Null-Kupon-Anleihen sind einschließlich der anteiligen Zinsen auszuweisen.

(3) Als Geldmarktpapiere sind nur Inhaberpapiere oder Orderpapiere, die Teile einer Gesamtemission sind, unabhängig von ihrer Börsenfähigkeit zu vermerken.

(4) Als eigene Akzepte sind nur Akzepte zu vermerken, die vom Institut zu seiner eigenen Refinanzierung ausgestellt worden sind und bei denen es erster Zahlungspflichtiger („Bezogener") ist. Der eigene Bestand sowie verpfändete eigene Akzepte und eigene Solawechsel gelten nicht als im Umlauf befindlich.

(5) Bei Instituten, die einen unabhängigen Treuhänder haben, gehören Stücke, die vom Treuhänder ausgefertigt sind, auch dann zu den begebenen Schuldverschreibungen, wenn sie dem Erwerber noch nicht geliefert worden sind. Dem Treuhänder zurückgegebene Stücke dürfen nicht mehr ausgewiesen werden.

§ 23 Rechnungsabgrenzungsposten (Nr. 6). Dem Kreditnehmer aus Teilzahlungsfinanzierungsgeschäften berechnete Zinsen, Provisionen und Gebühren, die künftigen Rechnungsperioden zuzurechnen sind, sind in diesem Posten auszuweisen, soweit sie nicht mit dem entsprechenden Aktivposten verrechnet werden. Bei Teilzahlungsfinanzierungsgeschäften ist auch die anfallende Zinsmarge aus der Weitergabe von Wechselabschnitten, soweit sie künftigen Rechnungsperioden zuzurechnen ist, hier auszuweisen; Letzteres gilt entsprechend auch für andere Wechselrefinanzierungen.

§ 24 Rückstellungen (Nr. 7). Wird im Unterposten Buchstabe c „andere Rückstellungen" eine Rückstellung für einen drohenden Verlust aus einer unter dem Strich vermerkten Eventualverbindlichkeit oder einem Kreditrisiko gebildet, so ist der Posten unter dem Strich in Höhe des zurückgestellten Betrags zu kürzen.

§ 25 Eigenkapital (Nr. 12). (1) Im Unterposten Buchstabe a „Gekennzeichnetes Kapital" sind, ungeachtet ihrer genauen Bezeichnung im Einzelfall, alle Beträge auszuweisen, die entsprechend der Rechtsform des Instituts als von den Gesellschaftern oder anderen Eigentümern gezeichnete Eigenkapitalbeträge gelten; auch Einlagen stiller Gesellschafter, Dotationskapital sowie Geschäftsguthaben sind in diesen Posten einzubeziehen. Die genaue Bezeichnung im Einzelfall kann zusätzlich zu der Postenbezeichnung „Gekennzeichnetes Kapital" in das Bilanzformat eingetragen werden.

(2) Im Unterposten Buchstabe c „Gewinnrücklagen" sind auch die Sicherheitsrücklage der Sparkassen sowie die Ergebnisrücklagen der Kreditgenossenschaften auszuweisen. Die genaue Bezeichnung im Einzelfall kann zusätzlich zu der Postenbezeichnung „Gewinnrücklagen" in das Bilanzformblatt eingetragen werden.

§ 26 Eventualverbindlichkeiten (Nr. 1 unter dem Strich). (1) Im Unterposten Buchstabe a „Eventualverbindlichkeiten aus weitergegebenen abgerechneten Wechseln" sind nur Indossamentsverbindlichkeiten und andere wechselrechtliche Eventualverbindlichkeiten aus abgerechneten und weiterverkauften Wechseln (einschließlich eigenen Ziehungen) bis zu ihrem Verfalltag zu vermerken. Verbindlichkeiten aus umlaufenden eigenen Akzepten, Eventualverbindlichkeiten aus Schatzwechseln sind nicht einzubeziehen.

(2) Im Unterposten Buchstabe b „Verbindlichkeiten aus Bürgschaften und Gewährleistungsverträgen" sind auch Ausbietungs- und andere Garantieverpflichtungen, verpflichtende Patronatserklärungen, unwiderrufliche Kreditbriefe einschließlich der dazugehörigen Nebenkosten zu vermerken, ferner Akkreditiveröffnungen und -bestätigungen. Die Verbindlichkeiten sind in voller Höhe zu vermerken, soweit für sie keine zweckgebundenen Deckungsguthaben unter dem Posten „Verbindlichkeiten gegenüber Kreditinstituten" (Passivposten Nr. 1) oder dem Posten „andere Verbindlichkeiten gegenüber Kunden" (Passivposten Nr. 2 Buchstabe b) ausgewiesen sind.

(3) Im Unterposten Buchstabe c „Haftung aus der Bestellung von Sicherheiten für fremde Verbindlichkeiten" sind die Beträge mit dem Buchwert der bestellten Sicherheiten zu vermerken. Hierzu gehören Sicherungsabtretungen, Sicherungsübereignungen und Kautionen für fremde Verbindlichkeiten sowie Haftungen aus der Bestellung von Pfandrechten an beweglichen Sachen und Rechten wie auch aus Grundpfandrechten für fremde Verbindlichkeiten. Besteht außerdem eine Verbindlichkeit aus einer Bürgschaft oder aus einem Gewährleistungsvertrag, so ist nur diese zu vermerken, und zwar im Unterposten Buchstabe b „Verbindlichkeiten aus Bürgschaften und Gewährleistungsverträgen".

§ 27 Andere Verpflichtungen (Nr. 2 unter dem Strich). (1) Im Unterposten Buchstabe b „Platzierungs- und Übernahmeverpflichtungen" sind Verbindlichkeiten aus der Übernahme einer Garantie für die Platzierung oder Übernahme von Finanzinstrumenten gegenüber Emittenten zu vermerken, die während eines vereinbarten Zeitraums Finanzinstrumente revolvierend am Geldmarkt begeben. Es sind nur Garantien zu erfassen, durch die ein Kreditinstitut sich verpflichtet, Finanzinstrumente zu übernehmen oder einen entsprechenden Kredit zu gewähren, wenn die Finanzinstrumente am Markt nicht platziert werden können. Die Verbindlichkeiten sind gekürzt um die in Anspruch genommenen Beträge zu vermerken. Über die Inanspruchnahme ist im Anhang zu berichten. Wird eine Garantie von mehreren Kreditinstituten gemeinschaftlich gewährt, so hat jedes beteiligte Kreditinstitut nur seinen eigenen Anteil an dem Kredit zu vermerken.

(2) Im Unterposten Buchstabe c „Unwiderrufliche Kreditzusagen" sind alle unwiderruflichen Verpflichtungen, die Anlass zu einem Kreditrisiko geben können, zu vermerken. Der Abschluss eines Bausparvertrages gilt nicht als unwiderrufliche Kreditzusage.

Abschnitt 4. Vorschriften zu einzelnen Posten der Gewinn- und Verlustrechnung (Formblätter 2 und 3)

§ 28 Zinserträge (Formblatt 2 Spalte Erträge Nr. 1, Formblatt 3 Nr. 1). Im Posten „Zinserträge" sind Zinserträge und ähnliche Erträge aus dem Bankgeschäft einschließlich des Factoring-Geschäfts sowie alle Zinserträge und ähnliche Erträge der Finanzdienstleistungsinstitute auszuweisen, insbesondere alle Erträge aus den in den Posten der Bilanz „Barreserve" (Aktivposten Nr. 1), „Schuldtitel öffentlicher Stellen und Wechsel, die zur Refinanzierung bei Zentralnotenbanken zugelassen sind" (Aktivposten Nr. 2), „Forderungen an Kreditinstitute" (Aktivposten Nr. 3), „Forderungen an Kunden" (Aktivposten Nr. 4) und „Schuldverschreibungen und andere festverzinsliche Wertpapiere" (Aktivposten Nr. 5) bilanzierten Vermögensgegenständen ohne Rücksicht darauf, in welcher Form sie berechnet werden. Hierzu gehören auch Diskontabzüge, Ausschüttungen auf Genussrechte und Gewinnschuldverschreibungen im Bestand, Erträge mit Zinscharakter, die im Zusammenhang mit der zeitlichen Verteilung des Unterschiedsbetrages bei unter dem Rückzahlungsbetrag erworbenen Vermögensgegenständen entstehen, Zuschreibungen aufgelaufener Zinsen zu Null-Kupon-Anleihen im Bestand, die sich aus gedeckten Termingeschäften ergebenden, auf die tatsächliche Laufzeit des jeweiligen Geschäfts verteilten Erträge mit Zinscharakter sowie Gebühren und Provisionen mit Zinscharakter, die nach dem Zeitablauf oder nach der Höhe der Forderung berechnet werden.

§ 29 Zinsaufwendungen (Formblatt 2 Spalte Aufwendungen Nr. 1, Formblatt 3 Nr. 2). Im Posten „Zinsaufwendungen" sind Zinsaufwendungen und ähnliche Aufwendungen aus dem Bankgeschäft einschließlich des Factoring-Geschäfts sowie alle Zinsaufwendungen und ähnliche Aufwendungen der Finanzdienstleistungsinstitute auszuweisen, insbesondere alle Aufwendungen für die in den Posten der Bilanz „Verbindlichkeiten gegenüber Kreditinstituten" (Passivposten Nr. 1), „Verbindlichkeiten gegenüber Kunden" (Passivposten Nr. 2), „Verbriefte Verbindlichkeiten" (Passivposten Nr. 3) und „Nachrangige Verbindlichkeiten" (Passivposten Nr. 9) bilanzierten Verbindlichkeiten ohne Rücksicht darauf, in welcher Form sie berechnet werden. Hierzu gehören auch Diskontsätze, Ausschüttungen auf begebene Genussrechte und Gewinnschuldverschreibungen, Aufwendungen mit Zinscharakter, die im Zusammenhang mit der zeitlichen Verteilung des Unterschiedsbetrages bei unter dem Erfüllungsbetrag eingegangenen Verbindlichkeiten entstehen, Zuschreibungen aufgelaufener Zinsen zu begebenen Null-Kupon-Anleihen, die sich aus gedeckten Termingeschäften ergebenden, auf die tatsächliche Laufzeit des jeweiligen Geschäfts verteilten Aufwendungen mit Zinscharakter sowie Gebühren und Provisionen mit Zinscharakter, die nach dem Zeitablauf oder nach der Höhe der Verbindlichkeiten berechnet werden.

§ 30 Provisionserträge (Formblatt 2 Spalte Erträge Nr. 4, Formblatt 3 Nr. 5), Provisionsaufwendungen (Formblatt 2 Spalte Aufwendungen Nr. 2, Formblatt 3 Nr. 6). (1) Im Posten „Provisionserträge" sind Provisionen und ähnliche Erträge aus Dienstleistungsgeschäften wie im Zahlungsverkehr, Außenhandelsgeschäft, Wertpapierkommissions- und Depotgeschäft, Erträge für Treuhandkredite und Verwaltungskredite, Provisionen im Zusammenhang mit Finanzdienstleistungen und der Veräußerung von Devisen, Sorten und Edelmetallen und aus der Vermittlertätigkeit bei Kredit-, Spar-, Bauspar- und Versicherungsverträgen auszuweisen. Zu den Erträgen gehören auch Bonifikationen aus der Platzierung von Wertpapieren, Bürgschaftsprovisionen und Kontoführungsgebühren.

(2) Im Posten „Provisionsaufwendungen" sind Provisionen und ähnliche Aufwendungen aus den in Absatz 1 bezeichneten Dienstleistungsgeschäften auszuweisen.

§ 31 Allgemeine Verwaltungsaufwendungen (Formblatt 2 Spalte Aufwendungen Nr. 4, Formblatt 3 Nr. 10). (1) Im Unterposten Buchstabe a Doppelbuchstabe ab „Soziale Abgaben und Aufwendungen für Altersversorgung und für Unterstützung" sind gesetzliche Pflichtabgaben, Beihilfen und Unterstützungen, die das Institut zu erbringen hat, sowie Aufwendungen für die Altersversorgung, darunter auch die Zuführungen zu den Pensionsrückstellungen, auszuweisen. Der sonstige Personalaufwand (z. B. freiwillige soziale Leistungen) ist dem Unterposten des Personalaufwands zuzurechnen, zu dem er seiner Art nach gehört.

(2) Im Unterposten Buchstabe b „andere Verwaltungsaufwendungen" sind die gesamten Aufwendungen sachlicher Art, wie Raumkosten, Bürobetriebskosten, Kraftfahrzeugbetriebskosten, Porto, Verbandsbeiträge einschließlich der Beiträge zur Sicherungseinrichtung eines Verbandes, Werbungskosten, Repräsentation, Aufsichtsratsvergütungen, Versicherungsprämien, Rechts-, Prüfungs- und Beratungskosten und dergleichen auszuweisen; Prämien für Kreditversicherungen sind nicht hier, sondern im Posten „Abschreibungen und Wertberichtigungen auf Forderungen und bestimmte Wertpapiere sowie Zuführungen zu Rückstellungen im Kreditgeschäft" (Formblatt 2 Spalte Aufwendungen Nr. 7, Formblatt 3 Nr. 13) zu erfassen.

§ 32 Abschreibungen und Wertberichtigungen auf Forderungen und bestimmte Wertpapiere sowie Zuführungen zu Rückstellungen im Kreditgeschäft (Formblatt 2 Spalte Aufwendungen Nr. 7, Formblatt 3 Nr. 13), Erträge aus Zuschreibungen zu Forderungen und bestimmten Wertpapieren sowie aus der Auflösung von Rückstellungen im Kreditgeschäft (Formblatt 2 Spalte Erträge Nr. 6, Formblatt 3 Nr. 14). In diese Posten sind die in § 340f Abs. 3 des Handelsgesetzbuchs bezeichneten Aufwendungen und Erträge aufzunehmen. Die Posten dürfen verrechnet und in einem Aufwand- oder Ertragsposten ausgewiesen werden. Eine teilweise Verrechnung ist nicht zulässig.

§ 33 Abschreibungen und Wertberichtigungen auf Beteiligungen, Anteile an verbundenen Unternehmen und wie Anlagevermögen behandelte Wertpapiere (Formblatt 2 Spalte Aufwendungen Nr. 8, Formblatt 3 Nr. 15), Erträge aus Zuschreibungen zu Beteiligungen, Anteilen an verbundenen Unternehmen und wie Anlagevermögen behandelten Wertpapieren (Formblatt 2 Erträge Nr. 7, Formblatt 3 Nr. 16). In diese Posten sind die in § 340c Abs. 2 des Handelsgesetzbuchs bezeichneten Aufwendungen und Erträge aufzunehmen. Die Posten dürfen verrechnet und in einem Aufwand- oder Ertragsposten ausgewiesen werden. Eine teilweise Verrechnung ist nicht zulässig.

Abschnitt 5. Anhang

§ 34 Zusätzliche Erläuterungen. (1) In den Anhang sind neben den nach § 340a in Verbindung mit § 284 Abs. 1, 2 Nr. 1, 2 und 4, § 285 Nr. 3, 3a, 7, 9 Buchstabe a und b, Nr. 10 bis 11b, 13 bis 26 und 28 bis 30, 32 bis 34, § 340b Abs. 4 Satz 4, § 340e Abs. 2 des Handelsgesetzbuchs und den in dieser Verordnung zu den einzelnen Posten der Bilanz oder der Gewinn- und Verlustrechnung vorgeschriebenen Angaben die in diesem Abschnitt vorgeschriebenen Angaben aufzunehmen. § 285 Satz 1 Nr. 3a des Handelsgesetzbuchs braucht nicht angewendet zu werden, soweit diese Angaben in der Bilanz unter dem Strich gemacht werden.

(2) Anstelle der in § 285 Nr. 4, 9 Buchstabe c des Handelsgesetzbuchs vorgeschriebenen Angaben sind die folgenden Angaben zu machen:

1. Der Gesamtbetrag der folgenden Posten der Gewinn- und Verlustrechnung ist nach geografischen Märkten aufzugliedern, soweit diese Märkte sich vom Standpunkt der Organisation des Instituts wesentlich voneinander unterscheiden:
   a) Zinserträge (Formblatt 2 Spalte Erträge Nr. 1, Formblatt 3 Nr. 1),
   b) laufende Erträge aus Aktien und anderen nicht festverzinslichen Wertpapieren, Beteiligungen, Anteilen an verbundenen Unternehmen (Formblatt 2 Spalte Erträge Nr. 2, Formblatt 3 Nr. 3),

c) Provisionserträge (Formblatt 2 Spalte Erträge Nr. 4, Formblatt 3 Nr. 5),

d) Nettoertrag des Handelsbestands (Formblatt 2 Spalte Erträge Nr. 5, Formblatt 3 Nr. 7),

e) sonstige betriebliche Erträge (Formblatt 2 Spalte Erträge Nr. 8, Formblatt 3 Nr. 8).

Die Aufgliederung kann unterbleiben, soweit sie nach vernünftiger kaufmännischer Beurteilung geeignet ist, dem Institut oder einem Unternehmen, von dem das Kreditinstitut mindestens den fünften Teil der Anteile besitzt, einen erheblichen Nachteil zuzufügen.

2. Der Gesamtbetrag der den Mitgliedern des Geschäftsführungsorgans, eines Aufsichtsrats, eines Beirats oder einer ähnlichen Einrichtung gewährten Vorschüsse und Kredite sowie der zugunsten dieser Personen eingegangenen Haftungsverhältnisse ist jeweils für jede Personengruppe anzugeben.

3. Institute in der Rechtsform der eingetragenen Genossenschaft haben die im Passivposten Nr. 12 Unterposten Buchstabe a ausgewiesenen Geschäftsguthaben wie folgt aufzugliedern:

a) Geschäftsguthaben der verbleibenden Mitglieder,

b) Geschäftsguthaben der ausscheidenden Mitglieder,

c) Geschäftsguthaben aus gekündigten Geschäftsanteilen.

4. Die Gründe der Einschätzung des Risikos der Inanspruchnahme für gemäß der §§ 26 und 27 unter der Bilanz ausgewiesene Eventualverbindlichkeiten und andere Verpflichtungen.

(3) Die in § 268 Abs. 3 des Handelsgesetzbuchs verlangten Angaben sind für Vermögensgegenstände im Sinne des § 340e Abs. 1 des Handelsgesetzbuchs zu machen. Die Zuschreibungen, Abschreibungen und Wertberichtigungen auf Beteiligungen, Anteile an verbundenen Unternehmen sowie auf andere Wertpapiere, die wie Anlagevermögen behandelt werden, können mit anderen Posten zusammengefasst werden.

§ 35 Zusätzliche Pflichtangaben. (1) Zu den Posten der Bilanz und der Gewinn- und Verlustrechnung sind im Anhang anzugeben:

1. eine Aufgliederung der in den Bilanzposten „Schuldverschreibungen und andere festverzinsliche Wertpapiere" (Aktivposten Nr. 5), „Aktien und andere nicht festverzinsliche Wertpapiere" (Aktivposten Nr. 6), „Beteiligungen" (Aktivposten Nr. 7), „Anteile an verbundenen Unternehmen" (Aktivposten Nr. 8) enthaltenen börsenfähigen Wertpapiere nach börsennotierten und nicht börsennotierten Wertpapieren;

1a) eine Aufgliederung des Bilanzpostens „Handelsbestand" (Aktivposten Nr. 6a) in derivative Finanzinstrumente, Forderungen, Schuldverschreibungen und andere festverzinsliche Wertpapiere, Aktien und andere nicht festverzinsliche Wertpapiere sowie sonstige Vermögensgegenstände und eine Aufgliederung des Bilanzpostens „Handelsbestand" (Passivposten Nr. 3a) in derivative Finanzinstrumente und Verbindlichkeiten;

2. der Betrag der nicht mit dem Niederstwert bewerteten börsenfähigen Wertpapiere jeweils zu folgenden Posten der Bilanz: „Schuldverschreibungen und andere festverzinsliche Wertpapiere" (Aktivposten Nr. 5) sowie „Aktien und andere nicht festverzinsliche Wertpapiere" (Aktivposten Nr. 6); es ist anzugeben, in welcher Weise die so bewerteten Wertpapiere von den mit dem Niederstwert bewerteten börsenfähigen Wertpapieren abgegrenzt worden sind;

3. der auf das Leasing-Geschäft entfallende Betrag zu jedem davon betroffenen Posten der Bilanz, ferner die im Posten „Abschreibungen und Wertberichtigungen auf immaterielle Anlagewerte und Sachanlagen" (Formblatt 2 Spalte Aufwendungen Nr. 5, Formblatt 3 Nr. 11) enthaltenen Abschreibungen und Wertberichtigungen auf Leasinggegenstände sowie die im Posten „Sonstige betriebliche Erträge" (Formblatt 2 Spalte Erträge Nr. 8, Formblatt 3 Nr. 8) enthaltenen Erträge aus Leasinggeschäften;

4. die in den folgenden Posten enthaltenen wichtigsten Einzelbeträge, sofern sie für die Beurteilung des Jahresabschlusses nicht unwesentlich sind: „Sonstige Vermögensgegenstände" (Formblatt 1, Aktivposten Nr. 14), „Sonstige Verbindlichkeiten" (Formblatt 1, Passivposten Nr. 5), „Sonstige betriebliche Aufwendungen" (Formblatt 2 Spalte Aufwendungen Nr. 6, Formblatt 3 Nr. 12), „Sonstige betriebliche Erträge" (Formblatt 2 Spalte Erträge Nr. 8, Formblatt 3 Nr. 8), „Außerordentliche Aufwendungen" (Formblatt 2 Spalte Aufwendungen Nr. 11, Formblatt 3 Nr. 21) und „Außerordentliche Erträge" (Formblatt 2 Spalte Erträge Nr. 10, Formblatt 3 Nr. 20). Die Beträge und ihre Art sind zu erläutern;

5. die Dritten erbrachten Dienstleistungen für Verwaltung und Vermittlung, sofern ihr Umfang in Bezug auf die Gesamttätigkeit des Instituts von wesentlicher Bedeutung ist;

6. der Gesamtbetrag der Vermögensgegenstände und der Gesamtbetrag der Schulden, die auf Fremdwährung lauten, jeweils in Euro;

6a. bei Finanzinstrumenten des Handelsbestands die Methode der Ermittlung des Risikoabschlags nebst den wesentlichen Annahmen, insbesondere die Haltedauer, der Beobachtungszeitraum und das Konfidenzniveau sowie der absolute Betrag des Risikoabschlags;

6b. in den Fällen der Umgliederung deren Gründe, der Betrag der umgegliederten Finanzinstrumente des Handelsbestands und die Auswirkungen der Umgliederung auf den Jahresüberschuss/Jahresfehlbetrag sowie für den Fall der Umgliederung wegen Aufgabe der Handelsabsicht die außergewöhnlichen Umstände, die dies rechtfertigen;

6c. ob innerhalb des Geschäftsjahres die institutsinternen festgelegten Kriterien für die Einbeziehung von Finanzinstrumenten in den Handelsbestand geändert worden sind und welche Auswirkungen sich daraus auf den Jahresüberschuss/Jahresfehlbetrag ergeben;

7. von Pfandbriefbanken eine Deckungsrechnung getrennt nach Hypotheken-, Schiffshypotheken- und Kommunalkreditgeschäft nach Maßgabe des § 28 des Pfandbriefgesetzes, ferner zu den Posten der Aktivseite der Bilanz die zur Deckung begebener Schuldverschreibungen bestimmten Aktiva;

8. von Bausparkassen
   a) zu den Posten der Bilanz „Forderungen an Kreditinstitute" (Aktivposten Nr. 3) und „Forderungen an Kunden" (Aktivposten Nr. 4) rückständige Zins- und Tilgungsbeträge für Baudarlehen in einem Betrag sowie noch nicht ausgezahlte bereitgestellte Baudarlehen
      aa) aus Zuteilung,
      bb) zur Vor- und Zwischenfinanzierung und
      cc) sonstige;
   b) zu den Posten der Bilanz „Verbindlichkeiten gegenüber Kreditinstituten" (Passivposten Nr. 1) und „Verbindlichkeiten gegenüber Kunden" (Passivposten Nr. 2) die Bewegung des Bestandes an nicht zugeteilten und zugeteilten Bausparverträgen und vertraglichen Bausparsummen;
   c) zu den Posten der Bilanz „Verbindlichkeiten gegenüber Kreditinstituten" (Passivposten Nr. 1), „Verbindlichkeiten gegenüber Kunden" (Passivposten Nr. 2) und „Verbriefte Verbindlichkeiten" (Passivposten Nr. 3) die aufgenommenen Fremdgelder nach § 4 Abs. 1 Nr. 5 des Gesetzes über Bausparkassen und deren Verwendung;
   d) zu den Posten der Bilanz „Forderungen an Kreditinstitute" (Aktivposten Nr. 3), „Forderungen an Kunden" (Aktivposten Nr. 4), „Verbindlichkeiten gegenüber Kreditinstituten" (Passivposten Nr. 1) und „Verbindlichkeiten gegenüber Kunden" (Passivposten Nr. 2) die Bewegung der Zuteilungsmasse.

Die Angaben zu den Buchstaben b und d können auch in einen statistischen Anhang zum Lagebericht aufgenommen werden, sofern der Lagebericht und der statistische Anhang im Geschäftsbericht der einzelnen Bausparkasse abgedruckt werden;

9. von Sparkassen
   a) zu dem Posten der Bilanz „Forderungen an Kreditinstitute" (Aktivposten Nr. 3) die im Gesamtbetrag enthaltenen Forderungen an die eigene Girozentrale,
   b) zu dem Posten der Bilanz „Verbindlichkeiten gegenüber Kreditinstituten" (Passivposten Nr. 1) die im Gesamtbetrag enthaltenen Verbindlichkeiten gegenüber der eigenen Girozentrale;
10. von Girozentralen
    a) zu dem Posten der Bilanz „Forderungen an Kreditinstitute" (Aktivposten Nr. 3) die im Gesamtbetrag enthaltenen Forderungen an angeschlossene Sparkassen,
    b) zu dem Posten der Bilanz „Verbindlichkeiten gegenüber Kreditinstituten" (Passivposten Nr. 1) die im Gesamtbetrag enthaltenen Verbindlichkeiten gegenüber angeschlossenen Sparkassen;
11. von Kreditgenossenschaften
    a) zu den Posten der Bilanz „Forderungen an Kreditinstitute" (Aktivposten Nr. 3) die im Gesamtbetrag enthaltenen Forderungen an die zuständige genossenschaftliche Zentralbank,
    b) zu dem Posten der Bilanz „Verbindlichkeiten gegenüber Kreditinstituten" (Passivposten Nr. 1) die im Gesamtbetrag enthaltenen Verbindlichkeiten gegenüber der zuständigen genossenschaftlichen Zentralbank;
12. von genossenschaftlichen Zentralbanken
    a) zu dem Posten der Bilanz „Forderungen an Kreditinstitute" (Aktivposten Nr. 3) die im Gesamtbetrag enthaltenen
       aa) Forderungen an die Deutsche Genossenschaftsbank,
       bb) Forderungen an angeschlossene Kreditgenossenschaften,
    b) zu dem Posten der Bilanz „Verbindlichkeiten gegenüber Kreditinstituten" (Passivposten Nr. 1) die im Gesamtbetrag enthaltenen
       aa) Verbindlichkeiten gegenüber der Deutschen Genossenschaftsbank,
       bb) Verbindlichkeiten gegenüber angeschlossenen Kreditgenossenschaften;
13. von der Deutschen Genossenschaftsbank
    a) zu dem Posten der Bilanz „Forderungen an Kreditinstitute" (Aktivposten Nr. 3) die im Gesamtbetrag enthaltenen Forderungen an angeschlossene Kreditinstitute sowie die darin enthaltenen Forderungen an regionale genossenschaftliche Zentralbanken,
    b) zu dem Posten der Bilanz „Verbindlichkeiten gegenüber Kreditinstituten" (Passivposten Nr. 1) die im Gesamtbetrag enthaltenen Verbindlichkeiten gegenüber angeschlossenen Kreditinstituten sowie die darin enthaltenen Verbindlichkeiten gegenüber regionalen genossenschaftlichen Zentralbanken.

(2) Zu dem Posten der Bilanz „Sachanlagen" (Aktivposten Nr. 12) sind im Anhang mit ihrem Gesamtbetrag anzugeben:
1. die vom Institut im Rahmen seiner eigenen Tätigkeit genutzten Grundstücke und Bauten,
2. die Betriebs- und Geschäftsausstattung.

(3) Zu dem Posten der Bilanz „Nachrangige Verbindlichkeiten" (Passivposten Nr. 9) sind im Anhang anzugeben:
1. der Betrag der für nachrangige Verbindlichkeiten angefallenen Aufwendungen,
2. zu jeder zehn vom Hundert des Gesamtbetrags der nachrangigen Verbindlichkeiten übersteigenden Mittelaufnahme:
   a) der Betrag, die Währung, auf die sie lautet, ihr Zinssatz und ihre Fälligkeit sowie, ob eine vorzeitige Rückzahlungsverpflichtung entstehen kann,
   b) die Bedingungen ihrer Nachrangigkeit und ihrer etwaigen Umwandlung in Kapital oder in eine andere Schuldform,
3. zu anderen Mittelaufnahmen die wesentlichen Bedingungen.

(4) Zu dem Posten der Bilanz „Eventualverbindlichkeiten" (Passivposten Nr. 1 unter dem Strich) sind im Anhang Art und Betrag jeder Eventualverbindlichkeit anzugeben, die in Bezug auf die Gesamttätigkeit des Instituts von wesentlicher Bedeutung ist.

(5) Zu jedem Posten der in der Bilanz ausgewiesenen Verbindlichkeiten und der unter dem Strich vermerkten Eventualverbindlichkeiten ist im Anhang jeweils der Gesamtbetrag der als Sicherheit übertragenen Vermögensgegenstände anzugeben.

(6) Zu dem Posten der Bilanz „Andere Verpflichtungen" (Passivposten Nr. 2 unter dem Strich) sind im Anhang Art und Höhe jeder der in den Unterposten Buchstabe a bis c bezeichneten Verbindlichkeiten anzugeben, die in Bezug auf die Gesamttätigkeit des Instituts von wesentlicher Bedeutung sind.

§ 36 Termingeschäfte. In den Anhang ist eine Aufstellung über die Arten von am Bilanzstichtag noch nicht abgewickelten fremdwährungs-, zinsabhängigen und sonstigen Termingeschäften, die lediglich ein Erfüllungsrisiko sowie Währungs-, Zins- und/oder sonstige Marktpreisänderungsrisiken aus offenen und im Falle eines Adressenausfalls auch aus geschlossenen Positionen beinhalten, aufzunehmen. Hierzu gehören:

1. Termingeschäfte in fremden Währungen, insbesondere Devisentermingeschäfte, Devisenterminkontrakte, Währungsswaps, Zins/Währungsswaps, Stillhalterverpflichtungen aus Devisenoptionsgeschäften, Devisenoptionsrechte, Termingeschäfte in Gold und anderen Edelmetallen, Edelmetallterminkontrakte, Stillhalteverpflichtungen aus Goldoptionen, Goldoptionsrechte;
2. zinsbezogene Termingeschäfte, insbesondere Termingeschäfte mit festverzinslichen Wertpapieren, Zinsterminkontrakte, Forward Rate Agreements, Stillhalterverpflichtungen aus Zinsoptionen, Zinsoptionsrechte, Zinsswaps, Abnahmeverpflichtungen aus Forward Forward Deposits; Lieferverpflichtungen aus solchen Geschäften sind in dem Unterposten der Bilanz „Unwiderrufliche Kreditzusagen" (Passivposten Nr. 2 unter dem Strich Buchstabe c) zu vermerken;
3. Termingeschäfte mit sonstigen Preisrisiken, insbesondere aktienkursbezogene Termingeschäfte, Stillhalteverpflichtungen aus Aktienoptionen, Aktienoptionsrechte, Indexterminkontrakte, Stillhalteverpflichtungen aus Indexoptionen, Indexoptionsrechte.

Für jeden der drei Gliederungsposten der Termingeschäfte ist anzugeben, ob ein wesentlicher Teil davon zur Deckung von Zins-, Wechselkurs- oder Marktpreisschwankungen abgeschlossen wurde und ob ein wesentlicher Teil davon auf Handelsgeschäfte entfällt.

Abschnitt 6. Konzernrechnungslegung

§ 37 Konzernrechnungslegung. Auf den Konzernabschluss sind, soweit seine Eigenart keine Abweichung bedingt, die §§ 1 bis 36 entsprechend anzuwenden.

Abschnitt 7. Ordnungswidrigkeiten

§ 38 Ordnungswidrigkeiten. (1) Ordnungswidrig im Sinne des § 340n Abs. 1 Nr. 6 des Handelsgesetzbuchs handelt, wer als Geschäftsleiter im Sinne des § 1 Abs. 2 Satz 1 oder des § 53 Abs. 2 Nr. 1 des Gesetzes über das Kreditwesen oder als Inhaber eines in der Rechtsform des Einzelkaufmanns betriebenen Instituts oder als Mitglied des Aufsichtsrats bei der Aufstellung oder Feststellung des Jahresabschlusses

1. entgegen § 2 Abs. 1 Satz 1 nicht das vorgeschriebene Formblatt anwendet,
2. entgegen §§ 3 bis 5, 6 Abs. 1 Satz 1 oder 2, Abs. 2 oder 4 die dort genannten Posten nicht, nicht in der vorgeschriebenen Weise oder nicht mit dem vorgeschriebenen Inhalt ausweist,
3. entgegen § 6 Abs. 3 dort genannte Vermögensgegenstände oder Schulden in seine Bilanz aufnimmt,
4. einer Vorschrift des § 9 über die Fristengliederung zuwiderhandelt,
5. entgegen § 10 Abs. 1 dort genannte Verbindlichkeiten nicht verrechnet,
6. entgegen § 10 Abs. 2 Forderungen oder Verbindlichkeiten verrechnet,
7. einer Vorschrift der §§ 12 bis 33 über die in einzelnen Posten der Bilanz oder der Gewinn- und Verlustrechnung aufzunehmenden Angaben zuwiderhandelt,
8. einer Vorschrift der §§ 34 oder 35 über zusätzliche Erläuterungen oder Pflichtangaben zuwiderhandelt oder
9. einer Vorschrift des § 36 über Termingeschäfte zuwiderhandelt.

(2) Die Bestimmungen des Absatzes 1 gelten auch für den Konzernabschluss im Sinne des § 37.

Abschnitt 8. Schlussvorschriften

§ 39 Übergangsvorschriften.

(1) Vor dem 1. Juli 1993 begründete Spareinlagen nach § 21 des Gesetzes über das Kreditwesen in der Fassung der Bekanntmachung vom 11. Juli 1985 (BGBl. I S. 1472) und dafür gutgeschriebene oder danach gutzuschreibende Zinsen gelten weiterhin als Spareinlagen, wenn für sie die Voraussetzungen des § 21 Abs. 4 Satz 1 Nr. 1 und 2, Satz 2 dieser Verordnung zutreffen und sie die Vorschriften des § 22 Abs. 1 Satz 1 und Abs. 2 des Gesetzes über das Kreditwesen in der Fassung der Bekanntmachung vom 11. Juli 1985 (BGBl. I S. 1472) erfüllt haben.

(2) Die Vorschriften dieser Verordnung in der Fassung der Zweiten Verordnung zur Änderung der Verordnung über die Rechnungslegung der Kreditinstitute sind erstmals auf den Jahresabschluss und den Lagebericht sowie den Konzernabschluss und den Konzernlagebericht für das nach dem 31. Dezember 1997 beginnende Geschäftsjahr anzuwenden. § 4 Abs. 1 Satz 1, § 12 Abs. 2, § 13 Abs. 2 und 3, § 16 Abs. 1 Satz 1, Abs. 3 Satz 1 und § 26 Abs. 1 Satz 2 in der Fassung der Zweiten Verordnung zur Änderung der Verordnung über die Rechnungslegung der Kreditinstitute sind erstmals auf den Jahresabschluss und den Lagebericht sowie den Konzernabschluss und den Konzernlagebericht für das nach dem 31. Dezember 1998 endende Geschäftsjahr anzuwenden.

(3) §§ 20, 29 Satz 2, § 34 Abs. 2 Satz 1 Nr. 1 Buchstabe d, Nr. 4, § 35 Abs. 1 Nr. 1a, 6a bis 6c und 7 in der Fassung des Bilanzrechtsmodernisierungsgesetzes vom 25. Mai 2009 (BGBl. I S. 1102) sowie die Formblätter 1 bis 3 mit den Änderungen, die durch das Bilanzrechtsmodernisierungsgesetz sowie durch Artikel 3 Nr. 2 bis 4 der Verordnung zur Änderung von Rechnungslegungsverordnungen vom 9. Juni 2011 (BGBl. I S. 1041) erfolgt sind, sind erstmals auf Jahres- und Konzernabschlüsse für das nach dem 31. Dezember 2009 beginnende Geschäftsjahr anzuwenden. Die Formblätter 1 bis 3 in der bis zum 28. Mai 2009 geltenden Fassung sind letztmals auf Jahres- und Konzernabschlüsse für das vor dem

1. Januar 2010 beginnende Geschäftsjahr anzuwenden. Soweit im Übrigen in dieser Verordnung auf Bestimmungen des Handelsgesetzbuchs in der Fassung des Bilanzrechtsmodernisierungsgesetzes verwiesen wird, gelten die in den Artikeln 66 und 67 des Einführungsgesetzes zum Handelsgesetzbuch enthaltenen Übergangsregelungen entsprechend. Artikel 66 Abs. 3 Satz 6 des Einführungsgesetzes zum Handelsgesetzbuch gilt entsprechend. Die von Finanzdienstleistungsinstituten geforderten Angaben nach den Fußnoten 14 des Bilanzformblatts und den jeweiligen Fußnoten 8 und 9 der Formblätter für die Gewinn- und Verlustrechnung sind erstmals auf Jahresabschlüsse für Geschäftsjahre anzuwenden, die nach dem 31. Dezember 2010 beginnen.

(4) Auf die Formblätter 2 und 3 in der Fassung der Verordnung zur Änderung der Versicherungsunternehmens-Rechnungslegungsverordnung sowie zur Änderung weiterer Rechnungslegungsverordnungen vom 18. Dezember 2009 (BGBl. I S. 3934) ist Absatz 11 Satz 1, 2 und 4 entsprechend anzuwenden.

(5) Die §§ 6, 7 und 17 in der Fassung des AIFM-Umsetzungsgesetzes vom 4. Juli 2013 (BGBl. I S. 1981) sind erstmals auf Jahres- und Konzernabschlüsse für nach dem 21. Juli 2013 beginnende Geschäftsjahre anzuwenden.

(6) § 34 Abs. 1 und 3 in der Fassung des Bilanzrichtlinie-Umsetzungsgesetzes vom 17. Juli 2015 (BGBl. I S. 1245) ist erstmals auf Jahres- und Konzernabschlüsse für Geschäftsjahre anzuwenden, die nach dem 31. Dezember 2015 beginnen.

§ 40 Inkrafttreten, Aufhebung von Rechtsvorschriften.

Formblatt 1*)

Jahresbilanz zum ....

der ....

Aktivseite

	Euro*)	Euro	Euro
1. Barreserve			
a) Kassenbestand		....	
b) Guthaben bei Zentralnotenbanken darunter: bei der Deutschen Bundesbank ...... Euro		....	....
2. Schuldtitel öffentlicher Stellen und Wechsel, die zur Refinanzierung bei Zentralnotenbanken zugelassen sind			
a) Schatzwechsel und unverzinsliche Schatzanweisungen sowie ähnliche Schuldtitel öffentlicher Stellen darunter: bei der Deutschen Bundesbank refinanzierbar ...... Euro		....	
b) Wechsel		....	....
3. Forderungen an Kreditinstitute[1])			
a) täglich fällig		....	
b) andere Forderungen		....	....
4. Forderungen an Kunden[2]) darunter: durch Grundpfandrechte gesichert ...... Euro Kommunalkredite ...... Euro			....
5. Schuldverschreibungen und andere festverzinsliche Wertpapiere			
a) Geldmarktpapiere			
aa) von öffentlichen Emittenten darunter: beleihbar bei der Deutschen Bundesbank ...... Euro	....		
ab) von anderen Emittenten darunter: beleihbar bei der Deutschen Bundesbank ...... Euro	....	....	
b) Anleihen und Schuldverschreibungen			
ba) von öffentlichen Emittenten darunter: beleihbar bei der Deutschen Bundesbank ...... Euro	....		
bb) von anderen Emittenten darunter: beleihbar bei der Deutschen Bundesbank ...... Euro	....	....	
c) eigene Schuldverschreibungen Nennbetrag ...... Euro		....	....

Passivseite

	Euro*)	Euro	Euro
1. Verbindlichkeiten gegenüber Kreditinstituten[6])			
a) täglich fällig		....	
b) mit vereinbarter Laufzeit oder Kündigungsfrist		....	....
2. Verbindlichkeiten gegenüber Kunden[7])			
a) Spareinlagen			
aa) mit vereinbarter Kündigungsfrist von drei Monaten	....		
ab) mit vereinbarter Kündigungsfrist von mehr als drei Monaten	....	....	
b) andere Verbindlichkeiten			
ba) täglich fällig	....		
bb) mit vereinbarter Laufzeit oder Kündigungsfrist	....	....	....
[8])			
3. Verbriefte Verbindlichkeiten[9])			
a) begebene Schuldverschreibungen		....	
b) andere verbriefte Verbindlichkeiten darunter: Geldmarktpapiere ...... Euro eigene Akzepte und Solawechsel im Umlauf ...... Euro		....	....
3a. Handelsbestand			....
4 Treuhandverbindlichkeiten darunter: Treuhandkredite ...... Euro			....
5. Sonstige Verbindlichkeiten			....
6. Rechnungsabgrenzungsposten[10])			
6a. Passive latente Steuern			....
7. Rückstellungen			
a) Rückstellungen für Pensionen und ähnliche Verpflichtungen		....	
b) Steuerrückstellungen		....	
c) andere Rückstellungen		....	....
8. [11]) (weggefallen)			
9. Nachrangige Verbindlichkeiten			....
10. Genussrechtskapital darunter: vor Ablauf von zwei Jahren fällig ...... Euro			....
11. Fonds für allgemeine Bankrisiken			....
12. Eigenkapital			
a) Eingefordertes Kapital gezeichnetes Kapital[12])		....	
abzüglich nicht eingeforderter ausstehender Einlagen	....	....	
b) Kapitalrücklage			
c) Gewinnrücklagen[13])			
ca) gesetzliche Rücklage	....		

*) An die Stelle der in diesem Formblatt verwendeten Währungsbezeichnung „Euro" tritt bis zum 31. Dezember 1998 die Währungsbezeichnung „DM"; vgl. aber ab 1. Januar 1999 Artikel 42 Abs. 1 Satz 2 des Einführungsgesetzes zum Handelsgesetzbuch.

noch **Aktivseite**

	Euro	Euro	Euro
6. Aktien und andere nicht festverzinsliche Wertpapiere 3)			....
6a. Handelsbestand			
7. Beteiligungen4) darunter: an Kreditinstituten ...... Euro an Finanzdienstleistungsinstituten ...... Euro			....
8. Anteile an verbundenen Unternehmen darunter: an Kreditinstituten ...... Euro an Finanzdienstleistungsinstituten ...... Euro			....
9. Treuhandvermögen darunter: Treuhandkredite ...... Euro			....
10. Ausgleichsforderungen gegen die öffentliche Hand einschließlich Schuldverschreibungen aus deren Umtausch 14)			....
11. Immaterielle Anlagewerte			....
a) Selbst geschaffene gewerbliche Schutzrechte und ähnliche Rechte und Werte	....		
b) entgeltlich erworbene Konzessionen, gewerbliche Schutzrechte und ähnliche Rechte und Werte sowie Lizenzen an solchen Rechten und Werten	....		
c) Geschäfts- oder Firmenwert	....		
d) geleistete Anzahlungen	....		....
12. Sachanlagen			....
13. Eingefordertes, noch nicht eingezahltes Kapital			....
14. Sonstige Vermögensgegenstände			....
15. Rechnungsabgrenzungsposten5)			....
16. Aktive latente Steuern			....
17. Aktiver Unterschiedsbetrag aus der Vermögensrechnung			....
18. Nicht durch Eigenkapital gedeckter Fehlbetrag			....
Summe der Aktiva			....

noch **Passivseite**

	Euro	Euro	Euro
cb) Rücklage für Anteile an einem herrschenden oder mehrheitlich beteiligten Unternehmen	....		
cc) satzungsmäßige Rücklagen	....		
cd) andere Gewinnrücklagen	....	....	
d) Bilanzgewinn/Bilanzverlust		....	....
Summe der Passiva			....

	Euro	Euro	Euro
1. Eventualverbindlichkeiten			
a) Eventualverbindlichkeiten aus weitergegebenen abgerechneten Wechseln	....		
b) Verbindlichkeiten aus Bürgschaften und Gewährleistungsverträgen	....		
c) Haftung aus der Bestellung von Sicherheiten für fremde Verbindlichkeiten	....	....	
2. Andere Verpflichtungen			
a) Rücknahmeverpflichtungen aus unechten Pensionsgeschäften	....		
b) Platzierungs- und Übernahmeverpflichtungen	....		
c) Unwiderrufliche Kreditzusagen	....	....	

[1]) Folgende Arten von Instituten haben den Posten 3 Forderungen an Kreditinstitute in der Bilanz wie folgt zu untergliedern:

Pfandbriefbanken:	„a) Hypothekendarlehen	.... Euro		
	b) Kommunalkredite	.... Euro		
	c) andere Forderungen darunter: täglich fällig .... Euro gegen Beleihung von Wertpapieren .... Euro",	.... Euro	.... Euro	
Bausparkassen:	„a) Bauspardarlehen	.... Euro		
	b) Vor- und Zwischenfinanzierungskredite	.... Euro		
	c) sonstige Baudarlehen	.... Euro		
	d) andere Forderungen darunter: täglich fällig .... Euro".	.... Euro	.... Euro	

[2]) Folgende Arten von Instituten haben den Posten 4 Forderungen an Kunden in der Bilanz wie folgt zu untergliedern:

Pfandbriefbanken:	„a) Hypothekendarlehen	.... Euro		
	b) Kommunalkredite	.... Euro		
	c) andere Forderungen darunter: gegen Beleihung von Wertpapieren .... Euro",	.... Euro	.... Euro	
Bausparkassen:	„a) Baudarlehen			
	aa) aus Zuteilungen (Bauspardarlehen)	.... Euro		
	ab) zur Vor- und Zwischenfinanzierung	.... Euro		
	ac) sonstige darunter: durch Grundpfandrechte gesichert .... Euro	.... Euro	.... Euro	
	b) andere Forderungen		.... Euro	.... Euro".

Kreditgenossenschaften, die das Warengeschäft betreiben, haben in den Posten 4 Forderungen an Kunden in der Bilanz zusätzlich folgenden Darunterposten einzufügen:

„Warenforderungen .... Euro".

Finanzdienstleistungsinstitute sowie Kreditinstitute, sofern letztere Skontroführer im Sinne des § 27 Abs. 1 des Börsengesetzes und nicht Einlagenkreditinstitute im Sinne des § 1 Abs. 3d Satz 1 des Gesetzes über das Kreditwesen sind, haben den Posten 4 Forderungen an Kunden in der Bilanz wie folgt zu untergliedern:

„darunter:
an Finanzdienstleistungsinstitute .... Euro".

[3]) Kreditgenossenschaften, die das Warengeschäft betreiben, haben nach dem Posten 6 Aktien und andere nicht festverzinsliche Wertpapiere in der Bilanz folgenden Posten einzufügen:

„6aa Warenbestand .... Euro".

[4]) Institute in genossenschaftlicher Rechtsform und genossenschaftliche Zentralbanken haben den Posten 7 Beteiligungen in der Bilanz wie folgt zu untergliedern:

„a) Beteiligungen darunter: an Kreditinstituten .... Euro an Finanzdienstleistungsinstituten . ... Euro	.... Euro	
b) Geschäftsguthaben bei Genossenschaften darunter: bei Kreditgenossenschaften .... Euro bei Finanzdienstleistungsinstituten .... Euro".	.... Euro	.... Euro

[5]) Pfandbriefbanken haben den Posten 15 Rechnungsabgrenzungsposten in der Bilanz wie folgt zu untergliedern:

„a) aus dem Emissions- und Darlehensgeschäft	.... Euro	
b) andere	.... Euro	.... Euro".

[6]) Folgende Arten von Instituten haben den Posten 1 Verbindlichkeiten gegenüber Kreditinstituten in der Bilanz wie folgt zu untergliedern:

Pfandbriefbanken:	„a) begebene Hypotheken-Namenspfandbriefe	.... Euro		
	b) begebene öffentliche Namenspfandbriefe	.... Euro		
	c) andere Verbindlichkeiten darunter: täglich fällig .... Euro zur Sicherstellung aufgenommener Darlehen an den Darlehensgeber ausgehändigte Hypotheken-Namenspfandbriefe .... Euro und öffentliche Namenspfandbriefe .... Euro",	.... Euro	.... Euro	
Bausparkassen:	„a) Bauspareinlagen darunter: auf gekündigte Verträge .... Euro auf zugeteilte Verträge .... Euro		.... Euro	
	b) andere Verbindlichkeiten darunter: täglich fällig .... Euro".		.... Euro	.... Euro

7) Pfandbriefbanken haben den Posten 2 Verbindlichkeiten gegenüber Kunden in der Bilanz wie folgt zu untergliedern:

„a) begebene Hypotheken-Namenspfandbriefe .... Euro
b) begebene öffentliche Namenspfandbriefe .... Euro
c) Spareinlagen
ca) mit vereinbarter Kündigungsfrist von drei Monaten .... Euro
cb) mit vereinbarter Kündigungsfrist von mehr als drei Monaten .... Euro .... Euro
d) andere Verbindlichkeiten .... Euro .... Euro
darunter:
täglich fällig .... Euro
zur Sicherstellung aufgenommener Darlehen an den Darlehensgeber ausgehändigte Hypotheken-Namenspfandbriefe .... Euro
und öffentliche Namenspfandbriefe .... Euro".

Bausparkassen haben statt des Unterpostens a Spareinlagen in der Bilanz folgenden Unterposten auszuweisen:

„a) Einlagen aus dem Bauspargeschäft und Spareinlagen
aa) Bauspareinlagen .... Euro
darunter:
auf gekündigte Verträge .... Euro
auf zugeteilte Verträge .... Euro
ab) Abschlusseinlagen .... Euro
ac) Spareinlagen mit vereinbarter Kündigungsfrist von drei Monaten .... Euro
ad) Spareinlagen mit vereinbarter Kündigungsfrist von mehr als drei Monaten .... Euro .... Euro".

Finanzdienstleistungsinstitute sowie Kreditinstitute, sofern letztere Skontroführer im Sinne des § 27 Abs. 1 des Börsengesetzes und nicht Einlagenkreditinstitute im Sinne des § 1 Abs. 3d Satz 1 des Gesetzes über das Kreditwesen sind, haben den Posten 2 Verbindlichkeiten gegenüber Kunden in der Bilanz wie folgt zu untergliedern:

„darunter:
gegenüber Finanzdienstleistungsinstituten .... Euro".

8) Kreditgenossenschaften, die das Warengeschäft betreiben, haben nach dem Posten 2 Verbindlichkeiten gegenüber Kunden in der Bilanz folgenden Posten einzufügen:

„2a. Verpflichtungen aus Warengeschäften und aufgenommenen Warenkrediten .... Euro".

9) Pfandbriefbanken haben den Posten 3 Verbriefte Verbindlichkeiten in der Bilanz wie folgt zu untergliedern:

„a) begebene Schuldverschreibungen
aa) Hypothekenpfandbriefe .... Euro
ab) öffentliche Pfandbriefe .... Euro
ac) sonstige Schuldverschreibungen .... Euro .... Euro
b) andere verbriefte Verbindlichkeiten .... Euro .... Euro
darunter:
Geldmarktpapiere .... Euro".

Kreditgenossenschaften, die das Warengeschäft betreiben, haben im Posten 3 Verbriefte Verbindlichkeiten zu dem Darunterposten 3b Eigene Akzepte und Solawechsel im Umlauf folgenden zusätzlichen Darunterposten einzufügen:

„aus dem Warengeschäft .... Euro".

10) Realkreditinstitute haben den Posten 6 Rechnungsabgrenzungsposten in der Bilanz wie folgt zu untergliedern:

„a) aus dem Emissions- und Darlehensgeschäft .... Euro
b) andere .... Euro .... Euro".

11) Bausparkassen haben nach dem Posten 7 Rückstellungen in der Bilanz folgenden Posten einzufügen:

„7a. Fonds zur bauspartechnischen Absicherung .... Euro".

12) Genossenschaften haben in der Bilanz beim Unterposten a gezeichnetes Kapital sowohl die Geschäftsguthaben der Genossen als auch die Einlagen stiller Gesellschafter auszuweisen.

13) Genossenschaften haben in der Bilanz an Stelle der Gewinnrücklagen die Ergebnisrücklagen auszuweisen und wie folgt aufzugliedern:

„ca) gesetzliche Rücklage .... Euro
cb) andere Ergebnisrücklagen .... Euro .... Euro".

Die Ergebnisrücklage nach § 73 Abs. 3 des Gesetzes betreffend die Erwerbs- und Wirtschaftsgenossenschaften und die Beträge, die aus dieser Ergebnisrücklage an ausgeschiedene Genossen auszuzahlen sind, müssen vermerkt werden.

14) Finanzdienstleistungsinstitute im Sinn des § 1 Absatz 1a Nummer 10 des Kreditwesengesetzes haben Gegenstände, die seitens des Instituts verleast werden und die dem Leasinggeber zuzurechnen sind, in dem gesonderten Aktivposten „10a. Leasingvermögen" vor dem Posten „11. Immaterielle Anlagewerte" auszuweisen.

Formblatt 2 (Kontoform)*)

Gewinn- und Verlustrechnung

der ....

für die Zeit vom .... bis ....

Aufwendungen

	Euro*)	Euro	Euro
1. Zinsaufwendungen 1) 9)			....
2. Provisionsaufwendungen 4)			....
3. Nettoaufwand des Handelsbestands 6) 7)			....
4. Allgemeine Verwaltungsaufwendungen			
a) Personalaufwand			
aa) Löhne und Gehälter	....		
ab) Soziale Abgaben und Aufwendungen für Altersversorgung und für Unterstützung darunter: für Altersversorgung ...... Euro	....	....	
b) andere Verwaltungsaufwendungen		....	....
5. Abschreibungen und Wertberichtigungen auf immaterielle Anlagewerte und Sachanlagen 8)			....
6. Sonstige betriebliche Aufwendungen			....
7. Abschreibungen und Wertberichtigungen auf Forderungen und bestimmte Wertpapiere sowie Zuführungen zu Rückstellungen im Kreditgeschäft			....
8. Abschreibungen und Wertberichtigungen auf Beteiligungen, Anteile an verbundenen Unternehmen und wie Anlagevermögen behandelte Wertpapiere			....
9. Aufwendungen aus Verlustübernahme			....
10. (weggefallen)			....
11. Außerordentliche Aufwendungen			....
12. Steuern vom Einkommen und vom Ertrag			....
13. Sonstige Steuern, soweit nicht unter Posten 6 ausgewiesen			....
14. Auf Grund einer Gewinngemeinschaft, eines Gewinnabführungs- oder eines Teilgewinnabführungsvertrags abgeführte Gewinne			....
15. Jahresüberschuss			....
Summe der Aufwendungen			....

Erträge

	Euro*)	Euro
1. Zinserträge aus 2) 9)		
a) Kredit- und Geldmarktgeschäften	....	
b) festverzinslichen Wertpapieren und Schuldbuchforderungen	....	....
2. Laufende Erträge aus		
a) Aktien und anderen nicht festverzinslichen Wertpapieren	....	
b) Beteiligungen 3)	....	
c) Anteilen an verbundenen Unternehmen	....	....
3. Erträge aus Gewinngemeinschaften, Gewinnabführungs- oder Teilgewinnabführungsverträgen		....
4. Provisionserträge 5)		....
5. Nettoertrag des Handelsbestands 6) 7)		....
6. Erträge aus Zuschreibungen zu Forderungen und bestimmten Wertpapieren sowie aus der Auflösung von Rückstellungen im Kreditgeschäft		....
7. Erträge aus Zuschreibungen zu Beteiligungen, Anteilen an verbundenen Unternehmen und wie Anlagevermögen behandelten Wertpapieren		....
8. Sonstige betriebliche Erträge		....
9. (weggefallen)		....
10. Außerordentliche Erträge		....
11. Erträge aus Verlustübernahme		....
12. Jahresfehlbetrag		....
Summe der Erträge		....

*) An die Stelle der in diesem Formblatt verwendeten Währungsbezeichnung „Euro“ tritt bis zum 31. Dezember 1998 die Währungsbezeichnung „DM“; vgl. aber ab 1. Januar 1999 Artikel 42 Abs. 1 Satz 2 des Einführungsgesetzes zum Handelsgesetzbuch.

noch Gewinn- und Verlustrechnung (Kontoform)

	Euro	Euro
1. Jahresüberschuss/Jahresfehlbetrag		....
2. Gewinnvortrag/Verlustvortrag aus dem Vorjahr		....
		....
3. Entnahmen aus der Kapitalrücklage		....
		....
4. Entnahmen aus Gewinnrücklagen		
a) aus der gesetzlichen Rücklage	....	
b) aus der Rücklage für Anteile an einem herrschenden oder mehrheitlich beteiligten Unternehmen	....	
c) aus satzungsmäßigen Rücklagen	....	
d) aus anderen Gewinnrücklagen	....	....
		....
5. Entnahmen aus Genussrechtskapital		....
		....
6. Einstellungen in Gewinnrücklagen		
a) in die gesetzliche Rücklage	....	
b) in die Rücklage für Anteile an einem herrschenden oder mehrheitlich beteiligten Unternehmen	....	
c) in satzungsmäßige Rücklagen	....	
d) in andere Gewinnrücklagen	....	....
		....
7. Wiederauffüllung des Genussrechtskapitals		....
8. Bilanzgewinn/Bilanzverlust		....

[1]) Bausparkassen haben den Posten 1 Zinsaufwendungen in der Gewinn- und Verlustrechnung wie folgt zu untergliedern:

„a) für Bauspareinlagen .... Euro
b) andere Zinsaufwendungen .... Euro .... Euro“.

[2]) Bausparkassen haben im Ertragsposten 1 den Unterposten a Zinserträge aus Kredit- und Geldmarktgeschäften in der Gewinn- und Verlustrechnung wie folgt zu untergliedern:

„aa) Bauspardarlehen .... Euro
ab) Vor- und Zwischenfinanzierungskrediten .... Euro
ac) sonstigen Baudarlehen .... Euro
ad) sonstigen Kredit- und Geldmarktgeschäften .... Euro .... Euro“.

[3]) Institute in genossenschaftlicher Rechtsform und genossenschaftliche Zentralbanken haben im Ertragsposten 2 den Unterposten b Laufende Erträge aus Beteiligungen in der Gewinn- und Verlustrechnung um die Worte „und aus Geschäftsguthaben bei Genossenschaften“ zu ergänzen.

[4]) Bausparkassen haben den Posten 2 Provisionsaufwendungen in der Gewinn- und Verlustrechnung wie folgt zu untergliedern:

„a) Provisionen für Vertragsabschluss und -vermittlung .... Euro
b) andere Provisionsaufwendungen .... Euro .... Euro“.

Institute, die Skontroführer im Sinne des § 27 Abs. 1 des Börsengesetzes und nicht Einlagenkreditinstitute im Sinne des § 1 Abs. 3d Satz 1 des Gesetzes über das Kreditwesen sind, haben den Aufwandposten 2 Provisionsaufwendungen wie folgt zu untergliedern:

„davon:
a) Courtageaufwendungen .... Euro
b) Courtage für Poolausgleich .... Euro“.

[5]) Bausparkassen haben den Posten 4 Provisionserträge in der Gewinn- und Verlustrechnung wie folgt zu untergliedern:

„a) aus Vertragsabschluss und -vermittlung .... Euro
b) aus der Darlehensregelung nach der Zuteilung .... Euro
c) aus Bereitstellung und Bearbeitung von Vor- und Zwischenfinanzierungskrediten .... Euro
d) andere Provisionserträge .... Euro .... Euro“.

Institute, die Skontroführer im Sinne des § 27 Abs. 1 des Börsengesetzes und nicht Einlagenkreditinstitute im Sinne des § 1 Abs. 3d Satz 1 des: 1 des Gesetzes über das Kreditwesen sind, haben den Ertragsposten 4 Provisionserträge wie folgt zu untergliedern:

„davon:
a) Courtageerträge .... Euro
b) Courtage aus Poolausgleich .... Euro“.

[6]) Kreditgenossenschaften, die das Warengeschäft betreiben, haben nach dem Aufwandposten 3 Nettoaufwand des Handelsbestands oder nach dem Ertragsposten 5 Nettoertrag des Handelsbestands in der Gewinn- und Verlustrechnung folgenden Posten einzufügen:

„3a./5a. Rohergebnis aus Warenverkehr und Nebenbetrieben .... Euro".

[7]) Finanzdienstleistungsinstitute, sofern sie nicht Skontroführer im Sinne des § 27 Abs. 1 des Börsengesetzes sind, haben anstatt des Aufwandpostens 3 Nettoaufwand des Handelsbestands in der Gewinn- und Verlustrechnung folgenden Posten aufzuführen:

„3. Aufwand des Handelsbestands .... Euro"

und anstatt des Ertragspostens 5 Nettoertrag des Handelsbestands folgenden Posten aufzuführen:

„5. Ertrag des Handelsbestands .... Euro".

Institute, die Skontroführer im Sinne des § 27 Abs. 1 des Börsengesetzes und nicht Einlagenkreditinstitute im Sinne des § 1 Abs. 3d Satz 1 des Gesetzes über das Kreditwesen sind, haben anstatt des Aufwandpostens 3 Nettoaufwand des Handelsbestands in der Gewinn- und Verlustrechnung folgende Posten aufzuführen:

„3. Aufwand des Handelsbestands .... Euro
davon:
a) Wertpapiere .... Euro
b) Futures .... Euro
c) Optionen .... Euro
d) Kursdifferenzen aus Aufgabegeschäften .... Euro"

und anstatt des Ertragspostens 5 Nettoertrag des Handelsbestands folgende Posten aufzuführen:

„5. Ertrag des Handelsbestands .... Euro
davon:
a) Wertpapiere .... Euro
b) Futures .... Euro
c) Optionen .... Euro
d) Kursdifferenzen aus Aufgabegeschäften .... Euro".

[8]) Finanzdienstleistungsinstitute im Sinn des §1 Absatz 1a Nummer 10 des Kreditwesengesetzes haben den Aufwandsposten Nummer 5 wie folgt zu gliedern:
5. Abschreibungen und Wertberichtigungen
a) auf Leasingvermögen ..... Euro
b) auf immaterielle Anlagewerte und Sachanlagen .... Euro .... Euro.

[9]) Finanzdienstleistungsinstitute im Sinn des §1 Absatz 1a Nummer 10 des Kreditwesengesetzes haben vor dem Ertragsposten „1. Zinserträge" den Posten „01. Leasingerträge" und vor dem Aufwandsposten „1. Zinsaufwendungen" den Posten „01. Leasingaufwendungen" auszuweisen.

Formblatt 3 (Staffelform)*)

Gewinn- und Verlustrechnung

der ....

für die Zeit vom .... bis ....

	Euro*)	Euro	Euro
1. Zinserträge aus1) 9)			
a) Kredit- und Geldmarktgeschäften	....		
b) festverzinslichen Wertpapieren und Schuldbuchforderungen	....	....	
2. Zinsaufwendungen2) 9)		....	....
3. Laufende Erträge aus			
a) Aktien und anderen nicht festverzinslichen Wertpapieren		....	
b) Beteiligungen3)		....	
c) Anteilen an verbundenen Unternehmen		....	....
4. Erträge aus Gewinngemeinschaften, Gewinnabführungs- oder Teilgewinnabführungsverträgen			....
5. Provisionserträge4)		....	
6. Provisionsaufwendungen5)		....	....
7. Nettoertrag oder Nettoaufwand des Handelsbestands 6) 7)			....
8. Sonstige betriebliche Erträge			....
9. (weggefallen)			
10. Allgemeine Verwaltungsaufwendungen			
a) Personalaufwand			
aa) Löhne und Gehälter	....		
ab) Soziale Abgaben und Aufwendungen für Altersversorgung und für Unterstützung	....	....	
darunter:			
für Altersversorgung .... Euro			
b) andere Verwaltungsaufwendungen		....	....
11. Abschreibungen und Wertberichtigungen auf immaterielle Anlagewerte und Sachanlagen 8)			....
12. Sonstige betriebliche Aufwendungen			....
13. Abschreibungen und Wertberichtigungen auf Forderungen und bestimmte Wertpapiere sowie Zuführungen zu Rückstellungen im Kreditgeschäft		....	
14. Erträge aus Zuschreibungen zu Forderungen und bestimmten Wertpapieren sowie aus der Auflösung von Rückstellungen im Kreditgeschäft		....	....
15. Abschreibungen und Wertberichtigungen auf Beteiligungen, Anteile an verbundenen Unternehmen und wie Anlagevermögen behandelte Wertpapiere		....	
16. Erträge aus Zuschreibungen zu Beteiligungen, Anteilen an verbundenen Unternehmen und wie Anlagevermögen behandelten Wertpapieren		....	....
17. Aufwendungen aus Verlustübernahme			....
18. (weggefallen)			
19. Ergebnis der normalen Geschäftstätigkeit			....
20. Außerordentliche Erträge		....	

*) An die Stelle der in diesem Formblatt verwendeten Währungsbezeichnung „Euro" tritt bis zum 31. Dezember 1998 die Währungsbezeichnung „DM"; vgl. aber ab 1. Januar 1999 Artikel 42 Abs. 1 Satz 2 des Einführungsgesetzes zum Handelsgesetzbuch.

noch Gewinn- und Verlustrechnung (Staffelform)

	Euro[1])	Euro	Euro
21. Außerordentliche Aufwendungen		....	
22. Außerordentliches Ergebnis		....	....
23. Steuern vom Einkommen und vom Ertrag		....	
24. Sonstige Steuern, soweit nicht unter Posten 12 ausgewiesen		....	....
25. Erträge aus Verlustübernahme			....
26. Auf Grund einer Gewinngemeinschaft, eines Gewinnabführungs- oder eines Teilgewinnabführungsvertrags abgeführte Gewinne			....
27. Jahresüberschuss/Jahresfehlbetrag			....
28. Gewinnvortrag/Verlustvortrag aus dem Vorjahr			....
			....
29. Entnahmen aus der Kapitalrücklage			....
			....
30. Entnahmen aus Gewinnrücklagen			
a) aus der gesetzlichen Rücklage		....	
b) aus der Rücklage für Anteile an einem herrschenden oder mehrheitlich beteiligten Unternehmen		....	
c) aus satzungsmäßigen Rücklagen		....	
d) aus anderen Gewinnrücklagen		....	....
			....
31. Entnahmen aus Genussrechtskapital			....
			....
32. Einstellungen in Gewinnrücklagen			
a) in die gesetzliche Rücklage		....	
b) in die Rücklage für Anteile an einem herrschenden oder mehrheitlich beteiligten Unternehmen		....	
c) in satzungsmäßige Rücklagen		....	
d) in andere Gewinnrücklagen		....	....
			....
33. Wiederauffüllung des Genussrechtskapitals			....
34. Bilanzgewinn / Bilanzverlust			....

[1]) Bausparkassen haben im Ertragsposten 1 den Unterposten a Zinserträge aus Kredit- und Geldmarktgeschäften in der Gewinn- und Verlustrechnung wie folgt zu untergliedern:

„aa) Bauspardarlehen	.... Euro	
ab) Vor- und Zwischenfinanzierungskrediten	.... Euro	
ac) sonstigen Baudarlehen	.... Euro	
ad) sonstigen Kredit- und Geldmarktgeschäften	.... Euro	.... Euro“.

[2]) Bausparkassen haben den Posten 2 Zinsaufwendungen in der Gewinn- und Verlustrechnung wie folgt zu untergliedern:

„a) für Bauspareinlagen	.... Euro	
b) andere Zinsaufwendungen	.... Euro	.... Euro“.

[3]) Institute in genossenschaftlicher Rechtsform und genossenschaftliche Zentralbanken haben im Ertragsposten 3 den Unterposten b Laufende Erträge aus Beteiligungen in der Gewinn- und Verlustrechnung um die Worte „und aus Geschäftsguthaben bei Genossenschaften“ zu ergänzen.

[4]) Bausparkassen haben den Posten 5 Provisionserträge in der Gewinn- und Verlustrechnung wie folgt zu untergliedern:

„a) aus Vertragsabschluss und -vermittlung	.... Euro	
b) aus der Darlehensregelung nach der Zuteilung	.... Euro	
c) aus Bereitstellung und Bearbeitung von Vor- und Zwischenfinanzierungskrediten	.... Euro	
d) andere Provisionserträge	.... Euro	.... Euro“.

Institute, die Skontroführer im Sinne des § 27 Abs. 1 des Börsengesetzes und nicht Einlagenkreditinstitute im Sinne des § 1 Abs. 3d Satz 1 des Gesetzes über das Kreditwesen sind, haben den Ertragsposten 5 Provisionserträge wie folgt zu untergliedern:

„davon:

a) Courtageerträge .... Euro

b) Courtage aus Poolausgleich .... Euro".

5) Bausparkassen haben den Posten 6 Provisionsaufwendungen in der Gewinn- und Verlustrechnung wie folgt zu untergliedern:

„a) Provisionen für Vertragsabschluss und -vermittlung .... Euro

b) andere Provisionsaufwendungen .... Euro .... Euro".

Institute, die Skontroführer im Sinne des § 27 Abs. 1 des Börsengesetzes und nicht Einlagenkreditinstitute im Sinne des § 1 Abs. 3d Satz 1 des 1 des Gesetzes über das Kreditwesen sind, haben den Aufwandposten 6 Provisionsaufwendungen wie folgt zu untergliedern:

„davon:

a) Courtageaufwendungen .... Euro

b) Courtage für Poolausgleich .... Euro".

6) Kreditgenossenschaften, die das Warengeschäft betreiben, haben nach dem Aufwand- oder Ertragsposten 7 Nettoertrag oder Nettoaufwand des Handelsbestands in der Gewinn- und Verlustrechnung folgenden Posten einzufügen:

„7a. Rohergebnis aus Warenverkehr und Nebenbetrieben .... Euro".

7) Finanzdienstleistungsinstitute, sofern sie nicht Skontroführer im Sinne des § 27 Abs. 1 des Börsengesetzes sind, haben anstatt des Aufwand- oder Ertragspostens 7 Nettoertrag oder Nettoaufwand des Handelsbestands in der Gewinn- und Verlustrechnung folgende Posten aufzuführen:

„7a. Ertrag aus Finanzgeschäften .... Euro

7b. Aufwand aus Finanzgeschäften .... Euro".

Institute, die Skontroführer im Sinne des § 27 Abs. 1 des Börsengesetzes und nicht Einlagenkreditinstitute im Sinne des § 1 Abs. 3d Satz 1 des Gesetzes über das Kreditwesen sind, haben anstatt des Aufwand- oder Ertragspostens 7 Nettoertrag oder Nettoaufwand aus Finanzgeschäften in der Gewinn- und Verlustrechnung folgende Posten aufzuführen:

„7a. Ertrag aus Finanzgeschäften .... Euro

davon:

aa) Wertpapiere .... Euro

ab) Futures .... Euro

ac) Optionen .... Euro

ad) Kursdifferenzen aus Aufgabegeschäften .... Euro

7b. Aufwand aus Finanzgeschäften .... Euro

davon:

ba) Wertpapiere .... Euro

bb) Futures .... Euro

bc) Optionen .... Euro

bd) Kursdifferenzen aus Aufgabegeschäften .... Euro".

8) Finanzdienstleistungsinstitute im Sinn des §1 Absatz 1a Nummer 10 des Kreditwesengesetzes haben den Aufwandsposten Nummer 11 wie folgt zu untergliedern:

11. Abschreibungen und Wertberichtigungen

a) auf Leasingvermögen ..... Euro

b) auf immaterielle Anlagewerte und Sachanlagen .... Euro .... Euro.

9) Finanzdienstleistungsinstitute im Sinn des §1 Absatz 1a Nummer 10 des Kreditwesengesetzes haben vor dem Ertragsposten „1. Zinserträge" den Posten „01. Leasingerträge" und „02. Leasingaufwendungen" auszuweisen.

Anlage 2

Kontenrahmen und Kontenplan zu Schuster: Geschäfts- und Wertschöpfungsprozesse der Kreditinstitute

Klasse 1
Barreserve, kurz- und mittelfristige Anlagen

10 Kasse
100 Hauptkasse
101 Nebenkassen
103 Portokasse
104 Gerichtsgebührenmarken

11 Sorten und Edelmetalle
110 Sorten
111 Edelmetalle

12 Deutsche Bundesbank und eigene Zentrale
120 BBk-Giro
121 BBk-Übernachtguthaben
122 BBk – andere Guthaben
123 Zentrale

13 Postbank

14 Fällige Schuldverschreibungen, Zins- und Dividendenscheine

15 Schecks und andere Inkassopapiere
150 Schecks
151 Lastschriften
152 Inkassowechsel
153 Inkassowechsel – Banken
154 Sonstige Inkassopapiere

16 Wechsel

17 Devisen
170 Devisen
171 Termin-Devisen

Klasse 2
Forderungen und Verbindlichkeiten

20 Banken-Kontokorrent
200 Banken-Kontokorrent
2010 BBk-Verbindlichkeiten
2011 Verbindlichkeiten aus Pensionsgeschäften
202 Akkreditivforderungen – Banken
203 Akkreditivdeckungskonto – Banken

21 Kunden-Kontokorrent
210 Kunden-Kontokorrent
211 Kunden-Tratten
212 Kundenavale
213 Akkreditivforderungen – Kunden
214 Akkreditivdeckungskonto – Kunden

22 Spar- und Termineinlagen
220 Spareinlagen mit vereinbarter Kündigungsfrist v. 3 Monaten
221 Spareinlagen mit vereinbarter Kündigungsfrist von mehr als 3 Monaten
222 Vermögenswirksame Spareinlagen
223 Sparbriefe
224 Begebene Schuldverschreibungen
225 Termineinlagen

23 Conto pro diverse
230 Vorschüsse
2301 Retouren (Rückschecks)
2302 Retouren (Rücklastschriften)
2303 Retouren (Rückwechsel)
2304 Vorläufig gebuchte Eingänge C.p.d.
232 Kassenfehlbeträge

24 Darlehen
240 Hypotheken- und Grundschulddarlehen
241 Sonstige Darlehen
242 Ratenkredite
243 Durchlaufende Kredite (Aktiva)
244 Durchlaufende Kredite (Passiva)
245 Aufgenommene Darlehen
246 Verbindlichkeiten aus Pensionsgeschäften

25 Verbindlichkeiten aus eigenen Akzepten
250 Eigene Akzepte

26 frei

27 Sonstige Aktiva
270 Sonstige Forderungen
2701 Sonstige Forderungen Finanzamt (Vorsteuer)
2702 Sonstige Forderungen Finanzamt, Kapitalertragsteuer
2703 Sonstige Forderungen Finanzamt, Körperschaftsteuer
2704 Sonstige Forderungen Finanzamt (Soli)

28 Sonstige Passiva
280 Sonstige Verbindlichkeiten
2801 Sonstige Verbindlichkeiten (Sozialversicherung)
2802 Sonstige Verbindlichkeiten (Finanzamt), Lohnsteuer
2803 Sonstige Verbindlichkeiten Finanzamt (KESt/AbgSt)
281 Umsatz-(Mehrwert-)steuer
284 Eigene Dividende
285 Kassenüberschüsse
286 Geldkartenverrechnung

29 Eventualverbindlichkeiten
291 Eigene Avale
292 Akkreditivverpflichtungen

Klasse 3
Sonstige Vermögensgegenstände

30 Wertpapiere
300 Eigene Wertpapiere
- Anlagevermögen
- Handelsbestand
- Liquiditätsreserve

301 Wertpapierkommission
302 Schuldscheindarlehen

31 Schuldbuchforderungen
310 Ausgleichsforderungen

32 Beteiligungen
320 Beteiligungen

33 Sachanlagen
331 Grundstücke und Gebäude
332 Betriebs- und Geschäftsausstattung (BGA)
333 Geringwertige Wirtschaftsgüter (Sammelposten)
3331 GWG (250,00 €)
3332 GWG (>250,00 € – 800,00 €)
3333 GWG (>250,00 € – 1 000,00 €)

34 Vermietete Vermögensgegenstände

Klasse 4
Verrechnungskonten
Zwischenkonten

40 Verrechnungs- und Zwischenkonten im Zahlungsverkehr
400 Verrechnungskonto Geschäftsstellen (Filialen)
401 Eilüberweisungsgegenwerte

41 Zwischenkonten im Inkassogeschäft
410 Scheckeinreicher
411 Wechseleinreicher
412 Scheckversand
413 Wechselversand
414 Wechseleinreicher – Banken
415 Kuponzwischenkonto
416 Kuponversand
417 Dotationskonto
418 Eilscheckgegenwerte
419 Retouren-Gegenwerte

43 Zwischenkonto im Kreditgeschäft
430 Leistungskonto

Klasse 5
Betriebserträge

50 Zinserträge aus Kredit- und Geldmarktgeschäften sowie Rückstellungen
500 Zinserträge
501 Zinserträge festverzinslicher Wertpapiere
502 Zinsähnliche Erträge
z. B. Akzeptprovision
Damnum Disagio
Bereitstellungsprovision
Kreditprovision
Überziehungsprovision
spezielle Entgelte für Leistungen im Kreditgeschäft

51 Laufende Erträge aus Wertpapieren und Beteiligungen
510 Wertpapiererträge
511 Beteiligungserträge

52 Provisions- und Gebührenerträge
520 Provisions- und Gebührenerträge
z. B. Umsatzprovision,
Kontoführungsgebühren,
Kontoauflösungsgebühren,
Domizilprovision,
Inkassoprovision,
Avalprovision,
Provision aus Effektengeschäften,
Depotgebühren,
Safemiete,
Provision im Außenhandel usw.

53 Kursgewinne aus Wertpapieren

54 Erträge aus Zuschreibungen zu Wertpapieren wie
- Zuschreibungen zu Wertpapieren der Liquiditätsreserve
- Auflösung von Vorsorgereserven

55 Erträge aus Zuschreibungen zu Forderungen wie
- Eingang abgeschriebener Forderungen
- Auflösung von Wertberichtigungen auf Forderungen
- Auflösung von Rückstellungen im Kreditgeschäft

56 Sonstige betriebliche Erträge wie
- Grundstücks- und Gebäudeerträge (bankfremde Nutzung)
- Darlehensgebühren (ohne Zinscharakter)
- Erträge aus EDV-Dienstleistungen
- Erträge aus der Auflösung von sonstigen Rückstellungen
- Erträge aus Zuschreibungen zu Sachanlagen und sonstigen Vermögensgegenständen

57 Sonstige außerordentliche Erträge
- Erträge aus Kassenüberschüssen

Klasse 6
Betriebsaufwendungen

60 Zinsen und zinsähnliche Aufwendungen
600 Zinsaufwendungen
601 Diskontaufwendungen
602 Zinsähnliche Aufwendungen z. B. Bereitstellungsprovision

61 Provisionen und ähnliche Aufwendungen für Dienstleistungen ohne Zinscharakter
610 Provisions- und Gebührenaufwendungen
611 Porto, Spesen

62 Personalaufwendungen
620 Personalaufwendungen
621 Soziale Aufwendungen

63 Sachaufwendungen
630 Büroaufwendungen
631 Aufwendungen für Geschäftsräume
632 Aufwendungen für Kraftfahrzeuge
633 Werbeaufwendungen
634 Reiseaufwendungen
635 Aufwendungen für EDV
635 Aufwendungen für Instandhaltungen
636 Betriebssteuern, z. B. Grundsteuer
637 Haus- und Grundstücksaufwendungen

64 Abschreibungen
641 Abschreibungen auf Sachanlagen
642 Abschreibungen auf Forderungen
643 Abschreibungen auf Wertpapiere

65 Kursverluste aus Wertpapieren

66 Sonstige betriebliche Aufwendungen wie
- Abschreibungen auf sonstige Vermögensgegenstände
- übernommene Kassenfehlbeträge
- Aufwendungen für Prozesse

67 Steuern vom Einkommen und vom Ertrag
671 Körperschaftsteuer
672 Gewerbesteuer
673 Anrechenbare Kapitalertragsteuer

68 Einstellungen in den Fonds für allgemeine Bankrisiken

Klasse 7
Kapital- und Abschlusskonten

70 Kapital
700 Gezeichnetes Kapital
701 Privatkonten (bei Einzelunternehmungen und Personengesellschaften)

71 Genussrechtskapital

72 Kapitalrücklage

73 Gewinnrücklagen
730 Gesetzliche Rücklage
731 Rücklage für eigene Anteile
732 Satzungsmäßige Rücklagen
733 Andere Gewinnrücklagen

74 Sonderposten mit Rücklageanteil

75 Rückstellungen
750 Pensionsrückstellungen
751 Steuerrückstellungen
752 Andere Rückstellungen

76 Wertberichtigungen
760 Einzelwertberichtigungen auf Forderungen
761 Pauschalwertberichtigungen auf Forderungen
762 Vorsorgereserven
763 Fonds für allgemeine Bankrisiken

77 Rechnungsabgrenzungsposten
770 Aktive Rechnungsabgrenzungsposten
771 Passive Rechnungsabgrenzungsposten

78 Gewinn- und Verlustkonto
780 Gewinn- und Verlustkonto
781 Gewinnverteilungskonto
782 Gewinnvortrag
783 Verlustvortrag
784 Bilanzgewinn
785 Bilanzverlust
786 Handelsergebnis

79 Bilanzkonten
790 Eröffnungsbilanzkonto (EBK)
791 Schlussbilanzkonto (SBK)

Anlage 3

Handelsrechtliche Wertansätze (Auszug aus dem HGB)

§ 253 (Zugangs- und Folgebewertung)

(1) **Vermögensgegenstände** sind **höchstens** mit den **Anschaffungs- oder Herstellungskosten,** vermindert um die Abschreibungen nach den Absätzen 3 bis 5, anzusetzen. **Verbindlichkeiten** sind zu ihrem **Erfüllungsbetrag** und **Rückstellungen** in Höhe des nach vernünftiger kaufmännischer Beurteilung notwendigen **Erfüllungsbetrages** anzusetzen. Soweit sich die Höhe von Altersversorgungsverpflichtungen ausschließlich nach dem beizulegenden Zeitwert von Wertpapieren im Sinn des § 266 Abs. 2 A.III.5 bestimmt, sind Rückstellungen hierfür zum beizulegenden Zeitwert dieser Wertpapiere anzusetzen, soweit er einen garantierten Mindestbetrag übersteigt. Nach § 246 Abs. 2 Satz 2 zu verrechnende Vermögensgegenstände sind mit ihrem beizulegenden Zeitwert zu bewerten. [. . .]

(2) Rückstellungen mit einer **Restlaufzeit** von mehr als einem Jahr sind **abzuzinsen** mit dem ihrer Restlaufzeit entsprechenden durchschnittlichen Marktzinssatz, der sich im Falle von Rückstellungen für Altersversorgungsverpflichtungen aus den vergangenen zehn Geschäftsjahren und im Falle sonstiger Rückstellungen aus den vergangenen sieben Geschäftsjahren ergibt. Abweichend von Satz 1 dürfen Rückstellungen für **Altersversorgungsverpflichtungen** oder **vergleichbare langfristig fällige Verpflichtungen** pauschal mit dem durchschnittlichen Marktzinssatz abgezinst werden, der sich bei einer angenommenen **Restlaufzeit** von 15 Jahren ergibt. Die Sätze 1 und 2 gelten entsprechend für auf Rentenverpflichtungen beruhende Verbindlichkeiten, für die eine Gegenleistung nicht mehr zu erwarten ist. Der nach den Sätzen 1 und 2 anzuwendende **Abzinsungszinssatz** wird von der Deutschen Bundesbank nach Maßgabe einer Rechtsverordnung ermittelt und monatlich bekannt gegeben. In der Rechtsverordnung nach Satz **4,** die nicht der Zustimmung des Bundesrates bedarf, bestimmt das Bundesministerium der Justiz und für Verbraucherschutz im Benehmen mit der Deutschen Bundesbank das Nähere zur Ermittlung der Abzinsungszinssätze, insbesondere die Ermittlungsmethodik und deren Grundlagen, sowie die Form der Bekanntgabe.

(3) Bei **Vermögensgegenständen des Anlagevermögens,** deren **Nutzung zeitlich begrenzt** ist, sind die Anschaffungs- oder die Herstellungskosten um **planmäßige Abschreibungen** zu vermindern. Der Plan muss die Anschaffungs- oder Herstellungskosten auf die Geschäftsjahre verteilen, in denen der Vermögensgegenstand voraussichtlich genutzt werden kann. Kann in Ausnahmefällen die voraussichtliche Nutzungsdauer eines selbst geschaffenen immateriellen Vermögensgegenstands des Anlagevermögens nicht verlässlich geschätzt werden, sind planmäßige Abschreibungen auf die Herstellungskosten über einen Zeitraum von zehn Jahren vorzunehmen. Satz 3 findet auf einen entgeltlich erworbenen Geschäfts- oder Firmenwert entsprechende Anwendung. **Ohne Rücksicht darauf,** ob ihre Nutzung zeitlich begrenzt ist, **sind** bei **Vermögensgegenständen des Anlagevermögens** bei **voraussichtlich dauernder Wertminderung** außerplanmäßige Abschreibungen vorzunehmen, um diese mit dem niedrigeren Wert anzusetzen, der ihnen am Abschlussstichtag beizulegen ist. Bei **Finanzanlagen können** außerplanmäßige Abschreibungen auch bei voraussichtlich nicht dauernder Wertminderung vorgenommen werden.

(4) Bei **Vermögensgegenständen des Umlaufvermögens** sind Abschreibungen vorzunehmen, um diese mit einem niedrigeren Wert anzusetzen, der sich aus einem Börsen- oder Marktpreis am Abschlussstichtag ergibt. Ist ein Börsen- oder Marktpreis nicht festzustellen und übersteigen die Anschaffungs- oder Herstellungskosten den Wert, der den Vermögensgegenständen am Abschlussstichtag beizulegen ist, so ist auf diesen Wert abzuschreiben.

(5) Ein **niedrigerer Wertansatz** nach Abs. 3 Satz 5 oder 6 und Abs. 4 **darf nicht beibehalten werden, wenn** die Gründe dafür nicht mehr bestehen. Ein **niedrigerer Wertansatz** eines **entgeltlich erworbenen Geschäfts- oder Firmenwertes ist** beizubehalten.

(6) [. . .]

§ 254 (Bildung von Bewertungseinheiten)

Werden Vermögensgegenstände, Schulden, schwebende Geschäfte oder mit hoher Wahrscheinlichkeit **erwartete** Transaktionen **zum Ausgleich gegenläufiger Wertänderungen** oder **Zahlungsströme aus dem Eintritt vergleichbarer** Risiken mit Finanzinstrumenten zusammengefasst **(Bewertungseinheit),** sind § 249 Abs. 1, § 252 Abs. 1 Nr. 3 und 4, § 253 Abs. 1 Satz 1 und § 256 a **in dem Umfang und für den Zeitraum** nicht anzuwenden, **in dem die gegenläufigen Wertänderungen oder Zahlungsströme sich ausgleichen. Als Finanzinstrumente im Sinn des Satzes 1 gelten auch Termingeschäfte über den Erwerb oder die Veräußerung von Waren.**

§ 255 (Bewertungsmaßstäbe)

(1) **Anschaffungskosten** sind die Aufwendungen, die geleistet werden, um einen **Vermögensgegenstand zu erwerben** und ihn in einen betriebsbereiten Zustand zu versetzen, soweit sie dem Vermögensgegenstand einzeln zugeordnet werden können. **Anschaffungspreisminderungen,** die dem Vermögensgegenstand einzeln zugeordnet werden können, sind abzusetzen.

(2) **Herstellungskosten** sind die Aufwendungen, die durch den Verbrauch von Gütern und die Inanspruchnahme von Diensten für die Herstellung eines Vermögensgegenstands, seine Erweiterung oder für eine über seinen ursprünglichen Zustand hinausgehende wesentliche Verbesserung entstehen. **Dazu gehören** die Materialkosten, die Fertigungskosten und die Sonderkosten der Fertigung sowie angemessene Teile der Materialgemeinkosten, der Fertigungsgemeinkosten und des Werteverzehrs des Anlagevermögens, soweit dieser durch die Fertigung veranlasst ist. Bei der Berechnung der Herstellungskosten **dürfen** angemessene Teile der Kosten der allgemeinen Verwaltung sowie angemessene Aufwendungen für soziale Einrichtungen des Betriebs, für freiwillige soziale Leistungen und für die betriebliche Altersversorgung einbezogen werden, soweit diese auf den Zeitraum der Herstellung entfallen. Forschungs- und Vertriebskosten dürfen nicht einbezogen werden.

(2 a) **Herstellungskosten eines selbst geschaffenen immateriellen Vermögensgegenstands des Anlagevermögens** sind die bei dessen Entwicklung anfallenden Aufwendungen nach Absatz 2. Entwicklung ist die Anwendung von Forschungsergebnissen oder von anderem Wissen für die Neuentwicklung von Gütern oder Verfahren oder die Weiterentwicklung von Gütern oder Verfahren mittels wesentlicher Änderungen. Forschung ist die eigenständige und planmäßige Suche nach neuen wissenschaftlichen oder technischen Erkenntnissen oder Erfahrungen allgemeiner Art, über deren technische Verwertbarkeit und wirtschaftliche Erfolgsaussichten grundsätzlich keine Aussagen gemacht werden können. Können Forschung und Entwicklung nicht verlässlich voneinander unterschieden werden, ist eine Aktivierung ausgeschlossen.

(3) **Zinsen für Fremdkapital** gehören **nicht** zu den Herstellungskosten. Zinsen für Fremdkapital, das zur Finanzierung der Herstellung eines Vermögensgegenstands verwendet wird, **dürfen** angesetzt werden, soweit sie auf den Zeitraum der Herstellung entfallen; in diesem Falle gelten sie als Herstellungskosten des Vermögensgegenstands.

(4) Der **beizulegende Zeitwert** entspricht dem **Marktpreis.** Soweit kein aktiver Markt besteht, anhand dessen sich der Marktpreis ermitteln lässt, ist der beizulegende Zeitwert mithilfe allgemein anerkannter Bewertungsmethoden zu bestimmen. Lässt sich der beizulegende Zeitwert weder nach Satz 1 noch nach Satz 2 ermitteln, sind die Anschaffungs- oder Herstellungskosten gemäß § 253 Abs. 4 fortzuführen. Der zuletzt nach Satz 1 oder 2 ermittelte beizulegende Zeitwert gilt als Anschaffungs- oder Herstellungskosten im Sinn des Satzes 3.

§ 256 a (Währungsumrechnung)

Auf fremde Währung lautende Vermögensgegenstände und Verbindlichkeiten sind zum Devisenkassamittelkurs am Abschlussstichtag umzurechnen. Bei einer Restlaufzeit von einem Jahr oder weniger sind § 253 Abs. 1 Satz 1 und § 252 Abs. 1 Nr. 4 Halbsatz 2 nicht anzuwenden.

Dritter Titel: Bewertungsvorschriften

§ 340 e (Bewertung von Vermögensgegenständen)

(1) **Kreditinstitute haben** Beteiligungen einschließlich der Anteile an verbundenen Unternehmen, Konzessionen, gewerbliche Schutzrechte und ähnliche Rechte und Werte sowie Lizenzen an solchen Rechten und Werten, Grundstücke, grundstücksgleiche Rechte und Bauten einschließlich der Bauten auf fremden Grundstücken, technische Anlagen und Maschinen, andere Anlagen, Betriebs- und Geschäftsausstattung sowie Anlagen im Bau **nach den für das Anlagevermögen geltenden Vorschriften zu bewerten,** es sei denn, dass sie nicht dazu bestimmt sind, dauernd dem Geschäftsbetrieb zu dienen; in diesem Falle sind sie nach Satz 2 zu bewerten. **Andere Vermögensgegenstände,** insbesondere Forderungen und Wertpapiere, sind nach den für das **Umlaufvermögen geltenden Vorschriften zu bewerten,** es sei denn, dass sie dazu bestimmt werden, **dauernd** dem Geschäftsbetrieb zu dienen; in diesem Falle sind sie nach Satz 1 zu bewerten. § 253 Abs. 3 Satz 6 ist nur auf Beteiligungen und Anteile an verbundenen Unternehmen im Sinn des Satzes 1 sowie Wertpapiere und Forderungen im Sinn des Satzes 2, die **dauernd dem Geschäftsbetrieb zu dienen bestimmt sind,** anzuwenden.

(2) **Abweichend** von § 253 Abs. 1 Satz 1 dürfen Hypothekendarlehen und andere Forderungen mit ihrem Nennbetrag angesetzt werden, soweit der Unterschiedsbetrag zwischen dem Nennbetrag und dem Auszahlungsbetrag oder den Anschaffungskosten **Zinscharakter** hat. Ist der Nennbetrag höher als der Auszahlungsbetrag oder die Anschaffungskosten, so ist der Unterschiedsbetrag in den Rechnungsabgrenzungsposten auf der Passivseite aufzunehmen; er ist planmäßig aufzulösen und in seiner jeweiligen Höhe in der Bilanz oder im Anhang gesondert anzugeben. Ist der Nennbetrag niedriger als der Auszahlungsbetrag oder die Anschaffungskosten, so darf der Unterschiedsbetrag in den Rechnungsabgrenzungsposten auf der Aktivseite aufgenommen werden; er ist planmäßig aufzulösen und in seiner jeweiligen Höhe in der Bilanz oder im Anhang gesondert anzugeben.

(3) **Finanzinstrumente des Handelsbestands** sind zum **beizulegenden Zeitwert abzüglich** eines **Risikoabschlags** zu bewerten. Eine **Umgliederung in den Handelsbestand ist ausgeschlossen. Das Gleiche gilt für** eine **Umgliederung aus dem Handelsbestand, es sei denn, außergewöhnliche Umstände,** insbesondere schwerwiegende Beeinträchtigungen der Handelbarkeit der Finanzinstrumente, führen zu einer Aufgabe der Handelsabsicht durch das Kreditinstitut. **Finanzinstrumente des Handelsbestands** können nachträglich in eine **Bewertungseinheit** einbezogen werden; sie sind bei Beendigung der Bewertungseinheit wieder in den Handelsbestand umzugliedern.

(4) In der **Bilanz ist** dem **Sonderposten „Fonds für allgemeine Bankrisiken"** nach § 340 g **in jedem Geschäftsjahr** ein **Betrag, der mindestens zehn vom Hundert der Nettoerträge des Handelsbestands** entspricht, **zuzuführen** und dort **gesondert auszuweisen.** Dieser **Posten darf nur aufgelöst** werden:

1. zum **Ausgleich von Nettoaufwendungen des Handelsbestands** sowie
2. zum **Ausgleich eines Jahresfehlbetrags,** soweit er nicht durch einen Gewinnvortrag aus dem Vorjahr gedeckt ist,
3. zum **Ausgleich eines Verlustvortrags** aus dem Vorjahr, soweit er nicht durch einen Jahresüberschuss gedeckt ist, oder
4. soweit er **50 vom Hundert des Durchschnitts der letzten fünf jährlichen Nettoerträge des Handelsbestands übersteigt.**

Auflösungen, die nach Satz 2 erfolgen, sind im Anhang anzugeben und zu erläutern.

§ 340 f (Vorsorge für allgemeine Bankrisiken)

(1) **Kreditinstitute dürfen Forderungen an Kreditinstitute und Kunden, Schuldverschreibungen und andere festverzinsliche Wertpapiere sowie Aktien und andere nicht festverzinsliche Wertpapiere,** die **weder** wie **Anlagevermögen** behandelt werden **noch** Teil des **Handelsbestands sind, mit einem niedrigeren als dem nach § 253 Abs. 1 Satz 1, Abs. 4 vorgeschriebenen oder zugelassenen Wert ansetzen,** soweit dies nach vernünftiger kaufmännischer Beurteilung **zur Sicherung gegen die besonderen Risiken des Geschäftszweigs der Kreditinstitute notwendig ist.** Der **Betrag** der auf diese Weise gebildeten Vorsorgereserven **darf vier vom Hundert des Gesamtbetrags der in Satz 1 bezeichneten Vermögensgegenstände,** der sich bei deren Bewertung nach § 253 Abs. 1 Satz 1, Abs. 4 ergibt, **nicht**

übersteigen. Ein niedrigerer Wertansatz darf beibehalten werden.

(2) aufgehoben

(3) **Aufwendungen und Erträge** aus der Anwendung von Abs. 1 **und** aus Geschäften mit in Abs. 1 bezeichneten Wertpapieren und Aufwendungen aus Abschreibungen **sowie** Erträge aus Zuschreibungen zu diesen Wertpapieren **dürfen** mit den Aufwendungen aus Abschreibungen auf Forderungen, Zuführungen zu Rückstellungen für Eventualverbindlichkeiten und für Kreditrisiken sowie mit den Erträgen aus Zuschreibungen zu Forderungen oder aus deren Eingang nach teilweiser oder vollständiger Abschreibung und aus Auflösungen von Rückstellungen für Eventualverbindlichkeiten und für Kreditrisiken **verrechnet und** in der Gewinn- und Verlustrechnung in **einem Aufwand- oder Ertragsposten ausgewiesen werden.**

(4) **Angaben** über die Bildung und Auflösung von Vorsorgereserven nach Abs. 1 sowie über vorgenommene Verrechnungen nach Abs. 3 **brauchen** im Jahresabschluss, Lagebericht, Konzernabschluss und Konzernlagebericht **nicht gemacht zu werden.**

§ 340 g (Sonderposten für allgemeine Bankrisiken)

(1) Kreditinstitute dürfen auf der Passivseite ihrer Bilanz zur Sicherung gegen allgemeine Bankrisiken einen Sonderposten „Fonds für allgemeine Bankrisiken" bilden, soweit dies nach vernünftiger kaufmännischer Beurteilung wegen der besonderen Risiken des Geschäftszweigs der Kreditinstitute notwendig ist.

(2) Die Zuführungen zum Sonderposten oder die Erträge aus der Auflösung des Sonderpostens sind in der Gewinn- und Verlustrechnung **gesondert** auszuweisen.

§ 340 h (Währungsumrechnung)

§ 256 a gilt mit der Maßgabe, dass Erträge, die sich aus der Währungsumrechnung ergeben, in der Gewinn- und Verlustrechnung zu berücksichtigen sind, soweit die Vermögensgegenstände, Schulden oder Termingeschäfte durch Vermögensgegenstände, Schulden oder andere Termingeschäfte in derselben Währung besonders gedeckt sind.

Stichwortverzeichnis

A

Abschluss Erfolgskonten 49
Abschreibungen 98
Abschreibungsbuchungen 103
Abschreibungsmethode 99
Abschreibungsplan 98
Abwicklungsrisiko 165
Abzinsungswahlrecht 152
Aktivierungsgebot 84
Aktivkonten 33
Altersversorgungsverpflichtungen 152
Anforderungen Bankbuchführung 63
Anhang 78
Anlagebestand 129
Anlageentscheidungen 267
Anlagevermögen 93
Anschaffungskosten 96, 98
Äquivalenzziffernrechnung 225
Aufbereitung der Gewinn- und Verlustrechnung 274
Aufbewahrungsfristen 13
Aufbewahrungspflichten 14
Aufgaben Jahresabschluss 83
Auflösung der Rücklagen 159
Aufstellungsgrundsatz 25
Aufwandskonten 48
Aufwendung 170
Ausfallrisiko 165
Ausgabe 170
außerplanmäßige Abschreibungen 98, 101
Auszahlung 170

B

Bankcontrolling 162
Barwert 150
Barwertmethode 214
beizulegender Zeitwert 142, 330
Belegfunktion 36
Berechnung Pauschalwertberichtigung 121
Bestandskonten 33
Bestandsveränderungen 27
Bestandteile Jahresabschluss 77
Bestätigungsvermerk 277
Betriebsbereich 184
Betriebsergebnis 194
betriebsgewöhnliche Nutzungsdauer 98
Betriebs- und Geschäftsausstattung 96
Bewegungsbilanz 301
Bewertung 260
Bewertung geringwertiger Wirtschaftsgüter 106
Bewertungsgrundsätze 86
Bewertungsmaßstäbe 330
Bewertungsvorschriften 86
Bewertungsvorschrift nach Handelsrecht 90
Bewertung von Forderungen 117
Bilanz 16, 263
Bilanzauflösung 33
Bilanzgleichung 24
Bilanzgliederung 25
Bilanzierung 84
Bilanzierungsverbote 85
Bilanzierungswahlrechte 85
Bilanzposten 264
Bilanzveränderungen 27
Bilanzwaage 29
Bonität 260
Bruttobedarfsspanne 198
Bruttoertragsspanne 198
Bruttozinsspanne 210
Buchführungspflicht 12
Buchführung und Bilanz 11
Buchungssatz 36
Buchung Umsatzsteuer 70
Budgetierung 167

C

Cost-Center 167

D

Debitoren 58
Deckungsbeitragsrechnung 246
direkte Abschreibungen Forderungen 118
Divisionskalkulation 224
Doppik 41
Durchschnittserwerbskurs 132

E

eigene Wertpapiere 129
eigene Wertpapiere des Anlagebestandes 130
Eigenkapital 46
Eigenkapitalkostensatz 241
Eigenkapitalspiegel 79
einfache Geschäftsgänge 33
Einnahme 170
Einzahlung 170
Einzelkosten 189
Einzelproduktkalkulation 238
Einzelwertberichtigungen auf Forderungen 119
Entwicklungsstufen 163
Erfolgsbuchungen 47
Erfolgskonten 46
Erfolgskontrolle 168
Erfüllungsbetrag 149
Erlösarten 188
Erlöse 176
Ermittlung Pauschalwertberichtigung 122
Eröffnungsbuchung 57

Erträge 170
Ertragskonten 48

F

Finanzanlagen 93
Finanzierungsrechnung 301
fixe Kosten 190
Folgebewertung 131
Fonds für allgemeine Bankrisiken 157
Fristentransformationsbeitrag 210
Führen der Bestandskonten 38
Führung Handelsbücher 12
Führungssystem 167

G

Gemeinkosten 189
Gemeinkostenzuschlag 243
geringwertige Anlagegüter 107
geringwertige Vermögensgegenstände 106
geringwertige Wirtschaftsgüter nach Steuerrecht 106
Gesamtbetriebskalkulation 192
Gesamtkostenverfahren 275
Gesamtzinsspanne 199
Geschäftsstellenkalkulation 238, 254
gesetzliche Rücklage 159
Gewinnermittlung 83, 92
Gewinn- und Verlustkonto 46
Gewinn- und Verlustrechnung 78
Gewinnzuschlag 243
GoB 12
Goodwill 84
Grundbuch 61
Grunderlöse 178
Grundkosten 176
Grundsätze ordnungsmäßiger Buchführung (GoB) 12
GWG 106

H

Handelsbestand 129, 140
Handelsbilanz 91
Handelsrecht 88
Hauptbuch 34, 61
Hauptbuchkonto 34
Herstellungskosten 330

I

immaterielles Vermögen 93
indirekte Abschreibungen Forderungen 118
Informationssystem 166
Inventar 16
Inventur 16
Inventurwerte 18

J

Jahresabschlussaufstellung 25
Jahresbilanz 78

K

Kalkulation von Aktivprodukten 238
Kalkulation von Dienstleistungen 245
Kalkulation von Passivprodukten 244
kalkulatorische Kosten 177
Kapitalflussrechnung 78, 301
kapitalmarktorientierte Kapitalgesellschaft 77
Kennzahlen 278
Konditionenbeitrag 209
Kontenplan 62
Kontenrahmen 62
Kosten 176
Kostenarten 188
Kostenartenrechnung 220
Kostenstellenrechnung 221
Kostenträgerrechnung 223
Kosten- und Erlösrechnung 170
Kreditentscheidungen 267
Kreditoren 58
Kreditrisiko 165
Kreditrisiko-Standardansatz (KSA) 241
Kundenkalkulation 238, 252
Kunden-Kontokorrent 56

L

Lagebericht 77, 80
Länderrisiko 165
latentes Kreditrisiko 120
Leistungen 176
leistungsabhängige Abschreibung 99
Liquiditätsreserve 129, 136

M

Marktleistungsartenrechnung 223
Marktpreis 142, 330
Marktrisiko 165
Marktzinsmethode 207
Maßgeblichkeit 91

N

Nettogewinnspanne 198
Nettozinsspanne 199
Niederstwertprinzip 101, 131, 137

O

offene Rücklagen 158
operationelle Risiken 165
Organisation Rechnungswesen 61
organisierter Markt 77

P

Passivkonten 33
Pensionsrückstellungen 152
Plangewinn 244
planmäßige Abschreibungen 98, 103
Preis- und Kostensteigerungen 150
Produktivität 168
Produktkalkulation 238

Profit-Center 167
prozessorientierte Standardeinzelkostenrechnung 227
Prozessorientierung 228

Q

qualitative Faktoren 260
quantitative Faktoren 260

R

Rating 260
Regelkreis 166
Restlaufzeit 150
risikobehaftetes Kreditvolumen 121
Risikosteuerung 165
Risikovorsorge durch Rücklagen 156
Risikovorsorge durch Rückstellung 149
Risikovorsorge durch Vorsorgereserven 156
Rückstellung 149

S

Sachanlagen 93, 264
Sammeljournal 62
Sammelpostenverfahren 107
Schlussbilanz 41
Segmentberichterstattung 80
Segmentierung 80
Selbstkostenermittlung 168
Skontro 132
Solvabilitätsverordnung 241
Sonderposten gemäß § 340e Abs. 4 HGB 145
Standardeinzelkostensatz 240
Standardkosten 228
Standardkostensätze 231
Standardleistungen 228
Standard-Risikokostensatz 239
Standardverbrauchsmengen 229
Stelleneinzelkosten 190
Stellengemeinkosten 190
Steuerbilanz 91
Steuerrecht 88
Strukturbeitrag 210
Stückleistungskalkulation 224
System der Doppik 41

T

tatsächlicher Forderungsausfall 121
Teilbetriebsergebnis 194
Teilkostenrechnung 220, 227

U

Umlaufvermögen 92
Umsatzbuchung 38, 58
Umsatzkostenverfahren 275
Umsatzsteuer-Zahllast 69
Umweltrisiken 286
Unternehmensstrategie 163
Unterzeichnung Jahresabschluss 25
unversteuerte Pauschalwertberichtigungen 120

V

variable Kosten 190
Verkauf von Sachanlagen 105
Vermögensgegenstände 92
Verordnung über die Rechnungslegung der Kreditinstitute 304
Verrechnungspflicht 84
Verrechnungsverbot 84
Vollkostenrechnung 220
Vorsorgereserven 123
Vorsteuer 68

W

Währungsumrechnung 330
Wertänderungen 27
Wertansätze 86
Wertaufholungsgebot 131
Wertbereich 184
Wertpapiere 129
Wertpapiere der Liquiditätsreserve 135
Wertpapiere des Handelsbestandes 140
Wirtschaftlichkeitskontrolle 168

Z

zeitabhängige Abschreibung 99
Zinsertragsbilanz 199
Zugangsbewertung 130
Zusatzerlöse 178
Zusatzkosten 177
Zuschreibungen 101
Zweckaufwand 176
Zweckerträge 178